ARGUMENTAÇÃO JURÍDICA E TEORIA DO DIREITO

ARGUMENTAÇÃO JURÍDICA E TEORIA DO DIREITO

Neil MacCormick

Tradução
WALDÉA BARCELLOS

Revisão da tradução
MARYLENE PINTO MICHAEL

wmf martinsfontes

Esta obra foi publicada originalmente em inglês com o título
LEGAL REASONING AND LEGAL THEORY
por Oxford University Press, Oxford, Inglaterra, em 1978.

Esta tradução foi publicada por acordo com Oxford University Press.

1ª edição *2006*
2ª edição *2009*
2ª tiragem *2021*

Tradução
WALDÉA BARCELLOS

Revisão da tradução
Marylene Pinto Michael
Acompanhamento editorial
Luzia Aparecida dos Santos
Revisões
Ivani Aparecida Martins Cazarim
Mauro de Barros
Dinarte Zorzanelli da Silva
Produção gráfica
Geraldo Alves
Paginação
Studio 3 Desenvolvimento Editorial
Capa
Katia Harumi Terasaka Aniya

Dados Internacionais de Catalogação na Publicação (CIP)
(Câmara Brasileira do Livro, SP, Brasil)

MacCormick, Neil
Argumentação jurídica e teoria do direito / Neil MacCormick ; tradução Waldéa Barcellos ; revisão da tradução Marylene Pinto Michael. – 2ª ed. – São Paulo : Editora WMF Martins Fontes, 2009. – (Biblioteca jurídica WMF)

Título original: Legal reasoning and legal theory.
ISBN 978-85-7827-075-9

1. Argumentação 2. Direito – Filosofia 3. Direito – Metodologia 4. Direito – Teoria I. Título. II. Série.

09-00867 CDU-340.115

Índices para catálogo sistemático:
1. Argumentação jurídica : Teoria do direito 340.115

Editora WMF Martins Fontes Ltda.
Rua Prof. Laerte Ramos de Carvalho, 133 01325-030 São Paulo SP Brasil
Tel. (11) 3293.8150 e-mail: info@wmfmartinsfontes.com.br
http://www.wmfmartinsfontes.com.

ÍNDICE

PREFÁCIO

Neste livro, procuro descrever e explicar os elementos dos argumentos jurídicos oferecidos como justificativa para decisões, ou alegações e defesas apresentadas aos tribunais para decisão; relacioná-los à teoria geral do direito; e fazer tudo isso dentro da estrutura de uma teoria geral da razão prática que deve muito a David Hume. Espero que meus esforços se revelem de algum interesse para advogados, estudiosos de jurisprudência e filósofos. Por esse motivo, procurei escrever esta obra de uma forma que fosse compreensível para advogados não envolvidos com a filosofia bem como para filósofos não envolvidos com a advocacia. Cada grupo encontrará aqui uma parte substancial que, do seu próprio ponto de vista, lhe parecerá bastante elementar e óbvia, pelo que me desculpo antecipadamente. Por outro lado, espero que nenhum dos grupos encontre questões indevidamente obscuras nos pontos menos familiares do texto.

O livro tem como origem uma série de palestras proferidas em 1966 e 1967 em Queen's College, Dundee (atualmente University of Dundee), sob a orientação do professor I. D. Willock. Diversas partes do texto foram ensaiadas em formas variadas em aulas na Oxford University, de 1967 a 1972, e na Edinburgh University de 1972 até o presente. Era minha intenção terminá-lo há muito tempo, mas uma associação de indolência e responsabilidades administrativas fez com que me atrasasse, talvez com efeitos positivos.

Naturalmente, sou muito grato a inúmeros alunos que toleraram com bastante cortesia meus esforços para adquirir um domínio perfeito de meus pensamentos acerca dos tópicos examinados e fizeram todo tipo de crítica proveitosa. Ainda maior é minha dívida de gratidão para com muitos de meus colegas, por críticas e debates valiosos, em especial os seguintes: J. Bjarup, Z. K. Bankowski, A. A. M. Irvine, H. L. A. Hart, D. R. Harris, N. R. Hutton, Ch. Perelman, G. Maher, R. M. J. Kinsey, M. J. Machan, D. Small, I. D. Willock, W. A. J. Watson e A. Zuckerman. Karen MacCormick submeteu-se à experiência de minhas tentativas iniciais de dar uma forma aceitável à primeira versão das aulas e me instigou a finalmente completar esta versão; e Isabel Roberts prestou todo tipo de ajuda. A todos, sou profundamente grato. Naturalmente, assumo total responsabilidade por quaisquer falhas que tenham permanecido no livro como agora se apresenta.

Edimburgo, 2 de maio de 1977 NEIL MACCORMICK

PREÂMBULO

Este livro tem como objetivo uma explicação da argumentação jurídica. Ele considera a argumentação jurídica como uma ramificação da argumentação prática, que consiste na aplicação da razão por parte dos seres humanos para decidir qual é a forma correta de se comportarem em situações onde haja escolha. Ele expressa uma idéia simples, amplamente refutada mas essencialmente sólida. Trata-se da idéia de que o processo de aplicar normas é crucial para a atividade jurídica, e que estudar a estrutura racional desse processo é crucial para explicar a natureza da argumentação jurídica como ramificação da argumentação prática. Apesar de constantes negativas por parte de eruditos quanto à possibilidade de o direito conceder espaço ao raciocínio dedutivo, ou até mesmo à lógica, este livro defende com firmeza a noção de que uma forma de raciocínio dedutivo é essencial para a argumentação jurídica. Naturalmente, isso é muito diferente da afirmação de que a argumentação jurídica é total ou exclusivamente dedutiva, ou exaustivamente explicável como um tipo de dedução. Do terceiro capítulo ao capítulo final, esta obra dedica-se totalmente à tarefa, de uma dificuldade fascinante, de repensar os elementos da argumentação jurídica que não são dedutivos.

Esses surgem tanto antes como depois da parte dedutiva, mas acabam sempre voltando-se para ela, e são inteligíveis em virtude da relação que têm com ela. Eles são o que há de realmente interessante. Conferem à argumentação jurídica seu caráter particularmente jurídico. Demonstram seu paralelismo com a argumentação moral. São importantíssimos. Mas não são tudo. Não constituem a história como um todo. Não são nem suficientes nem auto-suficientes.

Minha exposição desses elementos não dedutivos da argumentação jurídica revela como eles são empolgantes, difíceis e extremamente sutis. Pode-se ver facilmente por que tantos foram levados a exaltar um ou outro desses elementos especiais, tornando-os a pedra angular de explicações totalmente não dedutivas e antidedutivistas da natureza do direito e da argumentação jurídica. Essa é, porém, uma atração fatal, que serve de isca para a armadilha do erro. Um sistema de direito positivo, em especial, o direito de um Estado moderno, engloba uma tentativa de consolidar amplos princípios de conduta na forma de normas relativamente estáveis, claras, detalhadas e objetivamente compreensíveis, bem como de fornecer um processo aceitável e inspirador de confiança interpessoal para fazer vigorar essas normas. Esse processo é visível sobretudo nos casos em que haja alguma disputa interpessoal, ou em que a manutenção da justiça ou da ordem social tenha exigido a criação de órgãos públicos para policiar e impor o cumprimento de normas que, de outro modo, não seriam obedecidas espontaneamente. Nessas situações, o reclamante particular ou o agente público responsável pela imposição da norma deverá apresentar algumas afirmações sobre o estado dos fatos no mundo, e tentar demonstrar de que modo esse estado de fatos exigiria a intervenção com base em alguma norma que se aplique aos fatos declarados. Conseqüentemente, a lógica da aplicação da norma é a lógica central do direito dentro do moderno paradigma da racionalidade jurídica sob o manto do "Estado de direito".

Talvez, para decepção de importantes teóricos, essa lógica seja na realidade relativamente simples e direta. A fórmula simples porém muito criticada "N + F = C" ou "Norma mais fatos geram conclusão" é a verdade essencial. As normas são proposições normativas hipotéticas, que estipulam que, se existirem certas circunstâncias (doravante, certos "fatos operativos"), certas conseqüências hão de (ou "deverão" ou "deveriam") se seguir ou ser implementadas. De modo característico, os fatos operativos são expostos em termos universais, ou seja, numa forma traduzível do seguinte modo: "Se algum dia ocorrerem fatos de natureza F", as conseqüências geralmente poderão ser facilmente expressas – "eles provocarão conseqüências de natureza C". Vamos formular essa expressão como "Se algum dia houver alguma ocorrência de F, C deverá ser estabelecida em relação a esse caso". Os processos jurídicos que focalizarem qualquer norma que possa ser formulada em consonância com esse modelo têm como objetivo, em primeiro lugar, verificar se há alguma base para acreditar ou para alegar que tenha ocorrido um caso de F (uma incidência individual da categoria universal "F"), para então apresentar uma alegação semelhante junto com uma reivindicação ou demanda de que se tomem medidas ou que se chegue a conclusões por meio da ocorrência também de C para o caso em questão. Outros podem desejar de algum modo desafiar, contestar ou, seja como for, negar um ou mais elementos nessa alegação e na demanda a ela associada. Os juízes deverão decidir entre essas posições opostas e em certa medida prestar conta de suas decisões a fim de justificá-las nos moldes da estrutura da ordem jurídica pressuposta.

Como se acabou de sugerir, essas normas existem como formulações relativamente concretas de princípios mais abstratos. Pelo menos, essa é a natureza a que aspiram. Uma sociedade bem organizada e mais ou menos democrática (ou mesmo um governo aristocrático ou um despotismo bem organizado e genuinamente benevolente) deve oferecer-se para conduzir os assuntos públicos de acordo com alguns princípios aceitáveis de associação humana. No entanto, estes são por si altamente contestáveis, e ainda mais quando se trata de reduzir princípios aceitáveis a formulações mais específicas para lidar com situações que ocorram habitualmente de uma forma aceitavelmente equilibrada. Posições de rivalidade referentes a princípios, ou perspectivas conflitantes da adequação contextual do equilíbrio ou da prioridade de princípios, exercem pressão para o estabelecimento de normas que afirmem uma determinada posição com foco em determinados tipos de situação.

O processo político tem sua atenção desviada pelo debate a respeito do justo equilíbrio e determinação de princípios, bem como pelo impacto dessas determinações sobre os interesses de indivíduos e classes. O processo legislativo é o que confere forma determinada ao resultado momentâneo do debate político, pela promulgação de normas com o objetivo de solidificar uma perspectiva específica da ordem das coisas justificável em princípio, numa dada área de interesse. Essas normas promulgadas merecem, portanto, um respeito especial. Por si só, elas nunca são suficientes para resolver todas as controvérsias, mas podem pelo menos enfocar pontos de controvérsia em casos específicos; e a solução de controvérsias por meio da interpretação das normas mantém em jogo os argumentos de princípio subjacentes às normas, embora de modo diferente do que ocorre no próprio processo político. Uma lógica semelhante baseada em princípios está implícita no uso de precedentes como método para a determinação ou como elemento na determinação de normas relativamente detalhadas para a condução das atividades humanas.

Organizar a ordem jurídica desse modo em torno de um *corpus* de normas publicadas é a tarefa de qualquer Estado que aspire, ainda que minimamente, a um governo livre. Desde o século XVIII, as ideologias dominantes, em sua maioria, elogiaram essa visão do direito e do Estado; e muitos Estados reivindicaram legitimidade com base na alegação de sucesso no cumprimento dessa tarefa. A própria idéia de "Estado de direito" ou de *Rechtsstaat* é a daquele Estado em que normas determinadas – e predeterminadas – regem e restringem o exercício do poder, além de regular as relações entre os cidadãos. Essa idéia tem de fato um papel crucial a desempenhar na legitimação de Estados modernos e pós-modernos. Ela não se torna de modo algum irrelevante pelo fato de ser invocada com tanta presteza por governos cuja verdadeira fidelidade à idéia em si é profundamente suspeita.

Trata-se de uma idéia sólida em si mesma, que merece respeito apesar de seu freqüente emprego abusivo por parte de governos. Há dois modos de justificar a idéia. Por um lado, os seres humanos são animais autônomos e praticamente racionais, capazes de deliberar sobre sua conduta, e são animais sociais cujas deliberações racionais se dão principalmente em falas interpessoais. Uma reflexão cuidadosa sobre os procedimentos discursivos revela muito acerca da possibilidade de princípios racionais para a ação e sua justificação ou condenação. Contudo, ela também revela que a pura racionalidade no nível autônomo-individualista não tem como garantir o consenso e a coordenação de opinião adequados ou a atividade para uma coexistência social viável. Nem nossa capacidade para o reconhecimento racional da necessidade de autocontrole consegue por si mesma refrear nossa tendência à teimosia, à violência e ao egoísmo injustificado. É preciso, portanto, que haja instituições políticas com autoridade para estabelecer normas consuetudinárias e com poder para garantir seu cumprimento. Essas normas determinam os comportamentos exigidos dentro dos limites da incerteza interpessoal da deliberação racional. As normas de uma ordem superior organizam os processos para o cumprimento das normas de uma ordem inferior. Desse modo (em linhas gerais) podemos justificar a existência do direito como entidade institucional, determinada, provida de autoridade e heteronômica, mesmo quando se destina a indivíduos autônomos.

Por outro lado, os indivíduos aos quais ela se destina permanecem agentes autônomos dignos de respeito como tais. O respeito exige que eles tenham oportunidade suficiente para conhecer as normas públicas determinadas com autoridade e para cumpri-las segundo sua própria escolha, mesmo quando esse cumprimento se oponha às suas próprias preferências ou à sua opinião ponderada. Nos casos em que a divergência seja extrema quanto à preferência ou à opinião, os indivíduos que conheçam a lei também podem decidir não cumpri-la, mas, nesse caso, deveriam ter o devido conhecimento prévio de qualquer sanção cabível pelo descumprimento da norma predeterminada.

Esta teoria apresenta a argumentação jurídica como uma espécie de raciocínio prático. Por tratar da razão como algo que estabelece o que é correto fazer em situações em que haja escolha, ela trata da justificação. Logo, é importante ver como o recurso a normas se justifica em si. Como acaba de ser esboçado, ele se justifica, em princípio, por referência a princípios fundamentais do discurso racional prático. (Isso envolve uma reavaliação de parte da minha análise sobre "razões de sustentação" no capítulo 3, adiante. Agora desejo considerar esse tópico à luz das idéias propostas em *Theorie der juristischen Argumentation*, de Robert Alexy, também publicado pela primeira vez em 1978.) Portanto sempre há princípios subjacentes disponíveis para restringir, derrotar ou até mesmo revogar um discurso expresso em termos de normas. Vários problemas endêmicos nos processos de aplicação de normas (chamados, neste livro, de problemas de "pertinência", de "interpretação" e de "classificação") também exigem que façamos referência a argumentos de princípios no passado (e no futuro) para solucionar dificuldades acerca das normas e de sua correta aplicação e interpretação.

Isso demonstra por que motivo o raciocínio dedutivo das normas não pode ser um modo auto-suficiente e auto-sustentável de justificação jurídica. Sempre se encontra envolto por uma teia de raciocínio anterior e posterior a partir de princípios e valores, muito embora uma visão estritamente pragmática pudesse revelar muitas situações e casos em que ninguém considera que valha a pena ir além das normas para fins práticos. Ainda assim, os princípios que justificam o recurso à lei justificam o recurso a ela apenas dentro do ideal do Estado de direito; logo, somente a um direito de normas, com os próprios tipos de características formais para as quais pensadores como Lon L. Fuller chamaram nossa atenção. É, portanto, correto dar à argumentação a partir de normas aquela posição de centralidade essencial a ela atribuída nesta obra.

O outro lado da história é aquele com que a maior parte deste livro se ocupa. Como ressaltei com ênfase, a argumentação a partir de normas somente pode nos levar até certo ponto; e é inerente à própria natureza do direito que as normas com freqüência fiquem aquém de sua própria virtude essencial, revelando-se vagas para um determinado contexto prático. Pode-se contestar a interpretação da norma como uma fórmula verbal estabelecida; pode-se questionar a correta classificação de fatos ocorrentes como representativos ou não dos fatos operativos estipulados na norma formulada; pode-se ainda, finalmente, discutir se alguma norma chega a ser formulável de modo que justifique a reivindicação de um remédio ou penalidade à luz das alegações do fato. Repetindo: os problemas de interpretação, de classificação e de pertinência são endêmicos no pensamento jurídico e nos processos da lei. As modalidades de raciocínio prático que podem ser desenvolvidas para solucionar esses problemas são, portanto, um tópico para o estudo mais detido em qualquer tentativa de elucidar a plena complexidade da argumentação jurídica.

A abordagem que adoto consiste em permanecer o mais próximo possível dos fenômenos. Os fenômenos, para este estudo, são as verdadeiras argumentações dos tribunais, em especial os tribunais da Inglaterra e da Escócia. Situo minha investigação dentro de uma perspectiva da argumentação prática e da natureza humana, como é inevitável. Procuro, porém, não apresentar minhas opiniões de modo meramente apriorístico. Sempre as desenvolvo e ilustro com referência a casos verdadeiros, ao real raciocínio de juízes que lidam com problemas concretos de natureza prática. Tratase de um método ao qual eu deveria agora dar o nome de "reconstrução racional". Isso quer dizer que ele não constitui uma simples descrição de "fatos" observados; mas que é uma tentativa de mostrar que os fenômenos examinados pertencem a um sistema racionalmente compreensível de pensamento e ação revelado pela teoria geral da razão e da argumentação exposta no livro. Da mesma forma, a adequação da teoria é verificada por meio de seu confronto com as provas da verdadeira argumentação dos juízes nos casos reais.

Uma reedição do texto original de 1978, seja em inglês, seja numa (nova) tradução francesa, pode entretanto parecer presunçosa. Muito se escreveu sobre a argumentação jurídica desde que este livro foi publicado pela primeira vez. Mesmo que suas idéias principais ainda mereçam atenção, a maioria delas atraiu críticas, quase sempre construtivas. Essas idéias não deveriam ter sido devidamente revisadas e apresentadas numa nova edição? Mais uma vez, além de críticas de caráter direto, houve desde 1978 uma enorme proliferação de textos sobre argumentação jurídica em muitos idiomas e provenientes de muitas tradições filosóficas e jurídicas. Levar em conta todos eles poderia ter resultado numa revisão ainda mais radical do texto original.

Sem dúvida, no que diz respeito à maioria dos tópicos cobertos em cada um dos capítulos deste livro, publiquei uma boa quantidade de reflexões posteriores, muitas vezes sob a forma de trabalhos apresentados em conferências e outras ocasiões de debate e discussão de estudiosos. No devido tempo, esses serão reunidos em versão revisada num volume de ensaios sobre a argumentação jurídica que constituirá uma seqüência do presente trabalho. Aqui, acrescento notas relacionadas a cada capítulo, com citações de algumas das críticas dirigidas àquela parte de minha argumentação e de minha resposta a essas críticas, ou ao desenvolvimento posterior das idéias contidas no capítulo. Para um quadro completo de minha perspectiva geral (se alguém quisesse algo semelhante), seria necessário passar em revista todo o material citado bem como este texto.

Talvez também possa se dizer que, com todas as suas falhas, o texto de 1978 tem seu próprio lugar na história das idéias sobre o direito e a argumentação jurídica. Embora nem de longe tenha a mesma importância, ele é uma espécie de acompanhante do clássico de H. L. A. Hart *The Concept of Law* [O conceito de direito]. A explanação que faz sobre a argumentação jurídica é considerada essencialmente hartiana, baseada na análise jurídico-positivista que Hart faz do conceito do direito, ou pelo menos perfeitamente compatível com ela. A abordagem analítica positivista à teoria do direito adotada por Hart é aberta a questionamentos, e foi questionada, por uma suposta incapacidade de fornecer uma explanação satisfatória da argumentação jurídica, em especial da argumentação-na-decisão-judicial. Este livro aceitou esse desafio. Embora recorra a linhas de desenvolvimento da tradição filosófica que não são especialmente, ou absolutamente, hartianas, em sua própria época, local e contexto intelectual, ele foi apresentado como uma teoria da argumentação jurídica que corroborava a jurisprudência hartiana. Foi publicado na Clarendon Series organizada por Hart, foi escrito com o incentivo de Hart e foi aperfeiçoado a partir do rascunho em resposta a críticas perspicazes de Hart. A importância crucial da argumentação baseada em normas neste livro era análoga à importância crucial da "união de normas primárias e secundárias" na jurisprudência de Hart.

Tenho uma enorme dívida particular de gratidão para com Herbert Hart por sua gentileza e apoio, bem como pela orientação intelectual e liderança num estágio de formação de minha carreira. Não obstante, como parte de minha obra mais recente indica, não acato mais uma proporção tão grande de suas teses sobre direito como acatava em 1978. Engajar-me no debate sobre a argumentação jurídica e questões afins levou-me muito adiante da versão já abrandada de positivismo jurídico que eu endossava em 1978. Para ser justo, foi a resposta a críticas feitas à *Argumentação jurídica e teoria do direito* que me conduziu à minha atual posição no que se poderia chamar de teoria institucional pós-positivista do direito. Em vez de transferir o vinho velho para essa garrafa nova, parece-me mais justo reeditá-lo ainda como uma afirmação do ponto de vista hartiano, que pode ser lido paralelamente à obra principal de Hart, e em oposição à crítica apresentada pelo Ronald Dworkin da década de 1970.

Para concluir, permitam-me indicar de modo bastante sucinto os pontos a respeito dos quais eu hoje consideraria mais urgente repensar em parte minhas teses de 1978. Em primeiro lugar, concordaria com Patricia White quanto ao fato de que a representação simples da lógica dedutiva de aplicação de normas apresentada no capítulo 2 constitui um excesso de simplificação. A lógica dos predicados, em vez da lógica das proposições, teria sido mais bem empregada para as finalidades em questão. Em segundo lugar, as alegações sobre universalidade e universalizabilidade no capítulo 4 precisam ser mais cuidadosas ao lidar com visões rivais referentes ao que alguns entendem como a particularidade essencial do julgamento prático. Em terceiro, o exame do conseqüencialismo nos capítulos 5 e 6 precisa reconhecer de modo muito mais pleno a complexidade das chamadas "conseqüências", e diferenciar com clareza ainda maior a abordagem preferida daquilo que costuma ser considerado "conseqüencialismo" na literatura filosófica.

Em quarto, o exame de princípios e coerência no capítulo 7 permanece, a meu ver, válido como explanação da argumentação por princípios no direito, encarado em relação à argumentação analógica. No entanto, agora vejo muitos acréscimos que poderiam ser feitos a esse exame. Em quinto, embora não deseje depreciar muito a análise no capítulo 8 acerca da interpretação de leis promulgadas e de precedentes, concordo com Robert Summers e outros quanto a haver necessidade de dizer mais no sentido de destacar as diferenças bem como as semelhanças entre esses dois tipos de interpretação. Entretanto, em oposição à teoria de Ronald Dworkin do direito em si como um "conceito interpretativo", ainda argumentaria que problemas de interpretação são apenas um elemento na argumentação prática de advogados, e não deveriam ser ampliados de modo que dominassem a discussão como um todo. Contudo, grande parte da argumentação contra Dworkin no capítulo 9 agora me parece exagerada. Em especial, a argumentação a partir da divergência prática precisa sofrer um reexame radical à luz de posições assumidas por Knud Haakonssen e por Sebastian Urbina.

Finalmente, as afirmações feitas acerca do ultra-racionalismo no último capítulo me parecem até certo ponto mal formuladas. Como indiquei no início deste Preâmbulo, fui convencido por Robert Alexy (e por conseguinte por Jürgen Habermas) de que pode ser construída uma explanação do discurso racional prático que chegue a uma justificação para instituições legais e para a argumentação jurídica a partir das exigências da razão geral prática, e que submeta totalmente a argumentação jurídica aos princípios gerais da racionalidade prática. Isso não significa nem acarreta necessariamente que o direito sempre seja, ou sempre possa ser, perfeitamente determinado; ou que a razão prática possa fornecer respostas determinadas sempre que o direito deixe de estipular uma resposta. Mas significa, sim, que a postura humiana adotada no meu último capítulo precisa ser radicalmente reexaminada. Além disso, a ênfase dada à justificação ao longo do livro inteiro precisa ser modificada. Como demonstrou Bruce Anderson, processos de descoberta racional carecem tanto do pensamento reflexivo quanto processos de justificação racional. Creio que isso teria uma utilidade especial no que diz respeito à argumentação por analogia (capítulo 7) e também possibilitaria ajustar esta argumentação um pouco na direção de posições assumidas por Steven Burton.

Todos esses pontos representam uma grande dose de reconsideração. Para acompanhar plenamente meus pensamentos a esse respeito, seria necessário examinar os trabalhos relacionados mais adiante como "leituras suplementares". Porém, ao admitir uma necessidade de maior reflexão, não estou renegando meus primeiros pensamentos. Este livro foi e é uma exploração clara e direta de questões difíceis e complexas. Como tal, ele tem seus próprios méritos que sobrevivem às mudanças de modo de pensar de seu autor.

Edimburgo, março de 1994 NEIL MACCORMICK

LEITURAS SUPLEMENTARES

Capítulo 1

crítica:

D. Lyons: "Justification and Judicial Responsibility", *California Law Review* 72, 1985, 178-99 em 196-9.

B. Anderson: *Discovery in Judicial Decision-Making*, Edimburgo, tese de doutorado da University of Edinburgh, 1992.

resposta:

MacCormick: "Why Cases have *Rationes* and What these are", em L. Goldstein (org.), *Precedent in Law*, Oxford, Clarendon Press, 1987, pp. 155-82 (cap. 6).

MacCormick: "Reconstruction after Deconstruction: A Response to CLS", *Oxford Journal of Legal Studies*, 10, 1990, pp. 539-58.

Capítulos 2 e 3

crítica:

P. White: Review, *Michigan Law Review* 78, 1979-1980, 737-42.

A. Wilson: "The Nature of Legal Reasoning: A Commentary with respect to Professor MacCormick's Theory", *Legal Studies* 2, 1982, 269-85.

B. S. Jackson: *Law, Fact, and Narrative Coherence*, Merseyside, Deborah Charles Publications, 1988, especialmente cap. 2.

resposta:

MacCormick: "The Nature of Legal Reasoning: a brief Reply to Dr. Wilson", *Legal Studies*, 1982, 286-90.

MacCormick: "Notes on Narrativity and the Normative Syllogism", *International Journal for the Semiotics of Law*, 4, 1991, 163-74.

MacCormick: "Legal Deduction, Legal Predicates, and Expert Systems", *International Journal for the Semiotics of Law* 5, 1992, 181-202; e ver idem 203-14 (Jackson) e 215-24 (MacCormick).

Capítulos 4 e 5

crítica:

M. J. Detmold: *The Unity of Law and Morality*, Londres, Routledge, 1988.

Steven J. Burton: "Professor MacCormick's Claim regarding Universalization in Law", em C. Faralli, E. Pattaro (orgs.), *Reason in Law*, vol. II, Milão, Dott A Giuffré, 1988, 155-66.

resposta:

MacCormick: "Universalization and Induction in Law", em C. Faralli, E. Pattaro (orgs.), *Reason in Law*, Milão, Dott A Giuffré, 1987, 155-66.

MacCormick: "Why Cases have *Rationes*...", *cit. supra*.

Capítulo 6

crítica:

B. Rudden: "Consequences" *Juridical Review* 24, 1979, 193-205.

resposta:

MacCormick: "On Legal Decisions and Their Consequences: From Dewey to Dworkin", *N.Y.U. Law Rev.* 58, 1983, 239-58.

MacCormick: "*Donoghue* v. *Stephenson* and Legal Reasoning", em T. Burns & S. J. Lyons (orgs.), *Donoghue* v.

Stevenson and the Modern Law of Negligence, Vancouver, B.C., Continuing Legal Education of British Columbia, 1991, 191-213.

Capítulo 7

crítica:

Jackson: *Law, Fact and Narrative Coherence, cit. supra.*

B. B. Levenbook: "The Role of Coherence in Legal Reasoning", *Law and Philosophy* 3, 1984, 355-74.

P. Nerhot (org.): *Legal Knowledge and Analogy*, Dordrecht, Kluwer Academic Publishers, 1991.

resposta:

MacCormick: "Coherence in Legal Justification", em W. Krawietz *et al* (orgs.), *Theorie der Normen*, Berlim, Duncker & Humblot, 1984, 37-54.

MacCormick, "The Coherence of a Case and the Reasonableness of Doubt", *Liverpool Law Review* 2, 1980, 45-40.

Capítulo 8

outras considerações:

MacCormick: "Argumentation and Interpretation", *Ratio Juris* 6, 1993, 16-29.

MacCormick: "Why Cases have *Rationes...*", *cit. supra*.

Capítulo 9

outras considerações:

MacCormick: "Discretion and Rights", *Law and Philosophy* 8, 1989, 23-36.

MacCormick: "On Open Texture in Law", em D. N. MacCormick & P. Amselek (orgs.), *Controversies about Law's Ontology*, Edimburgo, Edinburgh University Press, 1991, 72-83.

Capítulo 10

crítica:

K. Haakonssen: "The Limits of Reason and the Infinity of Argument", *Archiv für Rechts- und Sozialphilosophie* 67, 1981, 491-503.

resposta:

MacCormick: "The Limits of Reason: A Reply to Dr. Knud Haakonssen", *A.R.S.P.* 67, 1981, 504-9.

MacCormick: "Legal Reasoning and Practical Reason", em P. A. French *et. al.* (orgs.), *Midwest Studies in Philosophy VII*, Mineápolis, 1982, 271-86.

ver também:

R. Alexy: *Theory of Legal Argumentation* (trad. ing. R. Adler e N. MacCormick), Oxford, Clarendon Press, 1988.

D. N. MacCormick e R. S. Summers (orgs.): *Interpreting Statutes: A Comparative Study*, Aldershot, Dartmouth Publishing Co., 1991.

RELAÇÃO DE CASOS

I. Introdução

(a) A perspectiva da investigação

A idéia de que a razão tem um papel a desempenhar na organização das relações humanas tem uma longa história. Ela está associada à visão de que algumas coisas são certas "por natureza" para os seres humanos. Outras são certas meramente por convenção ou por legislação. Existam ou não leis que impõem a proibição do assassinato, seria errado que seres humanos tirassem a vida uns dos outros intencionalmente. Por outro lado, parece estranho supor que estacionar o carro numa rua específica pudesse ser considerado um ato condenável se não existisse nenhum esquema de regulamentação adotado em termos conscientes.

Se existem atos que são sempre errados simplesmente em virtude da natureza dos seres humanos – ou, em termos mais gerais, da "natureza das coisas" –, pode-se chegar à conclusão de que o exercício da razão deveria bastar para determinar quais atos são certos ou errados por natureza. E, mesmo no caso de questões de uma arbitrariedade mais aparente, como, por exemplo, as regras de estacionamento ou as regras associadas a pesos e medidas, pode-se argumentar que a razão nos revela a necessidade de ter alguma norma como padrão comum.

Como existe uma grande quantidade de automóveis particulares, caminhões e outros veículos, haverá um congestionamento gravíssimo se o ato de estacionar for totalmente isento de restrições; e nenhuma quantidade de tentativas de desprendimento inteligente por parte de indivíduos conseguirá resolver o problema. O melhor então é que haja alguma forma de legislação relativa a regras de estacionamento, destinada a garantir a conveniência geral do público, que mantenha um equilíbrio entre os inconvenientes das restrições ao estacionamento e os inconvenientes do excessivo congestionamento das ruas. Se existe o comércio de mercadorias, que exista também algum sistema estabelecido de comum acordo referente a pesos e medidas, razoavelmente adequado à medição da faixa de quantidades comercializadas com maior freqüência.

A idéia, expressa de uma forma por lorde Stair nos termos de que "A lei é o ditame da razão que determina a cada ser racional aquilo que é congruente e conveniente para sua natureza"[1], é no mínimo tão antiga quanto os textos de Platão e Aristóteles, e naturalmente exerceu profunda influência sobre a evolução do pensamento jurídico ocidental, no qual foi formulada e reformulada muitas vezes e de muitos modos. Seja bem fundamentada ou não, trata-se de uma crença que influenciou profundamente a forma e a substância dos sistemas jurídicos (em suas várias "famílias") que se desenvolveram na Europa e de lá foram levados para os quatro cantos da Terra.

Não é, porém, uma crença que tenha deixado de ser contestada; nem o questionamento, por sua vez, deixou de ter influência. A David Hume, talvez mais que a qualquer outro, cabe o crédito, se é que se pode chamar de crédito, pelo ceticismo mais fundamental quanto aos limites da razão em assuntos práticos[2]. Reduzida a seus elementos es-

---

1. James, 1st Viscount Stair, *Institutions of the Law of Scotland* (2.ª ed., Edimburgo, 1893, ou edições subseqüentes, também Edimburgo) I. i. 1.

2. Ver em especial David Hume, *A Treatise of Human Nature* (muitas edições), Livro II, Parte III, § III; e Livro III, Parte I, §§ I e II, e Parte III, §§ I e II; para um esclarecimento e retratação parcial, ver Hume, *Enquiry Concerning the Principles of Morals* (muitas edições), Apêndice I. O próprio Hume considerava sua obra *Enquiry* sua afirmação melhor e definitiva sobre o tópico em questão.

senciais, sua argumentação é a de que nossa faculdade de raciocinar consegue funcionar apenas mediante a existência de premissas. A partir de certas premissas, podemos, por meio da razão, chegar às conclusões que derivam delas. E, na realidade, a razão pode nos orientar quando procuramos comprovar a veracidade ou falsidade de asserções referentes a matérias de fato ou a proposições existenciais em geral. No último caso, porém, a lógica tem um papel secundário, já que somente pode operar com provas já fornecidas por nossas várias impressões sensoriais.

O mesmo vale para as questões práticas: se tenho um compromisso marcado para a quarta-feira e se hoje é quarta-feira, hoje é o dia no qual eu deveria cumprir meu compromisso. A necessidade dessa conclusão é de fato uma questão determinada pela lógica. No entanto, a conclusão tem força *prática* para mim (Será que *vou* cumprir meu compromisso?) apenas na medida em que as premissas a tenham. Que eu deveria cumprir meus compromissos é na realidade uma dessas premissas que, por sua vez, é, sem dúvida, derivada ou derivável de "Todos deveriam cumprir seus compromissos". Mas, em que consiste a demonstração racional dessa proposição?

Talvez possa ser demonstrado que o uso de várias formas de discurso pelas quais as pessoas podem "assumir compromissos" entre si possibilita uma enorme conveniência para as pessoas na organização de suas relações, desde que elas realmente tratem os compromissos assumidos como obrigações (ou outros tipos de promessa). Contudo, é uma questão de "bom senso" preferir essa conveniência geral à alternativa, ao inconveniente de deixar que o acaso determine quando nos encontraremos até mesmo com aqueles com quem temos negócios a realizar? Não é mais uma questão de disposição da vontade baseada em algum simples sentimento de preferência ou aprovação que sentimos para com o estado de coisas anterior, um sentimento que de fato expressamos ao chamar a ocasião de "conveniente"?

E o mesmo também vale para os casos mais simples: por que dizer que a razão nos ensina que não deveríamos nos matar uns aos outros? Não seria de fato o caso de que, em circunstâncias normais, temos um sentimento simples e direto de repugnância por atos de violência perpetrados por seres humanos contra seres humanos? E, na realidade, se não fosse assim, não seria concebível que algum dia *tomássemos alguma atitude* a respeito? Concebível que realmente fizéssemos questão de cumprir compromissos ou de refrear nossas reações mais violentas contra nosso próximo? Ou que nos dispuséssemos a censurar os outros por desrespeitar compromissos ou a impedi-los de cometer violência contra terceiros?

Em resumo, são dessa natureza os argumentos com os quais Hume procurou justificar seus conhecidos comentários sobre a "razão" ser "escrava das paixões"[3]; e sobre a impossibilidade de inferir uma "asserção do que deveria ser" a partir de uma "asserção do que é"[4].

Aos argumentos de Hume houve apenas uma resposta efetiva, proposta em primeiro lugar por seu contemporâneo mais jovem Thomas Reid[5] (sucessor de Adam Smith na cátedra de Filosofia Moral na Universidade de Glasgow). O que Reid disse foi que Hume estava certo ao afirmar que não podem ser dadas razões para premissas morais fundamentais. Não existem afirmações de "fatos puros" que possamos oferecer para dar sustentação a não importa o que seja que apresentemos como nossas premissas fundamentais em argumentações morais. Ademais, ocorre que essas premissas morais fundamentais são necessariamente associadas a disposições dos afetos e da vontade. Não é verdade, porém, que elas também não sejam apreendidas pela razão

---

3. Hume, *Treatise*, Livro II, Parte III, § III, 5º parágrafo.

4. Hume, *Treatise*, Livro III, Parte I, § I, último parágrafo.

5. Ver Thomas Reid, *Essays on the Powers of the Human Mind* (Edimburgo, 1819, vol. III, ensaio V, especialmente capítulo VII – i.e., Ensaio V dos *Essays on the Active Powers*); a respeito de "é/deveria ser", ver p. 578 do vol. iii da edição de 1819 de *Essays*.

e, nesse sentido, sejam racionais. Nossa adesão a princípios gerais – por exemplo, que nenhum ato de violência deveria ser cometido contra seres humanos exceto em certas circunstâncias que o justifiquem ou relevem – é uma manifestação de nossa racionalidade, em contraste com nossas reações meramente impulsivas e animais diante das circunstâncias. Para Reid, a razão não é, e com toda a certeza não deveria ser, escrava das paixões. (Em parte, de modo bem característico em Reid, essa é uma réplica injusta a Hume, que decerto reconhecia [por exemplo] uma diferença entre nossas "paixões calmas" mais acomodadas e nossas reações mais violentas e impulsivas às circunstâncias. Resta uma importante divergência entre eles quanto à questão de determinar se todas as nossas atitudes mais frias e coerentes são um aspecto de nossa "razão".)

Vale acrescentar que a obra de pensadores como, por exemplo, Adam Smith[6], Adam Ferguson[7], John Millar[8] e Karl Marx[9] demonstrou de modo bastante convincente uma forte correlação entre as opiniões morais e normas legais realmente adotadas pelos seres humanos e as formas cambiantes da vida social e econômica. Que, na medida do possível, devesse ser permitido que as pessoas conduzissem suas próprias atividades por meio de contratos voluntários, que, uma vez firmados, deveriam ter seu cumprimento imposto com rigor e imparcialidade pelas autoridades públicas é, por exemplo, uma opinião característica do modo de orga-

---

6. Adam Smith, *Lectures on Justice, Police, Revenue and Arms*, org. E. Cannan (Oxford, 1896); um novo texto organizado por P. G. Stein e R. Meek deve ser publicado em Oxford em 1977 ou 1978. Para uma exposição esclarecedora das opiniões de Smith sobre este assunto, ver Andrew Skinner, "Adam Smith: Society and Government", em *Perspectives in Jurisprudence*, org. Elspeth Attwooll (Glasgow, 1977).

7. Adam Ferguson, *Essay on the History of Civil Society* (1.ª ed., Edimburgo, 1767; nova edição por Duncan Forbes, Edimburgo, 1966).

8. John Millar, *The Origin of the Distinction of Ranks* (Edimburgo, 1806); reeditado, junto com seleções de outras obras em W. C. Lehmann, *John Millar of Glasgow* (Cambridge, 1960).

9. Ver E. Kamenka, *Marxism and Ethics* (Londres, 1969).

nização social que Smith chamou de "comercial" e Marx, de "burguês", e na realidade peculiar a esse modo de organização social.

Se isso deve ser interpretado de acordo com a linha de pensamento humiana, como uma indicação de que as disposições de nossos sentimentos e vontades são moldadas em termos simples e inevitáveis pelo ambiente social no qual nos encontramos, ou de acordo com linhas de pensamento mais favoráveis a Reid (ou Smith, ou Marx), como uma indicação de que somente em determinadas circunstâncias a razão pode atingir seu pleno desenvolvimento, é uma questão na qual não precisamos nos deter por enquanto. Basta que tenhamos delineado os aspectos essenciais do nosso problema: o problema do ponto até o qual a determinação da ordem nas relações humanas é uma questão de razão. Como podemos ver, há argumentos substanciais de um lado e do outro; e ambos os conjuntos de argumentos foram influentes em termos importantes.

Nos capítulos que se seguem, acompanharei o ponto que é comum a Hume e Reid, quando pressupõem a idéia de que qualquer modalidade de argumento avaliatório deve envolver, ter por base ou pressupor algumas premissas essenciais que não são em si prováveis, demonstráveis ou confirmáveis em termos de razões suplementares ou ocultas. Nesse sentido, nossas premissas normativas fundamentais não são derivadas da razão, não são produto de uma cadeia de raciocínio lógico.

Como veremos, isso não significa o mesmo que dizer que não se possa apresentar absolutamente nenhum motivo para acatar essas premissas normativas fundamentais – "princípios" – como base para atos e julgamentos. Contudo, as razões que podem ser apresentadas não são conclusivas em sua natureza, nem são igualmente convincentes para todos. Pessoas honestas e razoáveis podem divergir e realmente divergem até mesmo quanto a questões de princípio fundamentais, cada uma com razões que lhe parecem boas para a visão que adota.

Até esse ponto, acompanho o pensamento de Hume na suposição de que um fator determinante em nossa concordância com um ou outro princípio normativo esteja em nossa natureza afetiva, em nossos sentimentos, paixões, predisposições da vontade – qualquer que seja o termo adequado. O fato de que as pessoas possuem naturezas afetivas diferentes, diferenças de sentimento, paixão, predisposição, pode portanto ser apresentado como explicação para divergências morais fundamentais. Além disso, também parece ser verdadeiro que a natureza afetiva de cada um é moldada, em termos consideráveis – ou até totalmente determinada –, pelo aspecto social, de modo que nossas atitudes individuais são, em grande parte, constituídas de algo que é mais um reflexo das condições materiais impostas pelas formas econômicas da sociedade à qual pertencemos do que uma reflexão sobre essas condições.

Não obstante, não se pode negligenciar o ponto no qual tanto Reid como Kant[10] insistiam quanto à relevância da "razão prática". O fato de nossa adesão a princípios fundamentais nas esferas avaliatória e normativa não ser derivada pelo raciocínio a partir de conhecimento adicional de natureza científica ou factual do mundo, nem ser justificável pelo raciocínio dessa espécie, não demonstra que nossa adesão a tais princípios seja outra coisa que não uma manifestação de nossa natureza racional.

Os seres humanos não são organismos acionados pela mera reação a estímulos no ambiente. Não se trata meramente de podermos fornecer razões explanatórias para dar conta dos atos dos humanos como para os movimentos de subida e vazante da maré; ocorre também que os seres humanos agem por *razões*, quando chegam a agir; e nenhuma "explicação" do comportamento humano que deixe de fa-

---

10. Ver H. J. Paton, *The Moral Law* (Londres, 1948), que consiste num comentário e tradução de *Fundamentos da metafísica dos costumes*, de Kant; também Jeffrie G. Murphy, *Kant: the Philosophy of Right* (Londres, 1970).

zer referência às razões subjetivas pelas quais um ato é realizado pode ser completa ou adequada. Para qualquer variedade de *behaviorismo* que negue esse fato de modo explícito ou implícito, há uma resposta conclusiva tão devastadora quanto simples: não pode estar errado ser antropomórfico acerca de pessoas.

Não importa qual seja a base de nossa adesão a esses princípios de conduta que consideramos fundamentais, para os seres humanos eles pertencem à categoria das razões para agir e das razões para julgamentos e para reações críticas ou aprobatórias dos atos alheios. E ainda, como não são *ad hoc* nem *ad hominem*, mas universais em seu teor e sua referência aos seres humanos como tal, ou a categorias de seres humanos, existe de fato (como Reid e Kant insistiram) um bom embasamento para distingui-los de simples reações emocionais ou animais a circunstâncias imediatas; e mesmo daquilo que Hume chamou de "paixões calmas". Eles representam uma tentativa de impor um padrão racional a nossos atos – do mesmo modo que a iniciativa científica impõe esquemas gerais aos acontecimentos observados, no esforço de fornecer uma explicação racional e estruturada para eles. Pelo menos no nível formal, há analogias válidas a serem extraídas entre a razão "pura" e a razão "prática".

A tentativa de expressar princípios para a ação pertence ao terreno da argumentação voltada para as questões práticas da vida. Ela se interessa pela orientação de decisões, julgamentos, avaliações e tudo o mais. Isso não quer dizer que todas as nossas razões para agir sejam baseadas em princípios, nem que as pessoas não costumem agir de modo meramente impulsivo. Contudo, na medida em que, pelo menos às vezes, agirmos e julgarmos com base em princípios em vez de por alguma razão *ad hoc*, é nossa natureza racional tanto quanto de fato nossa natureza afetiva que se manifesta nesse ato. É isso o que ocorre mesmo que se deva admitir que a afetividade, no mínimo tanto quanto a racionalidade, está envolvida em nossa adesão a alguns princípios específicos de preferência a outros[11].

Tudo o que se disse até agora é inevitavelmente abstrato e rarefeito. Mesmo que seja inteligível, ainda não está comprovado nem justificado em nenhum sentido. Trata-se de fato de uma declaração programática da opinião a ser apresentada neste livro, com referência a uma esfera específica da atividade prática: a tomada de decisões e sua justificação no direito.

O livro tem, portanto, dois objetivos. Um é o de explicar, afirmar e justificar a tese já esboçada em termos abstratos acerca da razão prática. O outro é apresentar uma explicação da natureza da argumentação jurídica como manifestada no processo público de litígios e decisões judiciais referentes a disputas sobre questões de direito. Por ser jurista, espero particularmente contribuir para uma melhor compreensão do que costuma ser chamado de "processo judicial"; e, se tiver sucesso mesmo que parcial nessa empresa, este livro terá tido alguma utilidade. Não creio, porém, que se possa dizer muito que seja esclarecedor sobre a racionalidade do processo judicial sem alguma perspectiva filosófica mais ampla do tipo já delineado. Por isso, espero também fazer alguma contribuição para a filosofia prática na elaboração dessa perspectiva. Poderei no mínimo prestar algum pequeno serviço ao tornar mais acessível a filósofos que não sejam advogados alguns elementos do que talvez seja uma forma de raciocínio singularmente pública e publicada; e, portanto, um recurso de grande interesse potencial para filósofos: ou seja, as sentenças registradas e os pareceres de justificação de tribunais de justiça.

11. Sujeita à asserção de um papel mais ativo da "razão" do que o que Hume admite, essa visão não é de todo dessemelhante da apresentada em *Enquiry*, Apêndice I; mas ver também o capítulo X deste livro.

(b) O objeto da investigação

O objeto de minha investigação é o processo de raciocínio que nos é revelado em sentenças publicadas de Tribunais de Justiça. São dois os sistemas jurídicos: o inglês e o escocês, com os quais estou razoavelmente familiarizado; e a maioria de meus exemplos será extraída deles, embora eu também faça referência a aspectos de outros sistemas jurídicos, aí incluído o dos Estados Unidos e de outros países que adotam o "direito consuetudinário" dentro da Comunidade Britânica; e, até onde se estenda meu parco conhecimento, ao direito romano e sistemas civis modernos, em especial o francês.

As conclusões a que chego, por serem baseadas em provas específicas, serão portanto restritas em seu raio de ação; e não afirmo estar demonstrando verdades necessárias sobre a argumentação jurídica em todos os cantos do mundo. Mesmo assim, na medida em que eu seja capaz de explicar meus exemplos específicos em termos de premissas filosóficas mais gerais, meu objetivo será o de oferecer hipóteses sugestivas dignas de serem testadas para verificação de seu valor explanatório em relação a outros sistemas jurídicos, tarefa que exigiria um estudo comparativo fora de meu alcance no momento. Se algum sistema jurídico for esclarecido por essa abordagem, deverá ser algum do Reino Unido contemporâneo. E, se eles não forem explicados e esclarecidos de modo satisfatório, este livro não terá absolutamente nenhum valor. Se o forem, ele poderá ser de valor e interesse mais gerais.

Ao longo dos três últimos séculos, no mínimo, desenvolveu-se uma prática de elaboração de coletâneas sobre as sentenças dos tribunais superiores na Inglaterra, no País de Gales e na Escócia. E o mesmo vale para outros países ocidentais. Sem dúvida, um motivo específico para a prática de relatar sentenças foi a importância dos precedentes como fonte formal do direito nos sistemas britânicos (em termos históricos, mais na Inglaterra que na Escócia); mas houve também o desenvolvimento de semelhante geração de coletâneas em outras jurisdições, como, por exemplo, a francesa, na qual não existe nenhuma doutrina semelhante de precedentes vinculantes – pelo menos não no sentido estrito e formal.

Essas coletâneas sempre contêm alguma narração dos fatos pertinentes à questão em foco no caso relatado; com freqüência algum esboço dos argumentos de advogados de ambas as partes; e invariavelmente (nos últimos tempos) um relato do parecer proferido pelo juiz para justificar sua decisão bem como (invariavelmente) uma declaração da sentença específica proferida para cumprimento pelas partes litigantes.

Uma característica dos sistemas britânicos, compartilhada pela maioria dos sistemas de "direito consuetudinário", é que os julgamentos, tanto civis como criminais, são em sua maioria realizados em primeira instância diante de um único juiz, que pode ou não ser auxiliado por um júri responsável pela decisão sobre matérias de fato quando houver uma disputa a respeito de fatos. É somente quando uma das partes de um caso resolve questionar a decisão em primeira instância, por meio de um recurso, que uma disputa normalmente se apresenta diante de um tribunal composto por mais de um juiz.

Contrariamente, na maioria dos sistemas do direito romano, a norma geral é que todos os casos, salvo os mais insignificantes, sejam examinados por tribunais colegiados com mais de um juiz; e existe mais uma norma, geralmente observada, de que o próprio Tribunal profira uma única sentença que de modo algum revele qualquer desacordo entre os membros do Tribunal no que diga respeito à decisão correta para o caso. Essa norma – ou convenção – vale para todos os níveis do sistema judiciário nessas jurisdições de tal modo que, por exemplo, mesmo a *Cour de Cassation* na França divulga apenas uma única declaração – em si bastante esquemática – para suas mais importantes decisões como último tribunal de recursos para questões civis e criminais na França.

No direito inglês ou no escocês, por outro lado, os tribunais de recursos seguem um modelo totalmente diferente. Neles, quase invariavelmente, há diversos juízes – três ou mais –, cada um dos quais normalmente expõe sob a forma discursiva seu próprio parecer sobre os pontos levantados no caso, de tal modo que a decisão do tribunal é baseada numa decisão de maioria simples entre os juízes, que podem elaborar pontos de vista totalmente diferentes, até mesmo opostos, ao defender a decisão à qual são favoráveis.

Esse estilo de julgamento torna visível, de modo mais franco e aberto que no estilo do continente europeu, o fato de que em muitas questões jurídicas em disputa é possível haver mais de um ponto de vista; mais de uma resposta que pode ser dada e sustentada aludindo-se à "lei". Poucos advogados do continente europeu negariam isso, se é que algum o faria, mas muitos apoiariam com firmeza a prática de manter por trás de portas fechadas as discussões jurídicas acerca do certo e do errado, para que o julgamento do tribunal em sua apresentação final contribua mais para a fé na relativa certeza da lei do que para a revelação de sua relativa incerteza[12].

Sem entrar em nenhum debate quanto aos méritos de abordagens alternativas neste tema considerado como uma questão técnica de caráter jurídico-político da organização de um sistema jurídico, eu poderia mencionar uma vantagem, para meus objetivos, na tradição britânica. Da prática de permitir que cada juiz declare publicamente seu parecer, deriva o fato de os juízes realmente se engajarem numa discussão pública entre si. Num caso difícil, cada juiz expõe aquelas que lhe parecem ser as melhores razões para uma

---

12. Para um interessante exame da relativa falta de explicitude da argumentação judicial *conforme relatada* na França, e para sugestões quanto a uma reforma, incluindo a admissão de pareceres divergentes, ver A. Touffait e A. Tunc, "Pour une motivation plus explicite des décisions de justice", *Revue trimestrielle de droit civil* (Paris, 1974, p. 487).

forma de decisão e também rebate quaisquer razões que indiquem uma direção contrária. Um forte motivo para a clara exposição desses contra-argumentos é que um juiz discordante pode ter articulado de modo convincente as próprias razões que precisam ser atacadas para que a justificação da opinião da maioria se sustente.

A menos que se suponha que, num sistema colegiado de julgamento, os tipos e bases das divergências que ocorrem a portas fechadas sejam fundamentalmente diferentes daqueles que ocorrem abertamente nos sistemas britânicos, pode-se considerar que estes últimos sistemas tornam mais públicos alguns aspectos da argumentação jurídica do que os primeiros.

Sem dúvida, é uma conseqüência do ambiente dialético do julgamento britânico de recursos que, caracteristicamente, se apresente uma investigação muito mais meticulosa dos argumentos em prol de uma decisão e da outra, do que naqueles sistemas que na realidade expressam apenas um conjunto de razões suficientes para justificação daquilo que pode ser somente uma decisão de maioria, e que não precisa ensaiar nem rebater nenhum eventual argumento contrário.

Outra peculiaridade que distingue os sistemas com os quais estou lidando basicamente dos sistemas do continente europeu é a ausência de uma magistratura de carreira. Enquanto na tradição "do direito romano" – deixando-se de lado sistemas "mistos" como o dos escoceses – é normal que homens e mulheres jovens e altamente qualificados entrem direto para o quadro de juízes do Estado após a conclusão de sua formação básica em direito (geralmente mais prolongada do que é comum entre nós), a tradição do Reino Unido e do mundo do "direito consuetudinário" é que a magistratura seja recrutada entre os que tiverem se estabelecido com sucesso no exercício da profissão de advogado; e entre esses, de modo predominante, se não total, aqueles que tiverem se especializado como advogados atuantes nos tribunais. Na Inglaterra, no País de Gales e na Escócia, é tipicamente o advogado maduro e bem-sucedido, admitido na Ordem e atuante nos tribunais superiores, que, na meia-idade, é alçado à magistratura.

Portanto, não deveria surpreender se, em termos consideráveis, o estilo da argumentação dos magistrados naquela tradição espelha o estilo da argumentação de advogados. Com efeito, seria de esperar que cada função exercesse um grau de influência recíproca sobre a outra. O advogado competente elabora para sua parte no caso uma argumentação que ele espera vir a ter peso junto ao tribunal, por ser o tipo de argumentação que o tribunal terá bons motivos para adotar, sem dúvida com modificações, como uma razão forte e compelativa para uma decisão favorável àquela parte. O juiz ou juízes, deparando-se com uma escolha a fazer entre dois lados em cujo interesse essas argumentações foram elaboradas, devem decidir a favor de um lado ou do outro e, por convenção (se não por lei, como costuma ser o caso no continente europeu), devem dar as razões para sua decisão. De modo não surpreendente, as razões que fornecem devem muito à argumentação oferecida pelos advogados que se apresentam diante deles. Mesmo quando rejeitam um argumento, eles costumam fazer a cortesia de indicar aos advogados por que não o aceitaram.

Mesmo que não houvesse comprovação sociológica (como na realidade há[13]) de que até certo ponto os magistrados bem como os advogados nutrem expectativas normativas comuns referentes ao que constitui uma argumentação pertinente e aceitável nos termos da lei a respeito de um determinado ponto, os fatos já mencionados levariam à dedução de que há normas compartilhadas em meio aos juízes, da mesma forma que entre magistrados e advogados, que determinam quais tipos de argumentação têm e

---

13. Quanto a este ponto, reconheço minha total dívida para com a tese de doutorado do dr. A. A. Paterson, "A Sociological Investigation of the Creative Role-Performance of English Appellate Judges in Hard Cases" (Oxford, 1976), que tive a sorte de ler como supervisor nos estágios finais da pesquisa do dr. Paterson.

deveriam ter peso em questões de litígio. Com efeito, existe no interior de cada sistema jurídico, e dentro do mesmo sistema em diferentes pontos no tempo, um estilo comum de argumentação que se pode observar. De um local para outro, e de uma época para outra, há diferenças de estilo mais ou menos notáveis, ou classes divergentes de estilo.

Aqui não será meu objetivo principal tratar de variações locais ou temporais de estilo, por mais interessantes que elas sejam como indicadoras, por exemplo, de modificações na definição dos papéis de juízes ou advogados. Meu esforço será para destacar aqueles que me parecerem elementos mais invariáveis na argumentação jurídica (com relação aos quais indicarei motivos para que sejam e devam ser considerados invariáveis).

Meu motivo para mencionar a questão do estilo consiste no fato de que ela explicita o que, encarado com reflexão, é obviamente verdadeiro: que a argumentação, pelo menos no sentido da argumentação pública, é em si uma atividade conduzida de acordo com cânones normativos mais ou menos vagos ou definidos, implícitos ou explícitos. Fazemos distinção entre argumentos bons e ruins, mais sólidos e menos sólidos, pertinentes e não pertinentes, aceitáveis ou inaceitáveis, em relação a controvérsias filosóficas, econômicas, sociológicas ou, acima de tudo, jurídicas sobre determinados focos de disputa. Isso é possível somente por existirem critérios (que tanto podem ser como podem não ser vagos e pouco explícitos) do que é bom ou ruim, do que é mais ou menos sólido, da pertinência, aceitabilidade e assim por diante. No nível mais superficial, critérios para modos aceitáveis de apresentação também entram em jogo, e a obediência a esses critérios determina o estilo em certa medida. (No nível mais básico, também seria possível observar, as normas da lógica formal funcionam como critérios que distinguem o que não é sólido por ser intrinsecamente contraditório do que é válido por ser irrefutável sem contradição intrínseca. Concluímos, pois, que devemos rejeitar argumentos ilógicos somente se, ou porque, reconhecemos que existem boas razões para evitar a autocontradição.)

Qualquer estudo da argumentação jurídica é, portanto, uma tentativa de perscrutar e explicar os critérios referentes ao que constitui um tipo positivo ou negativo, aceitável ou inaceitável de argumento perante a lei.

Isso posto, uma pergunta imediatamente se apresenta a respeito do tipo de investigação no qual estamos embarcando: ela é *acerca* de normas ou é em si normativa? Devo eu simplesmente, pelo estudo mais abrangente possível dos tribunais em funcionamento, procurar uma descrição exaustiva das normas de fato operantes entre os magistrados e entre os advogados? Ou devo apresentar minha própria exposição de como as pessoas que argumentam em funções jurídicas deveriam argumentar em juízo?

Entre essas duas possibilidades existe um meio-termo que é o caminho que pretendo seguir. Não é minha meta nem minha pretensão fornecer uma descrição exaustiva de todos os elementos possíveis na argumentação jurídica como se apresentam concretamente nos tribunais e aparecem registrados nas coletâneas de jurisprudência. De modo semelhante, não me isolo das realidades dos sistemas jurídicos e promulgo de minha posição altaneira meus próprios decretos arbitrários sobre como juízes e advogados deveriam debater. Pelo contrário, apresento uma exposição de certas características da argumentação jurídica que se encontram realmente exemplificadas nas coletâneas de jurisprudência, e explico as razões pelas quais creio que elas devam ser características fundamentais da argumentação jurídica, tendo em vista sua função. Essas razões eu ainda apresento como explicação dos motivos pelos quais tais características são na realidade extremamente comuns na prática da argumentação jurídica, como pode ser demonstrado por uma infinidade de exemplos. Minhas conclusões mostram, portanto, uma dupla face: por seus próprios méritos elas são normativas e, mesmo assim, acredito que descrevam normas realmente operantes dentro dos sistemas estudados. Sob este último aspecto, estou apresentando hipóteses cuja falsidade pode ser comprovada no mais alto grau. Se elas forem falsas em sua representação do processo de argumentação em qualquer sistema, deve haver, nesse sentido, um bom volume de comprovação disponível. É claro que um ou outro exemplo contrário não comprovaria necessariamente a falsidade da hipótese; pois, se os únicos exemplos do caso contrário fossem em pequena quantidade, ainda me restaria, evidentemente, a capacidade de argumentar que esses são exemplos genuínos de casos que se desviam de normas realmente operativas, não que eu tenha errado ao afirmar o que suponho serem normas operativas. Por minha própria conta, posso simplesmente tratá-los como exemplos de má argumentação.

(c) A função justificatória da argumentação jurídica

Um momento atrás falei de características da argumentação jurídica que, creio eu, "deveriam ser características fundamentais da argumentação jurídica tendo em vista sua função". Qual é então sua função? Toda essa investigação estará baseada em algum funcionalismo ingênuo?

Em contextos práticos os argumentos costumam ser apresentados com o objetivo de persuadir. Eles almejam atingir um público específico com o intento de convencê-lo a fazer algo. Referem-se, assim, em certa medida, tanto ao público como ao tópico, um ponto afirmado pela primeira vez em forma registrada nas obras *Tópicos* e *Retórica* de Aristóteles, e habilmente ressuscitados pelo professor Ch. Perelman em suas numerosas contribuições para "*La Nouvelle Rhétorique*"[14]. Todos sabem que estilos diferentes e até

---

14. Ver, por exemplo, Ch. Perelman e L. Olbrechts-Tyteca, *La Nouvelle Rhétorique: traité de l'argumentation* (1.ª ed., Paris, 1958; trad. ing. Notre Dame, Indiana e Londres, 1969) [trad. bras. *Tratado da argumentação – a nova retórica*, São Paulo, Martins Fontes, 1996]; Ch. Perelman, *Logique juridique: nouvelle rhétorique* (Paris, Dalloz, 1976) [trad. bras. *Lógica jurídica*, São Paulo, Martins Fontes, 2.ª ed., 2004].

mesmo truques de argumentação são adequados a julgamentos em tribunais de júri e a recursos diante da Câmara dos Lordes. No entanto, em cada situação, o advogado está se esforçando para convencer o tribunal a decidir em favor de seu lado do caso.

Subjacente ao objetivo prático da persuasão, existe, ao que me parece, uma função de *justificação*, pelo menos de justificação ostensiva. Se um cidadão abre um processo contra outro pedindo, por exemplo, uma indenização por algum dano supostamente infligido pelo outro, é uma condição lógica do sucesso de seu pedido que ele seja capaz de demonstrar que a reivindicação é justificada. Se a outra parte negar a responsabilidade, ela deverá por sua vez demonstrar que a reivindicação não é justificada e, desse modo, seu pedido para ser absolvida da responsabilidade será uma demanda justificada. O juiz ou o tribunal diante do qual a ação é apresentada deverá – na medida em que haja controvérsia quanto ao que aconteceu realmente – chegar a alguma conclusão a respeito das provas do que de fato ocorreu; e deverá, à luz dessa conclusão, decidir se a reivindicação é justificada ou se a defesa (no sentido dado) é justificada. O raciocínio exposto no parecer judicial corrobora efetivamente a decisão na medida em que demonstra por que a ordem judicial proferida – seja uma decisão para concessão da indenização pretendida, no todo ou em parte, seja uma absolvição do réu – é justificada à luz dos fatos confirmados e das normas jurídicas pertinentes, além de outras considerações.

Em todos os momentos de um processo semelhante, a falta de sinceridade é uma possibilidade evidente: um advogado experiente pode conseguir convencer um juiz de que uma reivindicação que ele próprio não considera válida está justificada nos termos da lei. Um juiz pode (como ficamos sabendo com bastante freqüência) dar uma sentença favorável a uma querelante com um rostinho bonito ou proveniente de determinada classe social, na realidade porque gosta do rosto ou da classe (ainda de modo mais insidioso, por um preconceito inconsciente favorável ao rosto ou à classe), mas ostensivamente pelas razões que apresentar para sua decisão etc. e tal... (segue-se um encadeamento cuidadosamente elaborado e ostensivamente impecável de razões de cunho legal para sua decisão). Assim pode acontecer; assim, às vezes, quase com certeza deve acontecer.

Entretanto, a insinceridade é ainda mais reveladora que a sinceridade. Por que um advogado que quer ganhar uma causa para garantir seus honorários, mais do que por acreditar realmente na causa, não expressa sua posição? Por que o juiz não explicita sua razão ao conceder o divórcio à sra. McTavish só porque ela tem um narizinho arrebitado encantador? Porque essas não são aceitas como boas razões para a sustentação de reivindicações ou a concessão de divórcios nos termos do sistema. Quer sejam apresentados com sinceridade, quer não, somente aqueles argumentos que demonstram por que motivo se deveria fazer *x* são razões para exigir que se faça *x*, ou para fazê-lo. Quem trabalha dentro de um sistema desses consegue persuadir exatamente por convencer a platéia envolvida de que existem motivos de peso irrefutável pelos quais se *deveria* fazer *x*. Ou, no mínimo, por demonstrar que há boas razões ostensivamente justificadoras além de outros elementos no caso que poderiam constituir um apelo a preconceitos e predisposições tácitas.

Logo, a noção essencial é a de dar (o que se entende por, e é apresentado como) boas razões justificatórias em defesa de reivindicações ou decisões. O processo que vale estudar é o processo de argumentação como processo de justificação.

Não há necessidade de elaborar indevidamente um ponto que foi muitas vezes provado no passado a respeito da diferença entre processos de justificação e processos de descoberta[15]. Arquimedes pode realmente ter descoberto

15. Ver R. A. Wasserstrom, *The Judicial Decision* (Stanford e Londres, 1961, especialmente capítulos 1 e 2); D. H. Hodgson, *Consequences of Utilitarianism* (Oxford, 1967, especialmente pp. 83-5).

seu célebre princípio num lampejo ofuscante de percepção, resultante do transbordamento de sua banheira devido à sua própria imersão na mesma. (Pode até ser que ele tenha ficado tão fora de si a ponto de sair para a rua em Siracusa dando muitos gritos felizes de "heureca".) Contudo, muitas percepções repentinas foram brutalmente postas por terra quando os devidos testes foram realizados. O que justificou o fato de Arquimedes, ou qualquer outra pessoa, acreditar que corpos imersos em fluidos recebem um empuxo vertical equivalente ao peso do fluido deslocado, é que esse princípio pode ser comprovado por experimentos (o que, para os seguidores de sir K. Popper significa que muitos exemplos de comprovação experimental corroboraram o princípio, e nenhum demonstrou que era falso[16] – mas as teorias referentes à natureza da "comprovação" científica não são nosso interesse no momento).

De modo semelhante, o que leva um juiz a considerar vitoriosa uma parte em vez da outra é uma questão totalmente diferente do fato de saber se a reflexão nos revela haver boas razões justificatórias mais favoráveis a uma parte que à outra.

É claro que em princípio poderia ser o caso de, em sua natureza, razões legalmente justificatórias serem tão vagas e indeterminadas ao ponto de serem sempre compatíveis com uma decisão real a favor de um lado ou do outro; e, nesse caso, para fins práticos, o "processo da descoberta" sempre teria primazia sobre o "processo da justificação" – opinião que Jerome Frank, várias vezes, esteve perigosamente perto de afirmar[17]. Poderíamos, porém, afirmar a veracidade dessa visão somente se antes dedicássemos um sério estudo aos tipos de razões ostensivamente justificató-

---

16. K. R. Popper, *The Logic of Scientific Discovery* (edição revisada, Londres, 1968); cf. também P. D. Medawar, *Induction and Intuition in Scientific Thought* (Londres, 1969), M. J. Lessnoff, *The Structure of Social Science* (Londres, 1974, capítulo 1).

17. Ver Jerome Frank, *Law and the Modern Mind* (Nova York, 1936, pp. 100, 128).

rias que são apresentadas para decisões legais – essa seria uma condição necessária para demonstrar que elas não estão apenas esgarçadas, mas decididamente puídas e rasgadas. Logo, mesmo que todas as razões justificatórias de acordo com a lei nunca funcionem como algo mais do que razões ostensivamente justificatórias que atuam para acobertar decisões sempre motivadas por outras causas, a única forma possível de provar isso seria por meio de um estudo e análise razoavelmente exaustivos do que são, sob qualquer ponto de vista, razões pelo menos *ostensivamente* justificatórias. O melhor é então atacar logo esse ponto, para ver o resultado.

Na medida em que tem como sustentação crenças a respeito do que é exigido dentro do "sistema", o anteriormente exposto corteja perigosamente o risco de ser denunciado como um exemplo de funcionalismo ingênuo.

Funcionalista, em certo sentido, ele pode ser, mas não ingênuo, muito menos equivocado. Os juízes apresentam-se como solucionadores imparciais de disputas entre cidadãos ou de processos instaurados pelas autoridades públicas contra cidadãos. Eles assim se apresentam pelo menos porque, na tradição política dominante, é isso que se espera que eles sejam. São nomeados para fazer "justiça de acordo com a lei", e os cães de guarda do interesse público estão perpetuamente em alerta para ladrar atrás deles se parecerem agir de qualquer outro modo.

Para dizer o mínimo, são portanto fortes as pressões – aparentemente pressões muito eficazes – sobre os juízes para que pareçam ser o que supostamente devem ser. Logo, as razões que divulgam ao público para suas decisões devem ser razões que (desde que levadas a sério) façam com que eles aparentem ser o que se espera que sejam: em suma, razões que demonstrem que suas decisões garantem a "justiça de acordo com a lei", e que sejam pelo menos nesse sentido razões justificatórias.

De modo igual, portanto, os advogados que desejam ganhar suas causas estão avisados de que é recomendável que apresentem em nome de seus clientes razões que, em consonância com as aparências exigidas, sejam meritórias aos olhos dos magistrados. Em suma, razões justificatórias.

Há um certo tipo de tolice não de todo rara que, ao perceber a veracidade de observações semelhantes a essas, leva à conclusão precipitada de que tudo se resume a aparências. Essa poderia ser a verdade, mas exigiria comprovação de um tipo que ainda não foi apresentado. Na ausência de quantidade substancial de boas provas, parece razoável supor que juízes e advogados são, como todos os seres humanos, capazes de eventuais ataques de hipocrisia ou impostura; ou de interpretar preconceitos arraigados como se fossem a verdade revelada. No entanto, do mesmo modo, é mais comum que eles sejam honestos e honrados, capazes de verdadeiros esforços pela imparcialidade e objetividade, mesmo que nunca cheguem a alcançá-las totalmente. Além disso, através da prática, eles normalmente fizeram mais para desenvolver hábitos de imparcialidade do que muitos dos que os acusam com maior estridência.

Não é absolutamente uma questão de fato que o sistema que administram seja sistematicamente não-imparcial, ou seja, injusto. Quando observou que uma cuidadosa atenção a transições do que "é" para o que "deveria ser" subverteria "todos os sistemas vulgares de moralidade"[18], Hume não sabia metade da verdade do que estava dizendo – nem, com aquela sua fé no progresso típica do século XVIII, poderia ele ter tido qualquer visão antecipada das vulgaridades ainda por vir.

---

18. *Loc. cit. supra* p. 3, n. 4.

II. Justificação por dedução

No capítulo I, afirmou-se que, em relação à argumentação jurídica, "o processo que vale estudar é o processo de argumentação como um processo de justificação". Como juízo de valor, é uma afirmação indiscutivelmente questionável, mas delimita a principal área de investigação deste livro. Com relação a todos os tipos de atos e atividades, reivindicações e refutações, cidadãos de uma sociedade podem ser chamados a demonstrar a justificação legal para o que fazem. Em especial, como se exige que os juízes adotem apenas decisões que sejam justificadas nos termos da lei, eles precisam aplicar-se para descobrir qual das decisões pretendidas pelas partes de um processo está devidamente justificada. Como se exige que exponham as razões para suas decisões, eles não devem meramente refletir em profundidade. Devem declarar e explanar publicamente as razões justificatórias para suas decisões – daí decorrendo sua notável acessibilidade ao estudo.

Como mencionarei em breve, há quem negue que a argumentação jurídica consiga ser estritamente dedutiva. Se essa negação é feita no sentido mais rigoroso, com a implicação de que a argumentação jurídica nunca é, ou nunca pode ser, exclusivamente dedutiva em sua forma, nesse caso é claro e demonstrável que essa negação é falsa. Às vezes é possível demonstrar em termos conclusivos que uma determinada decisão é legalmente justificada por meio de um argumento puramente dedutivo. Para demonstrar a *possibilidade* da justificação puramente dedutiva, basta apresentar um único exemplo desse tipo de justificação. Sem mais cerimônias, passo portanto a apresentar um exemplo, cuja análise servirá para elucidar o conceito de "argumentação dedutiva".

Meu exemplo é o caso de *Daniels e Daniels* v. *R. White & Sons e Tarbard* ([1938] 4 All E.R. 258). Os fatos do caso foram os seguintes. O sr. Daniels foi a um bar e ali comprou uma garrafa de limonada (da marca R. White) e um caneco de cerveja. Levou-os para casa, onde bebeu um pouco da limonada e deu um copo para sua mulher, que também bebeu. Os dois tiveram sensações de ardência e adoeceram. Mais tarde foi determinado que a causa da enfermidade estava no fato de que a limonada que haviam consumido estava fortemente contaminada por ácido carbólico. Exames do conteúdo restante na garrafa de limonada comprovaram a existência de uma grande proporção de ácido carbólico.

Os queixosos, sr. e sra. Daniels, em seguida processaram o fabricante da limonada e o comerciante que a vendeu, reivindicando indenização para compensá-los por sua enfermidade, despesas de tratamento e perda de ganhos durante a doença. O fabricante acusado foi absolvido de responsabilidade (como veremos a seu tempo); o comerciante acusado foi considerado responsável e condenado a lhes pagar indenização. Com que justificação?

Antes de mais nada, permitam-me citar na íntegra o trecho pertinente do parecer do juiz Lewis, com a intenção de analisar subseqüentemente sua estrutura lógica:

> Era evidente que ela [i.e. a comerciante, a segunda ré] era totalmente inocente e sem culpa na questão. Três dias antes tinha recebido a garrafa dos primeiros réus e a vendeu no varejo ao marido; e o marido naturalmente é a única pessoa que detém quaisquer direitos contratuais e de violação da garantia contra ela. Não há questão de fato entre o marido e a sra. Tarbard. Eles concordam totalmente quanto ao que ocorreu – ou seja, que o sr. Daniels entrou no bar, no esta-

belecimento com licença de funcionamento, e disse, "Quero uma garrafa de limonada R. White," e que limonada R. White foi o que ela lhe entregou. A questão que surge a partir desses fatos – de que a garrafa que na realidade continha ácido carbólico com a limonada – não era de qualidade própria para comercialização, é se a segunda ré é responsável ou não.

Na minha opinião, está perfeitamente claro que ela não é responsável de acordo com o artigo 14 (I) da Lei, porque o sr. Daniels não contou de modo algum com a capacidade e discernimento da sra. Tarbard. Ele pediu e recebeu exatamente o que queria. Se uma pessoa entra num estabelecimento e pede uma garrafa de limonada R. White ou alguma marca específica de cerveja, essa pessoa não está contando com a capacidade e discernimento de quem atender a seu pedido. A despeito da argumentação apresentada pela defesa da segunda ré, enfrento alguma dificuldade para entender – especialmente levando em consideração os casos que me foram citados, e de modo mais especial *Morelli* v. *Fitch & Gibbons* ([1928] 2 K.B. 636) – por que esse não foi um caso de venda por descrição nos termos da Lei de Vendas de Mercadorias, 1893, s. 14 (2). Se for um caso de mercadoria vendida por descrição por um vendedor que comercializa mercadorias dessa descrição, existe uma condição implícita de que as mercadorias sejam de qualidade própria para comercialização. Infelizmente para a sra. Tarbard, por nenhuma negligência de sua parte, a mercadoria não era de qualidade própria para comercialização. Foi sugerido pelo sr. Block [advogado da sra. Tarbard] que havia uma oportunidade de exame para adequar a questão aos termos do artigo 14 (2) da Lei, e ele citou um especialista, mas não creio que esse especialista lhe tenha dado a sustentação que ele desejaria. Logo, concluo que essa foi uma venda por descrição, e – mesmo lamentando até certo ponto, por ser bastante duro para a sra. Tarbard, que é uma pessoa perfeitamente inocente na questão – considero que a sra. Tarbard é responsável pelos danos sofridos pela sra. Daniels por ter bebido essa garrafa de limonada. Entretanto, a meu entender, essa é a lei; e portanto creio que a decisão deve ser favorável ao sr. Daniels, que é a única pessoa que pode obter compensação da sra. Tarbard.

> Decisão favorável ao querelante contra o segundo réu por £21. 15s., e decisão favorável aos primeiros réus contra os dois querelantes. Custas baseadas nos valores fixados pelo Supremo Tribunal.

O trecho acima citado do parecer do juiz Lewis é a íntegra do que aparece no Relatório com referência à questão do marido contra a comerciante, o segundo réu (além da descrição mais discursiva dos "fatos" apresentada mais no início do parecer e resumida anteriormente). A passagem é suficientemente concisa para facilitar a tarefa de análise de seus elementos como um todo razoavelmente pequeno. Não há motivo algum para supor que sua curta extensão a desqualifique como um exemplo pertinente.

À primeira vista, parece que a argumentação citada tem valor conclusivo. O douto juiz decerto tinha essa opinião, como deixa transparecer em sua expressão de lamento quanto à necessidade de que a decisão seja contrária à sra. Tarbard, apesar do fato de ser ela "totalmente inocente e sem culpa na questão". O ponto que é preciso examinar agora é se a aparência superficial de certeza conclusiva é correta ou ilusória. É possível demonstrar que a argumentação apresentada é conclusiva em termos lógicos? Como a tarefa que designei para mim mesmo é demonstrar que é possível que algumas decisões judiciais sejam justificadas por argumentos dedutivos, agora tentarei responder a minha pergunta recém-proposta com a demonstração de que a passagem extraída da decisão do juiz Lewis é um exemplo de uma argumentação dedutiva válida.

Uma argumentação dedutiva é uma argumentação que se propõe a demonstrar que uma proposição, a conclusão da argumentação, está implícita em alguma outra proposição ou proposições, as "premissas" da argumentação. Uma argumentação dedutiva será válida se, não importa qual seja o teor das premissas e da conclusão, sua forma for tal que suas premissas de fato impliquem (ou acarretem) a conclusão. Com isso, o que se quer dizer é que seria uma contradição que alguém afirmasse as premissas e ao mesmo tempo negasse a conclusão.

Para ilustrar e explicar, tomemos uma frase do supracitado parecer do juiz Lewis: "a garrafa que na realidade continha ácido carbólico com a limonada não era de qualidade própria para comercialização". O juiz Lewis com efeito faz duas proposições:

> A garrafa de limonada comprada pelo sr. Daniels continha ácido carbólico.
>
> Portanto, a garrafa de limonada comprada pelo sr. Daniels não era de qualidade própria para comercialização.

Por que razão pode-se dizer com tanta confiança que a primeira dessas proposições implica a segunda? A resposta é, naturalmente, que o juiz Lewis considera como líquido e certo o significado que a expressão "de qualidade própria para comercialização" tem para fins legais no contexto do artigo 14 (2) da Lei de Venda de Mercadorias de 1893. Uma resolução conveniente de lorde Wright no caso de 1936 de *Grant* v. *Australian Knitting Mills* ([1936] A.C. 85, p. 100) dá conta do significado legal da expressão que teria sido pertinente na época da decisão do caso *Daniels*: algo não é "de qualidade própria para comercialização... se contiver defeitos que o tornem impróprio para seu único uso devido mas que não sejam aparentes em um exame normal". Reformulando a definição numa proposição equivalente:

> (A) Em qualquer caso, se as mercadorias vendidas a uma pessoa por outra tiverem defeitos não aparentes em um exame normal que as tornem impróprias para seu único uso devido, então elas não são de qualidade própria para comercialização.

Suponhamos agora que a asserção do juiz Lewis de que a garrafa de limonada no caso *Daniels* continha ácido carbólico pudesse ser reformulada como se segue:

> (B) No caso em questão, a mercadoria vendida por uma pessoa a outra tinha defeitos que a tornavam imprópria para seu único uso devido, mas que não eram aparentes em um exame normal.

Fica evidente que seria impossível afirmar a veracidade tanto da proposição (A) quanto da proposição (B) acima sem ao mesmo tempo admitir a veracidade da seguinte proposição (C); seria pura contradição afirmar tanto (A) como (B) e, ao mesmo tempo, negar (C);

(C) Portanto, no caso em questão, a mercadoria vendida não é de qualidade própria para comercialização.

Que se observe de imediato que o caráter contraditório da negação de (C) concomitante à afirmação de (A) e (B) não depende de (A) ou (B) serem *realmente* proposições verdadeiras. Mesmo que uma ou outra ou tanto (A) como (B) fossem *realmente* falsas, alguém que afirmasse sua veracidade (equivocadamente, nesse caso) seria incapaz de negar (C) sem cair em contradição. Que (A) e (B) em conjunto implicam (C) é necessariamente verdadeiro, e é verdadeiro independentemente de uma ou outra, ou tanto uma como a outra serem realmente verdadeiras.

Reconhecer esse ponto é reconhecer que a argumentação é *formalmente válida.* Qualquer argumentação que tenha a mesma forma de nossa argumentação será igualmente válida, não importando qual seja a substância das premissas. Para revelar a forma da argumentação é útil usar alguns símbolos muito simples. No lugar da proposição (A) acima, vamos empregar a expressão parcialmente simbólica:

Em qualquer caso, se *p*, então *q*.

Entende-se que *p* substitui a proposição contida na primeira oração de (A) ("mercadorias vendidas a uma pessoa por outra tiverem defeitos que as tornem impróprias para seu único uso devido, mas que não sejam aparentes em um exame normal"); de modo semelhante, *q* substitui a proposição contida na segunda oração ("as mercadorias vendidas não são de qualidade própria para comercialização"). Entende-se também que a afirmação da proposição composta que agora representamos pela forma proposicional simbólica "Em qualquer caso, se *p*, então *q*" de modo algum envolve a afirmação de que o estado de coisas designado por *p* (ou por *q*) já ocorreu, ocorre agora ou virá a ocorrer um dia. (Revertendo o nosso exemplo concreto, podemos pelo menos imaginar que o mundo seja de tal modo que nenhuma mercadoria com defeitos ocultos que a tornem imprópria para uso jamais seja vendida por uma pessoa a outra.) Tudo o que a expressão "Em qualquer caso, se *p*, então *q*" quer dizer é que sempre que *p* valer, *q* também valerá; *p* não pode ser verdadeiro sem que *q* seja conseqüentemente verdadeiro também. Os sistemas jurídicos do Reino Unido podem (por exemplo, por meio de legislação) impor que mercadorias vendidas não tenham defeitos ocultos que as tornem impróprias para seu devido uso sem que sejam em conseqüência "impróprias para comercialização" no sentido específico atribuído a essa expressão dentro do sistema jurídico. É improvável que legisladores se dessem a esse trabalho se não considerassem que existe a probabilidade de que, eventualmente, mercadorias desse tipo sejam vendidas; mas afirmar que uma proposição implica a outra não torna verdadeiro que mercadorias desse tipo cheguem a ser vendidas. Pode até ser menos provável que isso venha a ocorrer.

É por isso que a proposição (B) nos dá informações não contidas na proposição (A). Afirmar que num dado caso a proposição (B) é válida equivale a afirmar que em alguma ocasião alguém vendeu de fato mercadorias com defeitos ocultos desse tipo. Logo, *para esse caso* (C) também era válida. No entanto, (B) e (C) são asserções das proposições simples que, reunidas com "se..., então..." formam as orações de (A). Assim, toda a argumentação poderia ser expressa simbolicamente como:

(A) Em qualquer caso, se *p*, então *q*
(B) No caso em questão *p*
(C) ∴, no caso em questão, *q*

Esses símbolos "*p*" e "*q*" foram apresentados como símbolos em substituição às proposições específicas da argumentação examinada. Porém, está claro agora que poderíamos substituir "*p*" e "*q*" por absolutamente quaisquer proposições, fossem elas do campo do direito, da ciência, da sociologia ou de qualquer outro. Sem levar em consideração o teor das proposições, uma argumentação da forma acima descrita é uma argumentação válida. Para qualquer proposição *p* e qualquer outra proposição *q*, será uma contradição afirmar "Em qualquer caso, se *p*, então *q*; e *neste* caso, *p*, mas não *q*".

A função específica da lógica como ramo do conhecimento consiste em estudar as formas de argumentação válida. Pelo menos desde o tempo de Aristóteles, é reconhecido que uma argumentação da forma "Se *p*, então *q*; *p*, logo *q*" é uma argumentação dedutiva válida. Os lógicos da escola estóica, que vieram depois dele, deram a essa forma de inferência válida o nome de "*modus ponens*". Contudo, a plena compreensão da "lógica proposicional" surgiu somente neste século, quando Russell e Whitehead, além de outros, elaboraram uma explicação sistemática do "cálculo de proposições"[1]. Nos termos do cálculo, é possível demonstrar que argumentações da forma examinada são necessariamente válidas, levando-se em consideração determinados axiomas e definição mais fundamentais.

No atual contexto, porém, estamos interessados não na demonstração de verdades lógicas, mas em sua aplicação, ou seja a aplicação de formas de argumentação logicamente válidas em contextos legais. Logo, é importante destacar que a validade lógica de um argumento não garante a veracidade de sua conclusão. Do fato de ser válida a argumentação decorre que, se as premissas forem verdadeiras, a conclusão deverá ser verdadeira; mas a própria lógica não tem como determinar ou garantir a veracidade das premissas. Se elas são ou não verdadeiras é (ou pelo menos pode ser)

1. Ver Russell e Whitehead, *Principia Mathematica* (Londres, 1910), e L. Wittgenstein, *Tractatus Logico Philosophicus* (trad. ing. C. K. Ogden e I. A. Richards, Londres, 1922); e cf. Anthony Kenny, *Wittgenstein* (Londres, 1973, capítulos 2 e 3). Acerca da lógica proposicional em geral, ver qualquer moderna introdução à lógica, como, por exemplo, David Mitchell, *An Introduction to Logic* (Londres, 1962).

uma questão empírica. Vamos então reexaminar a argumentação para ver com base em quê seria possível considerar suas premissas verdadeiras:

(A) Em qualquer caso, se mercadorias vendidas por uma pessoa a outra tiverem defeitos não aparentes em um exame normal que as tornem impróprias para seu único uso devido, então elas não têm qualidade própria para comercialização.

(B) No caso em foco, as mercadorias vendidas por uma pessoa a outra tinham defeitos que as tornavam impróprias para seu devido uso, mas que não eram aparentes em um exame normal.

Logo, (C) No caso em foco, as mercadorias vendidas não são de qualidade própria para comercialização.

A "premissa maior" (A) desse argumento é, como vimos anteriormente, uma reformulação em palavras diferentes da mesma proposição apresentada por lorde Wright no caso *Grant* ([1936] A.C. 85), como forma de explicação abalizada do significado da expressão "qualidade própria para comercialização" para fins legais. Ao oferecer uma explicação abalizada para a expressão, lorde Wright *atribuiu* a ela um significado específico. Ora, é sem dúvida o caso de o ato de lorde Wright, que atribuiu significado à expressão, não ser em si mesmo verdadeiro nem falso[2]. Contudo, considerando-se o caráter de autoridade de uma decisão sobre um ponto desses por um desembargador do Tribunal de Recursos, mesmo num caso do Conselho Privado, a atribuição por parte *dele* de um significado específico ao termo *torna* verdadeiro, pelo menos para tribunais inferiores e para es-

---

2. Compare o caso de uma senhora que ao lançar um navio diz: "Dou a este navio o nome de *Helena de Tróia...*" O ato de nomear o navio não é verdadeiro nem falso. Ele simplesmente é realizado. No entanto, *se* o ato é realizado "em termos válidos", ou seja, pela pessoa certa, dando ao navio o nome combinado, nesse caso com isso *torna-se* verdadeiro que (doravante) o nome do navio seja *Helena de Tróia.* Cf. J. L. Austin, *How to do Things with Words* (Oxford, 1962), e também seu ensaio "Performative Utterances" em *Philosophical Papers* (Oxford, 1961, orgs. J. O. Urmson e G. J. Warnock, pp. 220-9, especialmente 222-7).

critores especializados em direito, que para os efeitos legais esse *é* o significado da expressão. Logo, pode-se dizer que a premissa (A) foi uma verdadeira proposição do direito, pelo menos no ano de 1938[3].

E o que dizer da "premissa menor", (B)? Ela não é uma proposição de um tipo que possa ser "tornado" verdadeiro por um pronunciamento abalizado, como, por exemplo, uma determinação de um juiz de tribunal superior ou uma promulgação por parte do Parlamento. Trata-se de uma proposição relacionada a um momento histórico específico que por esse motivo deve ser provada, se tanto, por meio de recurso a provas específicas pertinentes. Sendo assim, porém, dificilmente será possível dizer que a proposição (B) foi *diretamente* confirmada pelas provas do caso. O que foi confirmado, ou considerado confirmado porque as partes não discordaram a esse respeito, foi que uma garrafa de limonada foi vendida pela sra. T. ao sr. D., e que a limonada contida nessa garrafa estava contaminada com ácido carbólico. Como o ácido carbólico é um líquido incolor, sua presença não seria detectável por inspeção visual. Partiu-se do pressuposto de ser incontestavelmente verdadeiro que "o devido uso" da limonada é o de ser consumida como refresco[4]. Foi confirmado que, em conseqüência de terem bebido a limonada, o sr. e a sra. D. adoeceram. Se não fosse por nenhum outro motivo, parece verdadeiro que a limonada, em razão da presença do ácido carbólico, era imprópria para seu "devido uso". Aparentemente, portanto, no caso em foco, nossa proposição (B) era verdadeira somente se for verdadeiro (i) que uma garrafa de limonada pertence

---

3. A referência temporal é importante, já que normas jurídicas, assim como decisões jurídicas, podem ser alteradas. Desse modo, por exemplo, em 1973 o Parlamento apresentou uma nova definição de qualidade própria para comercialização na Lei de Fornecimento de Mercadorias (Termos Implícitos) de 1973. Ver artigo 7 (2).

4. Esse é um fato do tipo a respeito do qual os juízes têm o direito de "tomar conhecimento", ou seja, supor sem provas com base no fato de se tratar de questão de conhecimento geral.

à categoria de "mercadorias"; (ii) que a garrafa de limonada foi vendida por uma parte à outra; (iii) que uma garrafa de limonada na qual haja uma mistura de ácido carbólico tem um defeito, já que é imprópria para seu único uso devido; e (iv) que esse é um defeito de uma natureza que não se evidencia com um exame normal.

Uma das vantagens de ter escolhido um exemplo muito simples como ponto de partida para a investigação é que cada um desses quatro pressupostos é à primeira vista indubitavelmente verdadeiro. Vale ressaltar, porém, um ponto que retomaremos mais adiante: o de que os acontecimentos que vieram à tona no caso *Daniels* poderiam ter sido ligeiramente diferentes. E se o veneno presente na limonada tivesse tido a capacidade de alterar levemente a coloração da limonada? Nesse caso, poderia ter surgido um problema para determinar se os "fatos comprobatórios" do caso em foco realmente eram ou não exemplos dos "fatos operativos" da proposição da lei expressa na forma da premissa (A). Nesse caso, poderia ser questionada a veracidade da proposição (B) como asserção sobre o caso em foco.

Seja como for, podemos estar convictos de que os fatos comprovados se encaixaram de modo totalmente inequívoco nas categorias usadas na proposição (B) e, portanto, a proposição B, como afirmada a respeito do caso em foco, era verdadeira. Talvez devêssemos dizer que ela foi aceita como verdadeira para efeitos legais, sendo que o motivo para preferir essa forma é o seguinte: o processo legal da "prova" resulta em algum indivíduo detentor de autoridade (juiz ou júri) chegar a "conclusões sobre questões factuais" com base nas provas apresentadas ou nas admissões das partes de um processo. Os "fatos" que esse indivíduo "constata" passam então a ser considerados como verdadeiros para os fins do litígio, e têm de ser aceitos como tal a menos e até que sejam "anulados" por algum órgão de autoridade superior no contexto de um recurso. O processo de "prova" é um processo de determinar que, para efeitos legais, certas proposições deverão ser consideradas verdadeiras, especificamente para os efeitos do litígio em questão.

Podemos portanto concluir que a argumentação examinada tanto é uma argumentação logicamente válida da forma "Se *p*, então *q*; *p*; ∴ *q*", como uma argumentação da qual ambas as premissas, levando-se em consideração critérios adotados para fins legais, são verdadeiras. Conseqüentemente depreende-se que a conclusão, tendo em vista esses critérios, também seja verdadeira.

Entretanto, a argumentação examinada até agora é apenas um ínfimo elemento no raciocínio do juiz Lewis no caso. E mais, vista isoladamente essa argumentação pressupõe que certas conclusões sobre questões de direito já tenham sido estabelecidas – por exemplo, que a garrafa de limonada foi "vendida" por uma pessoa a outra. Para demonstrar que toda a argumentação é uma argumentação dedutiva válida, será necessário destacar cada passo na argumentação. Em nome da simplicidade, a argumentação será sempre apresentada na mesma forma na qual foi examinada até agora, mas sujeita a mais um refinamento que precisa ser ressaltado. O refinamento diz respeito à possibilidade de que uma cláusula legal específica se torne condicional em relação ao cumprimento de duas (ou talvez mais) condições conjuntamente suficientes. Examinemos o artigo 14 (2) da Lei de Venda de Mercadorias de 1893:

> Onde forem compradas mercadorias por descrição de um vendedor que negocie com mercadorias dessa descrição... existe uma condição implícita de que as mercadorias sejam de qualidade própria para comercialização.

Para fazer valer esse artigo, não basta provar apenas que as mercadorias foram adquiridas por descrição, nem apenas que o vendedor das mercadorias em questão é uma pessoa que (habitualmente) negocia com mercadorias do tipo vendido. Como é evidente, as duas proposições precisam ser provadas. Em termos lógicos, um modo mais claro de expor o artigo 14 (2) seria portanto o seguinte:

"Se uma pessoa comprar de outra mercadorias por descrição, e se o vendedor for alguém que negocie com mercadorias da descrição pertinente, então haverá uma condição implícita (que deverá ser cumprida pelo vendedor) de que as mercadorias sejam de qualidade própria para comercialização."

Se quiséssemos representar a expressão com símbolos de acordo com a convenção já empregada, ela teria uma forma semelhante a

Em qualquer caso, se (*p* e *q*), então *r*.

Em termos lógicos, (*p* e *q*) é uma proposição composta, o que é verdadeiro se, e somente se, tanto *p* como *q* individualmente forem verdadeiros. Logo, para fins jurídicos, se for considerado que tanto *p* como *q* individualmente estão comprovados num determinado caso, a argumentação poderia ser completada do seguinte modo:

No caso em foco *p* e *q*

∴ no caso em foco *r*.

Uma última preliminar que pode ser útil, mesmo que o seja apenas como introdução a um uso estabelecido na lógica, consistirá em explicar mais um exemplo de taquigrafia simbólica. Em vez de escrever "se em qualquer caso..., então..." podemos adotar o sinal "⊃" que é normalmente usado para expressar a relação de "implicação material" entre duas proposições *p* e *q*[5]. Em vez de escrever "Se em qualquer caso *p*, então *q*" podemos usar a fórmula "$p \supset q$". E ainda, o símbolo "." pode ser usado para expressar conjunção, de tal modo que, em vez de escrever "*p* e *q*", escrevemos "$p\,.\,q$". Para evitar confusão, empregam-se parênteses

---

5. Já foi acertadamente salientado que o sinal de implicação material "⊃", como definido no cálculo de proposições, tem um significado mais extenso do que "Se..., então..." no uso da língua inglesa, aí incluído o uso legal. Para as finalidades presentes, porém, isso não faz diferença. Ver David Mitchell, *An Introduction to Logic* (2.ª edição, Oxford, 1964, pp. 61-8). Ocorre também que normas jurídicas da forma "Se *p*, então *q*" pertencem, em sentido estrito, à categoria de "hipóteses abertas" e por esse motivo não se encaixam rigorosamente no cálculo de proposições. No entanto, não é preciso atribuir nenhuma importância a esse fato neste contexto.

em fórmulas mais complexas. "Se *p* e *q*, então *r*" é expressa por símbolos do seguinte modo: "$(p \, . \, q) \supset r$". Essa é uma fórmula distinguível, e que deve ser distinguida de "$p \, . \, (q \supset r)$", que significa "*p*, e se *q*, então *r*". O símbolo ∴ será usado, como até agora, no lugar de "portanto".

Estabelecidos esses pontos preliminares, estamos em condições de demonstrar que toda a argumentação do juiz Lewis no caso *Daniels*, na medida em que esteja relacionada com a ação entre o sr. D., o autor, e a sra. T., a comerciante, pode ser reapresentada na forma dedutiva mais rigorosa; e que cada etapa da argumentação bem como a argumentação como um todo são válidas em termos lógicos. Todas as premissas maiores envolvidas na argumentação, das quais nem todas foram expressamente expostas, são normas do direito para as quais podem ser apresentadas citações contemporâneas. As premissas menores ou são afirmações de "fato primário" comprovado ou conclusões de "fato secundário" derivadas das primeiras por dedução mediante alguma premissa maior que seja uma norma do direito. Um reexame da passagem citada do parecer do juiz Lewis revela que há três asserções de "fato primário" sobre as quais todo o edifício está ostensivamente construído:

(i) O sr. D. entrou no bar... e disse "Quero uma garrafa de limonada R. White"; e limonada R. White foi o que [a sra. T.] lhe deu.
(ii) A garrafa de fato continha ácido carbólico.
(iii) [A sra. T. é] uma vendedora que negocia com mercadorias daquela descrição [ou seja, garrafas de limonada].

A essas precisamos acrescentar mais uma conclusão factual tácita que é de uma obviedade tão trivial que sua omissão das declarações expressas do juiz Lewis praticamente não surpreende – ou seja, que a intenção de cada uma das partes na transação descrita em (i) acima era a de uma compra feita pelo sr. D. da sra. T. e de uma venda por parte dela para ele. Para expressar esse ponto em termos rigorosos:

(iv) A sra. T. transferiu a propriedade da garrafa de limonada para o sr. D. mediante um pagamento em dinheiro.

Veremos que cada uma dessas proposições aparece na seguinte exposição da argumentação, expressa em forma lógica. Ao lado de cada estágio da argumentação, uma expressão simbólica do silogismo é apresentada, indicando que ele revela uma forma válida. No caso de premissas maiores que sejam normas do direito, será indicada a fonte.

(1) Se uma pessoa transfere a propriedade de mercadorias a outra pessoa mediante um pagamento em dinheiro, então existe um contrato de venda dessas mercadorias entre essas partes, chamadas de "o vendedor" e "o comprador" respectivamente. (Ver Lei de Venda de Mercadorias, s.1 (1).)

(2) No caso em foco, uma pessoa [a sra. T.] transferiu a propriedade de mercadorias [uma garrafa de limonada] para outra pessoa [o sr. D.] mediante um pagamento em dinheiro. (Ver "fato (iv)" acima.)

(3) ∴No caso em foco, um contrato de venda dessas mercadorias [uma garrafa de limonada] existiu entre essas partes, [a sra. T.] "a vendedora" e [o sr. D.] "o comprador".

$p \supset q$

p

$\therefore q$

(4) Se existe um contrato de venda de certas mercadorias entre um comprador e um vendedor, se as mercadorias em questão são uma forma de bebida engarrafada, e se o comprador ao adquirir a bebida engarrafada pedir uma garrafa de uma bebida com determinado nome, então as mercadorias em questão estão sendo compradas e vendidas por descrição (ver[6] *Morelli* v. *Fitch & Gibbons* [1928] 2 K.B. 636).

6. A proposição geral acima exposta está implícita, mas não é expressamente afirmada no caso. Para uma proposição mais geral, ver *Grant* v. *Australian Knitting Mills* [1936] A.C. 85, p. 100, por lorde Wright: "algo é vendido por descrição, mesmo que seja [um artigo] específico, desde que seja vendido não apenas como o objeto específico mas como algo que corresponde a uma descrição".

$[(q.r).s] \supset t$
$(q.r).s$
$\therefore t$

(3) No caso em foco, um contrato de venda de certas mercadorias (uma garrafa de limonada) existiu entre um vendedor e um comprador (a sra. T. e o sr. D.).

e

(5) As mercadorias em questão eram uma forma de bebida engarrafada [ou seja, uma garrafa de limonada]. (Ver "fato (i)" acima.)

e

(6) O comprador ao adquirir a bebida engarrafada pediu uma garrafa de uma bebida de nome determinado ["O sr. D. ... disse 'Quero uma garrafa de limonada R. White'"]. (Ver "fato (i)" acima.)

(7) ∴ No caso em foco, as mercadorias em questão [uma garrafa de limonada] foram compradas e vendidas por descrição.

(8) Se mercadorias são compradas e vendidas por descrição, e se o vendedor das mercadorias é uma pessoa que negocia com mercadorias dessa descrição, então existe uma condição implícita (que deve ser cumprida pelo vendedor) de que as mercadorias sejam de qualidade própria para comercialização. (Ver Lei de Venda de Mercadorias s. 14 (2).)

(7) No caso em foco, as mercadorias [uma garrafa de limonada] foram compradas e vendidas por descrição.

e

(9) O vendedor das mercadorias [a sra. T.] era uma pessoa que negociava com mercadorias daquela descrição [ou seja, garrafas de limonada]. (Ver "fato (iii)" acima.)

$(t . u) \supset v$
$t . u$
$\therefore v$

(10) ∴No caso em foco, havia uma condição implícita (que devia ser cumprida pelo vendedor) de que as mercadorias fossem de qualidade própria para comercialização.

(11) Se mercadorias vendidas por uma pessoa a outra tiverem defeitos não aparentes em um exame normal que as tornem impróprias para seu único uso devido, então elas não são de qualidade própria para comercialização.

(12) No caso em foco, as mercadorias vendidas por uma pessoa a outra [uma garrafa de limonada] tinham defeitos [contaminação com ácido carbólico] que as tornavam impróprias para seu único uso devido [consumo humano] mas que não estavam aparentes em um exame normal. (Ver "fato (ii)" acima, e a discussão nas páginas 7 e 8 acima.)

$w \supset x$ (13) ∴ No caso em foco, as mercadorias vendidas não
w eram de qualidade própria para comercialização
$\therefore x$

(14) Se houver um contrato de venda de mercadorias entre duas partes, e se houver uma condição implícita (que deve ser cumprida pelo vendedor) de que as mercadorias sejam de qualidade própria para comercialização, e se as mercadorias vendidas não forem de qualidade própria para comercialização, então o vendedor terá infringido uma condição do contrato que era obrigado a cumprir. (Tautológico, dependendo do conceito legal de "condição".)

(3) No caso em foco, havia um contrato de venda de mercadorias entre duas partes [a sra. T. e o sr. D.].

e

(10) Havia uma condição implícita (que deve ser cumprida pelo vendedor) de que as mercadorias fos-
$[(q.v) . x] \supset y$ sem de qualidade própria para comercialização.
$(q.v) . x$ e
$\therefore y$ (13) As mercadorias vendidas não eram de qualidade própria para comercialização.

(15) ∴ No caso em foco, a vendedora infringiu uma condição do contrato que era obrigada a cumprir.

(16) Se um vendedor infringe uma condição de um contrato que era obrigado a cumprir, o comprador tem direito a reaver dele uma indenização equivalente ao prejuízo que lhe foi ocasionado de modo direto e natural pelo descumprimento da condição por parte do vendedor. (Ver Lei de Venda de Mercadorias; seções 11 (1) (a) e 53 (1) e (2); o comprador tem outros direitos que no momento não são de interesse.)

(15) No caso em foco, a vendedora infringiu uma condição do contrato que era obrigada a cumprir.

$y \supset z$ (17) ∴ No caso em foco, o comprador tem direito a re-
y ceber da vendedora uma indenização equivalente
$\therefore z$ ao prejuízo que lhe tenha sido ocasionado de modo direto e natural pelo descumprimento da condição por parte da vendedora.

A conversão da proposição 17, que é portanto acarretada por ela de modo imediato é a seguinte: "O vendedor é obrigado a pagar indenização ao comprador em valor equivalente ao prejuízo que lhe tenha sido ocasionado de modo direto e natural pelo descumprimento da condição por parte do vendedor." E essa, por sua vez, é exatamente a conclusão expressa pelo juiz Lewis quando disse "Logo... considero... que [a sra. Tarbard] é responsável pelos danos sofridos pelo sr. D. por ter bebido essa limonada".

Pode ser observado que na análise da argumentação acima exposta, cada estágio é um argumento hipotético válido, cujas premissas são enunciados de proposições referentes a questões de direito que na época pertinente eram verdadeiras para fins legais, ou conclusões factuais que também são consideradas verdadeiras para fins legais, ou conclusões intermediárias derivadas dessas premissas. Como cada passo na argumentação é válido, toda a argumentação é válida. Como cada premissa (à luz dos critérios legais pertinentes) é verdadeira (por ser uma real proposição do direito, uma conclusão factual ou uma conclusão depreendida dessas premissas), a conclusão final a que se chegou, além de estar estabelecida em termos válidos pelo raciocínio dedutivo, deve também ser verdadeira de acordo com aqueles mesmos critérios.

Naturalmente, pode-se dizer que a conclusão definitiva não é apenas que a sra. T. é responsável perante o sr. D., mas, como disse o juiz, que "a decisão deve ser favorável ao sr. Daniels". E o que dizer disso? A resposta é que não é difícil afirmar uma premissa maior que, por sua vez, leve a essa conclusão. Comecemos com a proposição banal de que os juízes devem fazer a justiça de acordo com a lei e suponhamos que uma proposição necessariamente resultante dessa seja: "Se em qualquer caso uma parte litigante provar que a outra parte está legalmente obrigada a pagar-lhe indenização, então o juiz deverá proferir uma sentença favorável ao litigante bem-sucedido." A isso, em razão da argumentação precedente, podemos acrescentar a premissa menor de que "no caso em foco uma parte litigante provou que a outra parte está legalmente obrigada a pagar-lhe indenização." Pela mesma forma do raciocínio anterior, depreende-se que "no caso em foco, o juiz deve proferir uma sentença favorável ao litigante bem-sucedido [o sr. D.]".

Tenhamos cautela, porém. Esse "deve" não é o "deve" da necessidade causal ou da necessidade lógica. É o "deve" da obrigação. O juiz tem o *dever* de proferir essa sentença. É apenas banal a observação de que o fato de ele ter o dever de proferir uma sentença não quer dizer nem implica que ele a profira, que venha a proferi-la ou que a tenha proferido. Não é impossível em termos físicos, nem psicológicos, nem lógicos, que um indivíduo não aja como deveria agir, que não aja em conformidade com seu dever. Rigorosamente, tudo o que se deduz é que o juiz estaria agindo de modo injustificável se não proferisse essa sentença.

A importância de fazer essa observação é óbvia. Seria errado sugerir que a própria decisão do juiz no caso em questão – se com isso estivermos nos referindo à sentença proferida por ele para que a ré pague indenização ao autor – é uma conseqüência lógica das premissas. Que a ré está sujeita ao pagamento de indenização, foi estabelecido pela argumentação examinada; que o dever do juiz consiste em sentenciá-la ao pagamento dessa indenização foi estabelecido pela argumentação subsidiária (caso sua premissa maior seja aceita); mas o pronunciamento dessa sentença por parte do juiz não decorre de absolutamente nenhuma argumentação. Proferir uma sentença é, por parte do juiz, um ato que ele desempenha ou não desempenha; e, ao agir assim, cumpre ou não cumpre seu dever. Os atos não são determinados pela lógica; são determinados pelas escolhas dos agentes e por qualquer coisa, se houver, que determine essas escolhas. A qualidade normativa (boa ou ruim, certa ou errada, justificada ou injustificada) de um ato realizado ou planejado por um agente pode ser estabelecida em termos lógicos, mediante premissas normativas adequadas, como, por exemplo, proposições do direito do tipo apresentado anteriormente. A lógica não "estabelece" o ato.

Seria estranho se o parecer de um juiz quanto à qualidade normativa das decisões alternativas com que se depara em processos não fosse para ele um fator motivador na tomada da decisão a ser proferida, ou seja, que sentença pronunciar. Afinal de contas, ele precisa declarar em audiência pública as razões pelas quais está decidindo o caso dessa forma. Considerando-se as pressões institucionais dentro do sistema jurídico – a opinião da profissão, a possibilidade de um recurso, entre outras – e considerando-se as pressões externas da publicidade negativa, dos comentários no Parlamento e semelhantes, seria estranho, a ponto de ser praticamente inimaginável, que um juiz, tendo estabelecido a justificabilidade de uma decisão por meio de argumentação lógica a partir de sólidas premissas legais e conclusões factuais, acabasse proferindo uma sentença diametralmente diferente. Portanto, em termos institucionais e psicológicos, é altamente improvável que um juiz adote conduta semelhante, mas não é impossível. E, mesmo que fosse impossível, não se trataria de uma impossibilidade lógica. A sentença do tribunal não é um produto lógico da argumentação que a justifica.

Esse ponto e boa parte do que o precede podem dar a impressão de que me alongo a respeito do óbvio. E é isso mesmo. O fato surpreendente, porém, é que, embora óbvio, esse ponto tem sido mal-interpretado e deturpado. Por exemplo, em seu livro *Logic of Choice* [A lógica da escolha][7], o dr. Gottlieb toma o seguinte conjunto de asserções:

---

7. Londres, 1968: a passagem citada é da página 70, mas foi corrigida, já que no texto publicado consta na segunda linha "todos os que fazem X são cul-

"X fez A" (fato)
"Todos os que fazem A são culpados de B" (norma)
"Veredicto: X é culpado de B" (decisão)

e afirma que "a conclusão desse conjunto de asserções não deriva das duas premissas". Isso é pura tolice ou, na melhor das hipóteses, uma abordagem muito vaga e obscura da verdade. Nenhuma pessoa com o dom elementar da coerência de pensamento conseguiria fazer as duas primeiras afirmativas com as mesmas palavras e negar a conclusão "X é culpado de B". Essa conclusão, concebida como proposição, é necessariamente verdadeira se as premissas o forem.

Naturalmente, pode-se entender que aqui o dr. Gottlieb está querendo provar, de modo bastante obscuro, que um júri que apresenta um veredicto de "Culpado" ou "Não Culpado" está realizando um ato que constitui a determinação oficial do resultado legal de um julgamento. Ao agir assim, o júri faz com que, para os efeitos da lei, X seja culpado ou não culpado. E, da mesma forma, o juiz terá de proferir sua sentença ou absolvê-lo. A lei atribui ao júri a função de decidir com base nas provas e no direito se a pessoa acusada deve ser condenada ou absolvida, e assim o pronunciamento do veredicto por parte do júri tem o efeito de tornar realidade que o réu seja, para os efeitos da lei, culpado ou não. (Nesse sentido, o pronunciamento de um veredicto é o que J. L. Austin chamou de "enunciado performativo": é um exemplo da realização de um ato institucionalmente definido mediante o uso de palavras, não um exemplo do uso de palavras para fazer uma afirmação [verdadeira ou falsa] de fatos.)

Como já foi dito, "os atos não são determinados pela lógica; são determinados pelas escolhas dos agentes"; e isso vale tanto para o ato de um júri que pronuncia um veredicto como para o ato de um juiz ao tomar uma decisão sobre uma ação ou proferir uma sentença. No entanto, qual

---

pados de B", um evidente erro de impressão. Considero a íntegra da argumentação da página 66 à 77 totalmente obscura.

veredicto é *justificado* que um júri pronuncie? Se for de seu entendimento que X fez A e que, *nos termos da lei*, todos os que fazem A são culpados de B, dificilmente pode ser justificado *dentro da lei* se o júri der qualquer outro veredicto que não seja o de "Culpado".

Contudo, como os júris não precisam, e na realidade não podem, dar razões em público para seus veredictos, sem dúvida pode ocorrer o caso de um júri apresentar o veredicto de "Não Culpado" sem nenhuma contradição ostensiva, mesmo quando em segredo seus integrantes acreditem que X de fato fez A, e que fazer A constitui um delito. O que eles fazem nessas circunstâncias não está justificado nos termos da lei, embora seja bem possível que esteja mais do que amplamente justificado com base na moral (a lei em questão pode ser indevidamente dura ou opressora, a acusação pode ter sido meramente vingativa etc.). Diz-se às vezes ser uma virtude peculiar aos júris o fato de poderem agir, e às vezes agirem, exatamente de um modo que, na prática, anule o efeito de uma lei iníqua ou de uma acusação injusta[8].

Por meu lado, alegra-me que isso ocorra. Mas não deixemos que prejudique nossa percepção de que a lógica da inferência dedutiva é decerto relevante para a justificação nos termos da lei do veredicto de um júri tanto quanto da decisão de um juiz. Nem deveríamos nos afastar dessa percepção pela observação trivialmente verdadeira de que o ato de pronunciar um veredicto, como qualquer outro ato, não pode ser tornado necessário pela lógica – pode apenas ser realizado ou não.

Continua a ser verdade que, no caso de tribunais que julguem questões de fato ou de direito, ou de ambos, que sejam obrigados a expor as razões para suas decisões, seria muito estranho encontrar um tribunal que expusesse conclusões factuais e proposições do direito das quais se de-

---

8. Ver, por exemplo, Patrick Devlin, *Trial by Jury* (edição revisada, Londres, 1966, especialmente o capítulo 6).

preendesse necessariamente uma determinada conclusão e então desse um veredicto ou proferisse uma sentença que fosse injustificada à luz daquela conclusão.

Haverá quem diga que isso meramente empurra o problema um passo mais para trás. Um juiz conhece a proposição do direito com a qual precisa trabalhar num dado caso. Suponhamos que ela tenha a forma de "Se *p*, então *q*". Ele sabe, portanto, que se "constatar" como fatos proposições que impliquem "*p*", estará obrigado à proposição *q* como conclusão. Suponhamos que *q* seja por alguma razão uma proposição desagradável a ele no contexto de um caso específico. Seu conhecimento fornece-lhe uma escapatória óbvia. Ele pode simplesmente dizer que não acha que certos fatos estejam provados e que, portanto, *p* não se aplica. De modo igual, se for seu desejo chegar à conclusão *q*, basta que ele simplesmente diga que acha *p* verdadeiro no caso em foco. Logo, embora sua argumentação seja lógica na superfície, ela não é mais do que racionalização, já que ele determinou seu curso pelo modo que escolheu para "constatar" os fatos. (Tudo isso é em resumo a essência da visão do direito que Jerome Frank chamou de "ceticismo dos fatos"[9].)

É evidente que os juízes *poderiam* ter esse tipo de comportamento. É possível, na realidade, é provável que às vezes o tenham. Que sempre se comportem desse modo, a julgar pela aparência, é extremamente improvável. Afinal, o juiz Lewis no caso *Daniels* indicou um considerável sentimento de tristeza decorrente de que os fatos do caso e a lei aplicável o levassem a uma conclusão que ele considerava injusta. Entretanto, ele *poderia* ter sustentado, apesar das provas, que não havia nenhum ácido carbólico na limonada, ou que sua presença na garrafa não tornava a limonada imprópria para comercialização. Parece ser uma hipótese menos extravagante supor que ele, como outros juízes fazem, fizesse esforços sinceros regularmente para estabele-

9. Ver Jerome Frank, *Law and the Modern Mind* (*cit. supra*, cap. I, n. 17).

cer uma versão real dos fatos e somente então aplicasse devidamente a lei. É até mesmo razoável supor que suas conclusões factuais sejam com freqüência perfeitamente corretas, além de elaboradas com honestidade.

Em termos rigorosos, porém, isso não faz diferença para esta tese, que afirma somente que o processo de justificação legal é às vezes de caráter estritamente dedutivo e lógico. Mesmo que os juízes sempre fizessem constatações erradas ou deturpadas dos fatos (o que quase com certeza não é o caso), ainda seria uma pergunta interessante saber se o raciocínio por meio do qual eles passam daquelas constatações, mediante normas do direito, para conclusões chega a ser autenticamente dedutivo ou nunca o é. Demonstrar que em pelo menos um caso uma justificação conclusiva de uma decisão pode ser apresentada por uma argumentação estritamente dedutiva significa demonstrar de modo conclusivo que a justificação por dedução é possível e que às vezes ocorre. Fica aberta a questão de saber se ela sempre ocorre (o que não se dá) e também a questão referente a que formas de raciocínio podem ser usadas quando uma justificação puramente dedutiva não é possível ou, por algum outro motivo, não é adotada pelo juiz ou pelo tribunal.

Para resumir o que se estabeleceu até agora: considerando-se que os tribunais realmente fazem "constatações de fatos" e que essas, sejam elas corretas ou não, para efeitos legais contam como se fossem verdadeiras; considerando-se que as normas legais podem (pelo menos às vezes podem) ser expressas na forma "se *p*, então *q*"; e considerando-se que ocorre, pelo menos às vezes, que os "fatos" constatados sejam exemplos inequívocos de "*p*"; logo às vezes ocorre que uma conclusão legal seja derivada de modo válido por lógica dedutiva a partir da proposição do direito e da proposição dos fatos que tenham servido de premissas; e, portanto, uma decisão legal que ponha em efeito essa conclusão legal é justificada por referência a essa argumentação.

"Mas não é lógico"

Entretanto, será realmente *lógico* que seja proferida uma sentença contra a sra. Tarbard? Alguém poderia fazer objeção: "Não é lógico de modo algum considerar a comerciante culpada, quando ela não é de modo algum responsável pelo conteúdo de uma garrafa lacrada de limonada, e especialmente quando o fabricante, como no presente caso, está isento da responsabilidade – visto que afinal ele é a única pessoa que tem algum controle sobre o que entra na garrafa de limonada antes de ser lacrada." Observe-se que uma objeção dessas reflete a tristeza expressa pelo juiz Lewis ao proferir a sentença contra a sra. Tarbard, que era, como ele disse, "totalmente inocente e sem culpa na questão".

A objeção imaginária que apresentei tem bastante impacto, pelo menos se considerarmos irracional que as pessoas sejam responsabilizadas por estados de coisas que estão totalmente fora de seu controle. Além disso, ela usa a palavra "lógico" no que talvez seja seu sentido corriqueiro não técnico mais comum. Como, porém, uma argumentação pode ser logicamente válida e ainda assim a decisão que ela justifica pode não ser lógica? A resposta é evidente, mas vale tirar a moral. A palavra "lógico" tem pelo menos dois sentidos, que se sobrepõem apenas de modo parcial. No sentido técnico da lógica dedutiva (que foi o único de que se tratou neste capítulo), uma argumentação é lógica se atender aos requisitos da lógica, quer dizer, se sua conclusão derivar necessariamente das premissas. Uma argumentação é ilógica ou logicamente enganosa se pretender derivar de dadas premissas uma conclusão que não seja resultante delas, ou que esteja em contradição com a conclusão que realmente se depreende delas. No entanto, com a única exceção de premissas que sejam internamente contraditórias, as premissas de uma argumentação não podem em si ser lógicas ou ilógicas. No sentido técnico, "ser lógico" é uma característica somente das argumentações. É aplicável a proposições apenas no sentido em que as proposições contraditórias em si (por exemplo, "*p* e não *p*") são falsas em termos lógicos.

No uso diário, porém, "ser lógico" tem um sentido que é mais amplo e, sob alguns aspectos, diferente. Pode-se dizer que alguma ação ou estado de coisas é "ilógico" na medida em que "não faz sentido". Pode ser a lei que determina que os comerciantes sejam responsáveis por defeitos em mercadorias vendidas, defeitos dos quais eles não tinham conhecimento nem meios de tomar conhecimento; mas, se é essa a lei, alguém poderia dizer: "Trata-se de uma lei que não faz sentido e, portanto, é 'ilógica'." Um dos aspectos verdadeiros acerca de uma argumentação tecnicamente ilógica é o fato de que ela não faz sentido, de que expressá-la equivale a expressar uma contradição. Até esse ponto, os dois usos coincidem. Mas, quando se diz que uma determinada norma do direito "não faz sentido", o que geralmente se pretende dizer é que a lei estipula um padrão de conduta que é tolo, injusto ou irracional esperar que as pessoas cumpram. E isso apresenta um novo conjunto de valores que estão fora do conhecimento da "lógica" no sentido técnico do termo como nome de uma disciplina filosófica específica. É nesse emprego corriqueiro do termo que a premissa maior de uma argumentação jurídica pode ser estigmatizada como "ilógica" e com isso também qualquer conclusão que se depreenda de sua aplicação.

Uma das formas pelas quais uma crítica dessas a uma lei pode ser justificada é por salientar sua incompatibilidade com as políticas e princípios gerais do direito. Se fosse um princípio de aceitação geral de um sistema legal que não houvesse "nenhuma responsabilidade onde não houvesse culpa", ou seja, que as pessoas não deveriam ser responsabilizadas por danos sofridos por outras a menos que elas tivessem causado esse dano ou contribuído para ele por alguma falta de sua parte[10], uma norma específica relativa à venda de mercadorias segundo a qual o vendedor pode ser

10. Esse princípio é examinado no capítulo VII adiante, nas pp. 167-9.

responsabilizado, mesmo que sem cometer qualquer falta, por defeitos em mercadorias vendidas seria incompatível com aquele princípio. Cada cabeça, cada sentença. Alguns poderiam considerar essa uma exceção sensata ao princípio; outros poderiam admitir que o princípio é errado e aceitar de bom grado que brechas sejam abertas nele, e ainda outros poderiam ver o princípio como algo de importância suprema no direito e, por isso, levantar objeções a normas incompatíveis com ele, tachando-as de "sem sentido" ou de ser "ilógicas", num estilo essencialmente avaliatório. A seu tempo, examinaremos a importância dessa concepção de coesão ou coerência geral no direito. Por enquanto, precisamos apenas destacar que o uso dos termos "lógico" e "ilógico" para denotar a presença ou ausência de uma coerência geral nos valores e princípios objetivados pela lei é diferente do sentido técnico do qual tratamos até agora e é mais amplo que ele. Logo, não é uma contradição afirmar que uma argumentação jurídica pode ser lógica e válida mas sua conclusão, "ilógica"; não se os termos estiverem sendo usados nos dois sentidos diferentes. Doravante, para evitar confusão, usarei os adjetivos "lógico" e "ilógico" somente no sentido técnico, a menos que indique o contrário.

Foi importante fazer a distinção entre esses dois sentidos do termo porque grande parte do que foi dito sobre a qualidade "não-lógica", "ilógica" ou "lógica" da lei por vários escritores esteve mais relacionada à noção do uso diário examinada acima do que à do sentido técnico. Quando em *Quinn* v. *Leatham*[11] lorde Halsbury alegou que a lei não era absolutamente lógica, ele estava apenas justificando sua pretensão, naquele caso, de recorrer a um princípio incompatível com o visto em *Allen* v. *Flood*[12] (caso no qual ele fez parte da minoria); quando o juiz Holmes teceu o comentário[13] de que "a vida da lei não tem sido a lógica, mas

11. [1901] A.C. 495 p. 506 "... [T]odo advogado deve reconhecer que a lei nem sempre é absolutamente lógica".

12. [1898] A.C. 1.

13. O. W. Holmes, *The Common Law* (Boston, 1881, p. 1).

a experiência", ele estava fazendo a observação verdadeira de que o direito anglo-americano, como desenvolvido pelos juízes, se interessou no mínimo tanto por garantir decisões que parecessem fazer sentido em termos práticos quanto por demonstrar que essas decisões derivavam de princípios gerais do direito cuja observância assegura uma ampla coerência e coesão nos termos da lei. Quando elogiou o "Método da Filosofia"[14] por ser adequado à sua esfera de ação, o juiz Cardozo estava pensando no processo de extrapolação analógica de princípios a partir de casos decididos em novos campos, um processo que de fato assegura uma certa coerência ampla dentro deste ou daquele setor do direito. Em geral, os advogados e autores ingleses especializados tiveram tendência para considerar quase uma virtude ser ilógico e atribuíram livremente essa virtude a seu direito. "Ser lógico" é uma prática excêntrica do continente europeu, à qual os ingleses sensatos se entregam por sua própria conta e risco.

Os escoceses e os advogados escoceses, pelo contrário, demonstram certo orgulho em ser lógicos e em dispor de um sistema jurídico que exibe as virtudes da lógica[15]. Isso por sua vez já foi explicado por meio de uma referência disfarçada ao espírito do povo; pelo fato de o povo escocês ter supostamente uma tendência mental especialmente filosófica. Como alternativa, já foi também atribuído ao fato de termos estado expostos durante séculos à prática da advocacia do continente europeu nas escolas de direito romano da França e dos Países Baixos.

---

14. B. N. Cardozo, *The Nature of the Judicial Process* (New Haven e Londres, 1921, Palestra I). [Trad. bras. *A natureza do processo judicial,* São Paulo, Martins Fontes, 2004.]

15. Ver, por exemplo, Lord Cooper, *The Common and the Civil Law – A Scot's View* (1950) Harvard L. R. 468 à 471: "O civilista naturalmente raciocina a partir de princípios para chegar a exemplos; o advogado especializado em direito consuetudinário, a partir de exemplos para chegar a princípios. O civilista tem fé em silogismos; o advogado especializado em direito consuetudinário, em precedentes." Cf. D. M. Walker, *The Scottish Legal System* (3.ª ed., Edimburgo, 1969, p. 122).

Como já sugeri, não há nada de errado com o sentido não técnico dos termos "lógico", "ilógico" e afins. Seja como for, ele tem raízes tão profundas no discurso oral e escrito comum que nenhuma condenação filosófica poderia eliminá-lo, se quisesse. Existe, porém, o perigo de que observações que sejam (ou possam ser) verdadeiras quando os termos são usados no sentido não técnico sejam totalmente falsas se forem interpretadas como se abrangessem também o sentido técnico. Portanto, atitudes e observações por parte de juízes e autores anglo-americanos do tipo assinalado acima devem ser compreendidas com a devida cautela. Que o direito consuetudinário anglo-americano seja, ou possa ser em parte, "ilógico" no sentido indicado não é nenhuma garantia para supor que a argumentação jurídica nos sistemas de direito consuetudinário seja, ou possa ser, "ilógica" ou "não lógica" no sentido técnico.

O sistema escocês, e na realidade os sistemas de direito romano em geral, são menos propensos a se expor a esse erro. Mas talvez esses sistemas corram o risco de sofrer do equívoco contrário. Como a argumentação jurídica é uma forma de pensamento, ela deve ser lógica, ou seja, deve se adequar às leis da lógica, sob pena de tornar-se irracional e contraditória em si mesma. Quer dizer, a lei deve ser "lógica" no sentido técnico. Tendo estabelecido esse ponto, podemos chegar ilicitamente à conclusão apressada de que é *necessariamente* positivo que a lei seja "lógica" no outro sentido, não técnico. Mas a questão de saber se é bom que a lei seja "lógica" nesse *outro* sentido exige uma resposta separada, e essa resposta, uma justificação separada. Porém, em geral, nenhuma das duas se apresenta.

A lógica da absolvição e o ônus da prova

Não importa se faz sentido ou não, se é um exemplo de boa política, de justiça comum ou de leis coerentes, considerar uma comerciante como a sra. Tarbard responsável perante seus fregueses por defeitos latentes em mercadorias vendidas por ela em total inocência, nós pelo menos estabelecemos que nisso não existe nada de ilógico, no sentido técnico doravante reservado para esse termo. Será, porém, lógico que o primeiro réu, o fabricante de limonada R. White, seja eximido da responsabilidade? Examinemos a forma da argumentação que justificou a extinção do processo por parte do sr. e sra. Daniels contra os primeiros réus, R. White & Sons Ltd. Naquela ação, o casal pediu indenização do réu com base em negligência, pois "em descumprimento do dever que tinham para com os autores, [os réus] forneceram uma garrafa de limonada que na realidade continha ácido carbólico"[16].

"A única prova no caso [dos autores]" como o juiz Lewis disse, acatando um argumento exposto pelo advogado dos réus, "[era que] aqui estava uma garrafa que, quando adquirida, estava devidamente tampada e tinha também uma etiqueta colada sobre a tampa, mas que, de acordo com as provas apresentadas pelos autores [em suas alegações finais], continha ácido carbólico; e que, em conseqüência de terem bebido o conteúdo da garrafa, os dois autores tinham sofrido danos."[17] Como o juiz rejeitou a alegação dos réus de que a reivindicação dos autores não tinha fundamento legal suficiente por não cobrir nem provar nenhum ato específico de negligência por parte dos réus, estes então apresentaram provas quanto a seu processo de lavagem de garrafas. Essas provas tinham o objetivo de demonstrar que de fato eles tinham tomado cuidados razoáveis para garantir que sua limonada estivesse livre de contaminação por substâncias deletérias.

Quanto à lei pertinente, o juiz fez a seguinte observação:

> Devo lembrar que o dever do fabricante perante o consumidor, ou o último comprador, não consiste em garantir

16. [1938] 4 All E.R. 258, p. 259.
17. *Ibid.*, p. 260.

> que suas mercadorias sejam perfeitas. Tudo o que o fabricante precisa fazer é tomar cuidado razoável para que nenhum dano seja causado ao consumidor ou ao último comprador. Em outras palavras, seu dever é tomar cuidado razoável para que não exista nenhum defeito que tenha probabilidade de causar semelhante dano[18].

As provas dos réus, que foram aceitas pelo juiz, demonstraram que as garrafas vazias eram levadas até a fábrica, e ali eram lavadas numa máquina de lavar garrafas que as submetia a uma lavagem com água quente, a uma lavagem com água quente e soda cáustica e a um enxágüe com água fria. Da máquina de lavar garrafas, estas eram transferidas manualmente até a máquina de engarrafar, procedimento após o qual as tampas eram postas nas garrafas cheias. "Esse método", disse o juiz, "foi descrito como um processo perfeitamente seguro; e me parece um pouco difícil dizer que um fabricante que apresentou um método perfeitamente seguro de limpeza, lavagem e engarrafamento não tomou todo o cuidado razoável para evitar defeitos em sua mercadoria."[19] O único meio pelo qual se poderia lançar dúvida a esse respeito seria se fosse possível demonstrar que o equipamento não era operado por pessoal competente submetido a uma supervisão adequada. Contudo, diante das provas apresentadas, o juiz ficou "plenamente convencido de que [havia] supervisão adequada"[20].

Com isso, o juiz Lewis chegou à seguinte conclusão:

> Os autores... não conseguiram de modo algum provar satisfatoriamente que a companhia acusada foi culpada de um descumprimento de seu dever para com os autores – ou seja, um dever de tomar cuidados razoáveis para garantir que não houvesse nenhum defeito que pudesse causar dano

18. *Ibid.*, p. 261. A fonte para essa proposição do direito é, naturalmente, *Donoghue* v. *Stevenson* 1932 S.C. (H.L.) 31; [1932] A.C. 562.
19. *Ibid.*, p. 262.
20. *Ibid.*, p. 263.

aos autores. Por esse motivo, considero que a reivindicação dos autores contra os primeiros réus não é procedente.

É interessante que nos detenhamos por um instante na forma em que está expressa a conclusão do juiz. Ele *não* diz que foi demonstrado que os réus *não* são responsáveis diante dos autores. Meramente decide que "a reivindicação dos autores contra os primeiros réus não é procedente", pelo motivo de não terem eles conseguido provar nenhum descumprimento do dever por parte dos réus. No âmbito do direito, essa é uma justificação suficiente para eximir o réu de responsabilidade, por meio do encerramento da ação. Isso ocorre porque existe uma norma do direito que estabelece que a parte que inicia um processo judicial, seja como autor (querelante), seja como promotor, tem a obrigação de expor e provar suas próprias alegações. Em parte, é isso o que se quer dizer quando se fala que cabe a ele "o ônus da prova".

No tipo de caso relativamente simples representado por *Daniels*, há normas do direito com a forma $p \supset q$, que o autor invoca. Ele as "invoca" ao afirmar em suas alegações que certos fatos ocorreram e que esses constituem uma ocorrência dos "fatos operativos" estipulados pela pertinente norma da lei, conforme representada pelo símbolo p em nossa fórmula. (Como ele ou seus advogados conhecem a norma, sabem quais fatos precisam afirmar e comprovar a fim de ter sucesso ao invocá-la.) Se conseguir "provar", segundo o padrão legal exigido para provas, que fatos que constituem uma ocorrência de p ocorreram, ele justificará com isso a afirmação de que a "conseqüência jurídica" representada pelo símbolo q se aplica a seu caso – e que tem direito ao remédio legal pretendido. A lógica desse processo é igual à da demonstração que já demos.

Entretanto, e se, como na ação contra os primeiros réus – os fabricantes da limonada –, os autores não conseguirem provar que p ocorreu (não conseguirem provar que os fabricantes descumpriram o dever de ter cuidado que, admitidamente, tinham para com os autores, como consumidores)? Suponhamos que a pertinente norma do direito seja algo semelhante a "Se um fabricante de mercadorias descumprir o dever de ter o cuidado que tem para com o consumidor e com isso lhe causar dano, o fabricante está sujeito a pagar indenização ao consumidor". Isso sem dúvida exibe a forma $p \supset q$; mas nesse caso p não está provado – o fabricante, no âmbito da lei, não deixou de cumprir seu dever. Se tentarmos dispor uma argumentação na forma lógica anteriormente examinada, as premissas são

$p \supset q$

$\sim p$ [ou seja, "nesse caso, p não ocorreu"]

A partir dessas premissas, porém, não se depreende nenhuma conclusão. Premissas desse tipo nem estabelecem que q ocorre, nem que q não ocorre. Deixam o assunto indeterminado.

(Que nenhuma conclusão se segue a premissas que tenham essa forma é óbvio, e pode ser confirmado pelo seguinte exemplo: é de conhecimento público que quem ingerir 5 gramas de arsênico morrerá. A respeito de um dado indivíduo, Smith, é verdade que neste momento ele não ingeriu 5 gramas de arsênico. Mas podemos dizer que ele não morrerá? Embora a ingestão de arsênico seja uma causa certa da morte, não se pode dizer que abster-se de ingeri-lo seja uma receita para a imortalidade.)

Sendo essa a posição lógica, é uma necessidade evidente que a lei tenha algum dispositivo acerca do que deve ser feito quando, entre duas partes e com referência a uma específica norma do direito, não for estabelecida a aplicabilidade ou não da pertinente "conseqüência jurídica" q. É precisamente por meio de normas referentes ao ônus da prova e questões afins que a lei apresenta esse tipo de disposição. Como é uma exigência da lei que um autor/querelante deve expor e justificar qualquer alegação que faça contra um réu, e como, do mesmo modo, é uma exigência que qualquer promotor apresente uma acusação específica, ou acusações, contra um indivíduo acusado e que a (as) comprove "sem que reste nenhuma dúvida razoável", é justificado em termos legais – bem como em termos lógicos – absolver ou eximir o réu de culpa, quando essa exigência não for atendida. Foi exatamente isso o que aconteceu no caso *Daniels.*

Existe uma parte bastante complexa e considerável do direito "adjetivo", que estabelece a quem cabe o ônus de levantar questões de vários tipos num julgamento; e de provar ou refutar os pontos levantados. A explanação da lógica da aplicação de normas que é dada aqui demonstra com clareza por que esse conjunto de leis deveria ser considerado importante pelos advogados, visto que dispõe sobre questões para as quais por esse motivo é uma necessidade primordial fazer disposições. Nenhum estudante de direito, quer nos livros, quer na prática, pode deixar de perceber a importância que os advogados atribuem a dispositivos legais dessa espécie.

Os que negam que a lógica dedutiva seja importante para a justificação de decisões jurídicas devem portanto enfrentar o seguinte desafio: precisam demonstrar por que, em sua análise dos fatos, existem semelhantes dispositivos legais aos quais está vinculada uma importância prática tão considerável. É um fato que reforça a credibilidade desta tese, que sua existência e importância é compatível com ela. Se teses rivais não puderem demonstrar por que isso ocorre, elas perdem credibilidade na mesma medida.

Alega-se com freqüência, e não há nenhum motivo para duvidar, que todas as normas jurídicas, quer estejam formuladas como legislação, quer como precedentes, podem sem alteração ser reformuladas de forma que, se ocorrerem certos fatos e circunstâncias, uma determinada conseqüência jurídica tenha que resultar delas[21]. Os fatos e circunstâncias indispensáveis podemos chamar de "fatos operativos" da norma. Então, com relação à nossa fórmula modelo *se p*

21. Ver, por exemplo, G. Gottlieb, *op. cit.*, pp 33-49; Twining e Miers, *How to do Things with Rules* (Londres, 1976, pp. 51-5).

então q ($p \supset q$), o símbolo *p* representa uma proposição que estipula um conjunto de fatos operativos; *q*, a conseqüência jurídica que daí advém. A análise da ação entre o sr. e a sra. Daniels e a sra. Tarbard, apresentada anteriormente, ilustra a viabilidade de afirmar muitos tipos de normas na fórmula modelo pertinente. E ilustra como as normas podem ser inter-relacionadas em razão do próprio fato de que uma proposição que afirma a "conseqüência jurídica" de uma norma pode por sua vez afirmar o "fato operativo" de outra. Por exemplo, considerando-se certos fatos operativos, existe um contrato para a venda de mercadorias por descrição; mas conseqüentemente, para os efeitos do artigo 14(2) da Lei de Venda de Mercadorias, a existência de um contrato desses aliada a certos outros fatos operativos acarreta como conseqüência jurídica uma condição implícita de que as mercadorias vendidas sejam de qualidade própria para comercialização. E assim por diante.

Alguns conjuntos de normas semelhantes consideradas como um todo têm como sua conseqüência última a existência de direitos mantidos por pessoas umas contra as outras, e de direitos de reparação que podem ser invocados em caso de violação do direito primário. Os tribunais têm o poder de proferir ordens judiciais para garantir o cumprimento desses direitos de reparação. Outros conjuntos de normas dessa natureza estabelecem que a perpetração de certos atos em certas circunstâncias constitui crime ou delito; e os tribunais são investidos com o poder de impor penas àqueles que forem condenados por terem cometido crimes ou delitos.

Numa sociedade industrial moderna, tamanha é a quantidade e complexidade das normas jurídicas que ninguém pode supor que cada infração do direito ou prática de um delito seja percebido como tal, e muito menos que produza alguma reação. Como é óbvio, as normas não são auto-aplicáveis. Para garantir sua observância ou ainda com mais razão sua imposição compulsória, é de fato necessário que a iniciativa seja tomada por alguém.

À primeira vista, seria uma total impossibilidade prática trabalhar a partir da presunção de se exigir que todos os que possam ter cometido um dos inúmeros delitos previstos pela lei, ou que possam ter desrespeitado de algum modo um dentre a infinidade de direitos reais ou potenciais a que fazem jus seus concidadãos, tratem de demonstrar que estão isentos de qualquer culpa ou responsabilidade semelhante. Pelo menos até certo ponto a situação deve ser invertida.

O sistema jurídico deve, portanto, criar dispositivos que estabeleçam quem pode, em que circunstâncias e por meio de que procedimentos, começar uma ação reivindicatória de direitos particulares ou deveres públicos, ou um processo em razão de algum delito que se acredita ter sido cometido. (Sistemas diferentes, praticamente não é preciso que se diga, criam dispositivos diferentes. Mesmo entre a Escócia e a Inglaterra, existem diferenças acentuadas especialmente no que diz respeito a ações penais.) Como todo o sentido de iniciar uma ação ou um processo está no fato de ela envolver a possibilidade de que a força coercitiva do Estado seja acionada contra a outra parte, o poder de atuar desse modo é um poder cujo exercício pode no mínimo expor a outra parte a inconvenientes nada insignificantes. Isso ocorre mesmo que o fundamento no qual se sustenta a ação ou o processo seja da natureza mais frágil. E ainda mais, no caso de ações de direito privado, se houver algum dispositivo pelo qual possa ser proferida sentença contra uma parte que deixe de apresentar qualquer resposta ou defesa a uma ação contra ela.

Em certo sentido, o que contrabalança esse poder é o próprio fato de que seu exercício envolve necessariamente o exercício da escolha. O autor/querelante ou o promotor pode instaurar uma ação ou processo como lhe parecer conveniente. Mas cabe a ele decidir que tipo de ação ou processo iniciar. Não importa de que modo se sinta ofendido, prejudicado ou indignado com o que outra pessoa tenha feito, é necessário que se fixe em algum fato ou fatos que considere poder provar nos termos da lei contra a outra parte. Ele deve então estar preparado e capacitado para demonstrar que esses fatos comprovados ou comprováveis são pertinentes em termos legais. Acontece que pelo menos *uma* forma de fazer isso consiste em demonstrar que existe alguma norma jurídica $p \supset q$ de cujos fatos operativos p os fatos que o autor pode provar são um exemplo.

Mais uma vez, é a reflexão sobre a lógica dedutiva da aplicação de normas que nos permite ver no mais simples dos modos como é possível uma pessoa selecionar, da totalidade de atos e acontecimentos no mundo, aqueles que vale a pena afirmar e dispor-se a provar no que diz respeito a uma ação ou processo que tenha em vista. Em grande proporção (mas não integralmente, como transparecerá a seu tempo), é o conhecimento de normas jurídicas que permite a escolha pertinente – e inquestionavelmente seletiva e parcial em alto grau – a ser feita a partir da seqüência desnorteante e infinitamente complexa de fatos e acontecimentos que se nos apresentam. Isso inevitavelmente confere enorme valor à posse de conhecimento jurídico ou à capacidade de remunerar os profissionais do direito que tenham esse conhecimento, e de fato conquistar sua atenção real.

Aos que deploram esse fato[22], é preciso que se pergunte como a situação poderia ser alterada efetivamente. No mínimo, o primeiro passo consiste em compreender por que isso se dá. Uma vantagem desta investigação é que ela demonstra por que isso se dá. O único modo de sanar tal estado de coisas seria ter menos leis e leis menos complexas; ou um melhor conhecimento delas.

Seja como for, demonstramos por que é uma necessidade prática que quem pretende iniciar ações ou processos deve arcar com o ônus de declarar quais atos e acontecimentos, que essa pessoa apresenta como violações de direitos ou perpetração de delito, ocorreram. Pelos motivos já decla-

22. Ver, por exemplo, Z. Bankowski e G. Mungham, *Images of Law* (Londres, 1976).

rados, todo o processo careceria de credibilidade lógica se a imposição da reparação ou a condenação pelo delito não fosse condicionada à prova, pela parte que iniciou a ação ou o processo, dos fatos alegados e de sua pertinência legal.

É claro, porém, que a lógica não tem como nos dizer o que constitui prova legal de alegações. A lógica necessariamente se cala quanto ao que constitui comprovação de proposições factuais contingentes (embora mais adiante neste livro haja uma breve análise dessa questão). Nem mesmo seria ilógico, no sentido estrito, se um sistema jurídico estipulasse formalmente (ou funcionasse a partir da presunção informal) que a afirmação de *p* por parte de um autor constitui prova de *p* a menos e até que o réu prove o contrário. É uma característica dos Estados totalitários que, mesmo que não se encontre na teoria proclamada, na realidade essa afirmação seja considerada prova suficiente. Não obstante, além de condenar um dispositivo desses por ser injusto e tirânico, pode-se observar que uma prática semelhante é irracional na medida em que exige uma pretensa crença em proposições que não estão sustentadas por provas. Dizer que *p* é considerado, ou tomado como, verdadeiro é invocar uma ficção. Num contexto como o que estamos examinando, a ficção é invocada com o objetivo exclusivo de garantir de uma forma aparentemente impecável a necessária lógica da aplicação de normas.

Decerto, a lógica em si emprega mais do que define as noções de verdadeiro e falso. No entanto, o uso de argumentos lógicos torna-se uma impostura se nos rendermos à simulação de considerar asserções incertas como verdadeiras, sem nenhuma adução de provas para elas. O respeito pela racionalidade, dentro do qual se pressupõe o respeito pela argumentação lógica, fornece apoio forte, se bem que tangencial, àquela concepção do "ônus da prova" em processos penais à qual, por imperfeita que seja na prática, os Estados liberais aderem na teoria pública.

Se descartássemos a lógica da aplicação de normas, teríamos muita dificuldade para dar conta da importância da idéia do ônus da prova, como já foi afirmado e agora é explicado em termos mais completos. Teríamos igual dificuldade para dar conta do problema que os sistemas jurídicos enfrentam, e lidar com eles de modo diferente, no que diz respeito ao grau de especificidade das afirmações que é exigido em alegações civis e acusações penais.

Ao se propor a provar a existência de algum conjunto ou conjuntos de fatos operativos que convençam o tribunal responsável pelo julgamento da questão, a parte que inicia o processo deve (como vimos), em algum estágio anterior ao julgamento, comprometer-se a fornecer uma descrição ou descrições de alguma ocorrência parcial que envolva a parte acusada. Se o sistema contiver algum vestígio de imparcialidade (que, mais uma vez, não é uma questão de lógica), esse(s) relato(s) em alguma etapa será (serão) revelados à parte acusada. (Aqui também, o respeito pela racionalidade pode compensar um desejo de imparcialidade se nos levar a supor que a parte acusada pode ser capaz de contribuir com alguma informação factual que seja útil para a construção de um relato relativamente confiável da parte pertinente da história; o "direito de ser ouvido"tem alguma sustentação lógica, embora superficial.)

Um ponto crucial de divergência entre sistemas jurídicos, à luz disso tudo, pode ser identificado nas normas de procedimento que determinam o ponto no desenrolar de uma ação no qual a parte que instaurou a ação deve necessariamente se comprometer com um relato específico dos fatos que afirma e dos quais depende, nos termos afirmados: o grau de especificidade com que deve apresentar seu relato, e a medida, se houver, até a qual deverá se comprometer expressamente a invocar normas jurídicas específicas que justifiquem o julgamento que busca contra a parte acusada. Essas normas servem em parte para suplementar e em parte para solidificar as exigências impostas ao autor pelo fato de caber a ele o ônus da prova.

O caso escocês de *Thompson* v. *Glasgow Corporation* (1962 S.C. [H.L.] 36) demonstra claramente a importância dessas normas processuais e de sua relevância para o assunto em questão. A autora do caso estava lavando roupa numa lavanderia pública de propriedade da ré. Quando as estava secando numa centrífuga, que girava as peças a grande velocidade num tambor, seu braço ficou preso acidentalmente no tambor giratório pouco antes do final do processo de centrifugação; e, em conseqüência disso, o braço foi amputado. Ela processou a empresa pedindo indenização pelas lesões, com a afirmação de que seu avental ficou preso no eixo do tambor. O próprio eixo girava com o tambor mas era coberto por uma tampa de proteção que, quando devidamente mantida em funcionamento, ficava meio frouxa no eixo e, quando tocada, não girava com o eixo. A autora afirmou que a tampa de proteção não tinha sido mantida em perfeitas condições de funcionamento, e que seu avental tinha se enroscado nela, o que tinha envolvido seu braço.

À medida que a ação prosseguia, tornou-se claro que, não importa o que tivesse causado sua lesão, o incidente não tinha acontecido da maneira afirmada por ela, mas de outra forma. Por esse motivo, sua ação foi encerrada; e a empresa, isenta de responsabilidade. Ela recorreu e pediu permissão para corrigir suas alegações de modo que lhe permitisse apresentar um relato diferente do acidente e demonstrar ter ele ocorrido em razão da negligência de um empregado da empresa que tirou as tampas dos tambores de centrifugação antes que estes tivessem parado de girar a uma velocidade perigosa. Sua solicitação de permissão para alterar as alegações naquele estágio foi rejeitada; e seu recurso, indeferido.

Logo, parece que a autora poderia ter conseguido determinar a responsabilidade da empresa, se de início tivesse se engajado num relato diferente, e talvez menos específico, da forma pela qual o acidente ocorreu. Contudo, uma vez que tinha escolhido apresentar uma versão particular da história de seu trágico acidente, como um exemplo dos fatos operativos de uma norma específica, ela ficou comprometida; e, se não conseguiu provar aquilo com que estava comprometida, a empresa tinha o direito de ser absolvida, direito que não poderia ser derrogado pela suposição de que alguma versão alternativa da causa do acidente poderia ter sido verdadeira e, com base nessa suposição, a empresa seria responsável.

Esse foi sem dúvida um caso difícil, e as normas processuais foram severas com a infeliz autora. No entanto, qualquer sistema no qual a lógica da aplicação de normas seja levada a sério deve ter algumas normas que cubram o problema da especificidade das alegações.

Em causas penais, essas normas têm importância semelhante e operam em geral a favor do réu. Examinemos o caso de *Hambleton* v. *Callinan*, ([1968] 2 All E.R. 943) cujo material, assim como aqui, levantou uma pequena questão referente à aplicação do artigo 1(1) da Lei (de Prevenção do Uso Indevido) de Drogas de 1964, pela qual se uma pessoa está de posse de uma substância na época especificada na Lista anexa à Lei; e, se certas condições justificativas [aqui descabidas] não forem atendidas, essa pessoa é culpada de um delito. Na ocasião específica, a anfetamina era uma substância incluída na Lista. Os réus foram acusados, *inter alia*, de estar de posse de anfetamina em desobediência ao artigo 1 (1) da Lei, pois amostras de urina fornecidas por eles no momento de sua detenção revelaram que, naquela ocasião, vestígios de anfetamina estavam presentes no corpo de cada um. Com relação a essa parte das acusações, o juizado de pequenas causas de Bournemouth sustentou que não havia caso a ser respondido pelos réus, e no recurso seu julgamento foi mantido pelo tribunal regional. O tribunal julgou que o fato de ser provado que uma pessoa tinha vestígios de pó de anfetamina presentes na urina em dado momento no tempo não constitui prova de que essa mesma pessoa estivesse "de posse" da droga na ocasião. Desse modo, embora a acusação tivesse comprovado aquele primeiro fato, com isso ela não tinha provado o necessário fato operativo para a condenação por um delito nos termos do artigo 1(1) da lei de 1964. Logo, os réus contra os quais essa era a única acusação foram acertadamente absolvidos – de fato, com referência àquela acusação, todos foram acertadamente absolvidos.

Entretanto, como salientou lorde Parker, presidente do tribunal, em seu parecer:

> Eu mesmo não consigo ver nenhum motivo pelo qual em outro caso a hora em que se alega que ocorreu a posse não pudesse ser um momento anterior ao do consumo; porque, a meu ver, os vestígios de... pó de anfetamina na urina é [*sic*] de qualquer modo uma prova à primeira vista... de que o homem examinado deveria ter estado de posse dela, mesmo que na mão, antes de levá-la à boca para consumi-la (*ibid.*, p. 945).

Aparentemente, nesse caso, o relato cronológico com o qual a promotoria se comprometeu poderia ter sido estruturado de modo que constituísse comprovação válida dos fatos operativos requeridos pelo artigo 1(1) da Lei, mas que no caso em foco foi estruturado de modo descabido porque não representou, como citado, uma manifestação do fato operativo pertinente. Mais uma vez, as normas referentes à especificidade das alegações podem aumentar o peso prático do ônus da prova. Pode haver quem considere tais requisitos processuais indevidamente rigorosos e legalistas, no mau sentido; mas, seja como for, é evidente que deve haver, tanto nos casos civis como nos penais, algumas normas processuais que definam o momento em que, e o nível até o qual, o promotor deverá se comprometer com algum relato cronológico específico que constituirá a acusação apresentada. O fato de ele precisar se comprometer aumenta a oportunidade de o réu provar que não é culpado – ou seja, não é culpado *do delito de que foi acusado.*

Para concluir: sem ter pretendido demonstrar que todos os aspectos da justificação legal em todos os tipos de caso envolvem necessariamente e com exclusividade o tipo de argumentação dedutiva descrito neste capítulo, demonstrou-se que argumentações desse tipo às vezes estão disponíveis para justificar decisões. Demonstrou-se ainda que um relato semelhante nos permite compreender a relevância da noção legal de "ônus da prova" e elementos afins do direito. Quem se dispuser a negar que o raciocínio estritamente dedutivo seja um elemento genuíno e importante na justificação legal deverá demonstrar alguma falha na explanação aqui apresentada e deverá demonstrar a existência de alguma teoria alternativa que possa, com igual eficiência, dar conta de normas acerca do "ônus da prova" e questões afins do chamado "direito adjetivo".

Não se sustenta que esse tipo de raciocínio seja tudo o que está envolvido na justificação legal. Caberá ao próximo capítulo demonstrar quais pressupostos ele envolve e a que limitações sua utilização está necessariamente sujeita.

III. Justificação por dedução – pressuposições e limites

(a) A tese da validade

O que quer que aconteça pode acontecer. Ao dar exemplos concretos de justificação por dedução no capítulo anterior, demonstramos que ela é uma modalidade possível para justificação jurídica de decisões. Em vista disso, devemos agora nos voltar para a pergunta: "O que *faz* com que ela seja possível?" Pondo a questão em termos diferentes, talvez mais kelsenianos, quais são as pressuposições que fazemos ao tratar argumentações dedutivas como justificação suficiente de decisões jurídicas em certos casos? Ao examinar essas pressuposições, nós também nos colocaremos na posição de determinar os limites da justificação por dedução e assim levantar a questão principal deste livro, ou seja, "Como decisões podem ser justificadas quando nenhuma argumentação dedutiva bastar para justificá-las?"

Voltemos a um ponto que foi demonstrado no capítulo II (pp. 40-1 deste livro): tendo demonstrado a lógica pela qual se chegou à conclusão de que a sra. Tarbard era obrigada a pagar indenização ao sr. Daniels, acrescentei que, para completar a justificação da argumentação, precisávamos de mais uma outra premissa. "Se em qualquer caso uma parte litigante provar que a outra parte está legalmente obrigada a pagar indenização à primeira parte, então o juiz deverá proferir uma sentença favorável ao litigante bem-sucedido." No contexto pareceu razoável adotar esse princípio aparentemente óbvio como algo que não requeria argumentação. O que o torna tão "aparentemente óbvio" é que ele declara o que superficialmente é uma proposição quase tautológica sobre a função judicial. Por trás dele, há o que algumas pessoas considerariam pressuposições básicas do pensamento jurídico: de que existem normas do direito, e que a tarefa do juiz consiste em aplicar essas normas quando elas forem pertinentes e aplicáveis. A noção de "pertinência e aplicabilidade" é de fato explicável exatamente por referência à lógica (dedutiva) de subsunção, examinada de modo tão exaustivo na primeira seção do capítulo II. Uma norma do direito é geral em termos, pois estipula que, sempre que ocorrer um dado conjunto de fatos operativos (*p*), uma determinada conseqüência legal deverá se seguir (*q*)[1]. Quando um juiz num dado caso "constata fatos" que equivalem a uma manifestação de *p*, a pertinência da norma jurídica ao caso fica estabelecida, e a conseqüência legal *q* deve ser aplicada.

Portanto, o que estamos de fato pressupondo ou postulando é que – no seu ponto de vista acerca da função judicial ou da missão do juiz – cada juiz tem, em razão de seu posto, o dever de aplicar todas e cada uma daquelas normas que são "normas do direito" sempre que isso for pertinente e aplicável a qualquer caso que seja levado a ele. E essa formulação revela uma segunda pressuposição, sem a qual o "dever" careceria de referência identificável: a de que é possível que um juiz identifique todas aquelas normas que são "normas do direito". É preciso que haja alguns critérios que estabeleçam o que vale como "norma do direito" para essa finalidade. Em dois saltos sem esforço aterrissamos no centro da teoria do direito. Aterrissamos num princípio crucial da teoria positivista do direito (embora muitos advogados partidários do direito natural também o endossem): o de que todo sistema jurídico compreende, ou

1. Ver p. 45 *supra* para o uso dessa terminologia.

pelo menos inclui, um conjunto de normas identificáveis por referência a critérios comuns de reconhecimento. E que o que constitui esses critérios como critérios de reconhecimento para um sistema jurídico é a aceitação geral, pelos juízes daquele sistema, de que seu dever consiste em aplicar normas identificáveis por referência a eles. Essa tese é apresentada em termos muito semelhantes por H. L. A. Hart[2] e Joseph Raz[3]; e revela uma relação reconhecível com opiniões propostas por muitos outros teóricos.

Existe, porém, no mínimo uma circularidade aparente no que foi dito aqui. Se perguntarmos "quem é juiz?", por exemplo na Escócia, na Inglaterra e no País de Gales nos tempos atuais, seremos encaminhados a um complexo conjunto do que Hart chamaria de "normas de adjudicação": por exemplo, as leis denominadas *Court of Session Acts* na Escócia, ou as Leis da Magistratura do Supremo Tribunal. Os juízes são juízes porque existem normas que os tornam juízes. As normas que os tornam juízes – bem como muitas outras – são normas do direito porque os juízes as reconhecem como tal (expondo-se o assunto de modo rápido e aproximado).

A argumentação seria de fato um círculo vicioso se a deixássemos por aqui. Os tribunais não são instituições autônomas dotadas de legitimidade por sua própria voz, revestidas de poder por seu próprio vigor orgânico. Trata-se de instituições estabelecidas (não importa com que grau de informalidade ou formalidade) por uma comunidade maior da qual derivam sua legitimidade e autoridade como solucionadores de controvérsias. A efetiva força das sentenças que proferem depende em primeiro lugar da aceitação de sua autoridade por parte daqueles a quem as sentenças são dirigidas; e em segundo lugar (relativamente mais tarde no desenvolvimento histórico) da aceitação de sua autoridade

---

2. H. L. A. Hart, *The Concept of Law* (Oxford, 1961, especialmente capítulos 5 e 6).

3. J. Raz, *The Concept of a Legal System* (Oxford, 1970, capítulo 8).

por parte dos encarregados de executar essas sentenças que de fato exercem algum grau (freqüentemente considerável) de poder coletivo.

Essa comunidade mais ampla que confere aos tribunais sua legitimidade e autoridade não é necessariamente toda a "comunidade do reino"[4], para usar uma interessante expressão antiga. Talvez ela não seja maior do que o grupo de poder ou a classe governante que, por um meio ou outro, consegue reunir forças e despertar medo suficiente para manter a ordem dentro do que *ela* define como toda a comunidade do reino. Essa é a verdade subjacente à noção austiniana ou benthamita do "hábito da obediência" que basta para constituir uma sociedade política, ou à noção kelseniana do sistema de normas "em geral eficaz" que constitui uma ordem jurídica.

Para que cheguem a existir "juízes", no nível analítico mais simples e mais informal, precisamos portanto postular a existência de algum grupo de pessoas que atribua a algum indivíduo ou indivíduos de seu meio a função de solucionar controvérsias. Quando uma disputa ou controvérsia não puder ser solucionada entre os discordantes e seus amigos, é preciso que haja alguma obrigação socialmente reconhecida[5] de encaminhar a questão a uma pessoa específica ou a alguém de um grupo específico, ou ainda a um grupo específico de pessoas. É preciso que haja uma obrigação socialmente reconhecida que faça com que esse "juiz", ou esses "juízes", ordene que a disputa seja resolvida de determina-

---

4. A expressão pertence ao uso constitucional tradicional da Escócia. Ver G. W. S. Barrow, *Robert Bruce* (2ª ed., Edimburgo, 1976, pp. 23-4 etc.).

5. Com uma "obrigação reconhecida socialmente", não quero dizer uma obrigação que todos os integrantes de uma sociedade "reconheçam" ou "aceitem", mas uma obrigação que *algumas* pessoas numa sociedade "reconheçam" ou "aceitem" como aplicável a *todos os* membros do que elas definam como "a sociedade". Essas atitudes são significativas para outras pessoas quando sustentadas por pessoas que exercem algum grau de influência ou poder social. Ver o Apêndice deste livro, e comparar com MacCormick, "Legal Obligation and the Imperative Fallacy", em *Oxford Essays in Jurisprudence, Second Series*, org. A. W. B. Simpson (Oxford, 1973).

do modo. E é preciso que exista uma obrigação socialmente reconhecida que faça com que as partes aceitem e cumpram essa decisão.

Esses juízes bem poderiam recorrer mais a tradições imemoriais e noções de eqüidade e de honestidade (como, ao que me é dado saber, acontece em sociedades primitivas) do que a qualquer tipo de "normas" formais na resolução de disputas. Porém, pelo menos é possível que, exatamente como sua obrigação de solucionar disputas é uma obrigação socialmente reconhecida, também pudesse acontecer que seus concidadãos e eles mesmos considerassem ou passassem a considerar que eles estariam obrigados a aplicar algum código de normas mais ou menos fixo ao solucionar disputas e controvérsias. Se fosse assim, haveria alguns critérios socialmente aceitáveis de reconhecimento – que naturalmente entrariam em operação efetiva somente se os "juízes" compartilhassem do reconhecimento social de que o "código" fixo "de normas" era de aplicação compulsória de sua parte. Ademais, pelo menos em casos marginais, eles próprios é que deveriam necessariamente decidir o exato efeito dos critérios de reconhecimento.

Se uma análise semelhante seria esclarecedora ou não em relação a ordens jurídicas primitivas, sem dúvida ela é reveladora com relação à estrutura judicial mais sofisticada e institucionalizada que caracteriza os Estados modernos, pelo menos no estilo "ocidental". Que os juízes que atuam em nossos tribunais estão obrigados ao dever de aplicar, por exemplo, as leis do Parlamento, sempre que elas forem pertinentes e aplicáveis é uma norma aceita e diariamente cumprida pelos juízes. É uma norma que rege exclusivamente a conduta de juízes. É uma norma cuja precisa aplicação em casos de dúvida somente pode ser determinada pelos próprios juízes. No entanto, não é uma norma cuja existência dependa em termos exclusivos e suficientes da vontade dos juízes. Ela é aceita, e sua contínua observância é determinada, no mínimo pela substancial maioria dos grupos mais poderosos e influentes da sociedade – por aquelas mesmas pessoas cuja aceitação dos juízes como autoridades apropriadas para a resolução de controvérsias que não estejam expressamente excluídas de sua competência constitui e sustenta sua legitimidade e autoridade como juízes, cujas sentenças, no âmbito de sua competência, devem ser cumpridas e, caso necessário, impostas pela coersão.

Com efeito, dispomos de tribunais "formais" e "institucionalizados" exatamente no sentido (se me permitem que me alongue sobre um tema desenvolvido em outra parte)[6] de que existem normas "constitutivas", "conseqüentes" e "exonerativas" que são reconhecíveis e determinam *inter alia:*

1. O estabelecimento do "tribunal": mediante cuja designação, pessoas dotadas de determinadas qualificações gerais poderão, sob determinadas circunstâncias e por meio de determinados procedimentos formais, tornar-se "juízes" do "tribunal".
2. Os poderes e deveres conseqüentes – bem como as imunidades e privilégios – que cabem aos que são nomeados juízes, enquanto estiverem atuando como membros do "tribunal". Aqui há três questões importantes: determinação da competência do tribunal – ou seja, a outorga aos juízes do poder de ouvir e solucionar disputas e controvérsias de certos tipos específicos; o corolário desse poder é a imposição aos cidadãos de uma obrigação de cumprir sentenças judiciais a eles dirigidas no exercício daquele poder, o que pode ser corroborado por obrigações impostas a funcionários subordinados ao comando dos juízes para que garantam o cumprimento em casos de recalcitrância; imposição aos juízes do dever de "ouvir e resolver nos termos da lei"; de agir de acordo com procedimentos estabelecidos ao ouvir os casos e de aplicar, quando pertinente, todas as normas "válidas" do direito.
3. Disposições exonerativas que estipulem sob quais circunstâncias um juiz, uma vez nomeado, pode ou deve abandonar seu posto – aqui reside uma antiga tensão entre os

6. MacCormick, *Law as Institutional Fact* (1973), Edinburgh University Inaugural Lecture nº 52; também (1974), 90 L.Q.R. 102.

dois valores da responsabilidade de autoridades públicas e da independência do judiciário.

Decerto, essa é uma formulação excessivamente simplificada e esquematizada de uma realidade altamente complexa, mas é pelo menos uma aproximação com relação à verdade; e sua utilidade está no modo pelo qual ela indica o necessário inter-relacionamento entre as instituições judiciais e legislativas de Estados modernos. O fato de ser uma conseqüência essencial da nomeação para a magistratura que um juiz deva aplicar normas válidas do direito ao exercer sua competência indica o inter-relacionamento entre as decisões judiciais e a legislação – porque a legislação é por excelência o processo por meio do qual são criadas normas válidas do direito. Exatamente como existem tribunais instituídos cuja função central é o julgamento de disputas em consonância com normas válidas do direito, também existem legislaturas instituídas: órgãos que têm existência e integrantes determinados por normas constitutivas, órgãos aos quais normas "conseqüentes" conferem poderes de legislar. Ao cumprir procedimentos definidos formalmente, as legislaturas podem promulgar normas que (sujeitas a todas as condições referentes a maneira e forma de promulgação, e da faixa substantiva de competência) constituem "normas válidas do direito". Daí, o crucial inter-relacionamento entre as instituições judiciária e legislativa: esta última determinando o *teor* dos deveres da primeira, enquanto a primeira, ao exercer esse dever, não pode deixar de se descobrir definindo a faixa de competência da última.

Já afirmei que "a legislação é por excelência o processo por meio do qual são criadas normas válidas do direito"; e isso por duas razões. A legislação é singular como fonte do direito na medida em que produz o que foi acertadamente chamado de "normas em forma verbal fixa"[7], normas que

---

7. W. Twining e D. Miers, *How to Do Things with Rules* (Londres, 1976, pp. 58-9, 72, 100, 105 etc.).

têm uma formulação única e de autoridade exclusiva, com sua formulação nas mesmíssimas palavras da legislatura. E só porque o poder legislativo e o procedimento legislativo são definidos formalmente, temos nesse caso critérios de validade mais ou menos exatos que possibilitam distinguir com clareza razoável o que é do que não é a lei devidamente promulgada.

Vale recordar que considerar que a legislação é por excelência a fonte do direito válido é uma perspectiva nitidamente moderna. Mesmo que não recuemos além do século XVII, encontramos James, 1.º visconde de Stair, argumentando nos seguintes termos em sua obra *Institutions of the Laws of Scotland*:

> É verdade, e as nações mais felizes são aquelas cujas leis foram criadas a partir do costume de longa data, extraídas de debates em casos específicos, até adquirir a coerência de um costume fixo e conhecido. Pois, com isso, as conveniências e inconveniências delas decorrentes são vistas pela experiência por um longo período. De tal modo que aquilo que em alguns casos se tenha considerado conveniente, se em outros casos posteriores se tiver revelado inconveniente, poderá ser abortado ainda em gestação, antes que atinja a maturidade de uma lei. Na legislação promulgada, porém, o legislador deve de imediato contrabalançar as conveniências e inconveniências; e nisso ele pode falhar, o que muitas vezes ocorre efetivamente... (*Inst.* I. 1.15).

Essa é uma tese que depende de uma visão do mundo e do lugar do homem nele, bem como da natureza do direito, que está agora totalmente fora de moda. Ela se baseia numa concepção da abrangência da argumentação jurídica dedutiva que é substancialmente diferente da que esboçamos no capítulo II. Essa concepção postula a existência de princípios racionais eternos que regem todos os seres racionais, aí incluído Deus. As normas que os homens aplicam (deveriam aplicar) na vida são passíveis de serem descobertas por dedução a partir desses primeiros princípios da razão. O costume enraizado, em especial "o costume aprendido", desenvolvido pelos que são experientes no trato de problemas práticos (juízes, em particular), indicará com mais segurança quais são as deduções sólidas a partir de princípios básicos do que a legislação instantânea. (Quanto mais se examina o código de leis do século XX, talvez mais se fique inclinado a entender o que Stair quis dizer.)

O fato de essa visão estar fora de moda não a torna errada – e na realidade mais adiante, neste livro, voltaremos a refletir sobre os "princípios básicos" na argumentação jurídica. Por enquanto, porém, desejo apenas fazer a observação de que, segundo a perspectiva de Stair, minha concepção de que os tribunais têm como obrigação primordial aplicar normas que sejam tecnicamente válidas como normas do direito, por exemplo, por terem sido devidamente promulgadas, estaria totalmente errada. Para Stair, fazer justiça de acordo com a lei significa simplesmente julgar em consonância com os princípios da justa razão ou partindo desses princípios, em especial como se apresentam no tradicional costume do reino (o que pode, por bons motivos, gerar variações locais e particulares daquela lei que é onipresente e universal).

É interessante ver como no século posterior à obra magna de Stair (em parte derivada das tradições do direito natural e do direito romano da Europa do renascimento e do início dos tempos modernos, tradição cujo apogeu foi atingido nos escritos de Grócio), os teóricos do direito na realidade viraram de cabeça para baixo a tese de Stair. Em meados do século XVIII, autores como Erskine[8] na Escócia e Blackstone[9] na Inglaterra, embora ainda adeptos de vestígios de jusnaturalismo, já reconheciam expressamente dentro de limites amplos a supremacia do legislativo nacional.

---

8. J. Erskine, *An Institute of the Laws of Scotland* (Edimburgo, 1773, I.i *passim*, esp. I.1.2 e I.i.19-26).

9. W. Blackstone, *Commentaries on the Laws of England* (16ª ed., 1825, vol. i, pp. 90-1, 160-1).

Os princípios do direito natural são vagos e deixam muitos aspectos sem definição. O legislativo deve necessariamente tornar a lei clara em todos os casos, e deve criar leis em benefício do público na área de indeterminação do direito natural. O poder do legislativo é supremo; o dos juízes, é subordinado ou derivado. Na medida em que os costumes e precedentes funcionam como fontes do direito, eles o fazem em razão de um comando tácito por parte do legislativo.

Tendo o pensamento partidário do direito natural chegado a um ponto como esse, basta um pequeno passo para o positivismo rematado de um Bentham ou para o positivismo mais moderado de um John Austin (moderado por sua adesão ao conceito de "Direito Divino"[10] como "direito propriamente dito" – o que é uma reformulação positivista e voluntarista da antiga visão racionalista do direito natural. Já há sinais dessa transição em *Principles* e em *Institutes* de John Erskine; e há uma forte sugestão, manifesta no interior dos textos, de que Austin tivesse lido Erskine e sofrido sua influência).

Essas mudanças de atitude pertencem ao campo da política tanto como ao da filosofia. A insistência de que toda a lei é lei legislada possibilita a visão de que toda a lei é alterável; e esse é um postulado essencial para quem deseja reformar a lei. Por sua vez, pode ser a pura verdade, e deve ser pelo menos em parte, que os movimentos políticos que buscam alterar a lei reflitam mudanças na base econômica das sociedades. Porém, seja como for, uma conseqüência na mudança de atitude no nível da teoria do direito é a redefinição do precedente como fonte do direito. Se toda a lei é lei legislada, a jurisprudência é lei legislada – e são os juízes que a legislam. Bentham[11] e Austin[12] são claros quanto

---

10. J. Austin, *The Province of Jurisprudence Determined* (org. H. L. A. Hart, Londres, 1964, cap. 2); ou J. Austin, *Lectures on Jurisprudence* (5ª ed., R. Campbell, Londres, 1885, Aula II).

11. Ver, por exemplo, J. Bentham, *Introduction to the Principles of Morals and Legislation* (J. H. Burns e H. L. A. Hart, orgs., Londres, 1970, pp. 8, 20-3, 308).

12. Austin, *Lectures,* XXXVII-XXXVIII.

a esse ponto, ao contrário de Erskine, que nega a força vinculante de determinados precedentes[13], e de Blackstone, que simplesmente tergiversa[14].

Essa mudança tem um efeito específico sobre o uso de precedentes. Eles de fato passam a ser tratados cada vez mais como se fossem realmente – como afirmavam os positivistas – uma forma de legislação delegada; e assim está preparado o cenário para um século e meio de busca mais ou menos infrutífera da noção fugidia da *ratio decidendi* – a noção da norma do direito, clara e válida, passível de ser descoberta em cada precedente vinculante. O costume sai totalmente de cena, exceto como um recurso para a interpretação de contratos privados. A "eqüidade" deixa de ser reconhecível a sério como fonte do direito, e passa a ser o nome de um conjunto específico de normas legisladas judicialmente ou o nome de um poder particular de legislar conferido aos juízes.

A ironia final é que as próprias obras dos autores institucionais, obras que poderiam ter sido escritas somente com base numa teoria do direito natural que autorizasse a afirmação de já constituírem lei todos os princípios em conformidade com a "razão", vieram elas mesmas a ser reclassificadas como "fontes do direito" no sentido positivista[15]. O fato de uma proposição estar apresentada em Stair ou em Blackstone torna-se uma justificação para considerá-la uma proposição do direito (se não tiver sido derrubada por alguma lei promulgada ou precedente); não do "direito" porque realmente expressa o que é razoável em termos essenciais – que foi o motivo pelo qual o autor a enunciou; mas do "direito" por ter sido afirmada por aquele autor naquele livro – que portanto passa a ser considerado uma "fonte (subordinada) formal do direito". É quase como se um po-

13. Erskine, *Institute* I.i. 44-7.

14. Blackstone, *Commentaries*, Introdução, § II, divisão I.

15. Para sentenças judiciais baseadas na autoridade de Stair e Blackstone, ver, por exemplo, *Drew* v. *Drew* (1870) 9 M. 163, p. 167; e *R.* v. *Sandbach* [1935] 2 K.B. 192, p. 197.

der póstumo de legislação delegada tivesse sido conferido aos autores institucionais.

Há um risco de eu ter exagerado ao ressaltar a qualidade antitética do pensamento positivista e do jusnaturalista, pelo uso de exemplos radicais. Examinando o tema a partir da perspectiva da controvérsia contemporânea, seria possível dizer o seguinte: é útil considerar como uma característica definidora do positivismo jurídico o fato de todo "positivista" autêntico sustentar que todas as normas que são normas do direito o são porque pertencem a um sistema jurídico específico, e que elas pertencem a esse sistema porque atendem a critérios formais de reconhecimento que atuam dentro desse sistema como uma efetiva ordem social prática[16]. Os "advogados partidários do direito natural" não negam necessariamente que os sistemas jurídicos estabeleçam processos legislativos cujos produtos servem como "lei válida" porque satisfazem critérios de reconhecimento aceitos[17]; mas acrescentam que, embora essa seja uma condição necessária, não é uma condição suficiente da validade de normas promulgadas. Para serem verdadeiramente válidas, essas normas devem cumprir ou pelo menos não estar em conflito com princípios mais básicos do direito, cuja condição de "lei" não seja dependente de nenhum tipo de promulgação, "aceitação" ou "reconhecimento". Há sem dúvida modos numerosos e variados para explicar a situação ou a justificação desses princípios fundamentais, mas não é necessário que nos detenhamos nisso aqui.

É, portanto, compartilhada entre o pensamento do direito natural e o pensamento do direito positivista a tese de que os sistemas jurídicos dispõem de critérios, sustentados pela "aceitação" da sociedade na qual o sistema se insere,

---

16. Cf., por exemplo, Hart e Raz, *loc. cit. supra*, n. 2 e 3.

17. Entre os partidários contemporâneos do direito natural, L. L. Fuller, por exemplo, certamente não negaria a questão – ver *The Morality of Law* (edição revisada, 1969, New Haven e Londres). Santo Tomás de Aquino era da mesma opinião, como seus seguidores contemporâneos. Veja *Summa Theologica*, Q. 95, Art. 1 e 2, e seções seguintes; ou *Aquinas: Selected Political Writings* (org. A. P. D'Entreves, Oxford, 1959, pp. 127-45).

sendo o cumprimento desses critérios no mínimo presumivelmente suficiente para a existência de uma norma como "norma válida" do sistema. (Para fins de concisão, doravante ela será chamada de "a tese da validade".) É essa "tese da validade" compartilhada que é pressuposta quando tratamos da justificação por dedução de decisões judiciais como algo suficiente e conclusivo: dada uma norma válida *se p então q*, e dado que houve uma ocorrência de *p*, uma decisão jurídica que ponha *q* em vigor (que expresse uma conseqüência legal) é uma decisão justificada.

(b) Um problema para o positivismo

Isso posto, temos de enfrentar um problema para o positivismo jurídico. Se uma teoria positivista fornece meramente um relato descritivo do que os sistemas jurídicos realmente são, como pode a versão do positivista da "tese da validade" estar de algum modo relacionada com a "justificação"? Se simplesmente *for* o caso de todo e qualquer sistema jurídico conter critérios de validade, poderá isso em algum sentido sustentar a afirmação de que decisões jurídicas que aplicam normas válidas, pertinentes e aplicáveis aos fatos em questão, são decisões justificadas, ou seja, decisões que *deveriam* ser proferidas?

A resposta é, naturalmente, que esse "deveriam" representa o que Kelsen chamaria de dever "descritivo"[18]. Sem comprometer-se com (ou contra) os valores do sistema em questão, o teórico, como seu observador, está dizendo algo semelhante ao seguinte: "Do ponto de vista daqueles que atuam dentro do sistema, essa decisão deveria ser proferida" – de fato, "essa é uma decisão que eles têm o compromisso de tratar como justificada". O teórico não a está elogiando nem justificando por si mesmo.

---

18. H. Kelsen, *The Pure Theory of Law* (trad. ing. Max Knight, Berkeley e Los Angeles, 1967, pp. 71-5). [Trad. bras. *Teoria pura do direito*, São Paulo, Martins Fontes, 6ª ed., 1998.]

Esse ponto é bastante simples e óbvio, e trata do problema levantado. No entanto, ele também indica que uma descrição positivista do sistema como funciona *não tem como* responder a um tipo específico de pergunta que pode ser feito *internamente* num sistema jurídico. A pergunta que poderia ser feita a um juiz num caso difícil: "Por que *nós* deveríamos considerar suficientemente justificada toda decisão tomada em conformidade com uma norma válida segundo nossos critérios de validade?" E essa é uma pergunta que pode ser feita, e de vez em quando o é. Nem poderia uma descrição positivista responder à pergunta feita com ainda maior freqüência aos juízes: "Como deveríamos justificar decisões referentes à interpretação e aplicação de nossos critérios de validade?"

De minha parte, eu relutaria em tratar questões dessa natureza como se não fossem jurídicas simplesmente em razão de uma definição compulsória. Como demonstrarão exemplos num capítulo posterior, trata-se de questões que são levantadas concretamente em tribunais de justiça reais; e são respondidas por juízes que recorrem a argumentos intrinsecamente similares aos levantados em casos que não dizem respeito a critérios de validade. Tratar esses argumentos como ideológicos-mas-não-jurídicos (que é o que fazem Kelsen[19] e, na realidade, Hart[20]) por motivos apriorísticos parece-me insatisfatório.

Por enquanto, e ainda em termos gerais, basta ressaltar que "a partir do ponto de vista interno" a aceitação da "norma de reconhecimento" de um sistema pelas autoridades desse sistema e pelos cidadãos (pelo menos por alguns deles) sujeitos a esse sistema não é um dado sem opção, um fato puro e simples. Eles podem e costumam ter motivos para aceitá-la: por exemplo, "é bom que as decisões judiciais sejam previsíveis e contribuam para a certeza da lei, o que elas são e fazem quando aplicam normas conhecidas

---

19. *Ibid.*, pp. 349 s.
20. Hart, *Concept of Law*, pp. 114-20.

identificadas de acordo com critérios de reconhecimento geralmente compartilhados e compreendidos"; "é bom que os juízes ocupem o lugar que lhes é designado na ordem constitucional, aplicando a lei estabelecida em vez de inventarem novas leis"; "é bom que o ato de legislar seja confiado a representantes eleitos pelo povo, em vez de ser usurpado por juízes não-eleitos e não-removíveis"; "a ordem constitucional existente e aceita é um sistema justo e imparcial; e por isso os critérios de reconhecimento de leis que ela institui são critérios bons e justos que deveriam ser observados"; e assim por diante.

O penúltimo desses é singularmente adequado a um sistema político mais ou menos democrático; e nessa medida ele associa valores legais a valores abertamente políticos. Já o último envolve um julgamento abertamente político a respeito da justiça do sistema; e entretanto ele é precisamente o tipo de julgamento que, para muitos homens e mulheres honestos, deve necessariamente sustentar sua aceitação de um sistema jurídico por inteiro. "Do ponto de vista interno", a aceitação de normas não é desprovida de razões, se bem que pessoas diferentes possam raciocinar de modo diferente a favor da aceitação da mesma norma. Porém, na medida em que argumentos de princípios figurem entre essas razões, eles decerto são (como se afirmará no capítulo VI) altamente pertinentes ao direito.

Espero estar certo ao sugerir que, para pessoas ponderadas que aceitam um sistema de direito e trabalham nele, razões semelhantes às delineadas acima sejam de uma natureza que geralmente seria considerada e apresentada como razão para aceitação no mínimo das normas fundamentais do sistema, bem como para adesão a elas. *Nesse* sentido e a partir *desse* ponto de vista, seria ilusório que alguém tivesse a pretensão de que o direito possa ser abstraído da moral – ou mesmo abstraído da política. (Na verdade, não conheço nenhum teórico de peso que tenha sequer sugerido essa possibilidade: decerto nem Hart nem Kelsen.)

Contudo, quando estamos examinando a argumentação jurídica de uma perspectiva semelhante à adotada neste livro – perguntando com relação a dois sistemas específicos, mas com a atenção também voltada para pontos mais gerais, "O que são boas justificações para decisões jurídicas?"–, essas razões de sustentação, razões para a aceitação dos critérios de validade do sistema, têm uma importância que não pode ser negligenciada. Somente em poucos casos – dos quais serão examinados exemplos a seu devido tempo – as razões de sustentação chegam abertamente à superfície na argumentação litigiosa e nos pareceres judiciais. Somente nesses raros casos as razões de sustentação são necessariamente apresentadas como essenciais para a explícita justificação de uma decisão.

Não obstante, não são elas sempre pertinentes? Examinemos a decisão justificável em termos dedutivos de maior clareza e simplicidade – a decisão no caso *Daniels* ou qualquer um dos milhões de exemplos semelhantes (poucos dos quais relatados) que poderiam ter sido dados. Ao que tudo indica, a decisão está justificada em termos conclusivos pela subordinação dos fatos específicos à "norma válida do direito" pertinente e aplicável; e, chegando à conclusão, nós simplesmente citamos alguma versão da "tese da validade" e explicamos a qualidade conclusiva da justificação por meio da demonstração de como ela pressupõe a solidez da tese da validade. No entanto, a partir do ponto de vista dos que têm razões (que *às vezes* precisam defender em contextos litigiosos) para aceitar e operar os critérios de validade do sistema, seria possível alegar que essas razões são *sempre* pertinentes em termos tácitos para justificar a decisão ou aceitá-la como validamente justificada.

Voltando ao ponto de partida, a argumentação no caso *Daniels* envolve as premissas tácitas de que o juiz deve decidir o caso em conformidade com os direitos e responsabilidades legais das partes; ou seja, o juiz deve fazer vigorar as conseqüências deduzidas de normas válidas; ou seja, em termos mais gerais, os juízes devem fazer vigorar todas as normas válidas. Se houver, porém, razões pelas quais os juízes devam respeitar esse dever de fazer vigorar aquelas normas que, dentro do sistema, é seu dever-como-juízes fazer vigorar, a justificação por dedução original é somente tão conclusiva quanto essas outras razões de sustentação. Em suma, existem razões justificatórias pressupostas para aceitar a justificação por dedução, e essas razões não são em si mesmas explicadas por nossa explanação anterior do conteúdo da justificação por dedução. No devido momento, examinarei e debaterei as características dos argumentos justificatórios pertinentes à aceitação dos critérios de validade de um sistema jurídico. Por enquanto, basta que nosso estudo do "problema para o positivismo", com o qual esta seção começou, tenha indicado que a justificação por dedução ocorre dentro de uma estrutura de razões de sustentação que ela não explica. Esse é um dos limites da justificação por dedução; mas existem outros para os quais me volto agora.

(c) Os limites da justificação por dedução

É uma verdade muito óbvia que nem todas as normas jurídicas, nem mesmo todas as normas legisladas "em forma verbal fixa", podem sempre dar uma resposta clara a cada questão prática que surja. Quase qualquer norma pode se provar ambígua ou obscura em relação a algum contexto questionado ou questionável de litígio. Como as normas são formuladas em linguagem, elas apresentam (como H. L. A. Hart salientou[21]) uma trama aberta e são vagas pelo menos no que diz respeito a certos contextos.

A Lei de Relações Raciais de 1968, do Reino Unido, por exemplo, proíbe a discriminação "com base na cor, na raça ou na origem étnica ou nacional" em relação *inter alia* à disponibilização de moradia. Torna-se bastante claro o

---

21. *Ibid.*, pp. 120, 124-32, 233, 249.

modo de aplicação desse dispositivo se alguém se recusar a vender ou alugar uma casa a outra pessoa por ter essa pessoa a pele negra ou por ser descendente de irlandeses. O que dizer, porém, se uma autoridade municipal, ao selecionar entre inscritos para receber moradia da prefeitura, aplicar uma norma de que somente súditos britânicos, de acordo com o significado da Lei de Nacionalidade Britânica de 1948, podem ser admitidos nessa lista? Essa autoridade municipal estará cometendo uma forma de discriminação proibida pela Lei? Essa mesma pergunta surgiu de forma concreta no caso de *Ealing London Borough Council* v. *Race Relations Board* ([1972] A.C. 342).

São duas as respostas possíveis[22]: que se trata de discriminação ilícita e que não se trata de discriminação ilícita. Uma ou outra deve estar correta; ambas não podem estar corretas. O problema é que há duas visões possíveis acerca da interpretação da Lei: (a) que a discriminação "com base nas origens nacionais" inclui a discriminação com base na nacionalidade oficial de um indivíduo; e (b) que ela não inclui a discriminação com base na nacionalidade oficial de um indivíduo. (Que há fundamentos plausíveis para cada uma das duas interpretações pode ser confirmado pelo exame do relato do caso, em especial porque juízes diferentes divergiram quanto à interpretação correta e apresentaram razões para suas interpretações diferentes.)

Em nome da simplicidade, vamos traduzir a norma promulgada, na medida em que seja pertinente, para a forma expressa simbolicamente por *Se p, então q.*

Se uma pessoa discriminar contra outra com base em origens nacionais, ela estará discriminando em violação à lei.

No caso que identificamos, isso pode de fato ser interpretado como equivalente a uma ou à outra das seguintes hipóteses, mas não a ambas:

22. Desde então, o Parlamento resolveu a questão com a promulgação da Lei de Relações Raciais de 1976, s. 3 (1), que determina que a discriminação com base na "nacionalidade" constitui discriminação ilícita.

a) se uma pessoa discriminar outra com base em origens nacionais (aí incluída a nacionalidade oficial daquela pessoa), ela estará discriminando em violação à lei;

ou

b) se uma pessoa discriminar contra outra com base em origens nacionais (o que se distingue da nacionalidade oficial daquela pessoa), ela estará discriminando em violação à lei.

A divergência prática entre as partes poderia ser solucionada e a decisão justificada por meio de dedução somente *depois* de ter sido tomada uma decisão de interpretar a norma promulgada de acordo com a interpretação (a) ou (b) acima.

O problema é que a proposição antecedente *p* na norma promulgada é ambígua quanto a duas proposições mais detalhadas mas mutuamente exclusivas que poderíamos rotular de *p′* e *p″* (ou seja, as proposições antecedentes nas formulações (a) e (b) acima). Em alguns casos, pode não fazer nenhuma diferença qual é a interpretação "correta" de *p*; mas, quando o próprio foco da disputa é um caso de discriminação entre pessoas de nacionalidades oficiais diferentes, é preciso que se chegue a uma solução.

Dei apenas um exemplo aqui, mas a possibilidade de generalizá-lo é óbvia. Todas as normas jurídicas podem ser formuladas como frases com a estrutura *Se p, então q*, com a estipulação de que, sempre que ocorrerem certos fatos operativos, uma determinada conseqüência jurídica há de se seguir. Qualquer proposição que entre no lugar de *p* deve ser clara em relação a alguns contextos, mas pode muito bem ser ambígua em outros casos. Seria possível interpretar a norma com o significado de *se p′, então q* ou *se p″, então q*. Quanto aos fatos que tiverem ocorrido, *p′* é cumprido, mas *p″* não o é. Logo, a afirmação da conseqüência *q* pode ser justificada em termos dedutivos por referência *àquela* norma somente considerando-se *aquela* interpretação – mas não se a leitura contrária *se p″, então q* for preferida.

Resumindo: as normas podem ser ambíguas em determinados contextos e podem ser aplicadas de um modo ou de outro somente depois que a ambigüidade for resolvida. No entanto, resolver a ambigüidade de fato envolve escolher entre duas versões rivais da norma (*se p', então q* ou *se p", então q*). Uma vez feita essa escolha, segue-se uma simples justificação por dedução de uma decisão específica. Contudo, uma completa justificação dessa decisão deve girar em torno de como for justificada a escolha entre as versões concorrentes da norma. É evidentemente impossível uma justificação por dedução como analisado no capítulo II. Nosso problema consiste portanto em como uma escolha dessas é justificada – e esse problema, por motivos bastante óbvios, chamarei de "problema de interpretação".

Existe algum outro tipo de problema cuja solução deva transcender os limites da argumentação dedutiva? Em relação a alguns sistemas jurídicos, a tendência seria a de dar uma resposta negativa – mas essa negativa não se aplicaria aos sistemas do Reino Unido.

Especialmente dentro de um sistema codificado do direito, poderia ser considerado necessário submeter cada disputa e decisão a respeito a algum artigo ou artigos de um Código. Caso se considere que o Código cobre de modo abrangente todo o campo do direito, então nenhuma decisão pode ser considerada justificada a menos que esteja prevista num artigo da lei escrita – em *alguma* interpretação desse artigo. O próprio fato da abrangência do Código acarreta uma generalidade relativamente alta nos termos de seus artigos e, por esse motivo, latitudes relativamente amplas de interpretação e grande margem de escolha. Não deveria portanto ser considerado que o raciocínio e a argumentação num sistema codificado sejam sempre ou necessariamente "formalistas" ou mecânicos. Como indicaria um exame minucioso dos artigos do *Code Civil* (1382-6) que tratam de "*Délits et Quasi-Délits*", e da evolução judicial, em conformidade com esses artigos, da moderna lei francesa de reparação por danos (ilícitos), podem surgir, disfarçadas como "problemas de interpretação" de um Código, questões de procedimento jurídico dos tipos mais fundamentais e abrangentes[23].

Em comparação, uma característica inevitável de um sistema de direito não codificado é que muitas questões de disputa e decisões a respeito surgem e são solucionadas sem referência à lei estabelecida (ou "escrita") de qualquer forma que seja. Na medida em que o precedente judicial funcione como fonte de "lei válida" para esses sistemas, haverá naturalmente o recurso freqüente aos argumentos dedutivos que apliquem normas derivadas dessa fonte, e "problemas de interpretação", como definidos acima, podem surgir e realmente surgem.

Às vezes, porém, levantam-se problemas, e as decisões sobre eles são fornecidas e justificadas de um modo que não pode ser representado em termos plausíveis como algo que envolva a simples aplicação de normas do direito já estabelecidas, válidas e obrigatórias, ou mesmo a criação de escolhas interpretativas entre diferentes versões dessas normas do direito. O tipo de problema que tenho em mente não pode de modo algum ser representado em termos plausíveis como se dissesse respeito à questão: "Aqui há uma incontestável norma do direito, *se p, então q*, mas o que *p* significa?" O problema é antes: "De algum modo a lei justifica uma decisão favorável a essa parte contra aquela nesse contexto?" A solução para problemas semelhantes transcende evidentemente a possibilidade de argumentação dedutiva a partir de normas estabelecidas do direito.

É do conhecimento de todos como em *Donoghue* v. *Stevenson* ([1932] A.C. 562: 1932 S.C. (H.L.) 31), a autora, a sra. Donoghue, iniciou uma ação de reparação contra o réu, um fabricante de águas gaseificadas, com base no fato de (como ela afirmou) ter bebido parte do conteúdo de uma garrafa

---

23. Para uma discussão útil a esse respeito, ver F. H. Lawson, *Negligence in the Civil Law* (Oxford, 1950, pp. 231 s.). Para um exemplo específico relativo ao artigo 1384, ver Touffait e Tunc, "Pour une Motivation Plus Explicite des Decisions de Justice", *Rev. trim. dr. civ.*, 1974, pp. 489-90.

opaca de gengibirra Stevenson antes de descobrir na parte restante do conteúdo, quando despejado, os restos de uma lesma em decomposição. Que isso lhe causara gastroenterite e trauma nervoso; e que a presença da lesma na gengibirra era devida ao fato de o fabricante não ter tomado cuidados razoáveis na preparação e engarrafamento do refrigerante. Como o réu tinha para com ela o dever de tomar cuidados razoáveis nesses processos e como ela havia sofrido danos decorrentes da sua falta de cuidado, a autora tinha direito a uma indenização como compensação pelos danos físicos e pelo trauma nervoso que tinha sofrido.

Nenhuma lei estabelecida cobria (nem cobre) a responsabilidade civil para um dano semelhante; e na época em que seu recurso foi do Supremo Tribunal da Escócia para a Câmara dos Lordes, não havia nenhum precedente vinculante que decidisse a questão em termos conclusivos para um lado ou para o outro, embora (como veremos a seu tempo) houvesse uma boa quantidade de precedentes suficientemente análogos para exercer influência persuasiva de cada lado do caso.

Num caso como esse, a questão, como dispõe o procedimento processual escocês, é se as alegações da autora são "pertinentes" nos termos da lei com relação à conclusão em busca da qual ela recorreu ao tribunal. Existe alguma razão nos termos da lei pela qual, se puderem ser provados os fatos que a autora alega, deveria ser-lhe concedida a indenização objeto de sua ação?

Se a resposta a essa pergunta for favorável a ela (como de fato foi), a lógica da justificação implicará, como será debatido no próximo capítulo, que a "razão no direito" pela qual ela deveria obter sua indenização não pode ser individual e particular. Se houver alguma razão que justifique que lhe seja concedida uma reparação por esse dano causado dessa forma, essa mesma razão deverá ser também um bom motivo pelo qual deveria ser concedida uma reparação semelhante a qualquer pessoa prejudicada da mesma forma.

Depreende-se ainda que a justificação de uma decisão a favor desse autor deve envolver em algum sentido uma decisão de afirmar alguma proposição geral como fundamento[24] legal suficiente para uma decisão favorável a ela; e que a justificação de uma decisão contrária a ela exigiria a negação de qualquer proposição geral dessa natureza.

Para justificar uma decisão a favor da autora, é preciso que se esteja preparado para afirmar: "Como os fatos, conforme foram alegados, ocorreram, ela deveria receber essa reparação". Contudo, essa frase pode ser sustentada como uma proposição justificadora no direito somente por alguém que concorde com a seguinte proposição: "Se algum dia ocorrerem fatos como os aqui alegados, o autor deverá receber essa reparação". Por sua vez, porém, essa é uma proposição que se encaixa exatamente na fórmula *se p, então q* com a qual estivemos trabalhando ao longo de todo este debate.

É necessária uma maior discussão para demonstrar por que deveria ser assim. Por enquanto, dissemos o suficiente para estabelecer um modo de expressar a forma geral desse tipo de problema que pode surgir no direito, problema cuja solução transcende inevitavelmente a argumentação dedutiva e que ultrapassa as fronteiras até mesmo do "problema de interpretação". De fato, o problema é saber se no direito é justificável afirmar, ou negar, alguma proposição do tipo *se p, então q*, para qualquer *p* que cubra os fatos do caso em foco e qualquer *q* que cubra a específica reparação pretendida.

Por motivos de conveniência, embora violando ligeiramente o linguajar técnico do direito escocês, doravante chamarei esse tipo de problema de "problema de pertinência".

O professor D. M. Walker, em seu exame da "teoria da pertinência"[25] no direito escocês, fornece a seguinte descrição do sistema escocês, de arrazoamento:

---

24. Meu uso da noção de "fundamento" [*warrant*] aqui e em outros locais deriva de Stephen Toulmin, *The Uses of Argument* (Cambridge, 1958). [Trad. bras. *Os usos do argumento*, São Paulo, Martins Fontes, 2001]. Ver pp. 98 s.

25. D. M. Walker, "The Theory of Relevancy" (1951) 63 *Juridical Review* 1, p. 3.

> Reduzido a seus elementos essenciais, o sistema escocês de arrazoamento envolve a afirmação de conclusões, ou solicitações gerais referentes à forma específica de reparação legal desejada pelo autor, e a sustentação dessas por um detalhamento ou declaração daqueles fatos do caso específico que o autor acredite serem verdadeiros e cuja veracidade ele se proponha a provar, e que, na sua opinião, justifiquem seu pedido de reparação. Em meio a esses relatos de fatos por parte do autor, são interpoladas as respostas do réu envolvido. Completa-se o todo com contestações nos termos da lei, de cada uma das partes solicitando a ação do tribunal nas formas das conclusões com especial referência aos fatos do caso, como, por exemplo, a concessão ou negação de uma sentença pretendida ou a rejeição de conclusões favoráveis à parte contrária.

O que esse sistema de arrazoamento torna de uma clareza cristalina é que, como Walker resume, "para provar que seu caso é pertinente, o querelante tenta construir um silogismo legal válido"[26]. E com isso ele pretende um silogismo válido não apenas em termos lógicos mas em termos jurídicos. Ele não deve ser apenas formalmente válido na estrutura; ele deve revelar na argumentação conforme o direito uma premissa maior *juridicamente válida*; alguma fórmula *Se p, então q* que seja um "fundamento" *jurídico* suficiente para reivindicar aquela conclusão, considerando-se as afirmações de fatos, por meio da premissa menor.

Embora o sistema escocês de arrazoamento seja sob certos aspectos mais rigoroso e formalizado (exatamente sob aqueles aspectos para os quais os comentários de Walker chamam a atenção) do que o sistema atualmente em vigor na Inglaterra e no País de Gales, nosso exame anterior da "tese da validade" nos dá alguma razão para supor (e a seu tempo serão dadas mais razões para supor) que o que ele revela de forma explícita esteja necessariamente implícito em qualquer sistema de arrazoamento. Quem

26. *Ibid.*, p. 14.

quer que apresente um pedido de indenização asseverando que lhe deveria ser concedida a reparação *R*, em razão de terem ocorrido os fatos F_1, F_2, F_3... F_n, afirma implicitamente que existe algum fundamento jurídico para a concessão dessa reparação tendo em vista aqueles fatos, e esse fundamento deve ser alguma norma jurídica real ou hipotética que atribua uma determinada conseqüência legal a um conjunto de condições factuais geralmente especificadas. E qualquer norma dessa natureza pode ser reformulada em nossa fórmula modelo "Se *p* (ou seja, fatos F_1, F_2, F_3... F_n ocorrerem), então *q* (a conseqüência legal *C* deverá se seguir)".

Aqui mais uma vez, embora seja uma verdade trivial que uma vez estabelecido o necessário "fundamento legal", a conclusão dada pode ser justificada pela simples dedução a partir do mesmo, é igualmente óbvio que, pela hipótese, o argumento que justificar o estabelecimento desse "fundamento legal" não pode por sua vez ser igualmente dedutivo em forma. Aqui, novamente, os limites da justificação por dedução são ultrapassados, e precisamos recorrer a outras modalidades de argumentação para descobrir uma completa justificação de decisões que envolvam reflexão sobre o "problema de pertinência".

A argumentação deste capítulo demonstra, portanto, que para qualquer visão do direito e em qualquer tipo de sistema jurídico que envolva o uso de "normas válidas", o problema de interpretação deve surgir ocasionalmente; e que, pelo menos em alguns contextos, o problema de pertinência também pode surgir. Logo, nosso estudo contínuo da razão no direito deve concentrar a atenção naqueles problemas e nas formas de argumentação apropriadas para resolvê-los. Ao passar para essa questão, porém, terei de enfrentar uma possível objeção que poderia ser colocada em relação à tese conforme apresentada até agora: ou seja, a de que ela altera a realidade ou considera a gestão encerrada ao pressupor sem comprovação que a proposta de qualquer um dos meus dois problemas envolva *necessariamente* a estruturação de normas gerais. "*Se p', então q* ou *se p'', então q*?" no problema de interpretação; "Existe alguma norma pertinente *se p, então q?*" no problema de pertinência. O próximo capítulo fará avançar a tese ao responder a essa objeção.

IV. *A coerção da justiça formal*

(a) Justiça e justificação

As idéias de justificação e de justiça estão intimamente relacionadas, não apenas no nível etimológico. Justificar um ato *x* consiste em demonstrar que é certo e justo fazer *x*. É claro, porém, que a pergunta sobre o que é justo fazer em determinadas circunstâncias é uma questão intrinsecamente controvertida, embora seja uma questão que não se apresente em uma pura forma abstrata na maioria das situações jurídicas. Os juízes precisam fazer "justiça de acordo com a lei", não a justiça pura e simples. As normas do sistema jurídico fornecem uma concepção sólida da justiça que em circunstâncias normais – em que a justificação por dedução basta por si mesma – é cumprida em termos suficientes pela aplicação de normas pertinentes e aplicáveis segundo seus termos.

Acompanho o pensamento de John Rawls ao distinguir entre concepções específicas de justiça e o conceito de justiça[1]. A diferença é que o conceito de justiça é abstrato e formal. A exigência da justiça formal consiste em tratarmos casos semelhantes de modo semelhante, e casos diferentes de modo diferente; e dar a cada um o que lhe é devido. O

1. J. Rawls, *A Theory of Justice* (Oxford, 1972), capítulo 1 [trad. bras. *Uma teoria da Justiça*, São Paulo, Martins Fontes, 2005]. Cf. Hart, *Concept of Law*, pp. 155-9.

que várias concepções da justiça oferecem são diferentes conjuntos de princípios e/ou normas à luz dos quais é preciso determinar quando os casos são semelhantes e quando são diferentes em termos materiais, além do que é devido a cada pessoa. Daí poder-se dizer que a Lei de Venda de Mercadorias (por exemplo) encarna (num nível de especificidade bem baixo) uma concepção particular de justiça em transações mercantis, ao dispor que "vendas por descrição" devem ser tratadas de modo diferente das vendas de bens específicos não identificados por nenhuma descrição genérica (para efeitos do termo implícito referente à qualidade própria para comercialização).

Se essa concepção de justiça é ou não boa ou sólida, é uma questão que envolve princípios gerais de filosofia normativa do direito ou de filosofia moral, com relação aos quais poderia ser realizado um debate interessante. Na maior parte das vezes, porém, trata-se de um debate que não ocorre em tribunais de justiça porque o dever dos juízes de fazer justiça *de acordo com a lei* resolve a questão para eles.

E o que dizer de nossos problemas de interpretação e de pertinência? Já estabelecemos que a decisão em casos que levantem esses problemas não pode ser plenamente justificada pela simples demonstração da dedutibilidade da conclusão imposta pelo julgamento do tribunal a partir de alguma norma postulada, porque no mínimo o que está em questão é qual significado há de se atribuir a alguma norma, se não for de fato a questão de saber se existe alguma norma semelhante que fundamentaria a decisão pretendida por uma ou outra das partes. A solução desses casos não pode pela hipótese ser uma questão de justiça "de acordo com a lei", no sentido específico de "conforme os dispositivos específicos das normas jurídicas válidas". Nessas situações, ultrapassamos a orientação específica e determinada que as normas podem dar.

Mesmo assim, é pelo menos o caso de, nesse nível, a adesão ao conceito formal de justiça em si poder ser determinante da forma da justificação de decisões. É de conhecimento corriqueiro a observação de que a justiça formal fornece uma boa razão para a observância de precedentes judiciais. Em *Morelli* v. *Fitch & Gibbons* ([1928] 2 K.B. 636; [1928] All E.R. Rep 610) foi afirmado que constituía uma venda por descrição o ato de ser fornecido a um freguês uma garrafa de vinho de gengibre em resposta a seu pedido "... quero vinho de gengibre Stone a 2 xelins e 9 pence". Em *Daniels* v. *White* ([1938] 4 All E.R. 258) ambas as partes estavam de acordo quanto ao fato de o autor ter pedido "... limonada R. White". É evidente que decidir que esta última ocorrência não teria sido "venda por descrição" envolveria tratar esse caso de modo diverso do caso precedente, que era em sua essência semelhante. Se há de se tratar um caso como "venda por descrição", o mesmo vale para o outro. Se um não for, o outro também não será – no que diz respeito à justiça formal. (Naturalmente, se a decisão anterior tiver sido por algum motivo significativamente injusta, ou indesejável por alguma outra razão, há pelo menos um ponto passível de discussão: se é melhor perpetuar uma injustiça substantiva para satisfazer a justiça formal ou garantir uma justiça substantiva no caso em foco ao custo de sacrificar a justiça formal conforme aplicada às partes desse caso e às partes do outro caso. Não há nenhuma resposta simples e fácil para essa questão.)

Por banal que seja o fato de que as exigências da justiça formal estabelecem no mínimo uma razão presumível para a observância de precedentes, não é menos verdadeiro, embora seja observado com menor freqüência, que essas exigências impõem sobre a decisão de disputas levadas a juízo, coerções tanto voltadas para o futuro como para o passado[2].

---

2. Como argumentei antes em "Formal Justice and the Form of Legal Arguments", *Etudes de logique juridique*, vi (org. Ch. Perelman, Bruxelas, 1976, 103-18). Meu ponto de vista é substancialmente semelhante ao apresentado por K. N. Llewellyn em seu exame de "situações tipo" em *Common Law Tradition* (Boston, 1960, especialmente pp. 426-9). No entanto, minha explicação da questão é diferente.

O tribunal que hoje decide um caso específico entre indivíduos deveria levar em conta seu dever, pelo menos seu dever inicial, de decidir o caso em termos compatíveis com decisões anteriores sobre as mesmas questões ou questões semelhantes. No mínimo, a justiça formal exige que, exceto por fortes razões, ele não decida o caso atual de uma forma diferente da adotada em suas decisões anteriores em casos semelhantes. Ao decidir esse caso, o tribunal não terá então o dever – de igual importância – de levar em conta o precedente que estará estabelecendo para casos ainda por surgir? O dever que tenho de tratar casos semelhantes de modo semelhante implica que devo decidir o caso de hoje com fundamentos que eu esteja disposto a adotar para a decisão de casos semelhantes no futuro, exatamente tanto quanto implica que hoje eu devo levar em consideração minhas decisões anteriores em casos semelhantes no passado. As duas implicações são implicações de adesão ao princípio da justiça formal; e quem quer que concorde quanto ao dever dos juízes de acatar o princípio da justiça formal está comprometido com essas duas implicações.

Por minha própria conta, eu sem dúvida defenderia a opinião de que juízes deveriam aderir ao princípio da justiça formal, como requisito mínimo para fazer justiça, e mais ainda "a justiça de acordo com a lei". Ademais, eu afirmaria que a exigência de pensar no futuro é ainda mais rigorosa que a de contemplar o passado, só porque – como vimos – pode haver genuinamente um conflito entre a justiça formal de observância de precedentes e a percepção da justiça substantiva do caso atual. Esse conflito não pode na natureza do caso surgir quando, livre das peias de leis inequívocas ou de precedentes de diretamente vinculantes, eu decido o caso de hoje com o conhecimento de que com ele devo me comprometer a fixar fundamentos para a decisão dos casos semelhantes de hoje e do futuro. Não há nenhum conflito hoje, se bem que possa haver no futuro se hoje eu expressar fundamentos para a decisão que acabem revelando encarnar alguma injustiça substantiva ou que sejam por outros motivos inconvenientes ou indesejáveis. Essa é decerto uma forte razão para eu ter cuidado com meu modo de decidir o caso atual.

Com total independência em relação à minha própria preferência por essa posição, também acredito ser realmente verdadeiro que o judiciário e os profissionais do direito nos sistemas atuais do Reino Unido, e em todos os outros sistemas ocidentais com os quais estou familiarizado, também endossam a opinião de que o princípio da justiça formal deveria ser observado exatamente no sentido e com exatamente as mesmas implicações que esbocei. Sua observância prática daqueles princípios nos argumentos justificatórios concretos que oferecem em casos reais constitui prova avassaladora desse ponto, como transparecerá suficientemente a seu tempo.

Desse modo, como observador do sistema jurídico, deduzo que os que nele atuam, em sua maioria, aderem às implicações operacionais da norma de que casos semelhantes deveriam ser decididos de modo semelhante bem como que, ao agir desse modo, eles estão em conformidade com coerções básicas impostas pelo reconhecimento do conceito de justiça como virtude puramente formal. Como (modesto) participante do sistema, como cidadão do Estado e, na realidade, como ser humano, eu também de minha parte penso que eles deveriam agir assim. Sigo a linha de Thomas Reid ao considerar que a escolha de obedecer à justiça formal em tais questões é uma escolha entre o racional e o arbitrário na condução das relações humanas[3], e ao afirmar como princípio fundamental que os seres humanos deveriam ser racionais em lugar de arbitrários na condução de seus assuntos públicos e sociais (a espontaneidade e um tipo de arbitrariedade têm um papel agradável a desempenhar nas relações e atividades privadas, mas o que é privado não é em si uma questão privada). Para quem quiser debater esse princípio comigo, na realidade posso recorrer so-

---

3. Reid, *Essays* (*cit. sup.*, capítulo I, n. 1), ensaio V, capítulo 1, *sub. fin.*

mente a um argumento humiano: ou nossa sociedade é organizada de acordo com esse valor da racionalidade ou não, e não consigo contemplar sem repugnância a incerteza e insegurança de uma sociedade gerida arbitrariamente, na qual decisões de todas as espécies são tomadas de acordo com a veneta ou o capricho de alguém naquele momento, sem referência a processos decisórios passados ou futuros.

Tudo isso indica de que modo, como afirmei abertamente no início[4], minha tese é tanto descritiva de normas realmente operativas em sistemas jurídicos reais como, por seu próprio mérito, normativa ao defender o que considero bons procedimentos no processo decisório e na justificação. Posso estar equivocado sob um ou sob os dois aspectos, mas espero que os críticos observem e façam distinção entre erros de observação e pontos de discordância normativa. Pode-se ser censor e expositor sem necessariamente confundir os dois papéis.

Seja como for, a argumentação teórica apresentada até aqui faz algum avanço no sentido de esclarecer uma possível objeção à maneira pela qual no capítulo precedente formulei meu "problema de interpretação" e meu "problema de pertinência". E mais, a argumentação teórica pode facilmente ser corroborada por exemplos práticos.

No caso concreto de *Ealing London Borough Council* v. *Race Relations Board* ([1972] A.C. 342; [1972] 1 All E.R. 105), a própria questão que apresentei anteriormente como exemplo do "problema de interpretação" de fato surgiu no processo. A subprefeitura tinha se recusado a inscrever em sua lista de interessados em moradia o nome de um certo sr. Zesko, com base no fato de ser ele um cidadão polonês e não um súdito britânico (embora residisse na Grã-Bretanha havia muito tempo). Ao agir dessa forma, estava aplicando uma norma administrativa própria de que somente "súditos britânicos" podiam ter acesso à lista de interessados em moradia. Tendo a Junta de Relações Raciais abraça-

4. Capítulo I (b), dois últimos parágrafos (p. 13).

do a causa do sr. Zesko, a subprefeitura iniciou uma ação no Supremo Tribunal com a intenção de obter uma declaração de que não estavam cometendo discriminação ilegal nos termos da Lei de 1968. A subprefeitura perdeu e recorreu à Câmara dos Lordes.

Como o visconde Dilhorne comentou em seu discurso (no qual ele, com a maioria da Câmara dos Lordes, confirmou a interpretação da lei por parte da subprefeitura), "a questão a ser decidida neste recurso é se a discriminação a favor de súditos britânicos nos termos da Lei da Nacionalidade Britânica de 1948 e contra estrangeiros constitui discriminação motivada por 'origens nacionais'" ([1972] 1 All E.R. a 111).

Observe-se que, embora se tratasse de uma questão particular a respeito da qual se pretendia obter uma declaração formal, ou seja, se *a subprefeitura* tinha cometido discriminação ilícita nos termos da Lei, a pergunta de lorde Dilhorne não é aquela pergunta particular. Ele considera necessário decidir se qualquer ato de discriminação de *qualquer pessoa* contra *qualquer pessoa* pelo motivo de não ser esta última um súdito britânico constitui discriminação motivada por "origens nacionais". Essa não é uma questão sobre um ato particular de discriminação; é uma questão universal em termos lógicos.

(Estaria mais de acordo com a fala normal descrever uma questão dessas como "geral" em vez de "universal"; mas, como R. M. Hare salienta[5], "universal" é um termo mais exato a ser usado e permite que usemos "geral" para denotar uma diferença de grau em vez de uma diferença de tipo lógico. Desse modo, "Toda discriminação entre pessoas é proibida" é uma norma *mais geral* que "toda discriminação entre pessoas motivada por origens nacionais é proibida". Porém, tanto uma como a outra são logicamente universais em suas proibições. Daqui em diante, respeitarei essa dis-

---

5. R. M. Hare, "Principles", *Proc Arist. Soc.* 1972-3, p. 1; e cf. *The Language of Morals* (Oxford, 1952) [trad. bras. *A linguagem da moral*, São Paulo, Martins Fontes, 1996] e *Freedom and Reason* (Oxford, 1963).

tinção, embora venha a fazer a seguinte concessão ao uso comum: tratarei o termo "genérico" como mais ou menos equivalente a "universal", sendo ambos distintos de "geral". Uma distinção semelhante será observada na extremidade oposta das duas escalas, entre "particular" e "específico".)

O fato de lorde Dilhorne ter considerado necessário proferir uma sentença genérica ou logicamente universal sobre a questão de saber se todo e qualquer ato de discriminação motivado pela nacionalidade de uma pessoa constitui discriminação com base em origens nacionais, muito embora a verdadeira decisão a ser dada se refira a essa subprefeitura em particular, que é acusada de ter discriminado de modo ilegal, corrobora minha argumentação anterior. O ponto crucial é que a Câmara dos Lordes não pode decidir, de modo compatível com a justiça formal, que essa subprefeitura está ou não discriminando ilegalmente, sem se comprometer com a visão de que qualquer outra pessoa que discriminar pelos mesmos motivos, ou seja, pela nacionalidade de uma pessoa em determinada ocasião, está (ou, conforme o caso, não está) cometendo discriminação ilegal.

A subprefeitura alega que não está cometendo discriminação ilegal e fornece razões para suas afirmações; a Junta alega que a subprefeitura está cometendo discriminação ilegal e por sua vez fornece razões para suas afirmações. O tribunal precisa decidir qual das alegações irá ratificar. No entanto, ou pode apresentar razões para sua decisão que sejam válidas para todos os casos semelhantes, ou não pode. Se puder, pelo menos em termos implícitos, sua decisão se aplicará à interpretação do significado de "discriminação motivada por origens nacionais" que em princípio é aplicável a *qualquer* caso semelhante de suposta discriminação. Se não puder, o tribunal terá deixado de satisfazer a implicação de perspectiva futura do princípio da justiça formal. Melhor ainda que o tribunal deixe explícito, como fez lorde Dilhorne (com seus pares), que uma decisão *justificada* do ponto particular requer logicamente uma decisão do ponto genérico.

Entretanto, constitui mera transposição da questão em outras palavras apresentá-la (como já a apresentei) nos termos de que o tribunal deve escolher entre duas versões rivais da norma, ambas mais específicas em termos do que a norma conforme foi promulgada (e ambas, no sentido lógico, "universais"), mas cada uma incompatível com a outra:

> "Se uma pessoa discrimina outra com base em origens nacionais (aí incluída a nacionalidade oficial dessa pessoa), está discriminando ao arrepio da lei"
>
> e
>
> "Se uma pessoa discrimina outra com base em origens nacionais (o que difere da nacionalidade oficial dessa pessoa), ela está discriminando ao revés da lei."

A única vantagem de fazer essa tradução da questão consiste em que ela deixa totalmente claro que o tribunal deve fazer uma escolha entre duas versões da norma – e justificar essa escolha – para chegar a uma decisão justificada. E a única vantagem de continuar a traduzir a escolha para a fórmula lógica de *Se p', então q* em comparação com *se p", então q* está em que (a) trata-se de uma fórmula, e (b) o recurso a formas proposicionais, em vez do recurso a proposições específicas, é adequado para designar a questão em qualquer ocorrência, não apenas em uma, da interpretação do problema.

Não surpreende que as mesmas observações, *mutatis mutandis* valham para decisões acerca do problema de pertinência. Meu exemplo anterior foi *Donoghue* v. *Stevenson*, e por enquanto vou me ater a ele. Lorde Atkin (que, naturalmente, fez parte da maioria de três a dois que considerou pertinentes as alegações da sra. Donoghue) expressou-se com característica lucidez nas frases iniciais de sua fala na Câmara dos Lordes:

> A única questão a determinar neste caso é de ordem jurídica: Caso sejam verdadeiras, as afirmações feitas pela autora em suas alegações iniciais revelam um motivo para um processo? Não é necessário que eu reafirme os fatos particulares. A questão consiste em saber se o fabricante de um tipo

> de bebida, vendido por ele em circunstâncias que impedem o distribuidor ou o comprador final, ou consumidor, de descobrir qualquer defeito por meio de inspeção, tem para com o comprador final ou consumidor algum dever legal de tomar cuidados razoáveis para que o produto esteja livre de defeitos que tenham probabilidade de causar danos à saúde. ([1932] A.C. 578-9 1932 S.C. (H.L.) 43)

Do mesmo modo, no final de seu discurso, ele volta a esse ponto:

> Se Vossas Excelências acatarem a opinião de que as alegações da autora revelam um motivo pertinente para um processo, estarão com isso afirmando a proposição de que, pela lei escocesa bem como pela inglesa, um fabricante de produtos vendidos por ele de modo que demonstre que é sua intenção que os mesmos cheguem ao consumidor final na forma em que deixaram a fábrica, sem nenhuma possibilidade razoável de exame intermediário, e com o conhecimento de que a ausência de cuidados razoáveis na preparação ou no envasamento do produto resultará em dano à vida ou a bens do consumidor, tem perante o consumidor o dever de adotar os referidos cuidados razoáveis. ([1932] A.C. 599; 1932 S.C. (H.L.) 57)

Lorde Macmillan e lorde Thankerton, que concordaram com lorde Atkin, foram igualmente claros ao expor as "proposições" que estavam afirmando – em termos acentuadamente semelhantes aos de lorde Atkin. De modo igualmente significativo, a minoria divergente, lordes Buckmaster e Tomlin, não tinha nenhuma dúvida de que desejavam negar exatamente a proposição a cuja afirmação a maioria foi favorável.

Toda a questão consiste em perceber que, e em entender por que, lorde Atkin trata como algo tão natural a transição da pergunta concreta feita no recurso: as alegações *dessa* autora são pertinentes, elas revelam um motivo para um processo? – o que é uma pergunta particular sobre uma autora particular num caso particular – para a pergunta eminentemente genérica que ele propôs em seguida, sobre "o fabricante" de "uma bebida" em relação ao "comprador final ou consumidor". Ele está se referindo, como sua frase de encerramento deixa perfeitamente claro, a qualquer fabricante, ou a todos os fabricantes. Lorde Tomlin acertou em cheio ao afirmar no início de sua fala:

> Creio que, se formos dar razão à autora, deverá ser com base na proposição de que *todos os* fabricantes ou responsáveis por consertos de *qualquer* produto estão sujeitos a um dever perante *todos os* que venham, *daí em diante,* a usar legitimamente o produto... Em termos lógicos, é impossível deixar de chegar a essa conclusão. ([1932] A.C. 599; 1932 S.C. (H.L.) 57; grifos nossos).

O que na realidade torna impossível *em termos lógicos* deixar de chegar a essa conclusão é que naturalmente lorde Tomlin está preocupado (como deveriam estar todos os juízes) não em saber se a autora terá de fato sucesso, mas se ela *deveria* ter sucesso à luz da justiça. A lógica é a lógica da justiça formal por meio da qual, se essa autora, *por ser uma consumidora,* tem direito a um dever por parte do réu *por ser ele um fabricante,* então qualquer pessoa que seja consumidor faz jus a um dever semelhante por parte de quem quer que fabrique o que seja consumido. Ao designar a autora para a classe de consumidores em relação a fabricantes, estamos determinando quais são os critérios de semelhança pertinente para casos futuros. Os casos não são parecidos ou diferentes em termos abstratos, nem em termos absolutos. Eles são parecidos ou diferentes se puderem ou não puderem ser encaixados em determinadas classes. Expor o caso da sra. Donoghue contra o sr. Stevenson com base no fato de que ela consumiu o que ele produziu consiste portanto em de fato estipular a pergunta genérica que deve ser respondida ao justificar qualquer decisão favorável a uma das partes: os fabricantes em si têm um dever de responsabilidade perante quem quer que consuma seus produtos, ou não?

Uma resposta justificada à pergunta particular requer uma resposta à pergunta universal – resposta que por sua vez deve ser justificada por processos que em breve examinaremos detidamente. Contudo, responder à pergunta universal de um modo ou de outro envolve afirmar uma ou outra de duas "proposições" rivais, como lorde Atkin expôs. Envolve proferir uma sentença a respeito de uma questão do direito enunciando uma norma como norma justificatória do sistema jurídico. Exatamente como ocorre com o problema de interpretação, o problema de pertinência envolve uma escolha entre duas normas rivais como proposições aceitáveis do direito. Exagerando um pouco na simplificação, *ou*

> Fabricantes de produtos têm o dever do cuidado perante os consumidores de seus produtos
>
> *ou*
>
> A lei não estipula que fabricantes tenham o dever de ter cuidado perante os consumidores de seus produtos.

Em linguagem de fórmula: ou "*Se p, então q*" ou "A lei não estipula que *se p, então q*".

Naturalmente, para meus objetivos, *Donoghue* v. *Stevenson* é um bom exemplo em virtude da explícita clareza com que os vários lordes expuseram o que estavam fazendo, e talvez o exemplo pudesse ser considerado uma prova de fraco poder corroborativo para minha tese geral exatamente pelo motivo de tudo estar expresso com tanta clareza. Como capítulos posteriores demonstrarão, porém, há muitos outros exemplos que exibem clareza idêntica ou semelhante.

Mais a propósito, dei razões claras para acreditar que o que está claro e explícito num caso semelhante ao de *Donoghue* v. *Stevenson* está necessariamente implícito em qualquer justificação genuína de uma decisão num caso que envolva o problema de pertinência. Essas razões derivam da análise das implicações do princípio da justiça formal como um princípio essencialmente envolvido em qualquer processo de justificação.

Não me vanglorio de que a argumentação precedente diga mais do que o que é simples e óbvio. No entanto, existe o seguinte mérito numa afirmação do que é simples e óbvio: ela pode nos indicar o caminho para respostas a questões que deixaram perplexos aqueles que as enfrentaram de modo mais complicado. A maioria dos leitores deste livro dever estar familiarizada com os problemas inerentes à doutrina de precedentes vinculantes referentes à definição e identificação da *ratio decidendi* de casos. Quando se diz que um precedente tem caráter vinculante, não é cada palavra proferida pelo juiz ou pelos juízes na justificação da decisão que é transubstanciada em lei vinculante – mas somente a fundamentação, a *ratio decidendi*. O problema é que não há uma afirmação de consenso a respeito seja do que é fundamentação, seja de como se encontra a fundamentação de qualquer caso determinado[6].

A argumentação muito simples deste capítulo levou-nos ao ponto de perceber que sempre que surge o problema da interpretação do problema da pertinência, a decisão particular proferida no caso particular é justificável somente se for levada em conta alguma sentença quanto à "correta" interpretação da norma aplicável, ou alguma sentença que estipule (ou negue) alguma "proposição" do direito aplicável aos detalhes do caso em pauta e a qualquer outro caso semelhante que possa vir a surgir. Mesmo as parcas provas aduzidas até o momento demonstram que *às vezes* sentenças claras são dadas explicitamente como parte da justificação da decisão particular.

Ouso sugerir que essas verdades bem poderiam nos indicar o caminho da esquiva *ratio decidendi*. Quando um tribunal profere uma sentença a respeito de uma questão do direito que considera necessária para a justificação de sua

6. A extensa literatura sobre esse tópico é mencionada e examinada em termos abrangentes em Rupert Cross, *Precedent in English Law* (2.ª ed., Oxford, 1968); e ver R. W. M. Dias, *A Bibliography of Jurisprudence* (2.ª ed., Londres, 1970, pp. 33-8).

decisão particular, não pareceria descabido considerar essa sentença a fundamentação do caso.

Infelizmente, nem todas as decisões são sustentadas por sentenças claras e explícitas, embora pela lógica da justiça formal devesse haver pelo menos uma sentença implícita em qualquer parecer justificatório. E o que é ainda pior, quando há mais de um juiz num tribunal, os que estão de acordo quanto ao resultado final podem adotar linhas diferentes ao justificar a decisão, de tal modo que suas sentenças, sejam elas explícitas, sejam implícitas, podem ser mutuamente incompatíveis no todo ou em parte. (Veja por exemplo *Chaplin* v. *Boys* ([1971] A.C. 356; [1969] 2 All E.R. 1085).

Essa poderia ser uma objeção ao que estou sugerindo – mas somente se nos prendermos ao dogma de que cada precedente deve ter uma única e clara *ratio decidendi*. Minha resposta é que um dogma desses é mera ficção e, na realidade, uma ficção nociva. Ele pode suscitar uma falsa conversão, quando os que antes acreditavam no dogma, ao descobrir que alguns casos não possuem sequer uma única *ratio* que se possa expressar, incorrem na conclusão apressada de que nenhum caso possa ter uma. O equívoco é evidente.

Este capítulo demonstrou que existem fortes razões de princípio pelas quais os juízes, ao tomar decisões referentes a casos particulares, deveriam agir apenas em conformidade com alguma sentença que cubra não apenas o caso particular, mas todos os outros casos possíveis que sejam semelhantes simplesmente porque seriam cobertos pela mesma sentença.

Já existem provas e em breve haverá mais outras de que os juízes de fato apresentam argumentação para justificar sua decisão exatamente desse modo. Há, portanto, alguns casos nos quais um elemento essencial na justificação de uma decisão particular é uma sentença a respeito de uma questão genérica do direito sobre a qual as partes estão em disputa. Mesmo em tribunais de recursos com mais de um juiz, pode acontecer e realmente acontece de a maioria concordar em dar a mesma sentença a respeito da mesma questão.

Quando isso ocorre, pode no mínimo fazer sentido tratar a sentença proferida como a *ratio decidendi* do caso e usá-la como norma para o futuro. Mesmo quando os juízes deixam de formular explicitamente uma exata questão do direito ou de responder a uma questão dessas, eles podem fazê-lo em termos implícitos. Suponhamos que no caso de *Ealing* um juiz tivesse dito: "A lei proíbe a discriminação contra postulantes a casas com base em origens nacionais, mas o fato material é que a subprefeitura discriminou apenas com base na atual nacionalidade oficial do sr. X, sem levar absolutamente em conta suas origens. Logo, deve ser negado provimento ao recurso." Tratar essa declaração como uma razão *justificatória* para a negação do recurso é conceber que ela seja *passível de universalização* – muito embora a declaração em si tenha sido vazada em termos estritamente particulares. Não pode ser "material" em relação à questão da discriminação ilegal que apenas *esta* subprefeitura tenha levado em conta a nacionalidade de um requerente, sem que seja, igualmente e no mesmo sentido, "material" quando qualquer subprefeitura ou outro provedor de moradia para aluguel agir da mesma forma. Nesse sentido, um parecer como esse revela uma nítida sentença implícita quanto ao ponto em questão, considerando-se a clareza quanto aos fatos tratados como materiais para justificar a decisão; e quanto à norma cuja interpretação estava em jogo.

A visão de A. L. Goodhart[7] de que é possível descobrir a *ratio* de qualquer caso através da determinação de quais fatos foram tratados pelo juiz como fatos materiais do caso, associando esses fatos à decisão proferida e generalizando o todo como uma norma do direito é, nessa medida, perfeitamente razoável; mas não está claro por que ele não admite que esse seja apenas, *faute de mieux*, um modo de esmiu-

---

7. A. L. Goodhart, *Essays in Jurisprudence and the Common Law* (Cambridge, 1931, capítulo 1).

çar uma decisão implícita quando o tribunal deixou de apresentar uma explícita. E exclui a possibilidade, que é perfeitamente plausível, de que os juízes ou o tribunal não tenham chegado a nenhuma opinião clara quanto à questão genérica ou à correta resposta genérica.

Existe, portanto, uma possibilidade de que alguns precedentes contenham decisões relativamente claras a respeito de questões do direito definidas de modo bastante acentuado, e que outros contenham decisões implícitas, de clareza relativa semelhante, mas talvez menor. Ainda outros, em razão de discordância judicial ou simples confusão, não contêm nenhuma. É somente uma ficção dogmática que esse terceiro grupo tenha algo que se pudesse razoavelmente chegar a chamar de *ratio*; e a verdade é que, em relação a esse tipo de caso, até mesmo a mais rígida doutrina de obrigatoriedade de observância de precedentes não pode na prática obrigar o juiz num caso posterior a fazer mais do que descobrir alguma proposição "explanatória" que seja compatível com a decisão concreta do caso precedente e que também seja pertinente ao caso em pauta. Melhor ainda se sua proposição explanatória se encaixar, em certo grau, com pelo menos alguma parte do que foi dito no parecer ou pareceres confusos ou conflitantes apresentados no precedente.

Deve-se observar também que mesmo nos casos em que seja fornecida uma decisão expressa que resuma o tipo de "proposição" com a qual lorde Atkin concluiu sua fala no caso *Donoghue*, a doutrina dos precedentes, mesmo em sua versão inglesa, confere ao tribunal posterior um espaço significativo "para explanação". Na melhor das hipóteses, o que tem caráter vinculante é a proposição, não as palavras particulares na qual ela se expressou. Portanto, o tribunal posterior tem a liberdade de *reexprimir* a proposição, junto com outras condições ou restrições que possam ser consideradas adequadas a novos tipos de circunstância, conforme revelados pelo caso posterior. O fato de as normas do sistema permitirem esse arbítrio a seus operadores representa para os intérpretes do sistema um problema que às vezes se supôs equivocadamente ser mais do que um problema de palavras. Em *Donoghue* v. *Stevenson* foi apresentada certa "proposição" acerca do dever do fabricante perante o consumidor de seus produtos. Em *Haseldine* v. *Daw* ([1941] 2 K.B. 343; [1941] 3 All E.R. 156), por exemplo, a negligência no conserto de um elevador defeituoso foi encaixada na doutrina; e os encarregados do conserto, responsabilizados perante os feridos na queda (observe-se que os pareceres divergentes, dos lordes Tomlin e Buckmaster, tinham tratado do caso de encarregados de consertos, embora nenhum da maioria o tivesse feito). A *ratio* de *Donoghue* v. *Stevenson* é a decisão explícita conforme foi apresentada pelos juízes do próprio caso *Donoghue*, ou essa decisão conforme reexpressa e ampliada no caso *Haseldine*?

A única observação que desejo fazer é que responder a essa pergunta não acrescenta absolutamente nada a nosso conhecimento do mundo real. Tudo o que essa resposta faz é estipular um uso particular para o termo técnico *ratio*, que é de fato até certo ponto ambíguo em seu uso comum, precisamente por ser empregado de modo variável na prática. Às vezes, é usado como referência à proposição como realmente estabelecida na decisão original de um caso; às vezes, àquela proposição como explicada, reinterpretada, sujeita a restrições ou não importa o que seja, em casos posteriores.

Não há a menor probabilidade de qualquer tipo de estipulação de minha parte vir a determinar o uso, e por isso não ofereço nenhuma. Observo apenas que, entre juízes e profissionais do direito, o emprego operacional predominante do termo *ratio* parece ser com referência à expressão de afirmações de proposições do direito feitas por juízes em seu parecer de justificação em casos registrados, e (se minha opinião tem alguma importância) esse parece ser o uso menos impreciso disponível para o termo. (Esse tópico será retomado no capítulo VIII (c) adiante.)

Em geral, mesmo tendo como referência um simples esboço de explicação como este, parece que a apreciação da necessária universalidade das razões justificatórias para a decisão de casos particulares pode nos permitir que expliquemos com clareza características da doutrina dos precedentes que seriam, de outro modo, enigmáticas. E isso resulta do foco voltado para o modo pelo qual, sem nenhuma relação com qualquer doutrina de precedentes em qualquer sentido oficial ou vinculante, os poderes coercitivos da justiça formal obrigam um tribunal a atentar na necessidade de deliberações genéricas sobre questões do direito, e sua aceitabilidade como deliberações genéricas, como algo essencial para a justificação de decisões particulares. O fato de a teoria proposta ter esse poder explanatório confere-lhe maior plausibilidade em seu aspecto descritivo.

(b) "Decisões com base nos fatos"

No entanto, pode mais uma vez ser apresentada a objeção de que estou me concentrando apenas em tipos de problema que por acaso se encaixam nas minhas próprias hipóteses e de que estou deixando de levar em conta outros problemas de igual importância, cujas respostas precisam resultar de profunda reflexão em tribunais de justiça. Em especial, poderia ser alegado que estou simplesmente me concentrando em casos nos quais as deliberações e decisões dizem respeito a "questões do direito" e deixando de lado por completo os casos de igual, ou maior, importância que são decididos "com base nos seus fatos". Existem aqui alguns pontos dignos de serem examinados, mas será melhor tratar deles em termos de uma distinção entre dois tipos de decisão "com base nos fatos".

(i) *Problemas referentes à comprovação*

Já salientamos que todo litígio envolve a suposição de que poderemos estabelecer verdades presentes sobre fatos passados. Às vezes, como no caso *Daniels*, a tarefa é facilitada pelo fato de que todos neste momento estão de acordo quanto ao que aconteceu naquela ocasião. Tanto o sr. Daniels como a sra. Tarbard fizeram relatos compatíveis a respeito do que se passou entre eles, quando ele comprou a garrafa da limonada White no bar dela. Da mesma forma, no caso de *Ealing*, todos concordaram quanto aos fatos da questão de o sr. Zesko ter solicitado inscrição na lista de interessados em moradia da subprefeitura de Borough e do motivo pelo qual lhe foi recusada a inscrição. É óbvio que a suposição de que em princípio sejamos capazes de determinar o que aconteceu no passado está necessariamente envolvida em todo o conceito da "aplicação" de normas jurídicas em tribunais. Como a lógica da aplicação de normas é revelada pela fórmula

$$\begin{array}{c}\text{Se } p \text{ então } q \\ p \\ \therefore q\end{array}$$

a aplicação é possível apenas desde que consideremos possível, sempre em princípio e às vezes na prática, provar se p é verdadeiro ou não em relação a algum incidente passado.

É evidente que o processo de comprovação legal – mesmo quando baseado nas admissões das partes – nem sempre é uma garantia de estabelecimento da verdade. As lembranças e percepções de pessoas honestas podem ser falsas. Já foi demonstrado com freqüência como pode ser pouco confiável o processo de confrontação em que as provas são apresentadas e verificadas; e as normas de exclusão constantes das regras da prova judicial muitas vezes foram criticadas do ponto de vista de posições "científicas" pelo menos ostensivamente respeitáveis[8]. Particularmente no caso de condenações criminais com base em provas de identidade por meio de testemunhas oculares, alguns erros apavorantes parecem ter sido cometidos algumas vezes (embora somente possamos ter *certeza* de que um erro *tenha* de

8. Ver, por exemplo, L. R. C. Haward, "A Psychologist's Contribution to Legal Procedure" (1964) 27 Mod. L. R., 656; Paton, *A Text-book of Jurisprudence* (4ª ed., G. W. Paton e D. P. Derham, Oxford, 1972, pp. 603-5).

fato sido cometido se considerarmos ter descoberto algum modo de uma confiabilidade *inquestionável* de afirmar verdades atuais sobre estados de coisas passados; e às vezes os que têm menos confiança nos métodos da lei parecem ter uma fé notável nos seus próprios métodos).

A justificação de qualquer afirmação presente acerca do passado deve depender dos tipos de inferência que temos o direito de fazer a partir de proposições de cuja veracidade atualmente temos conhecimento. Controvérsias sobre o passado devem se subordinar a controvérsias sobre o que atualmente é o caso, sobre quais inferências podemos extrair daí ou de ambas. Essas controvérsias têm uma importância óbvia e inevitável no direito. Pessoas que não questionam a existência de uma lei *Se p, então q*, nem qual seja sua interpretação correta, bem podem questionar se *p* ocorreu ou não. Se uma pessoa mata outra premeditadamente, seu ato constitui um assassínio. Mesmo entre os julgamentos por homicídio que são alvo de contestação mais acirrada, não são muitos os que lançaram dúvida sobre a norma que define o homicídio ou seu significado. A controvérsia mais comum gira em torno da afirmação por parte da acusação e da negação por parte do acusado quanto a ter sido ele quem matou a vítima e (se tiver sido mesmo ele) quanto a ter ele agido ou não com premeditação.

Por motivos totalmente arbitrários de espaço e tempo, preferi excluir deste livro quaisquer considerações prolongadas a respeito do processo de comprovação, dos processos de raciocínio a partir das provas, de justificação de conclusões inferidas a partir das provas e da justificação de normas que determinam o que constitui prova e o que é excluído por ser inadmissível. Esse tema em si merece um livro, um livro que recorreria à filosofia da ciência e à filosofia da história, além de lhes oferecer contribuições.

Por enquanto, gostaria apenas de delinear alguns comentários breves sobre o tema. Em primeiro lugar, por motivos que já abordamos, é inevitavelmente necessário ter alguma(s) norma(s) quanto ao ônus da prova. Se formos basear atos presentes em crenças sobre acontecimentos passados, alguém precisa assumir a responsabilidade de tentar comprovar que os acontecimentos pertinentes ocorreram.

E o que realmente significa "comprovar"? Esse é o segundo ponto, de caráter fundamental. Comprovar depende da adução de provas. "Prova" é algo que nos permite (a) considerar verdadeiras proposições sobre o presente; e (b) delas deduzir proposições sobre o passado. A prova é admissível se (a) for pertinente para fazer uma inferência sobre uma questão do caso ou relativa a um fato em questão no caso; e (b) não for excluída por alguma norma fundamentada na suposição de que se trate de um tipo de prova que, se admitida, seria pouco confiável ou injusta. Mas como podemos fazer "inferências"?

Tomemos um exemplo: testemunhas num caso depõem afirmando que, em certa data, o tronco esquartejado de um corpo feminino foi encontrado num embrulho em Regent Square e que, preso ao embrulho, havia um pedaço de papel com as palavras "Bladie Belgiam" escritas. Isso me dá razão para acreditar que uma coisa semelhante foi encontrada naquele lugar naquela data, somente se, além de escutar uma testemunha prestar o depoimento pertinente, eu acreditar que (a) a testemunha está sendo *honesta* ao fazer uma afirmação acerca daquilo de que se lembra; (b) ela está sendo *exata* em sua afirmação daquilo de que se lembra; e (c) sua memória é *confiável*. Na medida em que se duvide da honestidade, exatidão ou confiabilidade de uma testemunha, na mesma medida haverá razão para duvidar da veracidade do que ela disser. Tudo o que *sei* é que a testemunha disse o que disse.

Se testemunhas também afirmarem que, enquanto o acusado estava numa delegacia de polícia em determinado dia, foi-lhe pedido que escrevesse num pedaço de papel as palavras "Bloody Belgian", que ele disse não fazer nenhuma objeção a isso e que em seguida escreveu as palavras "Bladie Belgiam", é somente na dependência de condições semelhantes que se têm motivos para acreditar na veracidade do que for dito. O juiz ou jurado decerto pode examinar diretamente com seus próprios sentidos os dois pedaços de papel, cada um com as palavras "Bladie Belgiam" para decidir se a caligrafia é a mesma, entre outros aspectos. Entretanto, eles dependem totalmente das provas testemunhais para ter certeza de que aquele pedaço de papel é o que foi encontrado com o corpo; e o outro, o que foi escrito pelo acusado na delegacia – tudo isso sujeito à ressalva de que para o juiz e o júri não se trata de mais do que uma inferência provável a de que houve um corpo, um pedaço de papel com ele, um pedaço de papel escrito pelo acusado na delegacia e assim por diante.

Mesmo que, como no caso de *R.* v. *Voisin* ([1918] 1 K.B. 531), do qual foi extraído esse exemplo, haja também depoimentos dando conta de que tanto os aposentos ocupados pelo acusado como os aposentos ocupados pela vítima continham traços de sangue humano; mesmo que também houvesse depoimentos de que as mãos e a cabeça decepadas da vítima estavam no porão do acusado, de que o acusado e uma mulher chamada Roche tinham chaves do apartamento da vítima, de que na hora de sua detenção o recorrente tinha no bolso a chave do seu porão – mesmo com todas essas provas testemunhais, não é impossível acreditar que os fatos descritos nunca tenham realmente ocorrido. As testemunhas podem ser honestas, porém imprecisas; podem ter lembranças equivocadas; ou podem estar mentindo. E, mesmo que tudo o que digam seja verdadeiro (o que nunca poderíamos saber com certeza), sua verdade é compatível em termos lógicos com a possibilidade de que Louis-Marie Joseph Voisin não tenha matado Émilienne Gérard. Tudo poderia ser pura coincidência; poderia ser uma farsa espantosamente bem engendrada.

No entanto, creio que não. É difícil pensar num caso de acusação mais convincente. Por que então ele é convincente?

A resposta é que a história é plausível por ser coerente. É como um quebra-cabeças cujas peças se encaixam. A peça que não temos nas "provas" é a proposição de que "Louis

Voisin matou Émilienne Gérard". Mas essa peça encaixa-se com todas as outras e seu encaixe é melhor do que "possivelmente X, que não é Louis Voisin, matou Émilienne Gérard". Não que esta última possibilidade seja incompatível em termos lógicos com todo o conjunto das provas – como já vimos, é possível em termos lógicos que outra pessoa tenha mesmo matado Émilienne. Na ausência de provas conflitantes, porém, (e diante da recusa de Voisin de depor), não há nada aqui que alce essa possibilidade lógica à condição de "dúvida razoável".

Sugiro que o único tipo de teste de que dispomos para verificar afirmações contestadas sobre o passado é esse teste de "coerência". Tomando tudo o que nos foi apresentado à guisa de prova real ou testemunhal, elaboramos uma história que tem coesão, que faz sentido como um todo coerente. E naturalmente isso envolve interpretar as apresentações das testemunhas, diretamente visíveis e audíveis, a aparição de documentos apresentados e aspectos semelhantes, dentro de uma rede de pressupostos, crenças e teorias gerais – teorias sem dúvida bastante inexatas e pouco científicas.

O melhor tipo de razão que se pode ter para acreditar na veracidade de alguma proposição sobre o passado consiste em ser ela mais coerente do que qualquer outra com nossas crenças gerais sobre causa e efeito e sobre a motivação dos atos humanos, bem como com uma série de outras proposições particulares referentes a fatos que sejam elas mesmas coerentes entre si e que incluam algumas proposições fundamentadas em percepções sensoriais atuais. E nenhuma razão semelhante jamais pode ser conclusiva.

Observe-se que o fato de ser essa nossa única abordagem disponível para verificar crenças sobre o passado não está de modo algum relacionado com o significado do termo "verdadeiro". No que diz respeito à antiga controvérsia entre teorias da veracidade pela "correspondência" e pela "coerência"[9], parece muito mais satisfatório *definir* enun-

9. Para um exame contemporâneo do tópico, ver Nicholas Rescher, *The Coherence Theory of Truth* (Oxford, 1973, especialmente pp. 1-24).

ciados verdadeiros como aqueles que correspondam a uma realidade cuja existência é independente do enunciado. Naturalmente, apenas no caso de afirmações particulares no tempo presente podemos nos certificar verificando para ver se existe essa tal correspondência, por exemplo, se o gato está no capacho. Em outros casos, resta-nos o teste menos conclusivo proporcionado pela busca por uma história coerente, da qual algumas partes podem ser diretamente comprovadas pela correspondência quanto a realidades particulares presentes. Nesse caso, de fato, a força da "correspondência" é invertida: não se trata de acreditarmos na afirmação de que "Voisin matou Gérard" porque exista agora uma realidade perceptível à qual essa afirmação corresponda. Pelo contrário, acreditamos que houve no passado uma realidade perceptível que correspondia a essa afirmação; e acreditamos nisso porque na nossa opinião temos fundamentos suficientemente bons para considerar a afirmação verdadeira.

Não será dada aqui nenhuma definição muito exata de "coerência". Pelo menos, uma idéia razoavelmente clara pode ser transmitida pelo exame mais detalhado de um elemento particular no exemplo do caso Voisin. Que Voisin, ao lhe ser pedido que escrevesse "Bloody Belgian", escreveu "Bladie Belgiam", e que um bilhete com as palavras "Bladie Belgiam" estava preso ao corpo embrulhado parecem ser uma forte sugestão de uma associação entre ele e pelo menos o bilhete preso ao corpo. Mas por quê? Porque existe uma coerência entre as proposições: "*x*, que escreveu o bilhete encontrado no corpo, escreveu 'Bladie Belgiam'"; "Voisin, que está na delegacia, escreve 'Bladie Belgiam' quando pretendia escrever 'Bloody Belgian'"; "Voisin e *x* poderiam ser a mesma pessoa"; "o número de pessoas que escreveriam 'Bladie Belgiam' deve ser muito pequeno"; "Voisin deve fazer parte de uma quantidade relativamente pequena de pessoas que poderiam ter escrito o bilhete preso ao corpo". A reunião de todas as provas proporciona de modo cumulativo uma "história" completa cujas partes são coerentes da mesma forma pela qual as proposições acima são coerentes.

Quando num caso as provas são conflitantes, o efeito pode ser a construção de duas versões coerentes, porém rivais, do passado: uma que (digamos) inclui a execução do ato criminoso por parte do acusado; a outra que exclui essa possibilidade – por exemplo, comprovação do álibi. Quando isso ocorre, uma questão essencial passa a ser a opinião formada pelos juízes do fato quanto à credibilidade das provas diretas e imediatas que estão disponíveis. O acusado e dois amigos juram que o acusado estava num passeio de iate com eles no dia em questão. A promotoria afirma que ele estava roubando um banco naquele dia. As duas histórias compreendem um conjunto de proposições que (a) não apresentam contradição interna; e (b) são compatíveis com proposições gerais de causa e motivação; ou seja (c) são coerentes. Se em pontos cruciais uma das histórias depender de provas fornecidas por uma testemunha que, aos olhos do juiz ou do júri, parece duvidosa, indigna de confiança ou fraca de memória, isso vai prejudicar a credibilidade da história como um todo. Que uma proposição *p* seja coerente com outro grupo de proposições *q, r, s* justifica que acreditemos em *p* somente na medida em que haja razão para acreditar na veracidade de *q, r, s.*

Finalmente, vale ressaltar que a razão principal do interrogatório direto e do interrogatório cruzado está em permitir que a testemunha, sem interferência externa, apresente um conjunto coerente de proposições pertinentes que é então, por meio do interrogatório cruzado, testado para verificar sua coerência interna e testado para verificar se a testemunha é responsável e digna de confiança. Nada poderia tornar mais óbvio o papel essencial da noção de coerência no processo de comprovação legal.

O espaço não permite mais nenhum desenvolvimento desse tema. Decerto, na medida em que o litígio gire em torno de fatos contestados, e não de leis contestadas, ele não levanta nenhum problema de interpretação ou pertinência.

Logo, a possibilidade de universalizar decisões justificatórias não está envolvida nesse tipo de litígio. O problema da comprovação é um problema voltado para o estabelecimento de premissas menores que sejam de caráter *particular*, não premissas maiores que sejam universais. É verdade, porém, que não haveria um modo racional de providenciar a seleção de afirmações de fatos a serem apresentadas como comprováveis, se a estrutura lógica da argumentação jurídica não fosse, em geral, como esboçamos nos capítulos II – IV até aqui. Não haveria como escolher afirmações factuais para inserir em alegações iniciais a menos que houvesse normas jurídicas que determinassem os fatos cuja comprovação justificaria uma desejada conclusão legal.

(ii) *Problemas de "fatos secundários"*

Às vezes, mesmo depois da solução de conflitos de provas por meio da decisão de questões de fato controvertidas, e mesmo que as partes estejam de acordo quanto ao que realmente ocorreu, podem ainda restar problemas referentes aos "fatos".

Por exemplo, em *Maclennan* v. *Maclennan* (1958 S.C. 105) o sr. M. moveu uma ação junto ao Supremo Tribunal escocês para obter o divórcio de sua mulher, com base no adultério cometido por ela, afirmando entre outras coisas que ela havia tido um filho mais de um ano depois de seu encontro mais recente. Em sua defesa, a mulher admitiu esses fatos, mas confessou que a criança tinha sido concebida por meio de inseminação artificial com sêmen de um doador, não tendo ocorrido nenhuma relação sexual adulterina. O marido alegou que a defesa era descabida e concluiu com o pedido de uma sentença de divórcio.

Foi realizado um debate diante de lorde Wheatley para se determinar se a conduta da mulher equivalia a adultério, supondo-se que suas afirmações fossem comprováveis. De uma perspectiva, este é um exemplo simples do que chamo de "problema de interpretação". O que significa "adultério" para as finalidades da lei escocesa sobre o divórcio? De outro ponto de vista, porém, poderia ser alegado que o problema crucial nesse caso não é tanto uma questão de interpretar a lei como de apreciar os fatos. Supondo-se que essa mulher tenha conseguido engravidar por um processo de inseminação artificial, isso equivale a adultério, conta como ou constitui adultério? Certos fatos "primários" foram comprovados ou pressupostos como comprovados para as finalidades do debate: esses fatos primários contam como ocorrência do requerido "fato secundário" – o adultério – para fundamentar uma solicitação de divórcio?

Decerto, essa é uma forma comum de encarar certos tipos de problema no direito. Existe uma norma que dispõe que, se ocorrerem certos acontecimentos, determinada conseqüência jurídica há de sobrevir – *se p, então q*. Com base nas provas no caso, *r, s, t* podem ser comprovadas; mas será que essas proposições factuais equivalem a ou contam como um exemplo de *p* para acionar a norma?

É esse então um problema de uma natureza que até o momento foi deixada de lado? Com efeito, ele já foi coberto, se bem que seja aconselhável dizer mais algumas palavras.

Quando recorremos ao parecer de lorde Wheatley em *Maclennan* v. *Maclennan*, deparamos com um exemplo claro e característico de uma decisão explícita acerca de um ponto controvertido no direito. Tendo feito um apanhado das autoridades a respeito da concepção jurídica do adultério, ele passou a dizer:

> Depreende-se portanto, na minha opinião, que a inseminação artificial por um doador não constitui adultério segundo nossa lei... Que constitui uma grave ofensa conjugal a um marido que não deu seu consentimento, disso não tenho dúvida. A lei, no entanto, estabelece certos fundamentos a partir dos quais o divórcio pode ser concedido, um dos quais é o adultério... Se for real que a ciência criou um *casus improvisus*, o remédio não há de ser encontrado na adaptação de um caso desses a um dos fundamentos existentes para o divórcio,

em argumentações que não podem se sustentar seja em termos lógicos, seja em termos fisiológicos. (1958 S.C. a 114)

Na realidade, a coerção da justiça formal é tão rigorosa quando se faz a pergunta "Será que *r, s, t* valem como manifestação de *p*?" como quando se faz a pergunta "Deveria *se p, então q* ser interpretado como *se p', então q* ou como *se p", então q*? Lorde Wheatley pode justificar sua sustentação de que a concepção de uma criança por *essa* ré por meio de inseminação artificial com sêmem de um doador não constitui adultério, somente se ele estiver disposto a sustentar que o uso de inseminação artificial com sêmen de um doador por parte de *qualquer* ré não constituiria adultério.

Falando do ponto de vista da lógica pura, de fato não há diferença entre os dois modos de propor a questão:

(1) Deveria a norma de que o divórcio pode ser concedido tendo como fundamento o adultério ser interpretada como "o divórcio pode ser concedido tendo como fundamento o adultério (o que inclui a gravidez resultante de inseminação artificial)"?

(2) Para os efeitos de aplicação da norma de que o divórcio pode ser concedido tendo como fundamento o adultério, a gravidez resultante de inseminação artificial conta como caso de "adultério"?

E existe, portanto, uma tentação de tratar esse segundo tipo de problema, o problema de classificar ou não os fatos primários comprovados como pertencentes a alguma categoria de "fatos secundários", que constitui os "fatos operativos" para uma determinada norma, como se fossem idênticos ao problema de interpretação já explicado.

Pode haver, porém, razões jurídicas especiais para tratar o "problema de classificação" (para dar-lhe um nome) como algo diferente do problema de interpretação, embora intimamente associado a ele. Logo, vamos tratar a pergunta "Será que *r, s, t* constituem uma ocorrência de *p* para efeitos de aplicação de *se p, então q*?" como a forma padrão desse problema, e vamos tratá-la como algo diferente da forma padrão do problema de interpretação, muito embora uma seja equivalente à outra em termos lógicos.

A razão jurídica para agir desse modo é que numa variedade de contextos jurídicos considera-se que faz diferença se um problema se apresenta como problema de classificação ou de interpretação. Por exemplo, quando há um recurso de um tribunal para outro, e o recurso se restringe a questões de direito, pode ser considerado que "questões de classificação" (como caracterizadas aqui) são questões de fato, não de direito, sendo por esse motivo irrecorríveis. Tanto quanto por qualquer outro motivo, a decisão de fixar um limite nesse ponto pode ser simplesmente um modo de proteger o tribunal superior de uma enxurrada de recursos ou de impedir que decisões abaixo de determinado nível de detalhe adquiram a condição de decisões a respeito de questões de direito. Um exemplo interessante é a linha adotada pela *Cour de Cassation* francesa, relativa ao *pouvoir souverain du juge du fond*[10]. A função desse tribunal consiste em impedir que jurisdições inferiores violem a lei em suas decisões, e por esse motivo ele não se dedica a corrigir sua apreciação dos fatos de nenhum caso determinado.

Em geral, isso quer dizer que, quando uma decisão tiver sido dada de uma forma apropriada a nosso "problema de interpretação", a *Cour de Cassation* considera que está nitidamente dentro de suas atribuições corrigir quaisquer erros nessa decisão. No entanto, quando o problema tiver sido formulado como um de "classificação" no nosso sentido, a *Cour de Cassation* normalmente não intervém. Por outro lado, somente por não haver nenhuma distinção *lógica* genuína entre os dois tipos de problema, o tribunal pode decidir tratar um problema de classificação na forma de um problema de interpretação a fim de fazer valer sua competência e aproveitar a oportunidade para dar sua própria decisão a respeito.

10. Ver O. Kahn-Freund, C. Levy e B. Rudden, *A Source-Book on French Law* (Oxford, 1973, pp. 81-2, 256-7, 437-40).

Do mesmo modo, em outros sistemas jurídicos, onde os recursos são restritos a questões de direito, é possível exercer uma "liberdade" de escolha no mesmo ponto[11].

Mais uma vez, para os propósitos de uma doutrina de precedentes, pode ser conveniente tratar algumas decisões referentes à "classificação" como se fossem meramente "factuais" com o único objetivo de não estabelecer precedentes vinculantes. Em *Qualcast (Wolverhampton) Ltd.* v. *Haynes* ([1959] A.C. 743; [1959] 2 All E.R. 38) que tratava da questão de determinar se um empregador tinha tomado cuidados razoáveis para garantir a segurança do empregado por meio do fornecimento de roupas de proteção adequadas e de um sistema seguro de trabalho, a Câmara dos Lordes determinou que aquela questão era uma "questão de fato"[12]. Como disse lorde Denning

> O que o cuidado razoável exigia dos empregadores no caso? Essa não é absolutamente uma questão de direito, mas uma questão de fato. Para resolvê-la, o tribunal que julga uma questão de fato... pode levar em consideração qualquer proposição de bom senso que seja pertinente nas circunstâncias, mas ele deverá cuidar para não tratá-la como uma proposição de direito... ([1959] A.C., p. 759.)

No caso em pauta o juiz da comarca tratou certos precedentes como se estabelecessem o que constitui cuidado razoável em acidentes do tipo do envolvido no caso que tinha diante de si. Disse lorde Denning, "É fácil perceber como... ele cometeu esse erro. Foi-lhe apresentada uma série de casos nos quais os juízes do Supremo Tribunal davam razões para

---

11. Dispositivos que prevêem esse tipo de recurso são comuns no direito administrativo britânico. Cf. J. F. Garner, *Administrative Law* (3ª ed., Londres, 1970, pp. 163-4 e casos ali citados).

12. Naturalmente, avaliar se uma conduta era ou não "razoável" não envolve a condução de uma investigação factual; mas a questão é uma questão "de fato" no sentido de que se trata de um tipo de questão que cabe a um júri decidir em julgamentos por tribunais de júri, com base no sentido que o júri tiver de razoabilidade, não com base em alguma norma jurídica sobre o que seja razoável.

chegar a suas conclusões de fato. E essas razões pareceram-lhe estar expressas de um modo que as tornava decisões sobre questões de direito; embora não passassem, na realidade, de proposições de bom senso." ([1959] A.C., p. 762)

Lorde Denning deu duas razões pelas quais essas questões não deveriam ser consideradas "decisões sobre questões de direito". Se o fossem, a lei acabaria "esmagada sob o peso dos nossos próprios relatórios"; e "o que constitui 'um sistema adequado de trabalho' é uma questão de provas, não de livros de direito. O sistema muda como mudam as condições de trabalho. O padrão sobe, à medida que as pessoas se tornam mais experientes. Ele não fica imóvel como a lei às vezes fica".

Resumindo, pode muito bem haver boas razões para a recusa em tratar decisões sobre qual conduta real conta como "razoável" – ou, poderíamos acrescentar, "justa", "adequada", "desarrazoada" e assim por diante – por envolver deliberações que constituem precedentes vinculantes. Nesse sentido, decisões de avaliação que aplicam critérios como, por exemplo, o da "razoabilidade", "imparcialidade" e assim por diante, são tratadas no contexto da lei como se envolvessem apenas a reflexão sobre "os fatos particulares" do caso. Contudo, o que é uma boa política para efeitos da doutrina de precedentes não está em nada associado à lógica fundamental da justificação. Quem decidir o que constitui "cuidado razoável" nesse caso determinado deve empenhar-se em tratar o mesmo nível de cuidado como razoável em qualquer caso no qual as circunstâncias adjacentes sejam as mesmas. O requisito de possibilidade de universalização está tão intrínseco na justificação de decisões nesse caso como em outros[13].

Novamente, é em razão de uma distinção legal perfeitamente inteligível – na realidade, sensata – e não por cau-

---

13. Não quero dizer com isso que os padrões de razoabilidade não possam ou não devam mudar com o passar do tempo.

sa de alguma distinção lógica fundamental (como lorde Denning de fato admitiu) que é correto considerar que problemas de "classificação" são, para certos propósitos, diferentes dos problemas de "interpretação".

Já se disse o suficiente para indicar, porém, que a importância prática da distinção de modo algum entra em conflito com a argumentação geral da tese desenvolvida até agora.

(c) *Uma objeção final: a "eqüidade"*

Para concluir este capítulo, é necessário examinar mais uma possível objeção à argumentação apresentada e a ela dar resposta. Talvez pudesse ser feita a objeção de que a visão expressa neste capítulo deixa de levar em conta a possibilidade de decisões em conformidade com a eqüidade em vez de com a justiça no sentido estrito. Diz-se às vezes que a eqüidade é uma questão de decidir cada caso com base em seus méritos específicos, sem levar em conta normas ou princípios gerais. Parece-me que essa visão é pura bobagem. Por nada neste mundo consigo entender como pode existir algo que seja uma boa razão para decidir um único caso que não seja uma boa razão genérica para decidir casos do tipo particular em foco, ou seja, os "méritos" de qualquer caso individual são os méritos do tipo de caso ao qual o caso individual pertence.

A verdade é que um sistema de direito positivo de caráter obrigatório pode ter sido promulgado em termos que são de uma generalidade tão considerável que a aplicação de uma determinada norma a uma situação particular de disputa pode parecer injusta, injusta porque as categorias previstas na norma não são suficientemente refinadas. Numa circunstância semelhante, é bastante óbvio que existem bons motivos para não aplicar a norma ao pé da letra ao caso em foco, e que deveria ser aberta uma exceção. Por exemplo, uma lei que permita o divórcio com base no abandono do lar por um período superior a três anos pode especificar que o abandono só prossegue sem interrupção por três anos se o cônjuge originalmente abandonado, ao longo desse triênio, continuar disposto a aceitar o cônjuge abandonador, caso ele ou ela volte ou se ofereça a voltar à coabitação. No entanto, é concebível que possa ser justo aplicar essa norma se em determinado caso a conduta do cônjuge abandonador, após o abandono, tiver sido tão desregrada que seria totalmente despropositado esperar que o cônjuge abandonado retomasse a coabitação, mesmo que lhe fosse oferecida?[14] Aparentemente a resposta a essa pergunta bem poderia ser negativa. Se fosse esse o caso, entretanto, seria justo obrigar aos estritos termos da lei alguém que estivesse pedindo o divórcio nessas circunstâncias? É evidente que não. Ressalte-se, porém, o seguinte: dizer que existe um bom motivo neste caso, no qual essas circunstâncias se concretizaram, para afastar-se dos estritos dispositivos legais significa necessariamente dizer que, em qualquer caso em que um cônjuge tenha abandonado o lar e tido um comportamento desregrado, a mesma decisão deveria vigorar. Afirmar, como realmente pode ser afirmado, que em alguns casos a estrita aplicação de normas existentes do direito positivo seria contrária aos méritos do caso não deveria nos levar a acreditar em algum misterioso conceito de eqüidade segundo o qual se concebe que casos individuais têm seus méritos individuais, exclusivos e particulares. Eu diria que não se pode entender a eqüidade como algo particular em comparação com a universalidade da justiça. Pode-se estabelecer um contraste melhor e mais correto entre a eqüidade e o direito, e isso apenas no sentido de que normas formais do direito positivo podem causar injustiça em sua aplicação, o que pode justificar a criação de exceções à lei para classes de situações às quais, por bons motivos, não deveria ser aplicada a lei previamente promulgada ou estabelecida (por meio de precedente). Mas,

---

14. Esse foi um problema concreto no direito escocês em certa ocasião. Ver *Borland* v. *Borland* 1947 S.C. 432; mas os juízes se recusaram a relaxar a exigência da "disposição a aceitar", e deixaram que o Parlamento corrigisse a situação. Ver Divorce (Scotland) Act 1964.

como essas mesmas palavras dizem, a eqüidade é tanto quanto a justiça uma questão daquilo que é universalizável.

A tese aqui defendida é portanto clara e direta. É a de que a noção de justiça formal exige que a justificação de decisões em casos individuais seja sempre fundamentada em proposições universais que o juiz esteja disposto a adotar como base para determinar outros casos semelhantes e decidi-los de modo semelhante ao caso atual.

V. Justificação de segunda ordem

Recapitulando a argumentação até o momento:

Às vezes é possível justificar decisões jurídicas por meio de argumentos dedutivos cujas premissas sejam normas válidas de direito e proposições de fatos "comprovados". Tendo em vista certas pressuposições sobre a natureza dos sistemas jurídicos e as obrigações das autoridades judiciais, essas justificações são conclusivas. Podemos, contudo, esgotar as normas sem que esgotemos nossa necessidade de decisões jurídicas – porque as normas não são claras, porque a correta classificação dos fatos pertinentes é questionável ou mesmo por haver controvérsia quanto a haver ou não fundamento legal para alguma reivindicação ou decisão nos termos do direito. A questão realmente interessante sobre a argumentação jurídica é a seguinte: como pode ela avançar quando nesse sentido tivermos "esgotado as normas"?

Até aqui, provamos apenas um ponto formal: o de que qualquer justificação de uma decisão em semelhantes áreas de disputa deve envolver a criação de uma "deliberação" que é (em seu estrito senso lógico) "universal" ou "genérica", muito embora a própria disputa entre as partes e seus fatos sejam irredutivelmente individuais e particulares, como deve(m) ser a ordem ou ordens emitida(s) para essas partes com o intuito de encerrar a disputa. Pode-se recorrer ao conceito de justiça formal para argumentar que é certo que as decisões sejam fundamentadas desse modo. Pode-se citar a adesão judicial ao valor da justiça formal como base para prever que os juízes (a) tenderão a justificar suas decisões nesses termos e (b) esperarão (sob o aspecto normativo) de advogados e de outros juízes que apóiem sua argumentação nesse tipo de termos de "bons princípios". É gratificante descobrir que previsões desse tipo não são refutadas, e ser capaz de citar uma infinidade de exemplos corroboradores.

No entanto, ter provado o ponto formal apenas fez com que a investigação recuasse mais um estágio. Como podemos justificar a criação de deliberações em conformidade com as quais justificamos as decisões concretas e particulares? Se acabasse se revelando que essas deliberações poderiam ser criadas somente de modo arbitrário, a idéia de "justificação" envolvida seria bastante fraca, e qualquer noção de que a racionalidade orientasse o processo seria vazia. Na verdade, porém, o processo não é arbitrário.

Seguindo o modelo fixado nos capítulos anteriores, exporei sucintamente alguns pontos gerais que (a) me parecem mostrar boas razões pelas quais a argumentação deveria proceder ao longo de certas linhas; e (b) sugerir ser provável que esses procedimentos ou argumentação sejam recebidos no sistema como normativos. Em seguida, apresentarei exemplos que são no mínimo ilustrativos de meus pontos gerais; e que, a meu ver, também corroboram o aspecto (b) desses pontos gerais.

Por motivos que espero serem óbvios, vou me referir ao tipo de argumentação ora sob exame como "justificação de segunda ordem".

(a) Justificação de segunda ordem

Se for verdade que justificar a decisão particular envolve a enunciação de alguma deliberação "universal" pertinente à questão particular, depreende-se em termos lógicos que a justificação de segunda ordem diz respeito a uma escolha entre deliberações desse tipo. A deliberação do caso *Donoghue* foi adotada em competição com a negação daquela deliberação. O caso *Ealing* deve envolver uma deliberação de que "origens nacionais" incluam a "nacionalidade" ou não. O caso *Maclennan* deve envolver uma deliberação que determine se a inseminação artificial com sêmen de doador vale como adultério ou não. O caráter de nossos vários tipos de caso "problema" é precisamente determinado pelo fato de eles envolverem possibilidades rivais – fazer valer ou não fazer valer uma determinada deliberação, interpretar um determinado dispositivo desse modo ou daquele, tratar fatos F_1, F_2, F_3 como manifestações ou não de *p*.

A justificação de segunda ordem deve, portanto, envolver a justificação de escolhas: escolhas entre possíveis deliberações rivais. E essas são escolhas a fazer dentro do contexto específico de um sistema jurídico operante. Esse contexto impõe algumas limitações óbvias ao processo.

Há uma analogia proveitosa a ser feita aqui com relação à teoria popperiana de justificação científica[1]: para sir Karl Popper, o elemento lógico na descoberta científica é a lógica da verificação. O cientista elabora uma explicação de uma certa faixa de fenômenos, que se opõe a outras possíveis explicações dos mesmos fenômenos. O processo de experimentação é um processo de verificação de duas hipóteses contrárias como explicações. Pois uma experiência pertinente é aquela que consegue provar a falsidade de uma ou outra das previsões acerca de seu resultado que o cientista deriva das duas hipóteses contrárias. Nenhuma teoria pode jamais ser provada verdadeira por um procedimento desses. Contudo, se uma teoria for corroborada enquanto uma contrária é refutada por essa experimentação, será justificado que acatemos a primeira em lugar da segunda.

1. Ver obras de Popper, Medawar e Lessnoff citadas no capítulo I, n. 16.

Logo, um elemento na verificação diz respeito ao que acontece no mundo: qual é a prova empírica? Existe outro, porém, já que a interpretação das provas envolve necessariamente o uso de pressupostos que pertencem eles mesmos à teoria científica[2]. Um exemplo básico: para verificar a hipótese de que o sal de cozinha se dissolve na água, ponho um pouco de sal numa proveta, acrescento água e agito. O sal é dissolvido, mas somente posso interpretar isso como prova que corrobora minha hipótese, se partir do pressuposto de que o uso de uma proveta de vidro não teve influência. Como posso saber que não é a imersão num líquido *num recipiente de vidro* que faz com que o sal se dissolva? Para adotar uma postura técnica, a verificação sempre implica a dependência de "hipóteses auxiliares" que são elas mesmas, num dado experimento, tidas como líquidas e certas. Embora elas também possam ser objeto de experimentação direta – caso no qual outras hipóteses auxiliares estarão envolvidas.

Portanto, nunca verificamos hipóteses científicas simplesmente num vazio. Elas são sempre e necessariamente verificadas no contexto do todo de uma teoria com a qual sejam compatíveis e em conjunto com a qual façam sentido. E mais, com a possível exceção de descobertas revolucionárias na escala grandiosa de um Newton ou um Einstein, a realização de "descobertas" – o lampejo de percepção que revela uma nova hipótese explanatória – ocorre no interior de uma estrutura de conhecimento científico[2a].

Por que, afinal, não ocorreu a mim nem a você a idéia de que a forma da molécula do DNA fosse uma hélice dupla antes que ocorresse a Crick e Watson? Falando por mim, posso apenas dizer que na época em questão eu nem mesmo sabia que havia um problema a respeito do formato da molécula, isso para não falar em todo o contexto teórico

---

2. Ver Lessnoff, *op. cit.*, pp. 18-9.

2a. Cf. T. S. Kuhn, *The Structure of Scientific Revolutions* (2ª ed., Chicago e Londres, 1970). A meu ver, a tese de Kuhn pouco acrescenta à de Popper.

que tornava a questão de sua forma um tema de importância e que, em certo sentido, determinava a forma da "lacuna" nos ramos do conhecimento pertinentes na qual a explicação tinha de se encaixar. É preciso saber muito, antes que se possa saber sequer o que é que se está procurando – e nessa medida o conhecimento do pesquisador lhe dá "pistas" em várias direções que são dignas de reflexão e experimentação. *Nessa* medida, mesmo as descobertas mais espantosas e de criatividade mais brilhante envolvem necessariamente uma extrapolação a partir do que já se conhece, ao longo de linhas determinadas pelo conjunto de conhecimento teórico existente.

Um sistema jurídico não é uma ciência natural e, sob aspectos importantes, é fundamentalmente diferente. No entanto, do ponto de vista da lógica da justificação, existem dois pontos de contato: as decisões jurídicas tratam do "mundo real", da mesma forma que as hipóteses científicas; e o fazem não num vazio, mas no contexto de toda uma estrutura de "conhecimento" – nesse caso, todo o corpo do sistema de direito normativo, em vez de um corpo de teoria descritiva e explanatória.

Em termos simples, as decisões jurídicas devem fazer sentido no mundo e devem também fazer sentido no contexto do sistema jurídico. Em nossos casos-problema, elas devem ser baseadas em deliberações que façam sentido no contexto do sistema jurídico. E, exatamente como a justificação científica envolve a verificação de uma hipótese em comparação com outra e a rejeição da que não passar nos testes pertinentes, assim também (como argumentarei) a justificação de segunda ordem no direito envolve a verificação de possíveis deliberações reciprocamente opostas, por meio da comparação de uma com a outra, bem como a rejeição daquelas que não satisfizerem testes pertinentes – sendo que estes tratam do que faz sentido no mundo e do que faz sentido no contexto do sistema.

Naturalmente, não estamos aqui usando a noção de "fazer sentido" com nenhuma conotação descritiva. Não pode estar em questão se as deliberações jurídicas descrevem o mundo com precisão ou sustentam previsões verdadeiras sobre acontecimentos naturais. Elas não o descrevem de modo algum, nem são previsões.

As deliberações legais são normativas. Elas não relatam, mas *fixam* padrões de comportamento. Não descobrem as conseqüências de determinadas condições, mas ordenam quais conseqüências *hão de* se seguir a determinadas condições. Não apresentam um modelo *do* mundo, mas apresentam um modelo *para o* mundo.

Isso por sua vez significa que escolher entre possíveis deliberações opostas num dado caso envolve escolher entre o que deverá ser concebido como modelos opostos, como padrões opostos de conduta nessa sociedade. Ou bem os fabricantes de bens de consumo deveriam tomar cuidados razoáveis no preparo e acondicionamento de seus produtos, e deveriam estar sujeitos a um pedido de indenização por parte de qualquer pessoa prejudicada por negligência do fabricante a esse respeito; ou então não lhes é exigido nos termos da lei que tomem esse tipo de cuidado e nos termos da lei não são responsabilizados por falhas nesse sentido. Para considerar a sério que essa alternativa representa uma escolha verdadeira numa sociedade real, é preciso então perguntar qual é a diferença. E a resposta é que a diferença é determinada pelas diferenças que resultariam da adoção e aplicação de uma ou da outra dessas deliberações opostas numa situação social concreta.

Lorde Macmillan em sua argumentação em *Donoghue* v. *Stevenson* propôs a pergunta:

> suponhamos que um padeiro, por descuido, permita que uma grande quantidade de arsênico seja misturada numa fornada de pão, daí resultando que os que comerem esse pão sejam envenenados; seria possível ouvi-lo dizer que não tinha, para com os consumidores do seu pão, nenhuma obrigação de tomar cuidado para que o produto não contivesse veneno; e que, como não sabia que algum veneno havia sido posto no pão, sua única responsabilidade era por violação da garantia nos termos de seu contrato de venda

àqueles que realmente tivessem adquirido dele o pão envenenado? ([1932] A.C., p. 620; 1932 S.C. (H.L.), p. 71)

No entanto, o que conferia a essa pergunta alguma pertinência ou significado que fosse num caso que envolvia o infortúnio menos trágico de uma lesma numa garrafa de refrigerante? O que a tornou pertinente foi exatamente que os lordes precisassem fazer uma comparação entre uma ou outra das duas deliberações possíveis a respeito da questão de ser o fabricante responsabilizável ou não por negligência não mencionada no contrato.

Se for *inaceitável*[3] que o padeiro, cujo pão feito sem os devidos cuidados envenenar quem o comer, seja isento de todas as responsabilidades, exceto as decorrentes do contrato com alguns consumidores, esse é um motivo para a recusa em adotar uma deliberação cuja aplicação geraria essa conclusão de não responsabilidade na hipótese de um padeiro real cometer esse ato real. Isso quer dizer: um motivo para recusar-se a decidir – como o advogado do réu insistia – que um fabricante de produtos para consumo não tem para com o consumidor final nenhuma obrigação de tomar cuidado no processo de fabricação.

Observemos três pontos:

(i) Esse é um modo *conseqüencialista* de argumentar, embora num sentido algo restrito. Ele considera as conseqüências de adotar uma deliberação por um lado ou pelo outro, pelo menos até o ponto de examinar os tipos de decisão que teriam de ser tomados em outros casos hipotéticos que poderiam ocorrer e que se enquadrariam nos termos da deliberação.

(ii) É uma argumentação de caráter intrinsecamente *avaliatório,* na medida em que indaga sobre a aceitabilidade ou inaceitabilidade dessas conseqüências. Não existe, porém, nenhuma razão para pressupor que ela envolva uma

---

3. A mesma idéia do que é "aceitável" ou não é usada por J. Esser em *Vorverständnis und Methodenwahl in der Rechtsfindung* (Frankfurt, 1970), e em *Logique juridique* de Perelman, parágrafos 43-4.

avaliação em termos de uma única escala, como, por exemplo, a escala benthamita de agregados supostamente mensuráveis de prazeres e dores. Os juízes caracteristicamente referem-se a critérios como os da "justiça", "senso comum", "interesse público" e "conveniência" ou "praticidade", ao avaliar os prós e os contras de deliberações determinadas[4]. Não se deveria pressupor sem provas que tudo isso acabe se reduzindo à mesma coisa. Por esse motivo, deveríamos ter a cautela de evitar chamá-la de argumentação "utilitária", se bem que ela apresente acentuada semelhança com o que às vezes é denominado "utilitarismo da norma ideal"[5].

(iii) Ela é, pelo menos em parte, *subjetiva*. Os juízes, ao avaliar as conseqüências de possíveis deliberações opostas, podem atribuir pesos diferentes a critérios diferentes de avaliação; podem divergir quanto ao grau de injustiça percebida, ou do inconveniente previsto que resultará da adoção ou rejeição de uma determinada deliberação. De modo não surpreendente, eles divergem, às vezes de modo acentuado e veemente quanto à sua opinião final, considerados todos os aspectos, sobre a aceitabilidade ou inaceitabilidade de uma deliberação em exame. É nesse ponto que chegamos aos fundamentos das preferências de valor que moldam nosso raciocínio mas que não são demonstráveis por ele. Nesse nível, pode haver simplesmente diferenças insolúveis de opinião entre pessoas racionais e de boa vontade.

Tomando esses três pontos em conjunto, deduzo que a justificação de segunda ordem diga respeito ao "que faz sentido no mundo", na medida em que ela envolve argumentos *conseqüencialistas* que são essencialmente de caráter *avaliatório* e, portanto, em certo sentido, *subjetivo*. Esse é o

---

4. Cf. Lord Reid, "The Judge as Law Maker". (1972), 12 J.S.P.T.L. (N.S.), 22.

5. Entretanto, o emprego do termo é muito confuso. Ver Lyons, *Forms and Limits of Utilitarianism* (Oxford, 1965, p. 173), sobre a noção de "utilitarismo ideal". O que Lyons chama de "Utilitarismo da norma ideal" é também diferente. Considero melhor evitar totalmente o uso do termo "utilitarismo" neste contexto.

primeiro elemento essencial da justificação de segunda ordem; o segundo foi descrito anteriormente como o que diz respeito ao "que faz sentido no sistema". Algumas palavras sucintas bastarão como explicação preliminar dessa noção.

A idéia básica é de um sistema jurídico como corpo coerente e coeso de normas cuja observância garante certos objetivos valorizados que podem todos ser buscados em conjunto de modo inteligível.

Emprego a idéia de um corpo "coeso" de normas num sentido estrito. Por mais desejável que uma dada deliberação seja quanto a fundamentos conseqüencialistas, ela não pode ser adotada se estiver em contradição com alguma norma válida e de caráter obrigatório do sistema. Naturalmente, um precedente ostensivamente contraditório pode ser "explicado" e "discriminado" para evitar uma contradição semelhante; ou uma lei ostensivamente conflitante pode ser interpretada de uma forma que evite essa contradição. Contudo, se esses estratagemas para a conciliação falharem, a exigência da coesão demandaria a rejeição de uma deliberação que de outro modo seria interessante, rejeição esta com base em seu conflito insolúvel com (a contradição de) normas válidas e estabelecidas.

Já a "coerência" é um termo empregado num sentido menos estrito. Pode-se imaginar um conjunto aleatório de normas no qual nenhuma esteja em contradição com as outras, mas que, vistas como um todo, não envolvam a busca de nenhum valor ou linha de ação inteligível. Um exemplo trivial: uma norma de que todos os automóveis amarelos devem respeitar um limite máximo de velocidade de 30 km por hora não contradiz uma norma de que todos os automóveis vermelhos, verdes ou azuis devem respeitar um limite mínimo de velocidade de 40 km por hora e um máximo de 110 km por hora. À primeira vista, porém, nenhuma razão baseada em princípios pode ser apresentada para uma diferença dessas. Se o que se almeja é a segurança nas estradas, e se a restrição à velocidade dos automóveis amarelos for apresentada como essencial para essa segurança, parece absurdo, à primeira vista, ter uma norma diferente para os automóveis vermelhos, azuis e verdes. Não parece haver nenhum princípio racional que possa explicar ou justificar o tratamento diferenciado de dois casos essencialmente tão semelhantes do ponto de vista da segurança rodoviária.

A "tese da validade" apresenta a lei como algo que compreende ou no mínimo inclui um conjunto de normas válidas para a condução de relações. Essas normas devem satisfazer a exigência da coesão, pelo menos pela inclusão de procedimentos para resolução de conflitos. Entretanto, as normas podem ser coesas sem que o sistema seja coerente como meio de ordenamento social, se "ordem" envolver uma organização em relação a valores inteligíveis e mutuamente compatíveis. Porém, na medida em que as normas sejam, ou sejam tratadas como se fossem, manifestações de princípios mais gerais, o sistema adquire um grau de coerência. Quando problemas de pertinência, de interpretação ou de classificação surgem dentro do sistema, a exigência de coerência é atendida apenas até onde deliberações novas oferecidas possam ser inseridas no âmbito do corpo existente do princípio jurídico geral.

Entre as razões pelas quais esse é um requisito da justificação jurídica está a de que há limites para a esfera de ação da atividade judicial legítima: os juízes devem fazer justiça de acordo com a lei, não legislar para o que parecer a seus olhos uma forma de sociedade idealmente justa. Embora isso não queira dizer e não possa querer dizer que eles somente devem proferir decisões diretamente autorizadas por dedução a partir de normas válidas e estabelecidas do direito, em certo sentido e até certo ponto, quer dizer, sim, e deve querer dizer que cada decisão, por mais aceitável ou conveniente por motivos conseqüencialistas, deve também ser autorizada pela lei como ela é. Na medida em que as normas detalhadas existentes sejam ou possam ser racionalizadas em termos de princípios mais gerais, princípios cujo teor vai além do âmbito de normas já estabelecidas, um fundamento suficiente e suficientemente legal existe para justificar como decisão *legal* alguma deliberação inovadora e a decisão particular sujeita a ela.

Isso basta como esboço introdutório: a justificação de segunda ordem envolve dois elementos, a argumentação conseqüencialista e a argumentação que testa deliberações propostas para verificar a coesão e a coerência com o sistema jurídico existente. Como a argumentação conseqüencialista é intrinsecamente avaliatória; e como a coerência, conforme explicado anteriormente, envolve reflexão sobre os valores do sistema, as duas interagem e se sobrepõem como acabará ficando evidente; mas elas não são idênticas. Isso deverá aparecer a seu tempo, pois mais do que o suficiente já foi dito no nível analítico em termos abstratos: para extrair sentido do que já vimos, é necessário examinar em detalhe um exemplo ilustrativo (e, por esse motivo, corroborador). Como o problema de pertinência é intrinsecamente mais abrangente que os de interpretação e de classificação, será melhor usar um exemplo dele. Portanto, o mais econômico será explorar ainda mais o exemplo corrente de *Donoghue* v. *Stevenson*.

(b) Argumentos conseqüencialistas exemplificados

Analisemos em primeiro lugar passagens importantes das falas dos lordes Atkin, Macmillan e Thankerton, o grupo da maioria na Câmara dos Lordes, cujos votos favoráveis ao recurso da sra. Donoghue foram vitoriosos.

Lorde Atkin disse o seguinte:

> Na lei inglesa, deve haver, e há, alguma concepção geral de que as relações dão origem a um dever de cuidado, dever do qual os casos particulares encontrados nos livros não são mais que exemplos... Surgirão sem dúvida casos nos quais será difícil determinar se o relacionamento em questão é tão próximo que o dever surja. Contudo, no tipo de caso que se apresenta ao tribunal no momento não consigo con-

ceber que surja nenhuma dificuldade. Um fabricante põe um artigo alimentício num recipiente que ele sabe que será aberto pelo verdadeiro consumidor. Não pode haver nenhuma inspeção por parte de nenhum comprador; nem nenhuma inspeção preliminar razoável por parte do consumidor. Por negligência, durante a preparação do produto, ele permite que algum veneno seja misturado ao conteúdo. Diz-se que a lei da Inglaterra e da Escócia não prevê nenhum remédio para o consumidor envenenado contra o fabricante negligente. Se for esse o resultado da consulta à jurisprudência, eu consideraria o resultado um grave defeito do direito, e tão contrário ao princípio que eu hesitaria muito antes de seguir qualquer decisão nesse sentido que não tivesse o aval desta Câmara. Eu salientaria que, no suposto estado da jurisprudência, não se trata apenas de que o consumidor não tivesse nenhum remédio contra o fabricante, ele não teria nenhum remédio contra mais ninguém, pois nas circunstâncias alegadas não haveria nenhuma prova de negligência contra qualquer outra pessoa que não fosse o fabricante; e, salvo no caso de um consumidor que também fosse um comprador, [que, como vimos, a sra. Donoghue não era], não haveria nenhum contrato nem garantia de qualidade própria para consumo. E, no caso de um comprador de um artigo específico vendido sob patente ou com seu nome comercial, o que bem poderia ser o caso na aquisição de algum produto alimentício ou bebida, não haveria nenhuma garantia que protegesse nem mesmo o comprador-consumidor. Além dos produtos alimentícios ou bebidas, existem outros exemplos de mercadorias que são vendidas para serem usadas imediatamente pelo consumidor, como, por exemplo, muitas formas de produtos vendidos para limpeza, casos para os quais pode existir a mesma responsabilidade. A doutrina sustentada pela decisão abaixo negaria um remédio não só ao consumidor que sofresse danos decorrentes de ter consumido a cerveja engarrafada ou chocolates envenenados por negligência do fabricante, mas também ao usuário do que deveria ser um inócuo remédio patenteado, um ungüento, um sabonete, um produto de limpeza líquido ou em pó. Estou me restringindo aos artigos comuns de uso doméstico, casos em que todos, o fabricante inclusive, sabem que eles serão usados por outras pessoas que não são o comprador final – ou seja, membros de sua família, seus empregados e, em alguns casos, seus convidados. Não tenho nossa jurisprudência em tão baixa conta para supor que seus princípios estejam tão afastados das necessidades comuns de uma sociedade civilizada e das reivindicações comuns que ela faz a seus membros, ao ponto de negarem um remédio judicial onde existe um mal social tão evidente. ([1932] A.C. 562, pp. 580-3; 1932 S.C. (H.L.), pp. 44-6)

A fala de lorde Macmillan contém uma argumentação acentuadamente semelhante, parte da qual já foi citada:

> No caso em pauta, o réu, quando fabricou seu refrigerante, tinha a intenção direta de que o mesmo fosse consumido pelo público. Pode-se dizer que não seria possível esperar que ele, como homem racional, previsse que, se conduzisse seu processo de fabricação sem cuidado, poderia causar dano àqueles que esperava e desejava que consumissem seu refrigerante? A possibilidade de dano resultante de descuido de modo algum me parece tão remota ao ponto de dispensá-lo de prevê-la. Suponhamos que um padeiro, por descuido, permita que uma grande quantidade de arsênico seja misturada numa fornada de pão, daí resultando que os que ingerirem esse pão sejam envenenados. Seria possível ouvi-lo dizer que não tinha, para com os consumidores do seu pão, nenhuma obrigação de tomar cuidado para que o produto estivesse isento de veneno; e que, como não sabia do acréscimo de veneno algum, sua única responsabilidade era por violação da garantia nos termos de seu contrato de venda àqueles que realmente adquiriram dele o pão envenenado?... Não posso crer, e não creio, que nem na lei da Inglaterra nem na da Escócia exista reparação para um caso semelhante... No entanto, o princípio da decisão da qual se recorre é que o fabricante de produtos alimentícios destinados ao consumo humano não deve aos consumidores que tem em vista nenhuma obrigação de cuidado, nem mesmo a obrigação de tomar cuidado para não envenená-los... Alegro-me em considerar... que os princípios [da lei escocesa e da inglesa] estão em suficiente consonância com a justiça e o senso comum para acolher a reivindicação que o recorrente procura estabelecer. ([1932] A.C., pp. 620-1; 1932 S.C. (H.L.) 71-2)

Posição semelhante foi adotada por lorde Thankerton quando comparou ao caso em tela a decisão anterior em *Gordon* v. *M'Hardy* ([1903] 6 F. 210), na qual o Supremo Tribunal escocês recusou como improcedente uma ação em que o autor afiançava que seu filho tinha morrido de envenenamento por ptomaína causado pela ingestão de uma lata de salmão adquirida do réu, um proprietário de mercearia. Ele afirmou que a lata estava amassada quando foi vendida, mas não afirmou que o comerciante tivesse de fato perfurado a lata ou danificado seu conteúdo. Os fundamentos para a recusa da demanda foram que o comerciante não poderia ter examinado a lata de salmão "sem destruir a própria condição que o fabricante tinha estabelecido com o objetivo de preservar o conteúdo" (*ibid.*, p. 212, por lorde J.-C. Kingsburgh).

> Parece que nesse caso [disse lorde Thankerton] o rótulo do fabricante tinha se soltado da lata quando ela foi vendida, e por isso ele não tinha sido identificado. Eu lamentaria pensar que o meticuloso cuidado do fabricante para impedir a interferência ou inspeção pelo comerciante nesse caso livraria o comerciante de qualquer responsabilidade para com o consumidor sem nenhuma assunção correspondente do dever por parte do fabricante. ([1932] A.C., p. 604; 1932 S.C. (H.L.), p. 60.)

Essas três extensas citações mostram os lordes da maioria em seu debate sobre os motivos pelos quais as conseqüências acarretadas por uma deliberação contra o autor são (na sua opinião) inaceitáveis; e, portanto, a deliberação deveria ser a de que os fabricantes têm sem dúvida o pertinente dever do cuidado para com os consumidores. Vale ressaltar mais uma vez que esses argumentos seriam totalmente sem sentido se *os lordes* não visualizassem a disputa como algo que envolvia a necessidade de uma deliberação genérica quanto à responsabilidade ou isenção de responsabilidade dos fabricantes (corroborando, assim, o que foi provado no capítulo IV). É também vital salientar que esses devem ser considerados os argumentos definitivos que justificaram a deliberação proferida; pois, como veremos, houve de *ambos os* lados do caso argumentos "baseados na jurisprudência" e argumentos de princípio jurídico geral. Como o caso, no que dizia respeito a esses dois aspectos, permanecia aberto a qualquer decisão, foi somente o argumento conseqüencialista que pôde levá-lo a uma conclusão. Com efeito, lorde Atkin fez essa afirmação explícita quando disse: "Se [forem essas conseqüências] o resultado da consulta à jurisprudência, eu consideraria o resultado um grave defeito do direito, e tão contrário ao princípio que eu hesitaria muito antes de seguir qualquer decisão nesse sentido que não tivesse o aval desta Câmara."

Mas por que um "grave defeito", por que "tão contrário ao princípio"? As três passagens citadas têm uma qualidade quase intuitiva, como se bastasse simplesmente contemplar essas conseqüências para de imediato se perceber sua inaceitabilidade – e talvez baste. Entretanto, talvez seja possível detectar três fundamentos de avaliação que cumulativamente levam a essa conclusão da total inaceitabilidade.

Existem, como disse lorde Atkin, "as necessidades da sociedade civilizada": um interesse público geral em garantir que aquelas atividades capazes de causar dano a outras pessoas sejam conduzidas de uma forma que reduza esse dano ao mínimo. Exatamente o que um fabricante de produtos pretende e deseja é que seus produtos sejam consumidos ou usados por outros bastante além da faixa de qualquer nexo contratual com ele. Ele pode se certificar, como ninguém mais pode, de que eles sejam seguros para consumo e uso. Garantir que eles são seguros é do interesse do povo em geral e, portanto, um objetivo adequado de políticas públicas.

Em segundo lugar, existe a questão de princípio, de "justiça" como lorde Macmillan disse. Está claro que todos os três lordes aderem à concepção de justiça corretiva, segundo a qual quem é prejudicado deve receber uma compensação por esse dano se alguma outra pessoa for responsável por ele: responsável no sentido de que essa outra pessoa pudesse razoavelmente ter previsto o evento como um resultado direto do que pretendia fazer (nesse tipo de caso, a intenção pertinente consiste em pôr mercadorias no mercado em condições que impossibilitem a inspeção por vendedores que intermedeiam as vendas para os usuários); e no sentido de que ele poderia razoavelmente ter impedido o acontecimento se tomasse mais cuidado do que de fato tomou.

Em terceiro lugar, como disse expressamente lorde Macmillan, há uma questão de "senso comum" bem como de justiça. Isso, creio eu, depende de um apelo à moralidade positiva contemporânea como interpretada pelo juiz. As pessoas em geral, as pessoas "íntegras", assim considera o juiz, concordariam com a opinião de que é errado que um fabricante cause dano a terceiros por falta de cuidado; e que é absurdo eximi-lo de toda a responsabilidade se ele não tomar cuidados razoáveis e disso resultar algum dano.

Pouco se lucraria com uma análise mais elaborada. Parece claro que esses fundamentos de avaliação são distinguíveis, embora se entrelacem, e parece claro também o motivo pelo qual alguém que se apegue a eles deveria chegar à conclusão da "inaceitabilidade" à qual todos os juízes chegam.

É também evidente como em particular a concepção de justiça envolvida é um reflexo próximo da ordem legal na qual o juiz atua. Não se trata de nenhum novo empreendimento ousado ou radical que vá resultar numa teoria original da justiça: trata-se, sim, de uma questão de levar a sério a concepção de justiça corretiva que a legislação atual encarna mesmo que de forma imperfeita; o princípio que lorde Kames (ou qualquer advogado escocês) poderia encarar sem maiores complicações como um princípio de eqüidade: "Que para cada ato ilícito deveria haver uma reparação."[6] Foi mencionado anteriormente que existe um inter-

---

6. Henry Home, Lord Kames, *Principles of Equity* (1.ª ed., Edimburgo, 1760).

relacionamento necessário entre os argumentos conseqüencialistas e o tipo de argumento ditado pela exigência de "coerência". Agora podemos ver por que isso ocorre. A concepção de justiça aplicada à avaliação de conseqüências pode na realidade ser um reflexo da concepção de justiça encarnada em princípios recebidos do direito – de fato, creio que geralmente é assim. E também, naturalmente, a visão de um advogado do que é "senso comum" deve ser fortemente influenciada por todo um conjunto de atitudes que lhe são inerentes como advogado.

Não devemos, entretanto, forçar essa noção ao ponto de alegar que exista alguma concepção judicial comum, clássica e única do que seja "interesse público", "justiça" ou "senso comum": nem, *a fortiori*, que as avaliações às quais chegaram diferentes juízes possam ou devam sempre ser idênticas ou objetivamente conclusivas. Repito que esse tipo de julgamento avaliatório não é uma questão de medição ou "ponderação" objetiva. (O termo "ponderação" costuma infelizmente ser muito usado, por autores que escrevem sobre o direito, de um modo que tira proveito da conotação com as medições exatas e objetivas da balança de um açougueiro honesto.)[7] Esses julgamentos, pelo menos em parte, são irredutivelmente subjetivos. Afinal, lordes Buckmaster e Tomlin apresentaram argumentos que, embora fossem réplicas da *forma* dos argumentos da maioria, invertiam o conteúdo.

Eis o que tinha a dizer lorde Buckmaster:

> O princípio que se pretende sustentar deve ser o seguinte – que o fabricante de qualquer artigo, ou, na realidade, quem quer que conserte qualquer artigo, independentemente do contrato, tem para com qualquer pessoa por quem o artigo seja usado licitamente o dever de se certificar de que ele tenha sido construído com cuidado... Nem pode a dou-

---

7. Ver, por exemplo, seu freqüente emprego por Ronald Dworkin em *Taking Rights Seriously* (Londres, 1977) [trad. bras. *Levando os direitos a sério*, São Paulo, Martins Fontes, 2002], bem como por Twining e Miers em *How to Do Things with Rules*, por exemplo, na p. 212.

trina ser confinada a casos nos quais a inspeção seja difícil ou impossível de se realizar. Essa concepção significa simplesmente a aplicação indevida, ao dever extracontratual, de doutrinas aplicáveis às relações de compra e venda.

O princípio do dever extracontratual situa-se totalmente fora da região à qual essas considerações se aplicam; e o dever, se existir, deve se estender a cada pessoa que, em circunstâncias lícitas, usar o artigo fabricado. Não pode haver nenhum dever especial vinculado à fabricação de alimentos, além dos implícitos no contrato ou impostos pela lei. Se existir um dever semelhante, parece-me que ele deve cobrir a fabricação de todo e qualquer artigo; e não vejo por que ele não se deveria aplicar a uma casa. Se dermos um passo, por que não cinqüenta? No entanto, se uma casa for construída com negligência, como às vezes ocorre, e em conseqüência dessa negligência o teto cair e ferir o morador ou qualquer outra pessoa, de acordo com a lei inglesa não existe possibilidade de ação contra o construtor, embora eu creia que um direito semelhante a esse tenha existido efetivamente nas leis da Babilônia...

Em *Mullen* v. *Barr and Co., McGowan* v. *Barr and Co.* (1929 S.C. 461), um caso indistinguível do caso em foco, a não ser pelo motivo de um camundongo não ser uma lesma... lorde Anderson afirma o seguinte:

"Num caso como este, em que as mercadorias dos réus são distribuídas em todo o território escocês, pareceria praticamente uma afronta responsabilizar os fabricantes perante o público pela condição do conteúdo de cada garrafa que sai da fábrica. É óbvio que, se os réus estivessem sujeitos a uma responsabilidade dessas, eles poderiam ser chamados a responder a pedidos de indenização que não teriam absolutamente meios de investigar ou de atender."

Ao concordar, como de fato concordo, com o julgamento de lorde Anderson, desejo acrescentar que considero difícil discordar da natureza veemente do linguajar no qual seu julgamento está expresso... ([1932] A.C., pp. 577-8; 1932 S.C. (H.L.), pp. 42-3.)

Seguindo linha semelhante, lorde Tomlin adotou um argumento empregado pelos advogados do réu em *Winter-*

bottom v. *Wright* ([1842] 10 M & W. 109) para ilustrar as "conseqüências alarmantes" do princípio em questão: "Por exemplo, cada uma das vítimas de um acidente como o que aconteceu recentemente na ferrovia de Versalhes poderia ter iniciado uma ação contra os fabricantes do eixo defeituoso." ([1932] A.C., p. 600; 1932 S.C. (H.L.), p. 57.)

Afirmei que os julgamentos envolvidos são "em parte" subjetivos, o que deixa aberta a possibilidade de que, em certo grau, as desavenças tenham a possibilidade de resolução objetiva. Pode-se entender bem a razão de lorde Buckmaster e de lorde Anderson considerarem uma "afronta" a responsabilização de fabricantes. Na realidade, não corresponde à *verdade*, de acordo com a deliberação da maioria, que fabricantes sejam chamados a "responder a pedidos de indenização que não teriam... meios de investigar ou de atender"; porque (a) num caso semelhante, cabe ao autor o ônus de provar o dano, a causa do dano e a falta de cuidados razoáveis por parte do fabricante; e (b) como demonstrou o caso *Daniels*, resta ao fabricante a possibilidade de demonstrar quais cuidados ele realmente tomou e argumentar que esses cuidados equivaliam a tomar todas as precauções *razoáveis*. Na medida em que isso não estivesse evidente na época da decisão do caso *Donoghue*, a experiência confirmou que é o que ocorre efetivamente.

Logo, embora lordes Buckmaster e Anderson, aplicando sua própria concepção de justiça, tivessem concluído que seria injusto impor aos fabricantes uma responsabilidade semelhante, sua argumentação não vem ao caso – não vem ao caso em decorrência de uma opinião factual falsa acerca das conseqüências da deliberação favorável à responsabilização dos fabricantes. No entanto, daí não se depreende que eles necessariamente concordassem com a justiça da imposição dessa responsabilidade, mesmo que chegassem a admitir o erro de fato.

Independentemente do argumento da justiça, há ainda a alternativa da posição fornecida pelas "conseqüências alarmantes" de lorde Tomlin, igualmente manifesta na frase de lorde Buckmaster: "Se dermos um passo, por que não cinqüenta?" Não é assim tão raro encontrar juízes tratando como *reductio ad absurdum* de alguma deliberação proposta o fato de ela necessariamente poder originar uma enorme quantidade de ações que inundarão os tribunais com querelantes sem mérito e que representarão a ruína comercial para quem for exposto a essas ações. A fabricação de eixos para ferrovias não será atividade que valha o risco, se o fabricante estiver exposto a ações por parte de todos os feridos quando um eixo apresentar defeito (o que esse raciocínio não explica, porém, é por que fabricantes do tipo que deixa de tomar cuidados razoáveis deveriam poder continuar exercendo suas atividades).

Chamo esse critério de avaliação de "praticidade" ou "conveniência". Trata-se de uma forma do argumento do interesse público e é apresentado como se demonstrasse que uma ação que poderia ser considerada meritória com base na justiça corretiva não deveria ser admitida se a admissão de toda uma classe de ações semelhantes fosse gerar grande inconveniência, ou ser totalmente inoportuna em termos de interesse geral. Não alego que *eu* saiba calcular essas questões. Estou apenas fazendo a observação de que os juízes confiam com suficiente freqüência nesse tipo de argumento para indicar que eles o consideram possível.

A "inconveniência" como critério de avaliação é decerto uma noção distinta da noção de "injustiça". De fato, ocasionalmente juízes deixam claro que a escala de avaliação de "conveniência/inconveniência" deve ser aplicada em contraste com a escala da "justiça/injustiça. Por exemplo, em *London Street Tramways* v. *L.C.C.* ([1898] A.C. 375), a Câmara dos Lordes foi chamada a afirmar que poderia eventualmente reformar seus próprios precedentes. A Câmara decidiu que não, e estabeleceu uma norma que se sustentou até 1966 (veja [1966] 1 W.L.R. 1234) de que todas as decisões da Câmara dos Lordes tinham caráter vinculante como precedentes mesmo para a própria Câmara. O pronunciamento de lorde Halsbury revela a justificação central para essa opinião nos seguintes termos:

> Não nego que possam surgir casos de dificuldade pessoal, e que possa haver na profissão uma corrente de opinião de que tal julgamento incorreu em erro. Mas, essa interferência ocasional naquilo que talvez seja a justiça abstrata é um preço baixo a ser pago, em comparação com o inconveniente – o inconveniente desastroso – de cada questão ficar sujeita a um novo debate e as relações entre seres humanos se tornarem duvidosas em razão de decisões diferentes, de tal modo que na realidade e de fato não possa haver nenhum tribunal final de recursos (*ibid.*, p. 380).

Aí temos um reconhecimento explícito da possibilidade de uma colisão entre as exigências da justiça e da conveniência, com esta última, nessa ocasião, recebendo prioridade.

O sentido de ressaltar a possibilidade dessa colisão está em que ela revela por que poderia ser enganoso considerar simplesmente utilitaristas os argumentos conseqüencialistas no direito. A argumentação conseqüencialista de fato trata de estabelecer que uma deliberação preferida é a melhor em vista de todas as considerações. Contudo, essa conclusão quanto à "melhor" não é determinada por referência a uma única escala de avaliação (por exemplo, a escala do prazer – dor como no utilitarismo hedonista de um Bentham). Ela é uma sentença definitiva expressa como soma dos resultados cumulativos ou concorrentes da avaliação por meio de referência a uma série de critérios de valor, aí incluídos a "justiça" e "senso comum" bem como o "proveito público" e a "conveniência". Algumas versões do "utilitarismo ideal", ao contrário do "utilitarismo hedonista", permitem critérios mais complexos em vez de mais simples no que diz respeito ao que é "melhor", e com base nisso seria possível considerar que a justificação conseqüencialista no direito envolva uma forma de utilitarismo ideal[8].

Mais uma vez, porém, é preciso ressaltar que, como o foco dessas justificações é voltado para as conseqüências de deliberações contrárias (na forma de proposições univer-

8. Ver Lyons, *loc. cit.*

sais do direito), não nas conseqüências para as partes particulares da decisão em particular, o utilitarismo envolvido é o "utilitarismo da norma", não o "utilitarismo do ato". Portanto, como observei anteriormente, precisaríamos recorrer à terminologia ética, até certo ponto incômoda, do "utilitarismo da norma ideal", se quiséssemos chegar a empregar a idéia do utilitarismo neste contexto.

Esses comentários envolvem mais do que uma excursão infrutífera pela taxonomia das teorias éticas. Já houve controvérsia a respeito da questão de saber se um "procedimento de justificação pelo utilitarismo da norma" poderia ser de algum modo considerado conveniente. Em seu brilhante estudo pioneiro, R. A. Wasserstrom defendeu[9] o que chamou de "Procedimento de Justificação em Dois Níveis" como um bom procedimento para justificar decisões jurídicas. Com isso ele se referiu a um procedimento por meio do qual decisões particulares fossem justificadas por serem dedutíveis de normas adotadas por juízes por apresentarem melhores conseqüências que qualquer norma alternativa possível que também pudesse abranger a decisão. Esse é, em resumo, um procedimento de justificação de utilitarismo da norma. Contra isso, D. H. Hodgson alegou de modo extremamente convincente[10] que a adoção de um procedimento como esse teria (por um aparente paradoxo) conseqüências não utilitaristas. Pois ninguém jamais teria uma base racional para prever como um juiz decidiria um caso em particular se fosse sabido que o juiz seguiria o procedimento de Wasserstrom. Logo, ocorreria exatamente o tipo de recurso ao litígio *ad infinitum* que lorde Halsbury imaginava ocorrer caso os precedentes da Câmara dos Lordes não fossem tratados como de natureza vinculante para todos os efeitos.

Como existe um evidente paralelo entre o "Procedimento de Justificação de Dois Níveis" de Wasserstrom, como

---

9. Wasserstrom, *op. cit. supra*, capítulo I, n. 15.
10. Hodgson, *op. cit. supra*, capítulo I, n. 15 (cc. 4-6).

um procedimento utilitarista da norma, e a argumentação conseqüencialista como foi aqui analisada no contexto da justificação de segunda ordem, somente por esse motivo é importante ressaltar que aqui estamos interessados numa versão "ideal" do utilitarismo da norma, se é que chegamos a nos interessar pelo utilitarismo.

Mesmo assim, porém, se a teoria fosse a de que a argumentação conseqüencialista avançava num vácuo como um elemento exclusivo e suficiente da justificação de segunda ordem, ela ainda poderia estar aberta à objeção levantada por Hodgson. Poderia estar aberta também a mais uma objeção, não de todo desvinculada, ou seja, a de que à primeira vista não existe nenhum limite quanto ao número de proposições "universais" que poderiam ser depreendidas como deliberações potenciais para cobrir uma decisão particular e para determinar a faixa de "casos similares" a serem testados pelos argumentos conseqüencialistas.

Num contexto ligeiramente diferente, Julius Stone afirmou exatamente o mesmo: que, em relação a *Donoghue* v. *Stevenson,* os "fatos" podem ser tratados em qualquer um dos muitos "níveis de generalização" possíveis. Seu argumento é que a teoria da *ratio decidendi* de Goodhart gera resultados totalmente indeterminados porque o "princípio" derivável de um caso pelo método de Goodhart de "fatos materiais mais decisão" (usando uma fórmula injustamente tosca e esquematizada) depende por completo do nível de generalidade no qual se escolha descrever os fatos. Stone tece os seguintes comentários[11]:

> *Donoghue* v. *Stevenson,* como caso isolado, poderia gerar logicamente uma série de proposições (totalmente dissociadas dos diversos raciocínios dos pronunciamentos) que dariam conta pelo menos de qualquer um dos seguintes fatos ou de qualquer combinação dos mesmos:

---

11. J. Stone, *The Province and Function of Law* (Londres, 1947, pp. 187-8). Substancialmente a mesma idéia é apresentada em *Legal Systems and Lawyers' Reasonings* (Londres, 1964, pp. 269-70).

1) *a presença* de lesmas mortas *ou* de qualquer lesma *ou* de qualquer corpo estranho desagradável *ou* de qualquer corpo estranho *ou* de qualquer qualidade inesperada;

2) *em* garrafas opacas de bebida *ou* em qualquer garrafa de bebida *ou* em qualquer artigo para consumo humano *ou* em qualquer artigo para uso humano *ou* em absolutamente qualquer objeto (aí incluídos terras ou prédios);

3) *causada pela negligência do réu* que é um fabricante cujos produtos são distribuídos a público vasto e diversificado por varejistas, *ou* de qualquer fabricante, *ou* de qualquer pessoa que trabalhe no objeto por remuneração, *ou* de qualquer pessoa que trabalhe no objeto *ou* de qualquer pessoa que lide com o objeto;

4) *desde que* possa haver a expectativa razoável de que o objeto se torne perigoso pela referida negligência *ou* seja esse o caso ou não;

5) *se* resultar em dano corporal ao autor *ou* em danos corporais ou nervosos ao autor *ou* em absolutamente qualquer tipo de dano ao autor;

6) sendo o autor (a) uma viúva escocesa *ou* uma escocesa *ou* uma mulher, *ou* qualquer adulto, *ou* qualquer ser humano *ou* qualquer pessoa jurídica que (b) tenha recebido o objeto direto de um comprador que a adquiriu de um varejista que comprou diretamente do réu, *ou* de um comprador que comprou direto do réu, *ou* de um comprador que comprou de qualquer pessoa, *ou* que seja uma pessoa que tenha relação com esse comprador, *ou* qualquer pessoa a cujas mãos o objeto tenha chegado licitamente, *ou* a cujas mãos ele tenha chegado de qualquer maneira;

7) *desde que* (a) nenhum intermediário tenha podido inspecionar fisicamente o objeto e descobrir o defeito sem destruir a possibilidade de venda do produto, *ou* (b) nenhum intermediário tenha tido nenhum dever de inspecionar o produto e descobrir o defeito *ou* (c) não houvesse nenhuma expectativa razoável por parte do réu de que algum intermediário inspecionasse o objeto e descobrisse o defeito *ou* (d) não houvesse nenhuma expectativa razoável por parte do tribunal ou do júri de que algum intermediário agisse desse modo;

8) *e desde que* os fatos que geraram a queixa tenham ocorrido em 1932 *ou* em qualquer época anterior a 1932 *ou* posterior a 1932 *ou* em qualquer ocasião;

9) sujeitará o Réu a pagar indenização ao Autor.

> A maioria dessas alternativas e qualquer combinação das mesmas eram, em termos lógicos, elementos possíveis em qualquer princípio estruturado nos fatos e pronunciamentos apenas de *Donoghue* v. *Stevenson.*

Não se pode extrair muito desse argumento como indicação da total indeterminância da *ratio* do caso *Donoghue* porque, como se salientou no capítulo IV, os lordes da maioria naquele caso tiveram algum cuidado ao indicar a deliberação que tinham em mente e em que nível de generalidade. Contudo, se pensarmos no assunto como se tivesse ocorrido na época *anterior* à decisão do caso, o problema parece mais grave. Muito bem que se diga que o princípio da justiça formal requer que o juiz, expressa ou implicitamente, formule e teste alguma deliberação possível para o caso e para casos semelhantes a fim de justificar uma decisão no caso. No entanto, (como a distinção traçada anteriormente entre "universalidade" e "generalidade" indica), uma deliberação adequadamente "universal" poderia ser atingida em qualquer um dos "níveis de generalidade" de Stone.

Além do mais, tudo isso trata somente de níveis diversos de generalidade em termos de uma possível "linha de argumentação" sobre o caso. Mas talvez uma trajetória totalmente diferente pudesse ter sido adotada. Por exemplo, como era um caso escocês e como o direito escocês reconhece a possibilidade de aplicação de direitos de terceiros decorrentes de contratos (a doutrina de *jus quaesitum tertio*)[12], o caso não poderia ter sido apresentado como uma ação por parte da sra. D. contra o proprietário do café que vendeu o refrigerante à sua amiga? Como alternativa, não se poderia ter encarado o caso em termos de uma promessa implícita por parte do fabricante para com qualquer consumidor final de que seus produtos são perfeitos e adequa-

12. Ver, por exemplo, D. M. Walker, *Principles of Scottish Private Law* (2ª edição, Oxford, 1975, pp. 627-30, vol. i); Scottish Law Commission Memorandum Nº 38 (*Constitution and Proof of Voluntary Obligations: Stipulations in Favour of Third Parties*), 1977.

dos para o consumo? (Como não existe doutrina de compensação no direito escocês, não seria necessário que surgisse nenhuma dificuldade a esse respeito – não que os advogados ingleses necessariamente encontrassem muita dificuldade para inventar alguma "compensação resultante da promessa" num contexto semelhante a esse.) A primeira dessas alternativas é de fato a que o direito francês usa para lidar com problemas análogos ao da sra. Donoghue[13], e a segunda em alguma forma é bem aceita em muitas jurisdições nos Estados Unidos[14]. Nem a engenhosidade precisaria estar confinada a apenas três possibilidades.

Logo, mesmo que a argumentação conseqüencialista possa demonstrar fundamentos racionais para a escolha entre deliberações possíveis no caso, existe algum fundamento racional ou mesmo razoável para escolher qual deliberação e em que nível de generalidade será testada por aquele procedimento? Se não existir, mais uma vez devemos concluir que um processo ostensivamente racional é no fundo nada mais do que arbitrário. Enfrentamos a questão: que limites, se é que existem, podem reger a escolha de deliberações a serem testadas; e como, em qualquer caso, podem os juízes começar a estruturar alguma deliberação adequada para se encaixar no caso concreto quando está aberto um leque tão amplo de possibilidades?

(c) Argumentos de coerência e coesão explicados e exemplificados

A resposta à segunda dessas perguntas leva-nos a uma resposta à primeira, e é relativamente simples: os advogados apresentam aos juízes deliberações em potencial. É função

13. Ver Kahn-Freund, Levy e Rudden, *op. cit. supra*, capítulo IV, n. 10, pp. 437-40. Naturalmente também são possíveis remédios contra ilícitos extracontratuais.

14. Ver, por exemplo, J. J. White e R. S. Summers, *Handbook on the Uniform Commercial Code* (St. Paul, Minn., 1972, pp. 329-32).

do advogado do autor ou do advogado do réu expressar e estruturar o caso em suas alegações, bem como defendê-lo no tribunal na forma que represente o caso de seu cliente à luz mais favorável (a seu ver) que possa ser lançada sobre ele.

> Nosso sistema de administração da justiça em assuntos civis avança com base no pressuposto de que cada lado, trabalhando a certa distância um do outro, selecione suas próprias provas. A seleção de cada parte de suas próprias provas pode, por vários motivos, ser parcial em todos os sentidos do termo... É com base em duas versões cuidadosamente selecionadas que o juiz afinal é chamado a julgar.[15]

E o fundamento sobre o qual um advogado baseia sua seleção de provas é sua visão das generalizações que possa fazer com vantagem em nome de seu cliente com a intenção de ganhar a causa.

Quando alguma norma estabelecida válida parece diretamente aplicável, o processo de seleção será simplesmente governado pela necessidade de provar os fatos operativos em questão. Quando nenhuma é imediatamente aplicável, como podemos saber que linha de argumentação será mais vantajosa? De modo bastante óbvio, é uma condição necessária que algum bom argumento conseqüencialista possa ser apresentado em defesa de uma deliberação em potencial capaz de cobrir a situação do autor, ou alguns aspectos da mesma; mas essa não é em si uma condição suficiente. Um advogado que apresentasse um argumento baseado *exclusivamente* na razão e justiça de algum princípio inédito em favor de seu cliente seria avisado, com acerto, que um tribunal é o lugar errado para esse tipo de argumento. É preciso também que haja, no sistema jurídico – no estado em que já se encontra – algum fundamento para a decisão que ele busca. Por hipótese, esse fundamento não precisa ser uma norma estabelecida válida, diretamente apli-

15. *Thompson* v. *Glasgow Corporation* 1962 S.C. (H.L.) 36, *per* lorde J.-C. Thomson na p. 52.

cável ao caso em tela. Talvez, porém, ela seja suficiente se existir alguma analogia convincente com alguma norma já estabelecida; ou se algum princípio geral do direito puder ser aplicado ou adequado ao caso – melhor ainda se puderem ser encontradas sentenças de juízes em que tais princípios gerais estejam formulados ou nas quais seja feita referência a eles. Quanto mais próxima a analogia e mais peremptória a afirmação do princípio, mais forte será o argumento. Entretanto, esse tipo de argumento nunca poderá ter a mesma força irresistível do argumento de que os fatos que foram provados constituem de modo claro e inequívoco os fatos operativos de alguma norma jurídica que implique uma ordem.

Mais exatamente, a questão consiste em demonstrar que a decisão pleiteada é perfeitamente compatível com o conjunto de normas jurídicas existentes e é uma extrapolação racional a partir delas, no sentido de que as políticas e objetivos imediatos que se imagina que normas existentes semelhantes tenham como alvo seriam nessa medida contestados e sujeitos a exceções irracionais se o caso em foco não fosse decidido de modo análogo a elas.

Por esse motivo, a necessidade de encontrar, na falta de uma norma diretamente aplicável, alguma analogia ou princípio do direito que sirva de sustentação é um requisito que orienta o advogado na estruturação de seu caso. Outra orientação é sua necessidade de demonstrar que seu caso está em harmonia com a lei como se apresenta, no sentido ainda mais forte de poder ser elaborada uma deliberação para a decisão que não entre em contradição direta com nenhuma norma existente de caráter compulsório. A área na qual o advogado decidiu apresentar o caso da sra. Donoghue foi a da responsabilidade extracontratual, presumivelmente a partir da suposição de que nada pudesse ser obtido quanto a nenhum ponto contratual, apesar da doutrina do *ius quaesitum tertio* do direito escocês. Dentro da área de responsabilidade extracontratual, foi necessário demonstrar que podiam ser distinguidos casos levados à

Câmara dos Lordes como, por exemplo, *Cameron* v. *Young* ([1908] A.C. 176; 1908 S.C. (H.L.) 7) ou *Cavalier* v. *Pope* ([1906] A.C. 428), e que a considerável série de precedentes à primeira vista adversos, embora de menor influência, eram capazes de ser "explicados" e "discriminados" de modo que se enquadrassem no princípio assegurado da responsabilidade do fabricante.

Ademais, a forma da argumentação foi necessariamente fixada pelo princípio previamente estabelecido que regia a responsabilidade extracontratual por negligência, o de que não pode haver nenhuma responsabilidade semelhante a não ser em casos em que o réu tenha para com o autor o dever de ter cuidado. Para estar em harmonia com esse princípio, era necessário aduzir e defender alguma razão pela qual se deveria considerar que o réu teria tido um dever para com o autor. A argumentação definitiva a partir das conseqüências não tem como avançar um passo a menos que se possa demonstrar a existência de algum princípio geral que racionalize todas as situações em que a lei exige que uma pessoa cuide da segurança de outra, e que esse princípio cubra a deliberação que a argumentação conseqüencialista apóia nesse caso.

Portanto, a exigência feita ao advogado de um litigante para que elabore seu caso como uma reivindicação ou defesa *legítima* impõe, em termos amplos, dois limites à formulação do caso. Em primeiro lugar, ele deve ser formulado de modo que evite conflito com normas vigentes – aqui deve-se ter em mente a possibilidade de "explicar" e "discriminar" precedentes desfavoráveis, bem como de interpretar leis em termos "literais" ou "liberais" (dependendo das necessidades do caso). E, em segundo lugar, ele deve ser formulado de tal modo que se possa demonstrar que é corroborado por analogias com a jurisprudência existente (ou, mais raramente, com leis promulgadas) ou por "princípios gerais" do direito, de preferência os expressos com autoridade por juízes em *obiter dicta,* por autores institucionais ou pelo menos respeitáveis de obras jurídicas; ou ainda, como último recurso, analogias recém-cunhadas pelo advogado como explicação e racionalização de algum conjunto pertinente de normas jurídicas reconhecidas.

Naturalmente, em nenhum sentido essa é uma tarefa mecânica ou fácil; nem se trata de uma ciência exata. Ela exige imaginação, entendimento do "jeito de lidar" com o sistema, um bom conhecimento da lei e capacidade para acompanhar "pistas" úteis em precedentes e manuais de direito, além de uma associação ligeiramente estranha de audácia intelectual e sólido discernimento. A escolha precisa de como realizá-la depende da argúcia e experiência jurídica, bem como da imaginação criativa, do bom advogado. Estudiosos (como este autor) e estudantes do direito examinam principalmente casos de renome *depois* que eles foram decididos, e tudo parece óbvio e simples. Dessa perspectiva é muito fácil deixar de perceber a audácia, engenhosidade e imaginação que necessariamente entram na formulação e defesa de um caso difícil, como esse caso se apresenta a advogados *antes* que a questão seja levada ao tribunal e *antes* que o tribunal pronuncie sua sentença. A habilidade para fazer isso somente se pode aprender na prática; não se pode aprender em livros; e, seja como for, somente pode ser aprendida por quem tiver sido dotado pela natureza com os necessários dons mentais.

Logo, a resposta à pergunta de como os juízes chegam à generalização da situação de fato, essencial para a justificação de decisões, na realidade consiste na simples constatação de que elas lhes são apresentadas pelos advogados. E a elaboração dessa resposta resolve o outro problema sobre os limites impostos sobre a escolha judicial de deliberações potenciais pertinentes. É que os juízes atuam dentro das mesmas restrições normativas impostas aos advogados. E mais, as restrições impostas aos advogados atuam meramente como normas técnicas – não faz nenhum sentido para um advogado apresentar uma argumentação totalmente desprovida da sustentação de um mínimo fragmento de analogia que seja, ou da mais tênue sugestão de um princípio plausível; mas as normas técnicas existem para os advogados precisamente em razão das obrigações reconhecidas dos juízes. Não faz sentido apresentar uma argumentação dessas porque, ou na medida em que, os juízes reconhecem uma obrigação de operar dentro do arcabouço de leis vigentes; porque eles reconhecem uma obrigação de manter sua legislação "intersticial". É evidente que isso não pode nem deveria ser interpretado como a negação de que o nível de imaginação, sabedoria, engenhosidade, ousadia ou talento envolvido na função do juiz não seja mais alto do que na do advogado. De tudo isso, muito mais é exigido do juiz visto que sua tarefa consiste em decidir qual dos lados tem mais razão, ao passo que a conclusão no sentido da qual o advogado deve argumentar é fixada para ele, pelo dever de dar o melhor de si para apresentar o caso de seu cliente do modo mais favorável possível (em consonância com a ética da advocacia honesta). O que se revela realmente é que podemos excluir o simples capricho ou arbitrariedade na formulação judicial de potenciais deliberações no direito[16].

O fato de advogados competentes serem instruídos sobre ambos os lados para apresentar a questão pelo melhor ângulo disponível para cada uma das partes leva a garantir, pelo menos deveria garantir, que os tribunais não descuidem de nenhuma possibilidade útil, num sentido ou no outro. O fato de que tanto os juízes como os advogados atuam nos limites da lei existente e das analogias e princípios nela disponíveis possibilita a formulação de deliberações em potencial e elimina a possibilidade de generalizações arbitrárias ou extravagantes, como ponto de partida para justificação de segunda ordem. Pelo menos, isso acontece se as pessoas que exercem essas funções estiverem à altura de suas tarefas e forem honradas no cumprimento

16. A tese de Dr. Paterson (*cit. sup.*, capítulo I, n. 13) demonstra que a Câmara dos Lordes adota a firme prática de abster-se de deliberar sobre questões não alegadas pelos advogados.

dos deveres que lhes couberem. O espaço dentro do qual é possível formular novas deliberações em potencial na justificação de decisões em casos de primeira impressão deve ser toleravelmente bem definido se for limitado, por um lado, pela necessidade de não contradizer nem refutar normas válidas estabelecidas; e, por outro lado, pela necessidade de encontrar alguma analogia, princípio ou outro fundamento legal que corrobore a decisão. Não há aqui nenhum critério desenfreado.

Tudo isso pode parecer lançar alguma dúvida sobre teorias éticas (como as de Kant[17] ou Hare[18]) que insistem na absoluta autonomia do agente moral, associada a um requisito de universalizabilidade do julgamento moral (teorias que são, em grau acentuado, emuladas pela atual teoria da justificação legal). Pois, embora nos termos da lei exista uma série de fatores que tendem a limitar e definir a área dentro da qual e os termos nos quais princípios de decisão inéditos e generalizados podem ser moldados para poderem ser avaliados e testados, esses fatores são depreendidos precisamente do caráter público e institucionalizado dos processos de decisão e justificação nos termos da lei. É portanto difícil ver qualquer fator semelhante no transe moral como visualizado por defensores da pura autonomia, que pudesse restringir toleravelmente a faixa de "máximas de ação" que em qualquer caso determinado poderíamos universalizar para testar um princípio moral resultante para ação em forma universal. A menos que se fosse bastante arbitrário a esse respeito, e na mesma medida não se fosse racional, seria possível demorar pelo menos um ano para chegar a qualquer decisão moral. Sem dúvida, a verdade é que nossa vida moral, como nossa vida legal, tem uma ambientação social necessária, que nos fornece uma base de normas e princípios no contexto dos quais podemos enquadrar e testar novos princípios de ação em circunstâncias

---

17. Ver Kant, *Groundwork* (*cit. sup.* capítulo I, n. 10).
18. Ver R. M. Hare, *The Language of Morals* e *Freedom and Reason*.

novas ou difíceis. A autonomia é real, mas somente em contraste com um pano de fundo de heteronomia, ponto que será retomado no capítulo X.

Seja como for, resta a pequena questão de exemplificar em termos concretos a partir de *Donoghue* v. *Stevenson* exatamente os tipos de argumentação de coerência e coesão que a explicação antecedente sugere serem essenciais dentro da justificação de segunda ordem. Mais uma vez, não é difícil colher nos pronunciamentos exemplos claros e evidentes do que já foi descrito.

Já citamos a observação de lorde Atkin de que "deve haver, e há, alguma concepção geral de que as relações dão origem a um dever de cuidado, dever do qual os casos particulares encontrados nos livros não são mais que exemplos..." Mas por que "deve" ser assim? Pelo menos está aberta para nós a possibilidade de conceber a lei como uma "miríade de precedentes sem sistematização" e uma selva de exemplos isolados, sem a presença unificadora de nenhum princípio racionalizante subjacente. Essa não era, porém, a opinião de lorde Atkin. Diz o parágrafo imediatamente anterior:

> É notável a dificuldade para encontrar na literatura inglesa de precedentes enunciados de aplicação geral que definam as relações entre partes que dêem origem ao dever [do cuidado]. Os tribunais estão interessados nas relações particulares que chegam até eles em processos reais, e é suficiente dizer se o dever existe ou não nessas circunstâncias. O resultado é que os tribunais se engajaram numa sofisticada classificação de deveres como se apresentam, no que tange a bens reais, móveis ou intangíveis, com mais divisões que tratam do tipo de propriedade, ocupação ou controle, e distinções baseadas nas relações particulares de um lado com o outro, quer se trate de fabricante, vendedor ou de senhorio, freguês, inquilino, desconhecido e assim por diante. Desse modo, pode ser confirmado a qualquer momento se a lei reconhece um dever, mas somente nos casos em que a questão possa ser atribuída a alguma espécie particular que tenha sido examinada e classificada. E entretanto o dever que é co-

> mum a todos os casos em que a responsabilidade fica estabelecida *deve logicamente* ser baseado em algum elemento comum aos casos em que se descobre sua existência. Afirmar uma definição lógica completa do princípio geral provavelmente excederia a função do juiz, pois quanto mais geral a definição, maior a probabilidade de que ela omita pontos essenciais ou introduza pontos não essenciais. Essa tentativa foi feita por lorde Esher em *Heaven* v. *Pender* ([1883] 11 Q.B.D. 503) numa definição à qual farei referência mais adiante. Na forma na qual se apresentou, era demonstrável sua amplitude excessiva, embora me pareça que, se adequadamente delimitada, ela seria capaz de fornecer um valioso guia prático. ([1932] A.C. a 579-80; 1932 S.C. (H.L.) a 44. Grifo do autor.)

Se quisermos levar a sério (e por que não deveríamos fazê-lo?) a alegação de lorde Atkin de que o dever deve logicamente estar baseado em algum elemento comum aos casos estabelecidos, somente podemos agir desse modo se partirmos do pressuposto de que lorde Atkin sustenta, como sua "premissa maior tácita", uma visão da lei como empreitada teleológica racional. A atribuição de propósitos racionais às normas estabelecidas é condição necessária da afirmação de que os casos específicos que dêem origem a um dever de cuidado devem ser exemplos de uma única concepção geral. Logo, a formulação da "concepção geral", da qual se considera que os casos individuais sejam exemplos, de modo que revele o propósito subjacente a ela atribuído consiste em fazer o mesmo que afirmar o "princípio geral" do direito cujas normas agora são percebidas, ou pelo menos podem ser percebidas, como exemplos do princípio geral.

É claro que foi exatamente isso o que lorde Atkin passou então a formular com seu famoso "princípio do próximo" nos seguintes termos:

> A norma de que se deve amar ao próximo torna-se no direito: Não se deve ferir o próximo. E a pergunta do advogado "quem é meu próximo?" recebe uma resposta restrita. Deve-se tomar cuidado razoável para evitar atos ou omis-

> sões que possa ser razoável prever que teriam probabilidade de ferir... pessoas que sejam afetadas pelo ato e que [você] deveria razoavelmente ter em mente que seriam afetadas dessa forma quando você voltar sua mente para os atos ou omissões que estão sendo questionados. ([1932] A.C., p. 580; 1932 S.C. (H.L.), p. 44.)

Ao agir desse modo, ele estava se valendo, como acabamos de vê-lo reconhecer, da tentativa anterior de lorde Esher, feita em *Heaven* v. *Pender* ([1883] 11 Q.B.D. 503, p. 509), como subseqüentemente a identificou, ao introduzir a noção de "proximidade" em *Le Lievre* v. *Gould* ([1893] 1 Q.B. 491). Naturalmente, porém, uma afirmação tão ampla não era em nenhum sentido vinculante para ele; e de modo algum tornava compulsória uma decisão favorável à sra. Donoghue. (Lorde Buckmaster de fato considerava "melhor que [esses apartes] fossem enterrados com tanta segurança que seus espíritos perturbados nunca mais importunassem a lei"[19].) Pelo contrário, ela o amparou e o orientou em sua própria formulação.

A formulação de um "princípio geral" desse tipo exige um verdadeiro esforço de imaginação criativa. Toda a ênfase que se dê à importância do processo será pouca, e no entanto é vital não entendê-lo mal. Um juiz, ao formular um princípio geral como expressão do objetivo comum subjacente a um conjunto de normas específicas[20], de imediato racionaliza a lei vigente de modo que a revele à luz de um novo entendimento e fornece um fundamento suficiente para justificar um novo desdobramento no campo pertinente. Com isso, ele não demonstra que a decisão deva ser como ele se propõe a proferi-la no caso em foco; somente que ela pode ser proferida com legitimidade. Não se trata simplesmente de ele descobrir e enunciar o fundamento lógico das normas. Em grau maior ou menor, ele as torna

19. [1932] A.C. 562, p. 576; [1932] S.C. (H.L.) 31, p. 42.

20. Cf. MacCormick "'Principles' of law" 1974 *Juridical Review* 217, e capítulo VII abaixo.

racionais ao enunciar um princípio capaz de abrangê-las; e usa isso como um ponto de partida necessário para uma decisão inédita, que agora pode ser apresentada como uma decisão já "coberta" pela lei "existente".

Que esse processo seja possível depende em si da existência de precedentes análogos apresentados diante do tribunal por meio das pesquisas e engenhosidade dos advogados. Esse é um ponto que não é preciso desenvolver aqui. É também essencial que não haja antecedentes nitidamente contraditórios de natureza vinculante. Examinemos o que resta do pronunciamento de lorde Atkin para provar o que pretendemos. Imediatamente após sua avaliação crítica da questão, responsabilidade ou não responsabilidade de fabricantes para com consumidores prejudicados, ele diz:

> Um exame meticuloso, creio eu, chegará à conclusão de que não existe nenhum caso em que as circunstâncias tenham sido semelhantes às que sugeri em que a responsabilidade tenha sido negada. Há inúmeros casos em que as relações eram muito mais remotas e não se considerou que existisse o dever. Há também comentários nesses casos que se estendem mais que o necessário para a determinação das questões particulares, o que causou a dificuldade experimentada pelos tribunais abaixo...
>
> A meu ver, diversos casos decididos apóiam a opinião de que, num caso semelhante ao caso em foco, o fabricante tem para com o consumidor o dever de ter cuidado... ([1932] A.C., pp. 583-4; f 932 S.C. (H.L.), pp. 46-7)

Sua Excelência em seguida passou em revista os seguintes casos: *George* v. *Skivington* ([1869] L.R. 5 Exch. 1) *Hawkins* v. *Smith* ([1896] 12 TLR 532), *Elliott* v. *Hall or Nailstone Colliery Co.* ([1885] 15 Q.B.D. 315), *Chapman* v. *Sadler and Co.* ([1929] A.C. 584) e *Grote* v. *Chester and Holyhead Rail Co.* ([1848] 2 Exch. 251).

> Torna-se agora necessário examinar os casos aos quais foi feita referência nos tribunais abaixo por terem estabelecido a proposição de que não há nenhum dever para com o

consumidor num caso semelhante a esse... (*ibid.*, p. 587 e p. 49, respectivamente)

Sua Excelência passou então a "explicar" e/ou "discriminar" os seguintes casos: *Dixon* v. *Bell* ([1816] 5 M. & S. 198); *Langridge* v. *Levy* ([1838] 4 M. & W. 337); *Winterbottom* v. *Wright* ([1842] 10 M. & W. 109; *Longmeid* v. *Holliday* ([1851] 6 Exch. 761); *Earl* v. *Lubbock* ([1905] 1 K.B. 253); *Blacker* v. *Lake & Elliott* ([1912] 106 L.T. 533); *Bates & anor.* v. *Batey & Co. Ltd.* ([1913] 3 K.B. 351).

Mais uma vez, devemos insistir que a citação de precedentes de sustentação, que apresentem uma analogia mais ou menos próxima (e somente *George* v. *Skivington* tinha correspondência direta), e a discriminação de precedentes contrários não podem ser consideradas determinantes da decisão no caso em tela. Nem podem elas sequer ser apresentadas como elemento decisivo na justificação de lorde Atkins. Elas são decisivas, sim, para demonstrar que a decisão favorável à sra. Donoghue é *legalmente justificável.* Sem elas, a decisão careceria de fundamentação caracteristicamente legal. Contudo, para demonstrar que a decisão é justificada além de justificável, devemos recorrer à argumentação "conseqüencialista", à argumentação que avalia e testa o princípio proposto da decisão e suas alternativas. A prova definitiva está no pronunciamento de lorde Buckmaster, no qual o mesmo conjunto de precedentes é – com total legitimidade – usado como sustentação da conclusão contrária, e os antecedentes favoráveis de lorde Atkin são discriminados ou derrubados (*George* v. *Skivington* e os comentários de lorde Esher em *Heaven* v. *Pender*).

Como disse lorde MacMillan,

> [N]a discussão do tópico que agora prende a atenção de Vossas Excelências, dois princípios contrários do direito encontram um ponto comum no qual cada um já lutou pela supremacia. Por um lado, existe o princípio bem estabelecido de que ninguém além de uma parte contratante pode apresentar queixa pelo descumprimento daquele contrato.

> Por outro lado, existe a doutrina igualmente bem estabelecida de que a negligência, fora do contrato, dá o direito de ação à parte prejudicada por essa negligência – e aqui uso o termo negligência, naturalmente, no seu sentido jurídico técnico, que implica uma obrigação devida e descumprida. ([1932] A.C., pp. 609-10; 1932 S.C. (H.L.), p. 64)

Numa disputa semelhante pela supremacia, está claro que nenhum dos dois princípios em si pode determinar sua própria vitória. Cabe ao tribunal avaliar qual deverá vencer. Como o próprio lorde Macmillan disse anteriormente, a respeito de certos comentários de lorde Ormidale no caso *Mullen*,

> A verdade, como espero demonstrar, é que não existe na jurisprudência inglesa nenhuma "corrente coesa e ininterrupta de decisões" que justifique a falsa imputação de que a lei da Inglaterra está irrevogavelmente comprometida com o que não é nem razoável nem justo, ou exija que um juiz escocês, ao seguir essa lei, cometa violência contra sua consciência. (*ibid.*, p. 608 e p. 63, respectivamente)

É a percepção da "razão e eqüidade" da questão que justifica o resultado definitivo. Ela pode justificá-lo somente tendo em conta a existência do princípio da negligência, e tendo em conta que os precedentes não dispõem de caráter compulsório em comparação com a aplicação do princípio no contexto fabricante/consumidor. Trata-se exatamente de uma argumentação de (a) conseqüências; (b) coerência; e (c) coesão.

VI. *Argumentos conseqüencialistas*

Há bons motivos para supor que os juízes deveriam examinar e avaliar as conseqüências de várias deliberações alternativas que lhes estivessem disponíveis em casos que envolvessem o "problema de pertinência", de "interpretação" ou de "classificação". *Donoghue* v. *Stevenson,* conforme analisado no capítulo anterior proporciona um exemplo muito nítido no qual os juízes de tribunais de recursos agiram desse modo, e oferece alguma corroboração para a alegação de que os juízes de fato reconhecem que deveriam levar essas questões em conta. É evidente que essa alegação não é de modo algum uma novidade. Na 37.ª de suas *Lectures on Jurisprudence*[1], John Austin disse:

> Uma lei criada judicialmente é elaborada na ocasião de uma decisão judicial. O objetivo direto ou apropriado de seu autor imediato é a decisão do caso específico ao qual a norma se aplica, e não o estabelecimento da norma. Na medida em que os fundamentos da decisão sirvam como fundamentos de decisão em casos futuros e semelhantes, seu autor legisla em termos substanciais ou de fato. E sua decisão costuma ser determinada por uma reflexão sobre o efeito que os fundamentos da decisão possam produzir como lei ou norma geral...

---

1. *Op. cit. supra,* capítulo III, n. 10.

Será que Austin tem razão e eu também ao considerar que as decisões "costumam ser determinadas" por esse tipo de consideração? A resposta deve ser que sim: mergulhar nos Relatórios de Jurisprudência é confrontar-se a cada momento com esse tipo de argumento. O correto e adequado, porém, é que se apresentem provas por meio de exemplos, o que será a função deste capítulo.

(a) Problemas constitucionais

Talvez não haja um exemplo de maior impacto do tipo de argumentação que está sob exame no momento do que a usada pelo ministro Marshall em *Marbury* v. *Madison* ([1803] 1 Cranch 137) quando ele e o Supremo proferiram sua célebre deliberação, de importância fundamental, de que o Supremo Tribunal dos Estados Unidos deveria aplicar leis, mesmo as promulgadas pelo Congresso dos Estados Unidos, somente se estivesse convencido de que elas não desrespeitassem os dispositivos da Constituição. Examinemos suas seguintes palavras:

> Se... os tribunais quiserem respeitar a Constituição, e a Constituição é superior a qualquer lei ordinária do legislativo, a Constituição, e não essa determinada lei ordinária, deverá reger o caso ao qual ambas se apliquem.
>
> Logo, os que se opuserem ao princípio de que a Constituição deve ser considerada, nos tribunais, como uma lei permanente estão reduzidos à necessidade de sustentar que os tribunais devem fechar os olhos à Constituição e enxergar apenas a lei.
>
> A doutrina subverteria o próprio fundamento de todas as constituições escritas. Corresponderia a declarar que uma lei que, de acordo com os princípios e a teoria de nosso governo, é inteiramente nula, na prática, entretanto, é totalmente obrigatória. Seria afirmar que, se a legislatura fizer o que é expressamente proibido, tal ato, não obstante a proibição expressa, na realidade terá efeito. Seria conferir à legislatura uma onipotência prática e real, ao mesmo tempo em

> que se alega restringir seus poderes dentro de limites estreitos. É o mesmo que prescrever limites e declarar que esses limites podem ser transpostos à vontade. (*Ibid.*, p. 178)

Observemos especialmente as palavras "A doutrina subverteria o próprio fundamento de todas as constituições escritas". Em outro ponto de seu parecer, ele desenvolve em termos mais extensos a doutrina da "Constituição escrita" dos Estados Unidos. Tendo o "povo soberano" estabelecido uma Constituição e uma legislatura cujos poderes nela estão definidos, a questão é saber se a legislatura há de ser capaz de suplantar os termos de seu estabelecimento ou não. Seria inaceitável adotar qualquer doutrina de revisão judicial que envolvesse o tribunal numa conivência com a subversão da definição constitucional do alcance do poder legislativo.

Como o Reino Unido da Grã-Bretanha foi, à semelhança dos Estados Unidos da América, estabelecido em primeiro lugar pela adoção de um conjunto específico de dispositivos constituintes (o Ato da União da Escócia e Inglaterra de 1707, aprovado por meio de legislação que habilitou tanto o Parlamento escocês quanto o inglês, anteriormente separados), não deveria surpreender que questões semelhantes tenham sido levantadas aqui quanto aos poderes do Parlamento do Reino Unido, em relação a esses dispositivos constituintes. A esse respeito, em *MacCormick* v. *Lord Advocate* (1953 S.C. 396), lorde Cooper teceu os seguintes comentários:

> O princípio da ilimitada soberania do Parlamento é um princípio caracteristicamente inglês que não tem nenhum equivalente no direito constitucional escocês. Sua origem deriva de Coke e Blackstone; e ele foi amplamente popularizado durante o século XIX por Bagehot e Dicey, tendo este último afirmado a doutrina em sua forma clássica em sua Lei da Constituição. Considerando-se que a legislação da União extinguiu os Parlamentos da Escócia e da Inglaterra e os substituiu por um novo Parlamento, tenho dificuldade para entender por que deveria ter sido suposto que o novo Parla-

> mento da Grã-Bretanha devesse herdar todas as características peculiares do Parlamento inglês mas nenhuma do Parlamento escocês, como se tudo o que aconteceu em 1707 tivesse sido a admissão dos representantes escoceses ao Parlamento da Inglaterra. Não foi isso o que ocorreu. Ademais, o Tratado e a legislação a ele associada, pelos quais o Parlamento da Grã-Bretanha foi criado como sucessor dos Parlamentos separados da Escócia e da Inglaterra, contêm algumas cláusulas que expressamente reservam ao Parlamento da Grã-Bretanha poderes de modificação posterior; e outras cláusulas que não contêm nenhum poder semelhante ou excluem enfaticamente alterações posteriores por meio de declarações de que o dispositivo em questão será fundamental e inalterável para todo o sempre, ou declarações de igual efeito. Jamais consegui compreender como é possível conciliar com cânones elementares de interpretação a adoção, por parte de teóricos constitucionais ingleses, da mesma atitude diante desses tipos acentuadamente diferentes de dispositivos (*ibid.*, p. 411).

A questão particular no caso era se a atribuição à Rainha Elizabeth do estilo e título "Elizabeth II" envolvia uma violação do primeiro artigo do Ato da União, por não ter havido nenhum monarca anterior *do Reino Unido* (ao contrário da Inglaterra) que tivesse o nome de Elizabeth. Na medida em que essa atribuição estava autorizada pela Lei Real de Títulos e Estilo de 1953, essa lei seria então válida como lei? A Primeira Divisão sustentou que a lei não autorizava o "numeral", mas que, de qualquer modo, a escolha do nome e do numeral de um monarca não exigia a disposição em lei, e por esse motivo a questão da validade da lei não era atinente à questão no caso.

Além disso, lorde Cooper duvidou que uma matéria sujeita a julgamento pudesse ser levantada em tribunais escoceses sobre a questão de pretensas leis referentes ao "direito público", em contraste com questões de "direito privado" ou da garantia de continuidade do próprio Supremo Tribunal da Escócia. Finalmente, quanto ao direito de promover ação judicial, ele fez a seguinte observação significativa:

> Concordo com o juiz do Supremo Tribunal da Escócia quanto ao direito de promover ação judicial... É verdade que nós na Escócia reconhecemos, dentro de certos limites, a *actio popularis*, na qual qualquer cidadão pode ter o direito, na qualidade de membro da sociedade, de fazer valer certas formas de direito público. Contudo, o dispositivo nunca chegou a abranger um caso como este. *Não consigo ver como poderíamos admitir o direito e interesse dos autores do caso de levar a questão em pauta ao Supremo Tribunal sem conceder um direito semelhante a praticamente qualquer opositor de praticamente qualquer ato político diante do qual tenha surgido oposição do público* (*ibid.*, p. 413, grifo do autor).

A passagem grifada indica com clareza um elemento conseqüencialista fundamental na justificação do não acolhimento do pleito. Observe-se, porém, como toda a argumentação se efetua dentro da estrutura de uma tentativa de extrair e explanar princípios constitucionais, e princípios que definem o direito do cidadão de elevar e do Tribunal de determinar o alcance de seu próprio poder para estabelecer os limites do poder do Parlamento, permanecendo os artigos do Ato da União como "lei fundamental" (por lorde Cooper, 1953 S.C., p. 412). A analogia com a verificação do ministro Marshall de princípios opostos em contraste com a básica concepção americana de uma Constituição escrita é tão surpreendente quanto as diferenças. Para as duas, existe um ponto crucial de diferenciação entre questões dos direitos de cidadãos e questões essencialmente políticas.

Os tribunais na Inglaterra naturalmente adotaram mais uma vez uma perspectiva diferente. Um nítido enunciado da justificação básica de sua atitude é fornecida pelo juiz Willes no caso de *Lee* v. *Bude and Torrington Railway Co.* ([1871] L.R. 6 C.P., p. 576), decisão recentemente corroborada pela Câmara dos Lordes em *British Railways Board* v. *Pickin* ([1974] A.C. 765). Quando se alegou que uma lei de iniciativa de um membro do Parlamento deveria ser posta de lado pelo motivo de ter ela sido obtida por meio de fraude por parte dos que a promoveram, uma resposta sólida e vigorosa se apresentou:

> Se uma Lei do Parlamento tiver sido obtida de modo incorreto, cabe à legislatura corrigir o fato, revogando-a. Porém, enquanto ela existir como lei, os tribunais são obrigados a prestar-lhe obediência. *Os procedimentos aqui são de natureza judiciária, não autocrática, o que seriam caso pudéssemos criar leis em vez de ministrá-las.* ([1871] L.R. 6 C.P., p. 582, grifo do autor)

Mais uma vez, vemos um exemplo de uma argumentação conseqüencialista. Vemos que a rejeição de uma possível deliberação por ser inconstitucional depende não de nenhum utilitarismo hedonista declarado, mas da percepção de valores constitucionais que dizem respeito aos limites corretos das funções judiciárias em contraste com as legislativas. O tema, associado à recorrência de uma doutrina da "questão política" ressurge no breve parecer do juiz Salmon em *Blackburn* v. *Attorney-General* ([1971] 2 All E.R. 1380, p. 1383).

Quando o sr. Blackburn tentou questionar a competência da Coroa para ratificar o Tratado pelo qual o Reino Unido aderia à Comunidade Econômica Européia, sua ação foi rejeitada. O juiz Salmon apresentou as seguintes razões:

> Embora eu reconheça a indubitável sinceridade das opiniões do sr. Blackburn, desaprovo demandas cujo objetivo seja o de influenciar decisões políticas. Decisões dessa natureza não estão em nada relacionadas com estes tribunais. Estes tribunais tratam somente do efeito dessas decisões se e quando estiverem implantadas pela legislação. Tampouco têm os tribunais direito algum de interferir no poder de estabelecer tratados do soberano. Quanto ao Parlamento, no atual estado da lei, ele pode promulgar, alterar e rejeitar qualquer lei que lhe aprouver. O único poder dos tribunais é decidir e fazer vigorar o que é a lei, e não o que ela deveria ser – agora ou no futuro. Concordo em que seja denegado este recurso.

Os exemplos precedentes demonstram com clareza como, no nível de questões fundamentais referentes à abrangência e limites da "norma de reconhecimento" dentro dos sistemas jurídicos, os argumentos conseqüencialistas necessariamente entram em jogo. No entanto, o processo de avaliação de conseqüências depende muito de seu meticuloso exame à luz daqueles que são considerados os princípios constitucionais fundamentais.

A esse respeito, é preciso concordar com os comentários de R. Sartorius[2] referentes à doutrina de Hart da norma definitiva de reconhecimento; a existência da Constituição não pode ser encarada simplesmente como uma questão de fato absoluto, pelo menos do ponto de vista de quem precisa decidir questões a respeito dela (veja porém as observações de lorde Denning no supracitado caso Blackburn, à p. 1383). O modo de decidirmos questões a respeito da Constituição, diz Sartorius, depende de nossa visão da teoria constitucional, ela mesma derivada da prática constitucional. Eu deveria expressá-la nos termos de que possíveis deliberações alternativas acerca de pontos constitucionais fundamentais devem ser avaliadas em relação aos valores constitucionais conforme entendidos pelos juízes e conforme expressos em princípios relativos à correta base da autoridade e alocação da autoridade no Estado. O que talvez não seja mais do que um modo diferente de dizer a mesma coisa. Não está claro, porém, que isso refute a tese de Hart. Hart poderia afirmar com acerto que o que estamos fazendo é desembrulhar o que ele chama de "ponto de vista interno".

Seja como for, a "norma de reconhecimento" também diz respeito à autoridade de precedentes. Nesse caso, também pode surgir para os tribunais a pergunta: quais precedentes hão de ter caráter obrigatório e por quê? A justificação fortemente conseqüencialista de lorde Halsbury da deliberação de que os precedentes da Câmara dos Lordes deveriam ter caráter vinculante para todos os tribunais, podendo ser

---

2. R. Sartorius, "Hart's Concept of Law", (1966) 51 ARSP 161; também em *More Essays in Legal Philosophy*, org. R. S. Summers (Oxford, 1971, p. 131).

revertidos somente pelo Parlamento, foi assinalada no capítulo anterior. Mas as conseqüências da adesão a essa deliberação foram por sua vez consideradas suficientemente insatisfatórias para que a Câmara dos Lordes revertesse sua posição sobre essa questão, o que ela fez numa Declaração de Procedimentos (Practice Statement) emitida pelo Presidente da Câmara dos Lordes em nome da Câmara em 1966 (ver [1966] 1 W.L.R. 1234).

A primeira ocasião em que a Câmara (pelo menos, pode-se alegar) exerceu seu poder reafirmado de rever suas próprias decisões anteriores foi para tratar de uma questão relativa ao poder judiciário, dessa vez o poder *vis-à-vis* o Executivo. O caso ilustrou a possibilidade de que a experiência da operação de uma norma inicialmente justificada com base na utilidade pode fornecer boas provas quanto à falibilidade da argumentação original de justificação. Em *Conway* v. *Rimmer* ([1968] A.C. 910) a Câmara dos Lordes foi chamada a deliberar sobre a questão de os tribunais terem ou não poderes para ordenar a quebra de sigilo de documentos em processos judiciais, se um Ministro da Coroa apresentasse uma declaração feita sob juramento de que se tratava de documentos de tal natureza cuja revelação seria danosa ao interesse público e prejudicial à operação eficaz do serviço público. Lorde Simon, presidente da Câmara dos Lordes, tinha explicitado no único pronunciamento em *Duncan* v. *Cammell Laird* ([1942] A.C. 624) que, em casos de segurança nacional ou de uma classe de documentos dessa natureza, a declaração feita sob juramento do Ministro encerrava a questão e não poderia ser invalidada pelos tribunais. O próprio caso *Duncan* estava enquadrado na classificação de "segurança nacional", já que os documentos não apresentados eram os projetos de um novo tipo de submarino, cujo protótipo tinha sido perdido com toda a tripulação durante testes de funcionamento. As considerações conseqüencialistas favoráveis a uma deliberação dessas, especialmente em tempos de guerra, praticamente dispensam citação ou enumeração.

No período do pós-guerra, porém, a aplicação mais comum da deliberação era em casos "coletivos", muitos dos quais deram origem a grave preocupação e censura sob o aspecto jurídico[3]. No caso de *Conway*, lorde Reid, ao propor o estabelecimento de uma norma no direito inglês equivalente à norma vigente no direito escocês[4], emitiu o seguinte comentário:

> Em meu entendimento, ao refletir sobre o que é "certo" que um tribunal faça, devemos levar em conta a necessidade, demonstrada por vinte e cinco anos de experiência desde o caso *Duncan*, de que os tribunais deveriam buscar o equilíbrio entre o interesse público na correta administração da justiça e o interesse público na retenção de qualquer prova que um ministro considere que deva ser retida. Eu proporia, portanto, que a Câmara agora deveria decidir que os tribunais têm o poder e dever de manter [esse equilíbrio] (*ibid.*, pp. 951-2).

Parte dos "vinte e cinco anos de experiência" foi a forte insatisfação manifestada por advogados em relação à não divulgação de documentos requisitados pela defesa em casos criminais, em resposta à qual lorde Kilmuir (então presidente da Câmara dos Lordes) tinha feito uma declaração ministerial em 6 de junho de 1956, divulgando uma nova política do governo de que "se documentos médicos ou mesmo outros documentos forem relevantes para a defesa num processo criminal, não deveria ser invocado o privilégio da Coroa". Contudo, como salientou lorde Reid, essa brecha permitia a passagem de um exército pela justificação da política original da norma no caso *Duncan*: "[T]emos o curioso resultado de que 'a liberdade e franqueza de comunicação' supostamente não deve ser inibida pelo conhecimento do autor de que seu relatório pode ser revelado num caso cri-

---

3. Questão examinada e revista com atitude crítica em S. A. de Smith, *Constitutional and Administrative Law* (2ª ed., Harmondsworth, 1973, pp. 618-23).
4. *Glasgow Corporation* v. *Central Land Board* 1956 S.C. (H.L.) 1.

minal, mas ainda seria supostamente inibida se ele imaginasse que seu relatório poderia ser revelado num caso civil" (*ibid*. p. 942).

Nesse ponto vemos um nítido exemplo do conflito de avaliações baseadas na justiça e avaliações com base na "conveniência" ou no "interesse público". Também vemos que o processo de avaliar uma deliberação na justiça é tão adequado a uma reavaliação da deliberação de um precedente como a uma primeira verificação justificatória de uma deliberação, ou talvez ainda mais adequado àquela que a esta última. Pode-se bem dizer que o defeito de um sistema que trata até mesmo um único precedente como tendo um caráter inarredavelmente vinculante está no fato de ele excluir essa possibilidade de uso da experiência para confirmar ou negar fundamentos conseqüencialistas de justificação de decisões anteriores.

A célebre decisão de lorde Abinger no caso de *Priestley* v. *Fowler* ([1837] 3 M. and W. 1) representa uma advertência temível acerca das desvantagens de qualquer tipo de exclusão semelhante. A ação foi iniciada por um criado contra seu patrão com o objetivo de obter indenização pela negligência do condutor de uma carroça, que provocou sua colisão e lesões ao autor. O condutor também servia ao mesmo patrão.

Lorde Abinger não teve dúvidas quanto aos tipos de fatores que deveria levar em conta: "Admite-se que não há nenhum precedente para a ação em tela por um criado contra um patrão. Estamos, portanto, à vontade para decidir a questão com base em princípios gerais; e, ao fazê-lo, temos a liberdade de contemplar as conseqüências de uma decisão favorável a uma parte ou à outra" (*ibid*., p. 5).

A ação foi rejeitada, e a justificação de lorde Abinger para rejeitar a ação do criado ferido é um bom exemplo de argumentação conseqüencialista falha.

> Se nesta ação o patrão for responsabilizado perante o criado, descobrir-se-á que o princípio dessa responsabilidade nos levará a distâncias alarmantes... O lacaio que vai na

> parte traseira da carruagem pode ter base para iniciar uma ação contra o patrão pelo defeito no veículo provocado pela negligência do carruageiro, por um defeito nos arreios decorrente da negligência do seleiro ou ainda por descuido causado pela embriaguez ou falta de competência do cocheiro. Também não existe nenhum motivo pelo qual o princípio, se aplicável a essa classe de casos, não deveria se estender a muitos outros. O patrão seria, por exemplo, responsabilizável perante o criado pela negligência [entre uma longa lista que incluiria outros criados e contratados autônomos] do construtor, por um defeito nas fundações da casa, em conseqüência do qual a casa caiu, ferindo tanto o patrão como o criado no desmoronamento.
>
> A inconveniência, para não falar no absurdo, dessas conseqüências proporciona uma argumentação suficiente contra a aplicação do princípio no caso em foco.

A argumentação é falha porque o "absurdo" e a "inconveniência" de responsabilizar um patrão perante um criado pela negligência de um contratado autônomo é irrelevante quando se trata de saber se um patrão deve ser indiretamente responsável perante um criado pela negligência de outro criado. É mais fácil para um patrão controlar um cocheiro embriagado que supervisionar um construtor descuidado, para começo de conversa. Portanto, o caso que foi a fonte e origem da célebre doutrina do "emprego comum" [que só foi definitivamente enterrada com a passagem da Reforma da Lei (de Lesões Corporais) de 1948] estava ele mesmo baseado numa argumentação justificatória extremamente questionável. Essa observação sugere que exista uma fraqueza enraizada numa doutrina de precedentes segundo a qual o precedente vinculante de um caso decidido é totalmente independente da força ou validade dos argumentos justificatórios empregados no caso (embora deva ser acrescentado que, como lorde Reid salientou recentemente[5], a doutrina do "emprego comum", apesar da resis-

5. "The Judge as Law Maker" (*cit. sup.*, capítulo V, n. 4), p. 26.

tência a ela na Câmara Interna do Supremo Tribunal escocês, era largamente considerada, durante o século XIX, uma doutrina baseada na razoabilidade e no bom senso – pelo menos entre as classes economicamente dominantes). O abandono da doutrina de *London Street Tramways* abriu, entretanto, o caminho para reconsiderações desse tipo, como de fato demonstra *Conway* v. *Rimmer.* Vale também observar que os tribunais escoceses sempre adotaram o ponto de vista de que um motivo para deixar de acompanhar um precedente provido de autoridade sob outros aspectos é um erro de argumentação na opinião justificatória proferida pelo tribunal anterior, como no caso de *Macdonald* v. *Glasgow Western Hospitals* (1954 S.C. 453) em que lorde Carmont apresentou como motivo para não acompanhar a decisão de *Reidford* v. *Magistrates of Aberdeen* (1935 S.C. 276) o fato de que em *Reidford* o tribunal tinha partido de uma falsa aplicação da distinção entre *locatio conductio operis faciendi* e *locatio conductio operarum.* A essa doutrina pode-se associar o princípio de que um precedente provido de autoridade não deveria ser seguido se estiver baseado em princípios que cultuam concepções sociais ou econômicas que tenham sido abandonadas em termos legislativos ou estejam de outro modo superadas, como exposto por lorde Cooper e pela Primeira Divisão em *Beith's Trustees* v. *Beith* (1950 S.C. 66). As duas consideradas em conjunto forneceriam uma base para a reavaliação conseqüencialista de precedentes e linhas de jurisprudência, cujas justificações originais sejam pouco sólidas ou tenham deixado de ser adequadas às condições sociais contemporâneas. Em *Beith,* por exemplo, o tribunal justificou seu afastamento da norma estabelecida por sete juízes em *Menzies* v. *Murray* ([1875] 2 R. 507), que restringia a variação de acordos pré-nupciais com base no fato de que a razão original da norma era a necessidade de proteger mulheres casadas, restringindo seu acesso, bem como o acesso do marido, ao capital fiduciário. A validade dessa razão estava agora totalmente desgastada, em conseqüência de alterações nas concepções sociais do relacionamento entre marido e mulher, que se refletiram nas mudanças jurídicas resultantes da legislação sobre os bens da mulher casada.

Uma semelhante abordagem à crítica dos precedentes existentes parece ser uma conclusão justificável em todo o contexto desta argumentação. É preciso que se diga, porém, que até o momento a Câmara dos Lordes não adotou inequivocamente essa linha em seu exame da questão de como deveria exercer o poder que conferiu a si mesma de se afastar de seus próprios precedentes[6]. A esse respeito, pode ser apresentada a objeção de não ser a presente tese fiel à realidade da prática corrente na Câmara dos Lordes, se não no Tribunal de Recursos. A isso eu responderia, porém, com todo o devido respeito, que a Câmara dos Lordes ainda não elaborou um conjunto claro e satisfatório de critérios de justificação para se afastar dos precedentes; e que essa elaboração teria de ter por base alguma teoria mais geral da argumentação e justificação jurídicas. Nesse contexto, e dada uma fidelidade geral à realidade da argumentação jurídica em nossos tribunais, esta tese tem uma função crítica – espero que de crítica construtiva.

A esta altura na exposição, posso me dedicar a cumprir uma promessa feita anteriormente[7]. Ao examinar elementos conseqüencialistas em argumentos referentes aos poderes de legislaturas e à natureza vinculante de precedentes, estamos estudando como os juízes chegam a conclusões a respeito da real aplicação de "critérios de reconhecimento" para "normas válidas do direito" no interior do sistema. Que os juízes realmente dispõem desses critérios de reconhecimento e que os aplicam é, como vimos antes, um preceito essencial do positivismo jurídico e uma verdade aceita e importante para muitos partidários do direito natural – prova-

---

6. Ver, entretanto, *Miliangos* v. *George Frank (Textiles) Ltd.* [1976] A.C. 443, texto com o qual esta tese é totalmente compatível.

7. No capítulo III acima, p. 65.

velmente todos os contemporâneos. Ressaltou-se, porém, que os juízes podem ter, e ocasionalmente podem precisar expressar, "razões de sustentação" que justifiquem (a) a aceitação de critérios particulares de reconhecimento e (b) suas deliberações quanto à correta aplicação desses critérios a casos controversos.

O que revela a discussão anterior nesta seção deste capítulo é que essas razões de sustentação são de fato expressas em termos de argumentos baseados nas conseqüências de possíveis deliberações opostas acerca da validade ou obrigatoriedade em determinados contextos genéricos; sendo que a avaliação de conseqüências pertinentes depende de critérios de "justiça"e de "senso comum"; e, acima de tudo, da referência a princípios constitucionais básicos que por sua vez recorrem a pressupostos fundamentais sobre filosofia política e a correta distribuição da autoridade entre os órgãos superiores do Estado.

Isso aplica uma importante restrição às conclusões do capítulo II. Sem dúvida é o caso em que no direito ocorre o raciocínio dedutivo a partir de normas jurídicas estabelecidas e premissas de fato; e sem dúvida é o caso em que esses argumentos são tratados como se dessem razões conclusivas para decisões. Agora, porém, podemos ver que o que confere a qualidade conclusiva a essas razões *como justificações* é a tácita pressuposição do caráter obrigatório do respeito pelos critérios de reconhecimento, que por sua vez repousa sobre considerações do tipo examinado mais recentemente – considerações que somente precisam ser expressas em casos problema. As justificações por dedução não explanam uma estrutura de valores que fornece a base para que elas sejam tratadas como conclusivas, mas ocorrem dentro dessa estrutura.

Do ponto de vista da teoria geral do direito, essa é uma conclusão que deve ser importante para qualquer explanação do direito que atribua a posição central à "tese da validade". Nem todos os jurisconsultos que proferem essas explanações necessariamente discordariam. Hart, cuja teoria da "norma de reconhecimento" foi tratada aqui como exemplo central da "tese da validade" afirma de fato que a existência de uma norma de reconhecimento é *do ponto de vista de um observador* uma questão de "fato social", se bem que complexa. Não se depreende daí que em seu "aspecto interno", como destacado por aqueles para quem a norma tem força normativa enquanto agentes no sistema jurídico, o "fato social" seja tudo o que há. Em outro texto[8], sugeri que a brilhante elucidação de Hart do "aspecto interno" da conduta que respeita normas precisa ser, sob vários aspectos, desenvolvida além dos limites de sua análise em *Concept of Law*[9]. Esta argumentação reforça a referida sugestão. O que deve ser essencial ao "aspecto interno" da norma de reconhecimento é algum compromisso consciente de exercer os valores políticos que parecem ampará-la e de sustentar de modo concreto os princípios políticos considerados inerentes à ordem constituída da sociedade em questão. Esteja correta ou não, ela não é incompatível com a tese de Hart, embora envolva estender essa tese além do que seria autorizado por qualquer palavra que Hart tenha dito.

(b) Conseqüencialismo aleatório

Os casos examinados na seção anterior foram deliberadamente escolhidos para ilustrar um determinado tema, a solução de casos-problema relativos a critérios de reconhecimento. Mesmo que eu tenha conseguido demonstrar nesses casos, da mesma forma que em *Donoghue* v. *Stevenson*, a operação pertinente de argumentos conseqüencialistas (bem como argumentos a partir de princípios), talvez fosse justo dizer que também esses pertencem a uma clas-

8. Ver o Apêndice deste livro.
9. Hart, *Concept of Law*, pp. 55-6, 86-8, 96, 99-100 etc.

se muito especial de casos. São essas modalidades de argumentação tão comuns como eu afirmo que são, ou como minha teoria geral sugere que deveriam ser?

Ao dar uma série de exemplos escolhidos aleatoriamente a partir de minha própria leitura de casos, posso pelo menos refutar a opinião de que esse tipo de raciocínio é próprio de casos importantes de primeira linha e de decisões constitucionais. Para concluir o capítulo, farei exatamente isso, examinando indiscriminadamente casos que envolvam problemas de pertinência, de interpretação e de classificação; e, de modo não menos indiscriminado, diferentes ramos do direito a partir de jurisdições diferentes.

Um problema que causou considerável inquietação nos tribunais britânicos em anos recentes diz respeito à abrangência da responsabilidade por conduta negligente. Se, por um ato descuidado, A cria uma situação na qual B sofre perda econômica, sem nenhuma forma de dano físico a pessoas ou bens, será admissível que B processe A em busca de indenização pelo referido prejuízo? Por exemplo, os fatos em *Dynamco Ltd.* v. *Holland & Hannen & Cubitts (Scotland) Ltd.* (1971 S.C. 257) eram que a fábrica do autor sofreu corte de energia elétrica em duas ocasiões em 1969 quando empregados da empresa acusada (ilegalmente por erro e negligência) cortaram cabos pertencentes à empresa de energia elétrica do sul da Escócia; e que com isso os autores sofreram perda de produção e de lucros. Acidentes semelhantes resultaram em processos semelhantes na Inglaterra. O trecho de conclusão do parecer de lorde Kissen em *Dynamco* capta um tema a ser encontrado em todos os julgamentos sobre o tópico:

> Para resumir, minha opinião é que, pela lei da Escócia, não é admissível que os autores iniciem uma ação por danos financeiros, no que seu caso se baseia, na medida em que a causa da perda não foi dano físico a bens de sua propriedade ou cuja posse tivessem. É uma questão diferente determinar se a lei deveria ser ampliada de modo a cobrir a perda econô-

> mica em casos de negligência em que não tenha havido dano à propriedade da pessoa que alega a perda.
>
> Há muitas observações judiciais nos casos que mencionei, aí incluído *Reavis* v. *Clan Line Steamers*, (1925 S.C. 725), sobre a multiplicidade de ações que poderia se seguir a um ato de negligência se a lei fosse como os autores a afirmaram, bem como sobre a necessidade prática de limitações... Se os autores estiverem corretos em suas pretensões, os resultados seriam "espantosos" para usar o termo do presidente Clyde do tribunal, em *Reavis*, p. 740. Toda empresa ou pessoa que usar a eletricidade na atividade empresarial poderia ter o direito de reivindicar compensação por lucros cessantes e outras perdas financeiras se um cabo fosse danificado por negligência e o fornecimento de eletricidade fosse interrompido. Não poderia haver distinção entre proprietários ou ocupantes de fábricas com maquinário, de lojas, escritórios, hotéis, restaurantes, minas, pedreiras e, em alguns casos, de residências... (*ibid.*, p. 263.)

Anteriormente em seu parecer, ao considerar o alcance de "razoável previsibilidade" de danos decorrentes de um ato de negligência, lorde Kissen tinha concluído que os princípios jurídicos existentes não amparavam a reivindicação do autor. "Não se pode exigir que um transgressor negligente tenha presumido prejuízos estritamente financeiros ou econômicos a terceiros que não sejam proprietários ou que tenham a posse da propriedade que tenha sofrido o dano" (*ibid.*, p. 261).

Parece evidente que não se trata simplesmente de uma questão do que é previsível no sentido de "capaz de ser previsto". Está claro que o ponto principal reside em "não se *pode exigir* que... tenha presumido...". A catastrófica extensão de prejuízos que poderiam decorrer do corte imprudente de cabos elétricos é tamanha que ninguém teria condição de fazer seguro de responsabilidade contra esse risco. Considerar mesmo uma grande empresa responsável por um motivo desses simplesmente a levaria à falência, sem benefício verdadeiro para ninguém. Os que dependem de fornecimento de energia elétrica deveriam fazer seguro para se proteger de prejuízos decorrentes de falta de energia. Seja como for, foi assim que a questão foi defendida pelos juízes em casos de "perdas econômicas".

É característico da abordagem do advogado escocês a esse tipo de argumento que, no caso *Dynamco,* lorde Kissen tenha apresentado o argumento citado somente depois de elucidar o que considerava ser o princípio pertinente do direito escocês, por meio de uma verificação cruzada, por assim dizer, ou de maior justificação do argumento a partir de princípios. Contudo, mesmo nessa tradição, seria difícil negar a importância considerável dos argumentos conseqüencialistas. Mais um exemplo está disponível, por exemplo, na decisão de lorde Hunter, em *Henderson* v. *John Stuart (Farms) Ltd.* (1963 S.C. 245).

As autoras eram a viúva e a filha de um trabalhador rural que tinha sido morto a chifradas por um touro de raça leiteira holandesa enquanto limpava sua baia. A ação tinha por base a afirmação de que a morte do sr. Henderson tinha sido causada pela negligência do réu, especificamente o fato de não ter ele proporcionado um sistema seguro de trabalho. O réu afirmou, porém, que o touro em questão jamais tinha manifestado tendências perigosas até então e, portanto, que as autoras não tinham conseguido provar um caso pertinente, já que não poderia haver nenhuma responsabilidade por lesões causadas por animais domésticos, a menos que se soubesse, por atos anteriores, que esses animais tinham propensão à violência, em consonância com a linha inglesa da "ação consciente".

Lorde Hunter rejeitou essa argumentação. Os precedentes nos quais ela se amparava, dependentes em parte da jurisprudência inglesa, em parte de Stair I. ix.5., ele considerou que estavam relacionados ao dever de confinar efetivamente animais reconhecidamente violentos. No entanto, não via nenhuma razão de princípio pela qual se devesse conceber que a existência desse dever contradizia ou anulava princípios gerais de responsabilidade pela reparação de danos; e apresentou argumentos conseqüencialistas que, a seu ver, demonstravam a inconveniência de atribuir qualquer interpretação semelhante ao conjunto estabelecido da jurisprudência:

> é obviamente impossível de ser enunciada a proposição de que um patrão não pode ser responsabilizado por compensações sob absolutamente qualquer pretexto, aí incluído o da negligência, por perdas e danos resultantes do ato de algum criado seu, na ausência de provas de que fosse de seu real conhecimento prévio que o criado era abominável e pernicioso. Não vejo nenhuma razão em princípio pela qual essa proposição negativa devesse se tornar enunciável por estar relacionada a um animal. Reconheço que as observações precedentes apresentam alguma semelhança com uma das passagens do parecer de lorde Cockburn, que fez parte da maioria em *Fleeming* v. *Orr* (1853) 15 D. 486, cuja decisão foi posteriormente revertida pela Câmara dos Lordes; mas essa consideração, com todo o respeito, não torna impossível que se tenham as mesmas opiniões. De outro modo, seria preciso aceitar, entre outros pontos, a proposição de que um homem pudesse intencionalmente e com dolo atiçar seu cão contra alguém, e depois defender-se com sucesso, insistindo que o cão nunca tinha atacado ninguém antes; ou que um agricultor soltasse conscientemente um touro de raça famosa por não ser confiável num campo cheio de senhoras que estivessem usando casacos vermelhos; e quando acontecesse o inevitável em conseqüência desse ato imprudente, ele dissesse que o animal até então nunca tinha chifrado uma única pessoa, do sexo masculino ou feminino. Seja como for, sou da opinião de que a passagem de Stair (Inst. I ix 5) não tem nenhum significado ou intenção semelhante... (*ibid.*, p. 249.)

Essas considerações lorde Hunter de fato resumiu quando mais para o final de seu parecer disse:

> O advogado do réu viu-se forçado mais de uma vez durante o debate a admitir que os resultados práticos de sua argumentação poderiam parecer, sob certos aspectos, injustos e até mesmo estranhos... Sinto-me à vontade para confessar que chegar a resultados estranhos não me causa nenhum

> entusiasmo, especialmente quando esses resultados parecem conflitar com princípios bem conhecidos da lei escocesa. Contudo, aplicar um princípio existente e aceito a um novo conjunto de fatos não significa usurpar a função da legislatura [ao contrário do que foi sugerido pelo advogado do réu] (*ibid.*, p. 255).

Não se deveria pensar que argumentos como esses são disponíveis apenas em questões de direito consuetudinário. Esse está longe de ser o caso, pois a argumentação em termos muito semelhantes pode ser igualmente adequada à interpretação de uma norma reconhecida de leis promulgadas.

Em *Anisminic* v. *Foreign Compensation Commission* ([1969] 2 A.C. 197) os tribunais tiveram de examinar o efeito do artigo 4 (4) da Lei de Compensações no Exterior de 1950: "A determinação por parte da Comissão de que qualquer solicitação apresentada a ela nos termos desta Lei não será questionada perante nenhum Tribunal de Justiça." A despeito desse dispositivo, a Câmara dos Lordes declarou nula e sem efeito uma decisão da FCC num caso decorrente da questão de Suez. Um dos fatores justificatórios ao qual recorreu a Câmara dos Lordes para chegar à interpretação de que o artigo deixava sem entraves o poder do tribunal de pôr de lado pretensas determinações que eram "nulidades" foi a consideração de que de outro modo a competência limitada conferida pelo Parlamento à Comissão poderia ser flagrantemente superada sem possibilidade de correção. E isso derrotaria a intenção do Parlamento de que a Comissão se ativesse ao terreno de uma jurisdição expressamente limitada. A argumentação para tratar como fundamental o "erro" particular cometido pela Comissão ao aplicar o pertinente decreto real (*Order in Council*) de modo que rejeitasse a solicitação de Anisminic foi, ela própria, uma argumentação inspirada pela justiça e pela conveniência. Interpretar o decreto como a Comissão interpretava geraria o resultado de que um proprietário original destituído de sua propriedade egípcia após a questão de Suez não receberia nenhuma compensação se tivesse conseguido exercer pressão suficiente sobre o governo egípcio para obter compensação parcial por seu prejuízo, uma conseqüência injusta e inconveniente. A Câmara dos Lordes alegou que o processo pelo qual isso era feito podia ser classificado como tendo levado em conta uma "consideração descabida" e, portanto, uma "exorbitância de competência". Logo, a "pretensa determinação" podia justificavelmente ser posta de lado, não obstante o artigo 4(4) da Lei de 1950. Desse modo e duplamente, a argumentação a partir da avaliação de possíveis interpretações opostas da Lei e a legislação delegada criada nos termos da Lei justificavam a afirmação por parte do tribunal do poder de rever a decisão e o real exercício desse poder.

Em termos de nossa distinção atual, esse é um caso que envolve um "problema de interpretação" da lei promulgada. No entanto, a interpretação de doutrinas do direito consuetudinário também pode ser problemática, por exemplo, com relação à doutrina do direito consuetudinário referente à frustração de contratos.

Em 3 de janeiro de 1937, o *S.S. Kingswood* estava ancorado ao largo de Port Pirie quando foi gravemente danificado por uma violenta explosão em suas caldeiras, o que o atrasou ao ponto de frustrar um contrato de fretamento segundo o qual uma carga de Port Pirie deveria ter sido embarcada no navio no dia seguinte. Os fretadores do navio reivindicaram indenização; e, na arbitragem, o árbitro considerou impossível determinar a verdadeira causa da explosão. Já estava perfeitamente estabelecido na lei que constitui uma defesa diante de uma reivindicação de indenização, nos termos de um contrato, o fato de o cumprimento do contrato ter sido impossibilitado como atividade comercial ("frustrado") por acontecimentos subseqüentes à sua celebração; mas se o acontecimento causador da frustração tivesse sido provocado pelo próprio réu, ele não poderia recorrer a essa defesa. No caso em foco, *Joseph Constantine Steamship Line Ltd.* v. *Imperial Smelting Corporation Ltd.* ([1942]

A.C. 154), os fretadores (os interpelados) sustentaram que o ônus da prova de que o acontecimento frustrante não tinha sido causado por atos propositais ou negligentes dos proprietários do navio ou de seus funcionários cabia aos proprietários do navio, que eram suplicantes; e os proprietários do navio afirmavam o contrário. A decisão do juiz Atkinson foi favorável a esta última opinião, mas o Tribunal de Recursos reverteu essa decisão, que foi por sua vez revertida pela Câmara dos Lordes.

Um elemento decisivo no arrazoado de Suas Excelências foi expresso do seguinte modo por lorde Wright:

> Está evidente que a norma que o Tribunal de Recursos estabeleceu resultaria, em muitos casos, em grave injustiça e anularia os efeitos benéficos da doutrina da frustração que evoluiu de um modo algo empírico com o objetivo de realizar o que é justo e razoável, como já expliquei. Que a norma adotada pelo Tribunal de Recursos é inconveniente parece-me óbvio... [S]e um navio for perdido com toda a tripulação num ciclone, deverão os proprietários demonstrar positivamente que o mestre não recebeu e deixou de dar atenção a avisos sobre a área de perigo? Pode haver muitas perdas marítimas para as quais seja impossível encontrar provas de como ocorreram. Se um navio é torpedeado com toda a tripulação, deverá o proprietário demonstrar positivamente a ausência de culpa, como, por exemplo, que não havia luz que aparecesse no navio ou que o mesmo obedecia à regulamentação de comboio? (*Ibid.*, p. 193.)

O Presidente da Câmara dos Lordes, lorde Simon, com inclinação semelhante, salientou que "[Se a deliberação do Tribunal de Recursos estiver] correta, deverá haver muitos casos em que, embora na realidade a frustração seja completa e inevitável, o réu será responsabilizado em decorrência de sua incapacidade de comprovar uma negativa – em alguns casos, na realidade, toda uma série de negativas" (*ibid.*, p. 161). E passou a relatar uma série de exemplos de teste semelhantes aos de lorde Wright. Lorde Simon acrescentou mais um argumento no sentido de que a questão poderia ser enunciada como se fosse baseada numa condição implícita ao contrato, análoga a uma cláusula expressa sobre "riscos marítimos fortuitos", por meio da qual caberia ao fretador o ônus de refutar a aplicação dessa exceção, nos termos do princípio de *The Glendarroch* ([1894] p. 264).

O professor Stone[10] sustentou que este último argumento foi tratado como argumento essencial para a justificação da decisão. E assim afirma que, como é inexpressiva a distinção entre uma exceção a uma norma e uma limitação da norma, o caso foi decidido por referência a uma "categoria legal de referência inexpressiva", uma das "Categorias de Referência Ilusória" que ele afirma serem usadas pelos tribunais para disfarçar as escolhas que necessariamente fazem no plano das políticas. Entretanto, os trechos citados dos pronunciamentos dos lordes Wright e Simon explicam expressamente as conseqüências adversas que na concepção deles adviriam da norma alternativa à que adotaram. O argumento conseqüencialista está enunciado com clareza e é perfeitamente explícito. É verdade que, para lorde Simon, uma forma pela qual a questão "pode ser enunciada" é mediante a exposição detalhada dos termos implícitos do contrato; mas é preciso que seja a explícita argumentação referente às políticas que justifique sua escolha particular quanto ao modo de explanar os termos implícitos. Para esse efeito, é sem dúvida óbvio que a citação de *The Glendarroch* tem a intenção de proporcionar uma corroboração pela analogia, justificável em última análise com base no mesmo motivo de políticas. Neste exemplo, pelo menos, parece que a tese de Stone não acerta o alvo por deixar de perceber a diferença entre a função de uma analogia corroborativa (que jamais poderia ser em si uma justificação inquestionável de uma decisão, servindo apenas na medida de sua permissibilidade e coerência em relação à lei

10. J. Stone, *Legal System and Lawyers' Reasonings* (Londres, 1964, pp. 244-6).

estabelecida) e a de um argumento que constitui ele mesmo uma justificação positiva. Ademais, se aceitarmos o parecer de lorde Wright de que o resultado é também exigido por extrapolação a partir da política e do princípio subjacentes à norma de frustração, como já foi elucidado, a analogia, embora acrescente peso à justificação, é essencialmente supérflua.

A ilegalidade de contratos é um tópico não de todo sem relação com o da frustração, na medida em que a ilegalidade de um contrato pode impedir um querelante de contar com ele para fundamentar uma ação num tribunal. Mas também neste ponto podem surgir problemas quanto à aplicação da norma contrária à vigência de contratos ilegais em novas situações particulares. Em *St. John Shipping Corporation* v. *Joseph Rank Ltd.* ([1957] 1 Q.B. 267), os réus tinham se recusado a pagar parte do frete de uma carga de cereal entregue em Birkenhead no navio do autor, que tinha atravessado o Atlântico sobrecarregado muito além do limite permitido, o que constituía um crime. Diante do juiz Devlin, os réus alegaram ter o direito a reter o pagamento, ao qual o autor não fazia jus por ter tido um comportamento delituoso ao cumprir seu lado do contrato. A penetrante perspicácia com que o juiz Devlin lidou com a disputa justifica uma citação de certo modo extensa (que exemplifica com clareza o cerne desta tese):

> Os réus não poderão ter razão a menos que aleguem o direito de reter o valor total do pagamento do frete e mantê-lo para si quer o delito tenha sido acidental ou proposital, quer tenha sido grave ou banal. A aplicação desse princípio a um caso como este provavelmente levará a resultados espantosos. O sr. Wilmers não tenta desviar sua atenção das vastas conseqüências. Um proprietário de navio que acidentalmente sobrecarregue seu navio por uma fração de polegada não terá condições de recuperar de nenhum dos embarcadores ou agentes um centavo do frete devido. Há uma quantidade de outras ilegalidades que um navio poderia cometer ao longo de uma viagem marítima que teriam o mesmo efeito. O sr. Roskilll indicou-me, como exemplo, a leitu-

ra do artigo 24 da Lei da Marinha Mercante (Convenções de Segurança), de 1949, que classifica como delito mandar um navio ao mar carregado com cereais se não tiverem sido tomadas todas as precauções necessárias e razoáveis para impedir a movimentação dos grãos. Ele também me sugeriu a leitura da regulamentação detalhada para o transporte de madeira – semelhante em sua natureza à regulamentação prevista na Lei das Fábricas – que deve ser cumprida se não se quiser transgredir o artigo 61 da Lei de 1932. Se o sr. Wilmers estiver com a razão, para os proprietários de navios, as conseqüências de uma violação da Lei de 1932 seriam tão graves como se os proprietários de fábricas não tivessem condições de recuperar, de seus fregueses, o custo de qualquer artigo manufaturado numa fábrica que não cumprisse as Leis sob todos os aspectos. Transportadores por via terrestre não estão em situação nem um pouco melhor. Mais uma vez, o sr. Wilmers não titubeia em afirmar que o proprietário de um caminhão não poderia recuperar, dos consignatários, o custo dos bens transportados se durante a viagem o veículo fosse conduzido a uma milha por hora acima da velocidade permitida para esse tipo de veículo. Se essa for realmente a lei, é um sinal de pouquíssimo tino comercial por parte de proprietários de cargas e consignatários esperar que seja proferida uma condenação criminal para só então negar suas responsabilidades. Um serviço de observadores treinados em todas as nossas principais estradas rapidamente se pagaria. É provável que uma fiscalização eficaz dos oceanos se revelasse por demais dispendiosa, mas a manutenção de uma equipe de inspetores em todos os portos principais sem dúvida valeria a pena, quando se considera que a mais ínfima infração da lei ou de alguma regulamentação nela contida livraria todos os proprietários da carga do navio de toda a responsabilidade de pagamento do frete.

Naturalmente, como afirma o sr. Wilmers, não se pode relutar em enunciar o correto princípio do direito apenas porque ele pode apresentar resultados espantosos ou mesmo calamitosos. Confesso, porém, que encaro a investigação de uma proposição legal que apresenta resultados dessa natureza com certo preconceito favorável à idéia de que pode haver em algum ponto uma falha na argumentação (*ibid.*, pp. 281-2).

Seria insatisfatório concluir sem fazer alguma referências aos dois casos que apresentei anteriormente como casos exemplares do "problema de classificação" (*Maclennan* v. *Maclennan*) (1958 S.C. 105) e do problema de interpretação (o caso de *Ealing London Borough Council* ([1972] A.C. 342)). No primeiro, lorde Wheatley sustentou que a gravidez por inseminação artificial não constituía adultério para os efeitos da lei do divórcio. Seu principal argumento baseou-se numa elucidação do conceito de adultério exposto na jurisprudência. No entanto, um forte argumento secundário dizia respeito ao aparente absurdo de estender a noção de adultério a ponto de incluir a inseminação artificial. Sua Excelência salientou que, de acordo com a deliberação alternativa, seria possível considerar que uma esposa tivesse cometido adultério com um defunto – necrofilia presumida, nessas circunstâncias –, uma conclusão que lhe pareceu de um absurdo inaceitável.

No caso de *Ealing*, os lordes da maioria estavam preocupados com o fato de que as Leis de Relações Raciais também empregavam a expressão "discriminação motivada por... origens nacionais"em certas cláusulas criminais. Consideravam inaceitável que a lei criminal fosse ampliada por extensão; e por esse e outros motivos excluíram "nacionalidade" do âmbito de "origens nacionais". Lorde Kilbrandon, porém, em seu pronunciamento divergente, foi ainda mais direto em sua confiança no argumento conseqüencialista:

> As conseqüências práticas de excluir a discriminação motivada pela nacionalidade da faixa de abrangência das origens nacionais são de grande impacto... Se a expressão "origens nacionais" não é suficientemente ampla para incluir "nacionalidade", a exclusão de pessoas (de locais públicos) por um cartaz que dissesse, por exemplo, "Proibida a entrada de poloneses", teria sido de legalidade discutível... "Proibida a entrada de estrangeiros" teria sido mais seguro, já que a palavra "estrangeiros" descreve adequadamente uma pessoa de nacionalidade estrangeira, em vez de um súdito britânico de origem estrangeira; ao passo que, como ad-

> mitiu o advogado da subprefeitura, um cartaz que dissesse "Somente para súditos britânicos" do lado de fora de um bar teria sido irrepreensível... Os argumentos favoráveis a cada uma das interpretações estão bem equilibrados. Eu não aceitaria a opinião de que existe aqui alguma presunção a favor da isenção de responsabilidade. O código de relações raciais contém, naturalmente, algumas sanções criminais, e ele restringe a liberdade; mas, por outro lado, ele é concebido como uma medida de reforma social e de reparação de condições aflitivas. Não serão de grande valia presunções seja de isenção seja a favor de interpretações benévolas. ([1972] A.C., pp. 268-9)

Parece justo dizer que foram citados exemplos em quantidade suficiente para justificar a afirmação de que o modelo de verificação do princípio generalizado de uma decisão que detectamos em *Donoghue* v. *Stevenson* não é de modo algum incomum. Se o testemunho extrajudicial de um grande juiz for admissível, há um recente comentário de lorde Reid que apóia a tese resumindo-a, a partir da experiência de quem faz, mais do que a de quem reflete sobre o que outros fazem:

> É freqüente que se diga intimamente quando alguma proposição é apresentada, "Isso simplesmente não pode estar certo"; e então tente-se ver por que não pode estar certo. Às vezes trata-se de um ultraje ao senso comum, às vezes ao sentido de justiça de cada um, mas com maior freqüência a proposição simplesmente não se coaduna com princípios jurídicos, muito embora ela possa aparentar ter o amparo de algumas observações judiciais lidas fora de seu contexto[11].

Se bem que a mera adução de exemplos não possa constituir prova de que a avaliação conseqüencialista de proposições gerais como possíveis deliberações no direito é um elemento essencial da justificação jurídica sempre que surgem dois problemas limitantes da justificação dedutiva, os

11. *Op. cit. supra* (p. 137, n. 5), p. 26.

exemplos pelo menos indicam que qualquer teoria deve levar em conta esse tipo de avaliação. Lorde Reid sugere que o processo de teste deve levar em consideração o "senso comum", "o sentido de justiça de cada um", "princípios jurídicos" – e em outra parte do artigo ele acrescenta ao processo o teste da "política de interesse público". Essa é uma outra forma de enunciar os tipos de valor que antes foram sugeridos como operativos na verificação de proposições conflitantes do direito no caso de *Donoghue.* Ao que parece – e que os outros exemplos confirmam –, deve-se conceber que as leis têm objetivos racionais voltados para garantir benefícios sociais ou evitar males sociais de um modo compatível com a justiça entre indivíduos. E a busca desses valores deveria exibir uma coesão racional, na medida em que as conseqüências de uma decisão particular estivessem em consonância com os propósitos atribuídos a princípios afins do direito, como demonstrado no pronunciamento de lorde Wright no caso *Constantine,* em que alegou os efeitos autodestrutivos de somar ao princípio da frustração a exigência de que o réu prove que o acontecimento causador da frustração não tenha sido decorrente de falha sua. O "senso comum" tem um duplo papel a desempenhar, ao tornar implícito o tipo de consenso contemporâneo aproximado acerca de valores sociais que os juízes consideram pôr em uso; e ao abranger a verificação da compatibilidade de dois objetivos possíveis, para decidir o que torna a busca de um deles "autodestrutiva" no contexto da busca do outro. A advertência de lorde Kilbrandon referente à possibilidade de cartazes com a proibição da entrada de estrangeiros em pubs estarem dentro da lei, de acordo com a opinião da maioria, no caso de *Ealing,* é mais um exemplo.

Considerando-se que a concepção que se tem das leis é racional e deliberada, parece de fato essencial que a justificação de qualquer decisão numa área não comandada por uma norma expressa que envolva obrigação, ou quando uma norma semelhante for ambígua ou incompleta, prossiga pela verificação das decisões propostas à luz de suas conseqüências. Entretanto, como a justificação se dá por meio da demonstração do motivo pelo qual tal decisão *deveria* favorecer um lado em vez do outro, as conseqüências pertinentes são as da deliberação genérica envolvida na decisão de uma forma ou de outra, não simplesmente os efeitos específicos da decisão específica sobre as partes consideradas individualmente. Na expressão usada por lorde Reid, examinam-se "proposições" opostas para ver como abrangem a decisão. A citação de exemplos agora nos coloca em um terreno mais firme para insistir novamente na sugestão de que esse modo de procedimento é exigido necessariamente pelo elemento prospectivo no princípio da justiça em decisões judiciais – o tratamento igual para casos semelhantes. Logo, tratar o caso em tela de uma forma pela qual seja justificável tratar futuros casos semelhantes.

Não poderia ser verdadeira a afirmação de que, em todos os casos, os tribunais conseguem explicar com clareza os fundamentos justificadores para decisões pronunciadas sobre problemas difíceis. Contudo, esta tese pretende estabelecer como – de acordo com os padrões observados por juízes e advogados – as decisões *deveriam* ser justificadas. Portanto, não terá peso decisivo contra a tese demonstrar que às vezes não se consegue encontrar nenhum procedimento claro para verificar uma deliberação genérica em nenhum dos julgamentos num caso de primeira impressão. O que terá peso decisivo é saber se esses exemplos são considerados aceitáveis, se são ou não justificações satisfatórias. Até onde se possa ver, eles não são.

Em *Scruttons Ltd.* v. *Midland Silicones Ltd.* ([1962] A.C. 446), que tratava de determinar se terceiros poderiam se beneficiar de uma cláusula do contrato entre as duas partes principais, que limitava o pagamento de indenização por danos causados a tambores de produtos químicos em trânsito, de acordo com a lei inglesa, os terceiros alegaram a decisão da Câmara dos Lordes em *Elder Dempster & Co. Ltd.* v. *Paterson, Zochonis & Co. Ltd.* ([1924] A.C. 552) em que terceiros em relação a um contrato tinham conseguido reivindicar com sucesso essa omissão de responsabilidade. Porém, a respeito desse caso, disse lorde Reid:

> Lorde Finlay afirmou que uma decisão contrária ao proprietário do navio seria absurda e que os outros nobres lordes provavelmente eram do mesmo pensamento. Eles deviam ter pensado que estavam meramente aplicando um princípio estabelecido aos fatos do caso particular.
>
> No entanto, quando procuro esse princípio, não consigo encontrá-lo, e a extensa e competente argumentação dos advogados neste caso tampouco o encontrou (*ibid.*, p. 477).

Foi, portanto, fatal para a posterior aplicabilidade de *Elder Dempster* que nenhum princípio viável justificatório da decisão tivesse sido exposto no pronunciamento de lorde Finlay. Afirmar simplesmente que uma decisão particular num caso particular seria "absurda" não era uma justificação adequada, tendo em vista o fato de que o caso não podia ser apresentado como se "meramente" aplicasse "um princípio estabelecido". Outro exemplo desse tipo de crítica negativa sobre a inexistência de explanação de um princípio justificatório de uma decisão, pode ser encontrado nas conhecidas censuras de lorde Dunedin à decisão em *River Wear Commissioners* v. *Adamson* ([1877] 2 App. Cas. 743), expressas em seu pronunciamento em *The Mostyn* ([1928] A.C. 57, p. 73).

A existência dessas críticas apóia ainda mais a alegação de ser um requisito aceito da justificação o de que os juízes deveriam deixar clara a deliberação sobre a lei, sob cujo amparo estão agindo ao decidir um caso, e deveriam testá-la pela aplicação de critérios adequados de avaliação, como, por exemplo, "o senso comum", "a justiça", "a compatibilidade com princípios jurídicos" e "a política do interesse público". Do mesmo modo, portanto, os advogados devem insistir nessas considerações perante o tribunal para conquistar vitória para seu caso. Se também for correto alegar que uma exigência dessas se depreende necessariamente do princípio da justiça em decisões judiciais, é difícil ver como esta tese poderia ser apresentada em termos mais convincentes, e esta parte da exposição pode ser dada por encerrada.

VII. *O requisito da "coerência": princípios e analogias*

A função deste capítulo consiste em dedicar um exame mais extenso ao lugar dos argumentos a partir de princípios gerais do direito na argumentação jurídica. Já foi sugerido que o lugar desses argumentos depende de um postulado requisito de "coerência" no direito; "coerência" no sentido de que as numerosas normas de um sistema jurídico desenvolvido deveriam "fazer sentido" quando consideradas em conjunto. Conjuntos de normas podem ser de tal natureza que todas elas sejam compatíveis com alguma norma mais geral, podendo, portanto, ser consideradas como manifestações mais específicas ou "concretas" dessa norma. Se alguém considerar essa norma mais geral uma norma sólida e sensata, ou justa e desejável para a condução de relações, essa pessoa poderá com acerto tratar essa norma como um "princípio" que tanto explica como justifica todas as normas mais específicas em questão ou qualquer uma delas.

Quanto à justificação: se alguma norma *n* for valorizada em si ou como um meio para um fim almejado, demonstrar que uma norma específica pode ser subordinada a ela corresponde a demonstrar que se trata de uma boa norma a seguir. Quanto à explicação: quando estamos em dúvida acerca do correto significado da norma num determinado contexto, uma consulta ao princípio pode nos ajudar a explicar como ela deve ser entendida; também, de modo superficial, é possível explicar por que motivo se considera ser válido aderir à norma. Chamar uma norma de "princípio" significa, portanto, que ela tanto é relativamente geral como tem valor positivo.

Dizer que alguma outra pessoa observa um determinado princípio não deixa implícito que quem o diz atribua valor positivo à norma em questão, mas, sim, que essa outra pessoa considera que ela tem valor positivo e, portanto, possui o tipo de relacionamento justificatório e explanatório com normas e decisões particulares que já foi mencionado.

Aparentemente, o mesmo se aplica aos princípios do direito. Se quiser me certificar dos princípios de um determinado sistema jurídico, eu deveria procurar aquelas normas gerais que os funcionários do sistema, com base na sua generalidade e valor positivo, consideram que têm a pertinente função justificatória e explanatória em relação às normas válidas do sistema. Se eu dissesse que é um princípio do direito sul-africano contemporâneo que as raças branca e negra devem ser desestimuladas a relacionar-se em termos sociais ou sexuais, creio que minhas palavras seriam verdadeiras. Contudo, ainda me resta a possibilidade de questionar com vigor o valor da adesão a essa norma, e na realidade de condenar a adesão a ela como um princípio, seja na ação individual seja no direito.

Naturalmente, do ponto de vista de quem está "dentro", a questão é diferente. Formular os princípios de um sistema jurídico com o qual a pessoa está comprometida envolve uma tentativa de lhe dar coerência em termos de um conjunto de normas gerais que expressam valores justificatórios e explanatórios do sistema. Isso faz com que a pessoa se empenhe tanto no esforço de entender os valores aos quais supostamente deveriam servir a legislação e as normas da jurisprudência conforme a interpretação judiciária de legisladores e juízes, como na imposição daquilo que parece a seus olhos uma base aceitável de valor para as normas. Existe, assim, uma combinação da adoção de valores recebidos com acréscimos, extrapolações ou modificações dos mesmos.

No que se segue, será sugerido que "a argumentação por analogia" no direito deve ser compreendida em termos essencialmente semelhantes. Aqui, mais uma vez, o que está em jogo é uma tentativa de garantir uma coerência de valores dentro do sistema jurídico. Pode-se então entender melhor o requisito da coerência como um delimitador do campo dentro do qual tem legitimidade a fixação de jurisprudência.

Tudo isso nos leva a um campo de forte controvérsia contemporânea em termos de jurisprudência. O professor R. M. Dworkin[1] criou um desafio, ou uma série de desafios, à jurisprudência positivista com base numa apreciação da importância de argumentos a partir de princípios jurídicos em "casos exemplares". Ele alega com isso ter subvertido a teoria do arbítrio judicial com a qual estão engajados positivistas como H. L. A. Hart[2]. Sua argumentação talvez mereça despertar o especial interesse de advogados escoceses, que tradicionalmente fazem grande alarde sobre o fato de seu sistema, desde os tempos de Stair (e sob sua influência), apoiar-se mais em princípios que em precedentes.

Decerto, dando prosseguimento a idéias que desenvolvi pela primeira vez em obra publicada em 1966[3], desejo propor uma teoria que atribui considerável importância ao lugar dos princípios gerais na argumentação jurídica. Entretanto, de minha parte, não considero que essa teoria seja mais subversiva do que complementar em relação a argumentos como os de Hart. O ponto crucial, que já foi exposto, é que, tanto no que diz respeito a princípios como a normas, pode-se descrever um sistema jurídico sem aprová-lo ou sem aprovar os valores que ele promove.

E mais, exatamente como as normas de um sistema podem ser alteradas, o mesmo pode ocorrer com seus prin-

---

1. Ronald Dworkin, *Taking Rights Seriously* (Londres, 1977, cc. 1-4, 12, 13), reúne a série de ensaios em que esse desafio é apresentado.

2. Ver especialmente Dworkin, *op. cit.*, cc. 2 e 3.

3. MacCormick, "Can *Stare Decisis* be Abolished" 1966 *Jur. Rev.* 197; cf. também " 'Principles' of Law" 1974 *Jur. Rev. 217.*

cípios. Uma forma de mudá-los é pela promulgação de novas leis. Lorde Morris of Borth-y-Gest teceu alguns comentários muito pertinentes em *Charter* v. *Race Relations Board* ([1973] A.C. 868; [1973] 1 All E.R. 512), não sendo a pertinência de suas observações nem um pouco diminuída pelo fato de ele ter divergido de seus pares quanto à real decisão naquele caso:

> Senhores, ao promulgar as Leis das Relações Raciais de 1965 e 1968, o Parlamento introduziu no direito da Inglaterra um novo princípio norteador de importância fundamental e de amplas conseqüências. Trata-se de um princípio que afeta e deve influenciar os atos e o comportamento neste país dentro de uma vasta área de atividades humanas e relacionamentos pessoais. Nos termos decretados pelo Parlamento, porém sujeita a exeções permitidas por este a discriminação contra uma pessoa motivada pela cor, raça, origens étnicas ou nacionais tornou-se ilegal pelas leis da Inglaterra. Em certo sentido, para algumas pessoas, isso representará uma limitação ao que se poderia chamar de sua liberdade: elas não poderão mais tratar certas pessoas, em razão de sua cor, raça, origens étnicas ou nacionais, de modo menos favorável do que tratariam outras pessoas. Porém, em nome da mesma causa da liberdade, embora encarada de um ponto de vista diferente, em termos estabelecidos por lei que agora exige ser levada em consideração, o Parlamento proibiu a discriminação (pelos motivos estipulados) por ser contrária à lei. ([1973] A.C., p. 889; [1973] 1 All E.R., p. 518.)

Se perguntarmos como o Parlamento introduziu esse "novo princípio norteador de importância fundamental e de amplas conseqüências", a resposta é fácil: pela decretação das Leis das Relações Raciais. O conjunto de normas do direito relativamente detalhadas compreendidas nos artigos das Leis constitui normas válidas do direito inglês (e, por sinal, do escocês) precisamente pelos motivos que a "tese da validade" menciona. Considerados em conjunto, eles representam um meio de dar ao novo princípio uma existência jurídica concreta. Não fosse pela adoção desse meio, o princípio, por mais admirável que fosse em termos morais ou políticos, não seria um princípio *desses sistemas jurídicos*. Uma forma alternativa poderia ser sua introdução menos drástica por um acúmulo gradual de decisões judiciais pertinentes.

Essas observações sugerem que os processos de mudança não são radicalmente diferentes entre as "normas válidas" e os princípios de um sistema jurídico. Os princípios podem de fato ser modificados pela modificação das normas. No que diz respeito aos "critérios de reconhecimento", o relacionamento é semelhante. Os princípios de um sistema jurídico são as normas gerais conceitualizadas por meio das quais seus funcionários racionalizam as normas que pertencem ao sistema em virtude de critérios observados internamente. Isso envolve, naturalmente, questões controversas da atribuição de valores "à lei" – quais são os "verdadeiros" valores é uma questão essencialmente contestável e é claro que nesse nível de generalização há muita flexibilidade inerente e possibilidade de abertura. Essa, porém, dificilmente seria uma observação embaraçosa para elucidações positivistas do direito.

Dworkin também afirmou[4] que as normas caracteristicamente apresentam uma aplicabilidade do tipo "tudo ou nada" a casos contestados – ou bem elas são válidas e aplicáveis a um caso determinado, e nessa eventualidade determinam o resultado, ou são inválidas ou de outro modo inaplicáveis, não dando assim nenhuma contribuição para a decisão. Já os princípios, em comparação, possuem (diz ele) uma "dimensão de peso"; os princípios podem estar em conflito em dadas situações factuais sem que nenhum dos dois seja inválido – pelo contrário, é preciso que se determine qual dos dois tem mais peso para a situação dada. O que tiver "menos peso" não fica com isso invalidado.

Mais uma vez, exagera-se a diferença. Toda a questão da argumentação por analogia no direito é que uma norma

4. *Op. cit.*, pp. 24-7.

pode contribuir para uma decisão sobre fatos aos quais ela não é diretamente aplicável; casos de "analogias em competição" envolvem normas que puxam em direções diferentes acima de um território intermediário alvo de disputa. E mais, a noção de "peso", como já sugerida, é uma noção metafórica que pode induzir em erro exatamente pelo modo pelo qual recorre a uma qualidade de objetos materiais que é objetivamente mensurável. Na justificação de segunda ordem em casos exemplares ocorre uma complexa interação entre considerações de princípio, argumentos conseqüencialistas e pontos questionáveis de interpretação de normas válidas estabelecidas. Tudo isso transparecerá suficientemente a partir de uma reflexão sobre o papel dos argumentos de princípio e de analogia como estes realmente se manifestam nos casos. Permitam-me reafirmar o que acredito que queremos dizer quando falamos de "princípios do direito" em contraste com normas do direito. A meu ver, pode-se conceber que normas jurídicas (permitam-me para este efeito chamá-las de "normas jurídicas compulsórias"), individualmente ou, com freqüência muito maior, em grupos afins, tendem a garantir ou têm o objetivo de garantir, algum fim que se considera valioso, ou algum modo de conduta geral que se repute desejável. Expressar a linha de ação para atingir esse objetivo ou a conveniência desse modo de conduta geral, num enunciado normativo geral é, portanto, enunciar "o princípio da lei" subjacente à norma ou normas em questão.

Desse modo, é uma norma do direito no Reino Unido que os veículos sejam conduzidos pelo lado esquerdo da via. Não existe nenhum motivo especial pelo qual devêssemos escolher a esquerda em vez da direita, mas existe uma razão compulsória, a segurança, pela qual deveríamos nos fixar num lado ou no outro. O princípio é o de que a segurança nas estradas deveria ser garantida pela estipulação de códigos de conduta para motoristas, ou que as pessoas deveriam dirigir de um modo que reduzisse a um mínimo o perigo para outros usuários das vias públicas. Esses princípios (ou aquele princípio enunciado como alternativa) constituem a razão subjacente para todo o conjunto das leis de trânsito, não apenas para a norma do "mantenha a esquerda". É evidente que pode haver outros princípios, como o de que deveria ser promovida a movimentação livre e desimpedida do trânsito nas vias, o que se considera que esteja encarnado em leis que impõem restrições ao estacionamento e a proibição à obstrução de vias. Logo, mesmo nesse caso simples, quase banal, podemos identificar pelo menos dois princípios subjacentes a normas de um ramo da lei, princípios estes que têm obviamente a capacidade de entrar em conflito entre si. A movimentação livre e desimpedida do trânsito nem sempre está em harmonia com a segurança. Nada disso, creio eu, gera controvérsia.

O efeito de explicar princípios gerais desse modo consiste em criar a possibilidade de encarar as Leis de Trânsito não simplesmente como um amontoado de ordens, proibições e permissões arbitrárias, mas como um conjunto coerente de normas destinadas a garantir objetivos gerais que pelo menos os que elaboraram as normas consideravam desejáveis. Nesse sentido, explicar os princípios é racionalizar as normas.

Recordemos que é exatamente isso o que lorde Atkin fez, ou pareceu fazer, em relação ao conjunto existente de jurisprudência que estabelecia a responsabilidade por negligência em certas situações factuais relativamente específicas: "Na lei inglesa, deve haver, e há, alguma concepção geral de que as relações dão origem a um dever de cuidado, dever do qual os casos particulares encontrados nos livros não são mais que exemplos" ([1932] A.C. 562, p. 580; 1932 S.C. (H.L.) 31, p. 44). E ele então prosseguiu, especificando essa concepção geral em sua hoje célebre formulação do "princípio do próximo", de acordo com o qual todos temos um dever geral de tomar cuidados razoáveis para evitar causar um mal previsível, por meio de atos ou omissões, àqueles com quem tenhamos um relacionamento de tal ordem que seja um risco previsível o fato de podermos prejudicá-los em conseqüência da falta de cuidado na execução de um ato ou pela omissão deste.

Como sabe todo estudante de direito, o "princípio do próximo" não é "vinculante". Ele é algo acessório, não um fundamento de decisão. Um tribunal tem total liberdade para dizer acerca de qualquer ato genérico ou omissão não cobertos por uma norma compulsória, que o descuido na execução desse ato não é fundamento para responsabilização mesmo que a execução descuidada possa causar dano previsível. É do conhecimento de todos que a falta de cuidado de um advogado na preparação de sua exposição de motivos ou na condução da lide no tribunal pode resultar nas mais desastrosas conseqüências para seu cliente. E no entanto, em *Rondel* v. *Worsley* ([1969] 1 A.C. 191), depois de cuidadosa e ansiosa reflexão, ficou estabelecido de modo categórico que um advogado não é responsável perante seu cliente por nenhum defeito na apresentação de um caso no tribunal. Entre as razões apresentadas contra o reconhecimento dessa responsabilidade estavam as seguintes: (1) que um advogado de tribunal ou defensor – e talvez mesmo um procurador atuando como defensor em tribunais – está agindo como um funcionário do tribunal, procurando ver que a justiça seja feita; e não está meramente atuando apenas em busca do interesse de seu cliente. Um advogado não deve induzir o tribunal em erro e deve apresentar ao tribunal as questões e a lei relacionada a elas em termos imparciais e honestos, embora de um modo que exponha com a máxima veemência possível a defesa que possa ser feita legitimamente em benefício de seu cliente; e (2) que a admissão da responsabilidade do advogado abriria a possibilidade de uma regressão infinita de litígios por litigantes descontentes. Qualquer um que perdesse uma causa que achasse que deveria ter ganho, depois de esgotar todos os recursos, poderia simplesmente partir para a reabertura da questão processando seu advogado por negligência por não ganhar um caso que deveria ter ganho.

Tomemos, porém, um exemplo contrário. Em *Home Office* v. *Dorset Yacht Co. Ltd.* ([1970] A.C. 1004), a questão era saber se o Ministério do Interior da Grã-Bretanha tinha algum dever de cuidado perante o público no sentido de impedir a fuga de meninos de um reformatório de regime aberto. Um grupo de meninos de um reformatório que estava trabalhando sob a supervisão e controle de três funcionários do reformatório na ilha de Brownsea na enseada de Poole fugiu durante uma noite e causou grandes danos em dois iates ancorados na enseada, um dos quais pertencia aos querelados. Os querelados processaram o Ministério do Interior pedindo indenização, e estava claro que uma resposta afirmativa à pergunta mencionada era uma precondição essencial de seu sucesso. Eles receberam a resposta afirmativa que buscavam.

Uma passagem do discurso divergente de lorde Dilhorne é, entretanto, de enorme interesse:

> Não há nenhum precedente para a existência de um dever semelhante nos termos do direito consuetudinário. Lorde Denning, juiz do tribunal de recursos, em seu julgamento reconheceu esse fato, creio eu, pois disse: "Na minha opinião, trata-se no fundo de uma questão de política de interesse público que nós, na qualidade de juízes, devemos resolver" e "Qual é então a política certa a ser adotada pelos juízes?" Prosseguiu, então:
>
> "Muitas, muitas vezes, um prisioneiro escapou – ou foi solto em liberdade condicional – e causou danos. Contudo, não há um caso em nossos manuais de direito em que as autoridades penitenciárias tenham sido responsabilizadas por isso. Nenhum proprietário de uma casa que tenha sido arrombada, nenhuma pessoa que tenha sido ferida por um criminoso, jamais recuperou uma indenização das autoridades penitenciárias, que encontrasse lugar nos relatos. O dono da casa procurou sua seguradora. O homem ferido pode agora solicitar um saque do fundo de compensação. Ninguém processou as autoridades penitenciárias. Deveríamos alterar tudo isso? Eu reluto em fazê-lo se, ao agir desse modo, esti-

> véssemos prejudicando todo o bom trabalho realizado por nossas autoridades penitenciárias". ([1969] 2 Q.B., p. 426)
>
> Minha divergência consiste em acreditar que não faz parte da função judicial "alterar tudo isso". Os fatos de um caso particular podem ser uma base totalmente inadequada para uma mudança da lei de tão grande alcance. Não nos cabe decidir como a lei deveria ser e então alterar a vigente. Essa função cabe ao Parlamento. ([1970] A.C., p. 1051)

Ao dizer isso, porém, lorde Dilhorne adotou uma posição diferente da de seus pares a respeito da faixa permissível de amplitude judicial da responsabilidade por negligência. Os lordes Reid, Morris of Borth-y-gest, Pearson e Diplock, todos, consideraram que o "princípio do próximo" era, à luz de sua história subseqüente, um motivo suficiente para amparar uma decisão favorável ao réu, mesmo na ausência de outros precedentes diretamente pertinentes. Como lorde Diplock advertiu, é claro que não se trata de um princípio "universal"[5], e estaria sendo mal utilizado se assim fosse considerado – ou seja, como se fosse uma norma de aplicação "compulsória" no sentido presente. Era, como disse lorde Pearson,

> permissível, na realidade quase inevitável que se devesse reverter ao enunciado do princípio básico apresentado por lorde Atkin em *Donoghue* v. *Stevenson* [embora esse] princípio seja fundamental e geral, mas não universal; e à luz do direito não se aplique a todas as situações que são cobertas pelas abrangentes palavras da passagem. Até certo ponto, a decisão neste caso deve ser uma questão de impressão e julgamento instintivo quanto ao que é liso e justo. Parece-me que este caso deveria se enquadrar, e de fato se enquadra, no princípio de *Donoghue* v. *Stevenson*, a menos que haja alguma razão suficiente para não aplicar o princípio a este caso. ([1970] A.C., p. 1054)

5. [1970] A.C. 1004, p. 1060.

Também lorde Reid, traçando um contraste com o início do século, quando atos ilícitos que envolvessem negligência eram considerados uma lista fechada, fez a seguinte observação:

> Nos anos mais recentes vem ocorrendo uma tendência firme no sentido de considerar que a legislação sobre a negligência gira em torno de princípios, de tal modo que, quando surge um novo caso, não se deveria perguntar se está coberto ou não por precedentes mas, sim, se princípios reconhecidos se aplicam a ele... Creio que chegou a hora em que podemos e deveríamos dizer que [o princípio do próximo] deveria ser aplicado, a menos que haja alguma justificação ou explicação válida para sua exclusão. ([1970] A.C., pp. 1026-7.)

Esses vigorosos pronunciamentos por parte dos lordes Reid e Pearson são de interesse na medida em que passam da aceitação do princípio do próximo como um enunciado geral que pode ser aplicado ao reconhecimento de novas áreas de responsabilidade por negligência, se amparado por fortes razões de política e pela semelhança da analogia, para um que deveria ser aplicado, a menos que sejam comprovadas razões que se contraponham a ele. A presunção, o ônus da argumentação, mudou. A razão para essa mudança é o constante acúmulo de experiência judicial da evolução e refinamento desse ramo do direito; e, portanto, da incessante sujeição do princípio a testes em casos diferentes, bem como do incessante fortalecimento decorrente de sua adoção – modificada conforme necessário – em situações novas. O pronunciamento de lorde Diplock contém uma exposição magistral da metodologia de extensão analógica da lei e, em seu exame dos precedentes, indica o constante acréscimo de força ao princípio.

É proveitoso observar a importância desse processo de evolução histórica no constante aumento de força de um enunciado geral de princípio jurídico. Ele não se restringe de modo algum à legislação sobre a negligência, como veremos – para dar um exemplo imediato, o desenvolvimento no pós-guerra do direito relacionado à "justiça natural" não é menos óbvio. Os primeiros esforços ou esforços iniciais para formular um princípio racionalizante que cubra uma área de responsabilidade legal, direitos legais, ou seja lá o que for, funcionam em seu contexto original como tentativas de justificar ou legitimar uma extensão judicial da lei, que é positivamente justificada com base em outros fundamentos, avaliatórios, por ser altamente desejável. Formulações dessa natureza "legitimam" a decisão ao demonstrar que ela se depreende por extrapolação a partir de normas fragmentárias ou particuladas já estabelecidas. No entanto, nenhum juiz ou tribunal pode, por meio dessa formulação, determinar de modo conclusivo a posterior evolução daquele ramo do direito, nem deveria isso ser possível. Essa é uma das virtudes da doutrina jurídica de que uma decisão somente pode ter autoridade para a categoria de fatos definida em termos relativamente estritos perante o tribunal. Uma vez formulado, um princípio semelhante proporciona um fundamento que permite a posterior evolução da lei, desde que seja justificada pela conveniência (na opinião dos juízes) de medidas particulares de evolução, com base na "experiência cumulativa do judiciário". Podemos tomar emprestada a metáfora de Dworkin e dizer que, a cada etapa, havendo um peso contrário à inovação, é preciso que haja boas razões conseqüencialistas acrescidas ao peso do princípio para fazer com que a balança seja favorável a uma decisão inovadora. E pode ser que o acúmulo de experiência judicial seja contrário a uma ampliação da confiança no princípio. Se, por outro lado, ele passar pelo teste de reavaliação numa linha uniforme de precedentes, pode vir a adquirir um peso tal que por seu próprio movimento consiga fazer pender a balança, a menos que lhe sejam contrárias razões de política ou de princípio que se contraponham a ele com peso considerado suficiente (como em *Rondel* v. *Worsley*). Ele deixa de ser simplesmente um princípio possibilitador, para ser compulsório, embora sujeito a ser derrubado. Foi esse o ponto a que se chegou no caso do *Dorset Yacht Club.*

Continua válida a noção de que o recurso a um princípio geral – como disseram Suas Excelências – não é conclusivo em si. A necessidade pode ser de maior argumentação favorável de natureza avaliatória, sem a qual não poderá ser elaborada uma justificação suficiente para a decisão que se aplica ao princípio; ou de razões avaliatórias contrárias e (conforme o caso) sua refutação. É porém a adução dessas razões que deve ser conclusiva da questão. Seja como for, o princípio estabelece o limite dentro do qual são legítimas decisões judiciais plenamente justificadas por argumentos conseqüencialistas. Sua existência torna permissível que um juiz chegue a uma decisão que, de outro modo, deveria caber à legislatura.

A função da "argumentação por analogia" é semelhante. Na verdade, não se tem como traçar nenhuma linha nítida entre argumentos a partir de princípios e a partir de analogias. Um bom exemplo destes últimos encontra-se em *Steel* v. *Glasgow Iron and Steel Co. Ltd.* (1944 S.C. 237). O vigia de um trem em manobra morreu enquanto tentava sem êxito evitar uma colisão iminente entre um trem descontrolado que se havia soltado e vinha descendo por uma rampa íngreme, em decorrência da falta de cuidado de funcionários da empresa acusada. Se, em vez de tentar tomar medidas para proteger os bens de seu empregador, o vigia tivesse cuidado de sua própria segurança, estava claro que ele poderia ter escapado ileso. Mas não o fez. Sua viúva então processou a empresa acusada pedindo indenização por prejuízos materiais e danos morais, fundamentando sua ação no fato de que a morte do marido era decorrente da negligência punível de seus empregados.

A questão em jogo era se a atuação do vigia, expondo-se a risco para reduzir os danos resultantes da colisão iminente, deveria ser considerada um *novus actus interveniens,* que interromperia a "corrente de causação" entre o ato descuidado dos réus no alto da ladeira e o acidente com o vigia em sua parte mais baixa, para a finalidade de atribuir responsabilidade à empresa. Deveria o vigia ser tratado como autor de sua própria desgraça, que tinha voluntariamente assumido um risco que poderia ter evitado? Se fosse assim, seu infortúnio estaria por demais "remoto" em relação ao ato gerador da situação de risco para envolver qualquer responsabilidade por parte dos réus.

Não havia nenhum precedente direto a esse respeito, mas na época em questão já estava estabelecido no direito escocês que o ato de um resgatador destinado a salvar uma pessoa exposta a perigo pelo ato ilícito de uma terceira pessoa faz jus a compensação por parte desta última se o resgatador sofrer alguma lesão[6], e os tribunais ingleses vinham seguindo as mesmas linhas, explanadas com autoridade em *Haynes* v. *Harwood*[7]. Os réus alegaram que aquela norma se aplicava exclusivamente a quem salvasse pessoas sob risco de morte ou lesões corporais. Contudo, como observou lorde Cooper, ministro do Supremo Tribunal escocês: "Não encontro em casos anteriores nenhum fundamento sólido para a alegação por parte dos réus de que somente quem salva pessoas é que pode pleitear ter 'intervindo' com impunidade, e que quem salva pessoas esteja necessariamente numa classe distinta da de quem salva bens..." (1944 S.C., p. 246). E prosseguiu para chegar à conclusão de que:

> Por essa perspectiva, a diferença entre a intervenção para salvar vidas e a intervenção para salvar bens passa a ser uma diferença de grau, não uma diferença de natureza. Nos dois casos, é preciso que haja um perigo iminente e uma justificativa suficiente para o risco que se assume. Nem quem salva pessoas nem quem salva bens pode embarcar impunemente num ato de intervenção que seja indevidamente peri-

6. *Woods* v. *Caledonian Rly.* (1886), 13 R 1118, *Wilkinson* v. *Kinneil Cannel & Coking Co.* (1897), 24 R 1001.

7. [1935] 1 K.B. 146 Cf. *Brandon* v. *Osborne Garrett & Co.* [1942], 1 K.B. 548 e *Cutler* v. *United Dairies (London) Ltd.* [1933], 2 K.B. 297.

> goso ou injustificavelmente extremo e acima das exigências da situação. Em ambos os casos, é necessário ponderar o grau de risco ao qual quem salva bens ou pessoas se expõe em comparação com o valor que a lei atribui a quem ou àquilo que corre perigo. Naturalmente, um risco de grau muito mais alto pode ser assumido de modo normal por quem salva pessoas do que por quem salva objetos; e ao avaliar a justificativa para a intervenção de quem salva bens geralmente seria necessário levar em consideração não apenas a natureza e valor do bem que se procura proteger e a extensão do risco assumido, mas também o dever ou relacionamento anterior, se houver, de quem salva com o bem em questão (*ibid.*, pp. 248-9).

Portanto, a analogia entre salvar uma vida exposta a risco por um ato ilícito e salvar bens expostos ao mesmo tipo de risco basta para justificar a mesma conclusão em cada um dos casos: nem quem salva vidas nem quem salva bens, por ter assumido um risco de modo voluntário, fica excluído do direito de reivindicar um direito a reparação por parte de quem tiver gerado a situação de risco. Entretanto, a diferença de valor entre a vida e bens justifica uma diferenciação entre os graus de perigo que é razoável assumir. Mais uma vez, é claro que a analogia, embora ampare, não força o resultado em questão – como demonstra a opinião divergente de lorde Mackay, favorável a traçar um limite entre quem salva vidas e quem salva bens[8]. A analogia é clara na medida em que todos os elementos de uma situação de "salvamento de pessoas" estão presentes numa situação de "salvamento de bens", exceto a diferença entre o objeto a ser salvo, que importa uma diferença no valor moral do ato do salvamento. A decisão da maioria implica considerar que essa diferença não se estende até a existência de responsabilidade, mas até o grau de risco que é razoável assumir.

É, porém, essencial entender por que a semelhança conta como analogia juridicamente pertinente. A resposta

8. 1944 S.C., pp. 252-65, especialmente p. 259.

é de fato explicitada por lorde Cooper em seu parecer. "A perspectiva" a partir da qual a diferença "passa a ser" de grau, não de natureza, é uma perspectiva do princípio subjacente desse ramo do direito. "Por estar a questão... em aberto, ela deve ser respondida pela aplicação de nossos princípios inatos das leis referentes à reparação; e, ao seguirmos esses princípios até sua conclusão lógica, creio que a solução desejada poderá ser encontrada" (*ibid.*, p. 247). No entanto, o princípio em questão, em palavras tomadas de empréstimo a lorde Macmillan[9], era o de que "O dever de tomar cuidado é o dever de evitar fazer ou evitar deixar de fazer qualquer coisa cuja realização ou omissão possa ter como conseqüência provável e razoável o dano a outros..." E, disse lorde Cooper,

> ... a conduta humana, se razoável no sentido a ser definido, pode ser uma das conseqüências razoáveis e prováveis, resultantes de um ato de negligência, que o homem comum razoável deveria prever. Aqui eu encontro a explicação definitiva em princípio tanto para os casos de "risco alternativo" como para os de "salvamento de pessoas".

Foi a partir dessa perspectiva que esforços "razoáveis" para salvar bens vieram a ser considerados diferentes apenas em grau de esforços para salvar vidas. Portanto, a pertinência da analogia depende da percepção de um princípio racional dentro do qual os dois itens comparados possam ser enquadrados – junto, conforme o caso, com outras situações de tipos afins.

Já foi sugerido que se trata de um requisito limitante da justificação jurídica que, em casos não cobertos por normas de caráter compulsório, deve ser demonstrado que as decisões são amparadas por algum princípio jurídico geral, alguma analogia pertinente ou outra fonte jurídica "persua-

---

9. Lorde Macmillan em *Bourhill* v. *Young* 1942 S.C. (H.L.) 78, p. 88, [1943] A.C. 92, p. 104.

siva". Seria de fato estranho se não existisse nenhum requisito limitante, pois de outro modo a impressão seria a de que os juízes teriam um poder ilimitado de inovação, exceto nas áreas em que existissem normas nítidas de caráter compulsório que não pudessem ser descartadas por meio de "interpretação", "discriminação" ou "explicação".

Não precisamos nos deter, porém, nesta mera impressão apriorística de "estranheza". Não é difícil encontrar exemplos claros de juízes que se recusam a fazer inovações de grande alcance, com base na falta de fundamento legal suficiente para tal inovação, mesmo quando eles admitem expressamente que podem ser apresentadas boas razões de justiça ou utilidade favoráveis ao princípio da decisão a eles proposta pelos advogados. A força desses exemplos será ainda maior se encontrarmos declarações expressas por parte de juízes cuja reputação de criatividade e ousadia esteja bem estabelecida. Por esse motivo, um exemplo particularmente apropriado encontra-se no pronunciamento de lorde Reid em *Myers* v. *D.P.P.* ([1965] A.C. 1001, pp. 1021-2).

> Jamais tive uma perspectiva intolerante das funções desta câmara na qualidade de tribunal de recursos. O direito consuetudinário deve evoluir para adequar-se às modificações nas condições econômicas e nos hábitos de pensamento, e não representariam obstáculo para mim expressões de opinião emitidas nesta câmara em casos antigos. Há, porém, limites ao que se pode fazer. Se quisermos ampliar o alcance da lei, deverá ser pelo desenvolvimento e aplicação de princípios fundamentais. Não podemos introduzir limitações ou condições arbitrárias; isso deve caber à legislação. E, se de fato mudarmos a lei, na minha opinião deveríamos fazê-lo somente em casos em que nossa decisão represente alguma finalidade ou certeza. Se desconsiderarmos as tecnicidades nesse caso e procurarmos aplicar o princípio e o senso comum, há uma série de outras partes da lei vigente sobre depoimentos de testemunhas auriculares que são suscetíveis de tratamento semelhante, e é provável que venhamos a ter uma quantidade de recursos em casos nos quais as limi-

> tações técnicas atuais produzirem um resultado injusto – [P]arece-me ser contrário ao interesse público gerar incerteza. A única solução satisfatória é através da legislação...

Sob a influência dessa perspectiva, ele sustentou que certas provas aduzidas num processo criminal por roubo de automóveis eram inadmissíveis por serem "testemunhos auriculares", muito embora sua confiabilidade e irrefutabilidade não estivessem sendo postas em dúvida. (As provas em questão eram os registros de fábrica dos números do chassi, do motor e do bloco de cilindros de automóveis fabricados por eles. Embora esses registros fossem mantidos pela empresa, era totalmente impossível, no caso de qualquer automóvel determinado, descobrir o exato empregado que tinha feito o registro original.) Lordes Morris of Borth-y-gest e Hodson concordaram com ele quanto à posição de que admitir uma exceção que cobrisse esses casos estava além das legítimas funções da Câmara, se bem que lordes Pearce e Donovan estivessem dispostos a admiti-la.

Outro bom exemplo da opinião de um juiz "forte" está numa passagem da decisão de lorde Cooper em *Drummond's J. F.* v. *H.M. Advocate* (1944 S.C. 298). Nesse caso, a questão era saber se o direito escocês deveria reconhecer a presunção de que, quando duas pessoas morrem numa mesma calamidade, considera-se que a mais jovem tenha sobrevivido à mais velha para os efeitos da sucessão legítima. Essa presunção de sobrevivência era reconhecida no direito romano, mas a segunda divisão negou-se a admitir que qualquer presunção semelhante regesse o caso em tela, determinando que a questão de saber qual pessoa teria sobrevivido à outra deveria ser respondida por meio da adução de provas. Disse lorde Cooper:

> Se a questão tivesse sido levantada para decisão... na parte final do século XVII, poderia ser concebível que a Escócia tivesse adotado, por estar em harmonia com a eqüidade e a conveniência, a solução romana ou alguma modificação da mesma. No entanto, a Escócia não o fez, e eu enfrento enor-

> me dificuldade para acatar a sugestão de que, em relação a um problema que deve ter surgido em muitas ocasiões anteriores, nós agora devamos pela primeira vez adotar dos romanos ou de qualquer outra fonte uma solução totalmente nova; pois um passo desses, nas circunstâncias, teria algo de legislação pelo judiciário (*ibid.*, p. 301).

Essas observações são particularmente instrutivas à luz do fato, para o qual lorde Cooper chamou a atenção, de ter havido uma época no direito escocês enquanto sistema "civil" na qual o direito romano podia ser empregado na Escócia como uma fonte autônoma de princípios aplicáveis à solução de problemas novos[10]. Contudo, no período atual, na inexistência de qualquer precedente análogo nesse campo na lei escocesa, seria indevido simplesmente incorporar pela primeira vez uma solução romana totalmente nova. Não se trataria do desenvolvimento de princípios já reconhecidos, mas, sim, de "legislação pelo judiciário".

Exemplos não são comprovação. Mas ajudam a confirmar uma conclusão que, por si só, pode ser depreendida da razão do caso. Repitamos mais uma vez, os juízes devem de fato fazer justiça, mas "justiça de acordo com a lei". Isso não significa, na verdade não pode significar, que os juízes devam decidir casos exclusivamente de um modo justificável por simples dedução a partir de normas jurídicas de caráter compulsório. Por outro lado, porém, não pode significar que eles sejam deixados à vontade para seguir suas próprias intuições do senso comum e da utilidade da justiça, livres de todas as limitações. A área de alcance de sua liberdade, poder e, na realidade, dever de buscar soluções justificáveis por meio de uma avaliação em termos conseqüencialistas das necessidades do caso genérico, é limitada pela exigência de que demonstrem algum fundamento jurídico para o que fazem. Os "princípios gerais" que fornecem essa

---

10. Cf. P. Stein, "The Influence of Roman Law on the Law of Scotland" (1963) *Jur. Rev.* (N.S.) 205; reconheço que esse artigo chamou minha atenção para a passagem citada.

orientação necessária, por um lado, mas limitação, pelo outro, expressam as razões subjacentes para as normas específicas que existem. Nessa qualidade, eles não são encontrados, mas criados. Apresentar o princípio *p* como a "razão subjacente" da norma *n* ou das normas n_1, n_2, n_3 e assim por diante, significa atribuir a quem o apresentou pela primeira vez alguma política geral cuja introdução ele supostamente promoveria, ou, como alternativa, expressar o que parecer ser a melhor justificação contemporânea para mantê-lo. O teor das normas determina em parte a faixa possível de razões que poderiam ser aduzidas de modo concebível como explanatórias delas. Os padrões contemporâneos de valores recebidos (o que os juízes chamam de "senso comum") limitam ainda mais a questão. Somente o que for considerado bom ou desejável pode ser encarado como uma política cuja promoção pela introdução ou manutenção de normas jurídicas pode ser proposta como justificação e racionalização subjacente das normas em questão. Enunciados de "princípios jurídicos" são expressões normativas dessas políticas racionalizantes ou justificatórias.

Logo, poderia ser dito que o objetivo último da lei dos delitos extracontratuais ou a política subjacente a ela é a cláusula da justa compensação por danos corporais ou materiais. Na explicação da "justa" compensação, os juízes consideraram necessário fazer referência a uma política complementar, às vezes conflitante, de proteger indivíduos contra a incursão em responsabilidade legal em casos nos quais não fossem culpados por acidentes resultantes de seus atos, pelo menos (no período atual) se não se pudesse ter a expectativa razoável de que eles fizessem seguro contra a ocorrência desses acidentes. Expressões normativas da conveniência de alcançar essas políticas são enunciados de princípios. "Não deveria haver responsabilidade sem culpa" e "As pessoas deveriam ser responsabilizáveis por todo dano causado a outros em decorrência de sua culpa" são enunciados de princípios.

A aceitação desses princípios proporciona nitidamente uma racionalização e, portanto, uma razão justificatória para grande parte da jurisprudência detalhada e normas estabelecidas pelo direito referente a ilícitos extracontratuais. Portanto, nessa qualidade, eles fornecem um elemento necessário (embora não suficiente) de justificação para a extensão do alcance da lei pela enunciação de novas normas específicas de responsabilidade em tipos novos de casos, como vimos no contexto do caso do *Dorset Yacht Club*[11]. Creio que não se duvidará nem que princípios dessa natureza *possam* ser aduzidos numa justificação racionalizante desse ramo do direito, nem que eles atualmente *sejam* aceitos por muitos juízes e advogados como princípios racionalizantes do direito – tanto por quem os endossa com empenho como questão de convicção pessoal quanto por quem preferiria vê-los suplementados por doutrinas de "responsabilidade por risco".

Quanto a isso, é preciso que se diga de uma vez que a lei concernente a ilícitos extracontratuais não pode ser incluída em sua totalidade no princípio de "não haver responsabilidade sem culpa" e sua conversão. Como observou lorde Simonds em *Read* v. *J. Lyons & Co. Ltd.* ([1947] A.C. 156, p. 180): "Este é um conflito secular de teorias que há de ser encontrado em todos os sistemas jurídicos. 'Cada um age por seu próprio risco' diz uma teoria. 'Um homem somente é responsável se tiver culpa' responde a outra. Não surpreenderá os estudiosos do direito inglês, ou de qualquer assunto inglês, descobrir que entre essas teorias foi encontrado um meio-termo, uma solução conciliatória."

O próprio caso *Read* foi uma disputa marcante entre as duas "teorias" ou "princípios". A autora, uma inspetora do governo numa fábrica de munições em tempos de guerra, foi ferida por uma explosão que ocorreu quando granadas estavam sendo enchidas com altos explosivos. Ela pediu indenização aos operadores da fábrica, sem afirmar ter havido negligência por parte deles. Sua alegação foi a de que em qualquer caso em que substâncias perigosas que fujam

11. [1970] A.C. 1004; *supra*, pp. 158-61.

ao controle causem lesões corporais ou danos materiais, quem detiver o controle da substância está sujeito a pagar indenização pela lesão ou dano sem que haja prova de culpa de sua parte. Ou seja, ela fundamentou sua reivindicação no "princípio estabelecido em *Rylands* v. *Fletcher* ([1868] L.R. 3 H.L. 330)"[12]. Quem desempenha uma atividade extremamente perigosa deveria arcar com o risco de acidentes que possam ocorrer e causar danos, sejam eles danos materiais, sejam lesões corporais, independentemente de algum objeto ou substância perigosa escapar da propriedade do empreendedor, insistiu seu advogado.

Essa alegação foi rejeitada por unanimidade pela Câmara dos Lordes em sua aplicação aos fatos em foco. Mesmo aqueles que estavam dispostos a admitir que a estrita responsabilidade nos termos da decisão de *Rylands* v. *Fletcher* poderia existir em casos de lesões corporais insistiram no requisito de escapamento da substância perigosa do recinto ou do terreno do réu. "Foi alegado...", disse lorde Porter[13], "que seria um estranho resultado responsabilizar os réus se a pessoa ferida estivesse logo após o perímetro das instalações, mas não responsabilizá-los se a pessoa estivesse imediatamente antes do perímetro das instalações. Essa objeção tem fundamento, mas a responsabilidade [sc. por lesões corporais nos termos de *Rylands* v. *Fletcher*] é uma extensão da norma geral e, na minha opinião, *é indesejável estendê-la ainda mais.*" O trecho grifado reconhece explicitamente que num caso como esse, onde há princípios conflitantes que poderiam proporcionar o necessário amparo legal para uma decisão numa direção ou na outra, a escolha final entre eles deve ser baseada numa avaliação de qual princípio geral é desejável seguir no tipo de caso em questão.

A mesma observação depreende-se desta passagem mais extensa do pronunciamento de lorde Macmillan:

---

12. Lorde Porter [1947] A.C. 156, p. 175.
13. Lorde Porter [1947], pp. 177-8 (grifo acrescentado).

> Não importa qual possa ter sido a lei da Inglaterra nos primórdios, sou da opinião de que, no estágio em que a lei se encontra, uma alegação de negligência é em geral essencial para a pertinência de uma ação de reparação por lesões corporais. A gradual evolução do direito no que diz respeito à responsabilidade civil é examinada e acompanhada com vasta erudição e lucidez em HOLDSWORTH'S HISTORY OF ENGLISH LAW, vol. 8, pp. 446 ss. e não precisa ser narrada aqui. Basta dizer que o processo de evolução partiu do princípio de que todo homem age por seu próprio risco e é responsável por todas as conseqüências de seus atos para o princípio de que a liberdade de ação de um homem está sujeita à obrigação de não infringir nenhum dever de cuidado que ele tenha perante outros. Primeiramente dava-se ênfase ao dano sofrido, e a questão era determinar se o caso se enquadrava numa das classes de ações aceitas no direito consuetudinário. A ênfase, agora, é dada à conduta da pessoa cujo ato ocasionou o dano, e a questão é se ela pode ser caracterizada como negligente. Não deixo de lado o fato de que há pelo menos uma situação na lei atual em que a norma primitiva sobrevive, ou seja, no caso de animais selvagens ou de animais domesticados que demonstraram tendências perigosas. O proprietário ou guardião de um animal desses tem um dever absoluto de mantê-lo confinado ou sob controle para que ele não cause lesão a outros; e nenhuma prova de cuidado de sua parte poderá eximi-lo da responsabilidade. É provável, porém, que esse não seja tanto um resquício de uma doutrina descartada sob outros aspectos, quanto uma norma especial de bom senso prático. Seja como for, está por demais estabelecida para ser desafiada. No entanto, um caso excepcional como esse não confere nenhuma justificação para sua extensão por analogia (*ibid.*, pp. 170-1).

Está perfeitamente claro aqui, como em outros trechos de seu pronunciamento, que lorde Macmillan considera a adesão à culpa como condição da responsabilidade por lesões corporais uma política mais desejável, porque mais justa, do que a possibilidade alternativa de fazer com que os empreendedores de atividades perigosas façam seguro contra o risco de acidentes a terceiros, mesmo que estes ocorram sem que haja falta de cuidado. Logo, embora a "analogia" com casos de animais *possa* proporcionar um amparo legal pertinente para uma doutrina mais generalizada de responsabilidade por riscos que cubra lesões corporais por extensão da norma *Rylands* v. *Fletcher* , ela não *deveria* ser usada para criar essa responsabilidade. O caso de responsabilidade com conhecimento é "excepcional" e *não deveria* ser estendido "por analogia".

Não há dificuldade alguma para multiplicar esse tipo de exemplo de conflito de doutrinas ou princípios jurídicos onde houver dois (ou mais) princípios reconhecidos, sendo cada um deles aplicável aos acontecimentos em disputa por seus próprios termos, com o resultado de que uma decisão favorável a um lado ou a outro possa ser adequadamente amparada nos termos da lei. O caso é tal que é permissível e legítimo que o tribunal profira uma decisão favorável a um lado ou ao outro. Logo, embora o recurso a um ou outro princípio seja uma justificação necessária, ele não poderá ser uma justificação suficiente ou conclusiva da decisão de fato proferida. *White & Carter (Councils) Ltd.* v. *McGregor* ([1962] A.C. 413; 1962 S.C. (H.L.) 1) foi um caso escocês em que os autores processaram o réu pelo pagamento devido nos termos de um contrato de publicidade, pelo qual os autores deveriam anunciar o nome da oficina do réu em latas de lixo ao longo de um período de três anos. O contrato foi firmado com o gerente da oficina do réu, mas no mesmo dia em que foi firmado, o réu rescindiu o contrato por meio de uma carta escrita no momento em que dele tomou conhecimento. Embora os autores não tivessem ainda tomado nenhuma medida para a execução do contrato, eles se recusaram a aceitar a rescisão e acabaram produzindo os anúncios conforme tinha sido acordado. Exigiram, então, o pagamento do preço total nos termos do contrato, diante do que o réu respondeu que eles tinham direito apenas a indenização por violação do contrato, calculada com base nos lucros cessantes, em vez do preço total. Por escassa maioria, a Câmara dos Lordes reverteu a decisão do interlocutor da Segunda Divisão e acatou o pleito dos autores.

O princípio que a maioria fez vigorar no caso foi o de que um contrato não pode ser revogado pelo repúdio unilateral de uma das partes, mas somente é revogado se a outra parte aceitar o repúdio e decidir mover um processo pedindo indenização. "Não pode haver dúvida quanto à norma geral", disse lorde Reid. "... Se uma parte de um contrato o repudiar... a outra parte... tem uma opção. Ela pode aceitar o repúdio e reivindicar indenização por violação de contrato, quer tenha se cumprido quer não o prazo de sua execução; ou ela pode, se preferir, desconsiderar o repúdio ou recusar-se a aceitá-lo e, nesse caso, o contrato permanece em pleno vigor" (*ibid.*, p. 427, 11-12, respectivamente).

Em comparação, existe uma "norma geral" ou "princípio" igualmente bem estabelecido de que uma parte que tenha sofrido danos resultantes da violação do contrato por outra parte deve adotar medidas razoáveis "para atenuação da indenização", com o objetivo de reduzir a um mínimo seu próprio prejuízo e, desse modo, reduzir a um mínimo a compensação recuperável. Se essa parte deixar de tomar essas medidas, a parte descumpridora do contrato é responsável somente pela compensação do prejuízo em que a outra parte teria incorrido se tivesse tomado medidas razoáveis para minimizar o prejuízo. A única exceção desse princípio é em casos de contratos para os quais pode ser concedido o remédio de implementação específica (na forma inglesa, cumprimento específico [*specific performance*]). Para esse fato, lorde Morton of Henryton chamou atenção ao defender a extinção do recurso.

> A parte inocente tem direito a ser compensada por meio de indenização por qualquer prejuízo sofrido decorrente da violação do contrato; e numa classe limitada de casos o tribunal decretará a implementação específica. A lei escocesa não prevê nenhum outro remédio para uma violação de contrato, e não há registro de nenhum caso em que a decisão autorize a parte inocente a agir como os autores agi-

> ram. O caso em foco é um caso no qual não poderia ser decretada a implementação específica, já que a única obrigação do réu, nos termos do contrato, era pagar determinada quantia por serviços a serem prestados pelos autores. Contudo, os autores estão alegando uma espécie de inversão da implementação específica do contrato. De início, eles insistem em cumprir sua parte do contrato, contra a vontade da outra parte, e depois alegam que a outra parte deve cumprir suas obrigações e pagar o preço contratado por serviços indesejados. Na minha opinião, senhores, o único remédio disponível aos autores era a indenização; e eles estavam obrigados a adotar medidas para minimizar seu prejuízo, segundo uma norma do direito já bem estabelecida. Longe de agir desse modo, não tendo incorrido em nenhuma despesa até a data do repúdio, eles não fizeram nenhum esforço para conquistar outro anunciante, mas deliberadamente passaram a incorrer em despesas e a prestar serviços não requisitados, com a intenção de gerar uma dívida que não existia na data do repúdio (*ibid.*, pp. 432-3, 16, respectivamente).

Não estava sendo questionado, nem posto em dúvida, o fato de que o réu no caso agira errado do ponto de vista legal por ter violado seu contrato com os autores, que por esse motivo tinham direito a *algum* remédio. A questão era a *qual* remédio. Como havia duas "normas gerais", "normas bem estabelecidas", ou ainda (poderíamos dizer) "princípios", cada um dos quais aplicável aos fatos, não poderia estar mais claro que a mera aplicabilidade de um ou do outro não poderia fornecer uma justificação decisiva. O que era necessário era uma escolha entre os dois; e a justificação dessa escolha era uma questão de argumentação avaliatória. É de interesse salientar um dos argumentos do advogado do réu, que foi acatado pelos lordes Morton e Keith, de parecer divergente do da maioria, e que causou a esta algum constrangimento[14]. O argumento é um perfeito exemplo de nossas observações anteriores sobre como a gene-

14. Ver [1962] A.C. 413, pp. 428-9, 430-1 por lorde Reid, p. 445 por lorde Hodson.

ralização e verificação por meio de exemplos hipotéticos expõem a forma característica da argumentação conseqüencialista.

> Na maioria dos casos, a parte inocente não consegue cumprir o contrato sem a concordância da parte que o repudiou, que precisa permitir ou aceitar alguma coisa, sendo que a recusa dessa cooperação resulta em que a parte inocente se veja forçada a restringir sua reivindicação a um pedido de indenização. Mesmo quando não seja esse o caso, seria contrário ao interesse público que lhe fosse permitido agir desse modo. Um especialista contratado por uma grande empresa para viajar ao exterior com a finalidade de elaborar um complexo relatório não deveria ter permissão para desperdiçar milhares de libras na preparação da viagem caso a empresa tenha repudiado o contrato antes que fosse tomada qualquer medida nos termos do mesmo. Um valor muito mais baixo a título de indenização seria uma compensação para ele por seu prejuízo, e qualquer outra opinião apenas lhe permitiria extorquir num acordo um valor muito superior a uma compensação razoável.
>
> O pleito da empresa autora não tem amparo em precedentes nem no senso comum. Ele não levou em conta os casos em que a parte inocente está fisicamente incapacitada de executar o contrato sem invocar a assistência do tribunal. Não há, porém, nenhuma distinção de princípio entre casos como esses e outros casos. Por exemplo, um pintor contratado para pintar um retrato, e depois informado para não fazê-lo, não poderia pintá-lo normalmente se o modelo não posasse para ele. Mas suponhamos que o modelo fosse um homem público e que o pintor pudesse pintá-lo sem seu consentimento em locais públicos. Ou imaginemos o caso do proprietário de oficina contratado para consertar um automóvel. E se o carro fosse deixado estacionado na rua, onde ele tivesse acesso ao veículo? Em nenhum dos casos a lei deveria permitir que serviços não desejados fossem prestados em virtude dessas circunstâncias acidentais.
>
> Suponhamos que uma empresa firmasse um contrato com uma agência de publicidade para anunciar um novo sabonete na televisão e nos jornais, mas logo em seguida

descobrisse que o produto podia causar doenças na pele e o retirasse do mercado, cancelando o contrato com a agência de publicidade. A agência de publicidade não teria o direito de prosseguir com a campanha publicitária após o cancelamento do contrato. (pelo advogado Bennett [Q.C.] em sua argumentação [1962] A.C., pp. 422-23; cf. 1962 S.C. (H.L.) 8-11)

Tendo aduzido essas razões de política de interesse público, justiça e "senso comum"a favor da alegação do réu, a defesa passou a discriminar os casos referentes à violação antecipada do contrato para demonstrar que eles não forçavam uma decisão no outro sentido: "Casos de violações antecipadas de contratos não são pertinentes a este caso porque eles não vão além de demonstrar que a parte inocente, diante do repúdio, tinha o direito de não cumprir o contrato... (*ibid.*, p. 423). A defesa estava mesmo preparada para alegar a questão da desutilidade, de uma perspectiva macroeconômica:

> Se é uma questão de política de interesse público que os recursos da nação não sejam desperdiçados, depreende-se que o tribunal não obrigará a parte acusada, que não deseja o cumprimento do contrato, a submeter-se a ele, mesmo que, como neste caso, dele não tire qualquer proveito. É contrário ao interesse público que a parte inocente tenha seus lucros inflados por insistir em cumprir uma prestação de serviços ou fabricação de mercadorias que ninguém quer. O réu não está querendo abrir nenhuma brecha na inviolabilidade dos contratos. As reivindicações da empresa autora conduzem ao absurdo econômico e comercial, com conseqüências graves e de largo alcance. A justiça seria feita neste caso com uma simples reivindicação de indenização por violação do contrato (*ibid.*, pp. 423-4).

A decisão no caso envolveu necessariamente a escolha entre os valores de forçar as partes a cumprir os contratos firmados e proteger os direitos de partes inocentes (que às vezes podem perder tudo ao se recusar a aceitar o repúdio e esperar pelo prazo de execução contratual[15]) por um lado; e, pelo outro, as considerações do tipo apresentado pela defesa nos trechos citados, adotadas por lordes Morton e Keith. A justificação da decisão deverá depender da avaliação ponderada da relativa, ou comparativa, conveniência ou inconveniência das conseqüências que a decisão, enquanto decisão de princípio, acarretará. Entretanto, caberá apenas à esfera de ação dos juízes, e não da legislatura, fazer esse tipo de avaliação e pô-la em vigor se existir dentro da lei conflito entre analogias, normas gerais ou princípios, de tal modo que se possa demonstrar que a decisão – qualquer que seja – está amparada pela lei vigente muito embora não tenha sido determinada num sentido ou no outro por uma norma inequívoca de caráter obrigatório.

Pode também ocorrer que uma única "norma geral" ou "princípio" seja claramente reconhecido e aceito pelas partes de um caso em litígio como o princípio aplicável à sua disputa, mas que exista uma controvérsia quanto ao resultado ao qual ele deveria conduzir na disputa particular. Que as partes que pleiteiam indenização por violação contratual ou por violação de um dever extracontratual têm a "obrigação de tomar medidas para minimizar seu prejuízo" já está mesmo bem estabelecido. No entanto, e se uma grande empresa adquirir uma menor e instalar alguém de sua confiança como diretor administrativo, tirando do posto o ex-diretor administrativo, em violação do contrato dele, ao mesmo tempo em que lhe oferece um cargo inferior, com o mesmo salário que ele recebia antes? Deverá o diretor administrativo rebaixado engolir o orgulho e minimizar, ou na realidade eliminar, seu prejuízo financeiro aceitando a oferta?[16] Ou, e se um dentista que comprar um automóvel novo de dois em dois anos, para ter certeza de sempre chegar ao consultório com segurança e pontualidade, tiver seu carro atual destruído num acidente causado pela negli-

---

15. Cf. *Avery* v. *Bowden* (1855) 5 El. Bl. 714.
16. *Yetton* v. *Eastwoods Froy Ltd.* [1966] 3 All E.R. 353.

gência de terceiros? Deverá ele, ao contrário de seu invariável costume anterior, comprar um automóvel usado de imediato, ou terá ele o direito, por conta do réu, de alugar um carro novinho em folha enquanto espera a entrega de um automóvel novo que esteja à venda?[17] Em cada um dos casos, os tribunais aplicaram o teste da razoabilidade, e em cada caso concluíram que o autor que rejeitou o emprego no primeiro caso[18] e o que insistiu no carro novo no segundo caso[19] tinham agido de modo razoável, de modo que a indenização não precisava ser reduzida em termos que lhes fossem desfavoráveis. Conclusões dessa natureza dependem nitidamente de avaliação, e as deliberações feitas geram novas normas concretas que se inserem na ampla esfera do princípio dominante.

Mais uma vez, é de conhecimento comum que em todas as reivindicações de indenização por responsabilidade civil o princípio que rege a avaliação da indenização é o de que o pleiteante deve recuperar a plena compensação pelo prejuízo que sofreu em conseqüência do ato ilícito da outra parte, mas não mais que essa compensação (exceto naqueles casos em que a lei inglesa permite, excepcionalmente, a indenização punitiva ou qualificada). Mas como esse princípio se aplica se um engenheiro extremamente bem remunerado sofrer lesões graves num acidente de trem causado por negligência, de tal modo que não possa mais manter seu alto nível de remuneração por seu trabalho? Se £*n* representar sua renda bruta anual, e ele ficar totalmente incapacitado para o trabalho e, não fosse pelo acidente, ainda tivesse trabalhado por mais *m* anos, ele tem o direito a uma indenização de £*mn*? Não deveríamos também levar em conta o fato de que uma renda anual de £*n* está sujeita a um imposto de renda de uma alíquota mais alta? Nesse caso, uma indenização de £*m* $(n - x)$ representa a plena compensação de sua perda real.

---

17. *Moore* v. *D.E.R. Ltd.* [1971] 3 All E.R. 517.
18. *Supra,* n. 16.
19. *Supra,* n. 17.

Quando o problema foi levado à Câmara dos Lordes em *B.T.C.* v. *Gourley* ([1956] A.C. 185), a maioria foi favorável a esta última abordagem, muito embora, ao fazê-lo, estivesse desautorizando uma boa quantidade de precedentes contrários, tanto escoceses como ingleses (nenhum dos quais com a sanção da Câmara dos Lordes). Nas palavras de lorde Reid:

> É verdade que existem diversos precedentes e uma longa tradição de prática contrária a levar em conta a incidência de impostos no cálculo de indenizações, mas este não é o tipo de caso em que direitos adquiridos possam ter se acumulado ou em que as pessoas possam ter organizado seus assuntos contando com a validade da prática vigente. Na minha opinião, este é um caso em que é correto que Vossas Excelências examinem a questão por seus méritos como uma questão de princípio.
>
> O princípio geral sobre o qual a indenização é calculada não está em questionamento. Um pleiteante que tenha êxito faz jus a que lhe seja concedida uma soma tal que, na medida do possível, compense o prejuízo financeiro que ele sofreu e que provavelmente sofrerá em conseqüência do mal que o atingiu pelo qual o réu é responsável...
>
> A verdadeira questão nesse caso consiste em saber se a responsabilidade de pagar impostos é algo que a lei deveria considerar por demais remoto para ser levado em conta [não se aplicando o princípio de "*res inter alios acta*"] (*ibid.* pp. 216-8).

Sua Excelência então argumentou que a lei não poderia, em harmonia com aquele princípio geral, tratar a incidência de impostos como "por demais remota" no cálculo de indenização. Conceder a um pleiteante uma soma para compensar a perda de rendimentos passados e futuros calculada com base nos rendimentos brutos sem nenhuma redução por impostos incidentes sobre eles corresponderia a dar ao pleiteante um ganho inesperado, uma soma maior na compensação do que a que ele teria de fato obtido se não tivesse sido impossibilitado de trabalhar. A responsabilidade de pagar impostos, sejam eles dedutíveis antes do pagamento do salário a um pleiteante, sejam eles calculados e pagos no final do período (como no caso da alíquota mais alta), era uma responsabilidade decorrente da lei geral do país, aplicável a cada pessoa que seja um cidadão que receba remuneração. Tratava-se de uma cobrança necessária e inevitável sobre a renda, não de uma despesa pessoal ou eventual. Logo, era distinguível da situação inversa de um pleiteante que por acaso tivesse feito uma apólice de seguro que cobria exatamente o tipo de lesão que sofreu. Esse ato de prudência eventual e pessoal, embora pudesse com efeito diminuir ou eliminar o prejuízo financeiro sofrido pelo pleiteante, foi acertadamente considerado por demais remoto para ser levado em conta no cálculo da indenização contra o réu.

Outra dificuldade para a opinião de Sua Excelência sobre os méritos do caso dizia respeito à aplicabilidade da norma (estipulada no caso) de que a renda líquida, depois de descontados os impostos, era a medida para a indenização por perda de renda para casos de demissão do emprego sem justa causa. Por que, haviam insistido, um empregador que demitisse injustamente um empregado deveria com isso ter reduzidas suas próprias despesas? De acordo com a norma contemplada, o empregador, que teria tido de pagar o salário bruto total se o contrato tivesse sido mantido, consideraria mais barato violar o contrato do que mantê-lo, já que sua responsabilidade agora seria com relação ao salário líquido, com isso tirando proveito de seu próprio ato ilícito. A essa questão, Sua Excelência deu duas respostas: primeiro, que a função correta da indenização, nos termos do princípio reconhecido, é compensar a parte inocente por seu prejuízo real, não punir o transgressor; e, em segundo lugar, que na realidade o empregador não auferia nenhum ganho, já que ele precisava empregar outra pessoa para o posto da pessoa demitida, a menos que o trabalho do tipo realizado por ela não fosse mais necessário para o empregador. Logo, o empregador ou precisava pagar duas vezes pelo serviço que necessitava, ou precisava pagar compensação por um serviço que não necessitava mais; e em nenhum dos dois casos seria possível dizer que ele estivesse tirando qualquer proveito.

Lorde Keith of Avonholm, porém, chegou à conclusão oposta[20] quanto à correta aplicação do princípio geral da indenização-apenas-como-compensação na classe de caso perante o tribunal. Se A e B ganham cada um duas mil libras por ano, e os dois sofrem graves lesões, ficando assim sem poder trabalhar, é acertadamente considerado descabido (por ser "por demais remoto") no cálculo de indenizações se A (digamos) por acaso tiver uma mulher rica, com uma grande renda, muito embora nesse caso A pudesse de fato precisar de menos compensação que B. Contudo, ao levar em conta a incidência de impostos, com efeito, o que se estará fazendo é tornar a renda da mulher de A pertinente a seu direito a indenização, já que naquela época as rendas dos cônjuges eram sempre agregadas para efeitos fiscais. Das normas alternativas à disposição dos tribunais, "A primeira alternativa [renda bruta como base para a indenização] fornece uma norma simples que vem sendo adotada há gerações e que gera um mínimo de confusão. A segunda alternativa, creio eu, deve dar ensejo a sérias dificuldades e complicações" (*ibid.*, p. 216).

Entre essas dificuldades, ele mencionou a questão da possível obrigação de pagamento de impostos no estrangeiro, o que necessariamente teria de ser coberto pela mesma norma que o imposto britânico, mas cuja comprovação levantaria complicações espantosas. Outra dificuldade, que no mínimo atinge tanto a justiça como a conveniência, diz respeito à questão de saber se o pleiteante não teria organizado de tal modo seus assuntos que no futuro o total de suas obrigações tributárias fosse reduzido, por meio de acordos ou pela aquisição de apólices de seguro adequadas. Não seria justo excluir a possibilidade de o pleiteante tomar

---

20. Ver especialmente [1956] A.C., pp. 216-8.

essas medidas com legitimidade para diminuir suas obrigações tributárias, mas para os tribunais seria irremediavelmente especulativo tentar levar em conta a possibilidade dessas medidas.

Ademais, uma questão constitucional estava envolvida. Trata-se de um princípio fundamental o de que o parlamento, e apenas o parlamento, tem autoridade para impor tributos. A norma preferida pela maioria tinha um quê de tributação extraparlamentar. "Se houver razão para pensar que calcular uma indenização com base nos ganhos brutos em ações por lesões corporais, ou por demissão sem justa causa, permite que o indivíduo escape de sua cota de contribuição à receita nacional, essa posição, na minha opinião, deveria ser retificada por meio de legislação" (*ibid.*, p. 218). (Vale salientar que a necessária preocupação anual do parlamento com a tributação no que diz respeito à Lei Tributária torna semelhante recurso ao parlamento como o foro adequado ao caso muito mais razoável do que quando ele é acionado em casos de questões de direito puro.)

Assim, o caso *Gourley* fornece um ótimo exemplo de que, mesmo quando é de conhecimento geral que existe um único princípio do direito, bem estabelecido e freqüentemente reiterado, que é aceito por todas as partes como o princípio dominante no ramo do direito em questão, sua aplicação a um problema factual particular bem pode ser uma questão de razoável controvérsia. A aceitação do princípio como a norma dominante pertinente pode apenas oferecer orientação quanto às considerações avaliatórias pertinentes que podem com legitimidade ser usadas em justificação de uma deliberação concreta num sentido ou no outro. O princípio determina a faixa legítima de considerações justificatórias. Ele não produz, nem pode ser apresentado como se produzisse, uma resposta conclusiva.

De mais a mais, é de interesse ressaltar que lordes Reid e Keith recorreram separadamente a dois princípios distintos em pontos decisivos de suas argumentações. Há de se recordar que lorde Reid justificou seu afastamento de precedentes firmes e da prática estabelecida, salientando que a decisão que propunha não envolvia nenhuma frustração de expectativas estabelecidas nem privação de direitos adquiridos. Ou seja, ele sustentou a inaplicabilidade do princípio de que os tribunais não deveriam derrubar as expectativas de partes que agiram confiando numa interpretação da lei, nem interferir em direitos presumivelmente adquiridos, estipulando novas normas divergentes da prática anterior. (Como alternativa, ele aplicou a conversão desse princípio: de que os tribunais podem inovar nos casos em que expectativas ou direitos adquiridos não sejam prejudicados.) O meticuloso exame desses princípios estava nitidamente subordinado à principal justificação oferecida por lorde Reid para a norma proposta por ele.

De modo semelhante, a advertência de lorde Keith para o princípio de que questões tributárias são da exclusiva competência do parlamento[21] estava subordinada à sua argumentação principal. Estando convencido da maior conveniência e justiça da norma dos vencimentos brutos, ele pôde citar esse princípio como sustentação suplementar de sua argumentação, como uma poderosa justificação auxiliar.

Pode ser considerado que até o momento o debate sobre o uso de princípios jurídicos gerais na argumentação jurídica não conseguiu explicar plenamente sua importância. Os pronunciamentos no caso do *Dorset Yacht Club* e no caso *Gourley* parecem indicar que os princípios usados na justificação desempenharam um papel muito mais importante do que meramente o de elementos necessários para a justificação. Seria bem possível dizer que o princípio do próximo e o princípio da indenização exclusivamente como compensação foram nitidamente aceitos como as normas que deveriam reger a decisão, e que os outros argumentos aduzidos foram meramente suplementares. Em cada caso,

---

21. Quanto a esse ponto, ver, por exemplo, *Attorney General* v. *Wilts United Dairies* (1921) 37 T.L.R. 884, e *Hotel and Catering Industry Training Board* v. *Automobile Proprietary Ltd.* [1969] 2 All E.R. 582, e [1968] 3 All E.R. 399.

no mínimo, o princípio em questão acabou sendo aplicado, a menos que alguma forte razão contrária – de princípio ou de conduta – pudesse ser apresentada contra sua aplicação. Nesses casos, a existência de um princípio bem estabelecido – ou seja, reconhecido, enunciado e aplicado com freqüência e autoridade – proporciona em si uma razão forte, se não irresistível e irrevogável, para justificar a decisão do caso num sentido ou no outro. O mesmo poderia ser dito com igual ênfase em relação à evolução moderna do direito administrativo. Pelo menos desde a decisão em *Ridge* v. *Baldwin* ([1964] A.C. 564), por exemplo, o princípio de que uma pessoa tem o direito de ser ouvida com imparcialidade antes que qualquer decisão que afete seriamente interesses importantes para essa pessoa seja tomada por qualquer um que exerça poder público ou quase público veio a ser aceito como de aplicação praticamente compulsória em qualquer situação cabível; que o princípio é aplicável é considerado uma justificação suficiente para uma decisão que o aplica, a menos que alguma forte razão contrária possa ser apresentada em termos convincentes contra sua aplicação[22]. Poderia até mesmo ser alegado que não existe nenhuma possibilidade de traçar uma distinção real e rigorosa entre princípios bem estabelecidos e normas jurídicas de caráter compulsório[23].

Há bastante verdade nisso, mas é importante não exagerar. Para começar, admitamos que a coesão e a coerência existentes entre normas jurídicas afins em áreas semelhantes do direito constituem em si um importante valor legal, sendo de fato um aspecto da justiça, de tratar casos semelhantes de modo semelhante e de evitar a diferenciação arbitrária de casos. Voltando a um exemplo anterior, pareceria irracional ter uma norma de acordo com a qual quem salva vidas teria o direito a compensação por lesões sofridas a ser recebida daqueles que por negligência causaram risco

22. Ver, por exemplo, *Malloch* v. *Aberdeen Corporation* 1971 S.C. (H.L.) 85.
23. Cf. C. H. Tapper, "A Note on Principles" (1972) 34 *M.L.R.* 628.

à vida; e depois estipular uma norma pela qual quem salvasse bens não teria nenhum direito análogo. Entretanto, essa proposição vale apenas se for aceito que a norma anterior é uma norma positiva e benéfica. Existem afinal de contas numerosos exemplos em que juízes, de modo análogo, se recusaram a estender a aplicação de normas que consideravam "anômalas" ou "excepcionais" – como vimos em *Read* v. *Lyons*[24]. Se estivermos presos a uma norma incontestável de caráter compulsório que nos pareça desvantajosa ou injusta, há maior racionalidade na rejeição a estendê-la que em sua extensão[25]. É prática judicial comum nesses casos desaprovar uma excessiva consideração pela "lógica"[26]. Logo, se a coesão somente for boa no contexto de extensão compatível e de generalização de normas consideradas boas por motivos outros que não o de serem manifestações de princípios jurídicos bem estabelecidos, é difícil evitar a conclusão de que a reflexão decisiva está nas avaliações e percepções por parte de juízes e advogados de linhas desejáveis de desenvolvimento jurídico. E mais, essas avaliações e percepções mudam ao longo do tempo. *Read* v. *Lyons* talvez tenha sido o apogeu da reverência judicial pela noção de "nenhuma responsabilidade sem que haja culpa". Desse modo, embora seja verdade que em algum ponto no tempo existam num sistema jurídico princípios reconhecidos que são concebidos como expressões de valores fundamentais ou pelo menos importantes do sistema, de modo tal que apresentam a tendência a ser considerados fornecedores auto-suficientes de justificações para decisões, desde que não haja considerações que se contraponham a eles, isso ocorre porque os valores que eles expressam são considerados supremos. Ademais, a possibilidade de admitir considerações contrárias indica que esses princí-

---

24. [1947] A.C. 156, *supra*, pp. 167-9.

25. Cf. *Cassell & Co. Ltd.* v. *Broome* [1972] A.C. 1027, p. 1086 (por lorde Reid).

26. Cf. p. 40 *supra*.

pios não podem nunca ser conclusivos da forma pela qual até agora sugerimos que as normas de caráter compulsório podem ser. Pelo menos, nessa medida, temos razão ao sugerir que, em casos que não estejam cobertos por nenhuma norma indistinguível de caráter compulsório, a aplicabilidade de um princípio geral, embora necessária, não é uma justificação conclusiva para agir de acordo com uma norma nova.

A mesma proposição foi sugerida quanto ao que diz respeito à força legal da argumentação por analogia. Um bom exemplo ilustrativo é o do caso de *R.* v. *Arthur* ([1968] 1 Q.B. 810). Um determinado Edward David Arthur foi indiciado no tribunal do júri (Assizes), sendo enquadrado na acusação de "em Gravesend, no condado de Kent, no dia 31 de agosto de 1967, ter ateado fogo deliberadamente a uma residência na qual se encontrava um determinado Edward David Arthur, em transgressão ao artigo 2 da Lei de Danos Dolosos de 1861". O referido artigo estabelece o seguinte:

> Quem quer que, de modo ilícito e doloso, ateie fogo a qualquer residência, havendo nela qualquer pessoa, será culpado de crime qualificado.

A lei considera esta uma forma qualificada de incêndio criminoso, em comparação com o ato de atear fogo a uma residência vazia, crime para o qual as penas são mais brandas.

Pela defesa, o advogado Abdela solicitou a anulação dessa parte da acusação pelo motivo de que não se deveria interpretar que a lei contemplasse a situação na qual o réu fosse a única pessoa na residência no momento do incêndio. Teria sido absurdo conceder tratamento diferente a alguém que ateasse fogo à própria casa antes de sair e alguém que jogasse um fósforo aceso pela janela depois de ter saído. Embora pareceres judiciais[27] e Archbold sustentassem a vi-

27. *R.* v. *Pardoe* (1897) 17 Cox C.C. 715 por Coleridge, presidente do Supremo Tribunal.

são de que uma indiciação dessas era válida, a lei deveria ser interpretada como aplicável apenas ao caso em que se alegasse que o réu teria posto fogo a uma residência, estando no seu interior alguma outra pessoa. Para sustentar essa proposição, ele atraiu a atenção do juiz Howard para os termos do artigo 18 da Lei de Delitos contra a Pessoa, de 1861:

> Quem quer que, de modo ilícito e doloso, por absolutamente qualquer meio, provoque ferimento ou qualquer lesão corporal grave em qualquer pessoa...

Este artigo, salientou ele, nunca foi e nunca poderia ser razoavelmente interpretado como aplicável a ferimentos infligidos a si mesmo. Como as duas leis foram promulgadas no mesmo ano pelo parlamento, a conclusão racional era entender "qualquer pessoa" no mesmo sentido em cada caso, como aplicável apenas a pessoas outras que não o réu.

Não obstante a argumentação da promotoria de que a analogia era despropositada porque o artigo 18 poderia se aplicar a casos de automutilação e porque, fosse como fosse, o suicídio era um crime quando a lei foi promulgada, o juiz Howard foi persuadido pela argumentação da defesa, embora não sem certa relutância evidente. O problema, a seu ver, era que a defesa dependia de fato da inclusão, na lei, de uma palavra não incluída pelo parlamento, como se o artigo 2 tivesse estipulado "havendo nela qualquer *outra* pessoa". "Creio que essa seria realmente uma questão para o parlamento, e este tribunal estaria legislando, e não ministrando a lei [que] é o que deve ser feito" (*ibid.*, p. 812).

Está totalmente evidente a partir das ordens de sua sentença que ele tratou a analogia feita com o artigo 18 da Lei de Delitos contra a Pessoa como o ponto crucial que justificou sua aceitação da moção da defesa.

> O sr. Abdela chamou a atenção para o fato de o artigo 18 da Lei de Delitos contra a Pessoa de 1861, lei promulgada no mesmo ano, ter empregado redação idêntica... Ninguém parece ter ouvido falar... de alguém ter sido processado nos

> termos daquele artigo por causar, de modo ilícito e doloso, graves lesões corporais a si mesmo. Basta que se enuncie a proposição para que se perceba como essa interpretação seria extraordinária... [E]m geral, creio que a interpretação razoável do [artigo 2 da Lei de Danos Dolosos] não é a que serviu de base para decisões por muitos anos... "[H]avendo nela qualquer pessoa" deve, mediante uma interpretação razoável, referir-se a alguma pessoa que não seja o incendiário (*ibid.*, p. 813).

Contudo, não é menos óbvio que a analogia usada não tornou obrigatória a decisão proferida. A existência da analogia não forçou o juiz Howard a chegar à conclusão que chegou. Na sua opinião, ela foi, sim, crucial para demonstrar que uma conclusão que de outro modo seria desejável era permissível nos termos da lei. A analogia representou amparo legal, não obrigatoriedade legal, para a decisão proferida. As passagens citadas da sentença tornam de uma clareza cristalina que o juiz Howard não teria considerado justificável anular aquela parte da acusação, não fosse pela existência de uma analogia suficiente entre as duas leis. Mais uma vez, pode-se observar que a justificação subjacente dessa abordagem está no presumido valor de compatibilidade entre dois ramos afins do direito. Somente considerando-se o pressuposto de que uma legislatura racional deveria ter em mente uma conduta semelhante ao adotar fraseologia semelhante em dois dispositivos de codificação criminal promulgados no mesmo ano, e de que o parlamento britânico é, ou deveria ser tratado como se fosse, uma legislatura racional que adere a esse tipo de conduta coerente, pode o uso observado da analogia em questão ser encarado como uma justificação pertinente.

Um caso não dessemelhante, se bem que talvez mais fraco[28], que demonstra os mesmos pontos é o de *Norwich*

28. [1972] Ch. 556 "Mais fraco" na medida em que a analogia mencionada tinha, em seu contexto, uma importância menos crucial. A decisão do juiz Graham foi revertida pelo tribunal de recursos, [1974] A.C. 133; mas restaurada pela Câmara dos Lordes na última instância [1974] A.C. 133.

Pharmacal Ltd. v. *Commissioners of Customs and Excise* ([1972] Ch. 566), no qual o juiz Graham ordenou aos agentes alfandegários que revelassem à empresa pleiteante os nomes de importadores que, ao que lhes fosse dado saber, tivessem importado uma substância química cuja patente era de propriedade da pleiteante, numa alegada violação da referida patente. Os agentes alegaram que as leis que lhes conferiam poderes para exigir que os importadores lhes revelassem a natureza das mercadorias que importavam impunham-lhes também um dever implícito de confidencialidade tal que seria ilegal que revelassem os detalhes desejados pelo pleiteante. O douto juiz, ao rejeitar essa alegação, encontrou amparo para a justificação na prática pela qual a polícia é autorizada a dar a partes envolvidas em acidentes automobilísticos detalhes referentes às outras partes envolvidas[29], muito embora esses detalhes tenham chegado a seu conhecimento no exercício de poderes públicos e a serviço de deveres públicos. "Como questão prática, os dois casos são análogos em princípio, se bem que o primeiro [a prática policial] possa em última análise ser depreendido de uma lei, como, por exemplo, o artigo 27 da Lei de Licenças para Motoristas e Veículos de 1969... e se os interesses da justiça exigem o procedimento num caso, por que não deveriam exigi-lo no outro?" (*ibid.*, p. 584).

O poder para ordenar a divulgação de documentos exercido no caso é um poder conferido aos juízes pela Lei do Supremo Tribunal da Magistratura de 1925 e regulamentado por Normas do Supremo Tribunal criadas nos termos daquela lei. Antes de 1969, havia uma norma do direito consuetudinário em virtude da qual Ministros da Coroa tinham o poder de adotar alegações conclusivas de privilégio de sigilo em relação a documentos pertencentes a classes de documentos cuja divulgação eles considerassem pre-

---

29. "Derivado em última análise", como salientou o juiz Graham, das normas previstas em lei como o artigo 27 da Lei de Licenças para Motoristas e Veículos de 1969. Havia amparo em outros fundamentos: ver *ibid.*, pp. 582-4. E, para a justificação avaliatória, ver pp. 578-9.

judicial ao interesse público. Essa norma, porém, foi revogada pela Câmara dos Lordes no caso de *Conway* v. *Rimmer* ([1968] A.C. 910), no qual foi estipulado que os tribunais tinham poder para derrubar tais reivindicações ministeriais de privilégio nos casos em que fossem da opinião de que o interesse público pela garantia da correta administração da justiça sobrepujasse o interesse público pelo sigilo. Essa norma do direito consuetudinário – norma de caráter compulsório para um juiz de instância inferior – em conjunto com a norma prevista em lei, foi aplicada pelo juiz Graham ao dar a ordem que deu. Observe-se que, sob esse aspecto, a argumentação justificatória do juiz não envolve uma argumentação a partir de analogia. Se quisermos empregar os termos com alguma precisão, devemos distinguir a direta aplicação de normas cuja aplicação seja compulsória de ocasiões em que uma lei escrita ou precedente que estipule uma norma clara para um conjunto de fatos operativos seja citada como justificação para uma decisão que estabeleça que uma conseqüência normativa semelhante ou idêntica deva se seguir a um conjunto semelhante de fatos operativos. O primeiro caso, o caso de aplicação direta, envolve em termos expressos ou implícitos o uso de argumentação por dedução como justificação suficiente e conclusiva. O segundo caso, não.

No caso da *Norwich Pharmacal*, o preceito "Se uma parte litigante pleitear a divulgação de documentos pertinentes, o juiz tem poder para ordenar que a parte detentora da custódia dos documentos os revele para inspeção e para suplantar alegações de privilégio do ministério público com base nos seguintes fundamentos..." gera, por simples dedução, a conclusão de que aquele juiz particular tem poder para emitir uma ordem para revelação a pedido do pleiteante em particular.

As dificuldades no caso diziam respeito a saber se o juiz deveria ou não exercer esse poder discricionário. Contrapondo-se à argumentação de que não deveria, por caber aos agentes alfandegários o dever de manter a confidencialidade, o juiz apresentou (*inter alia*) a analogia com a polícia acima mencionada. Uma dificuldade adicional e mais central era a de que o uso normal do poder de ordenar a revelação somente ocorre entre duas partes de uma disputa. No caso em tela, porém, a reivindicação substantiva do pleiteante pela violação de seu direito de patente estava dirigida a terceiros ainda não identificados, cujos nomes eram do conhecimento dos agentes alfandegários em virtude das declarações aduaneiras que os importadores lhes apresentavam. Desse modo, foi contestado pelos agentes alfandegários que o poder de ordenar a revelação não poderia ser legitimamente exercido sobre eles. Na sentença do juiz Graham, o contra-argumento decisivo "a questão vital neste caso" foi derivado dos casos de *Orr* v. *Diaper*[30], *Upmann* v. *Elkan*[31] e citações de jurisprudência afins. Disse ele:

> Os querelantes [no caso de *Orr*] tinham tido seus direitos desrespeitados por terceiros, exportadores, cujos nomes eles desconheciam. Os querelados eram transportadores das mercadorias dos exportadores que eram falsificações das marcas dos autores. Os querelados, quando lhes foi pedido, recusaram-se a dar os nomes dos exportadores e foram processados para que os revelassem. Foi alegado que os querelados eram meras testemunhas, mas o juiz [V-C] Hall disse[32] [que sua posição, sendo eles os verdadeiros transportadores, era diferente da de meras testemunhas, e que o resultado seria uma negação da justiça aos querelantes se os transportadores pudessem se recusar a revelar o nome do expedidor] (*ibid.*, p. 579).

Não creio que o fato de a informação confidencial ter sido obtida como resultado de poderes previstos em lei, em vez de por algum outro meio, faça qualquer diferença nas circunstâncias segundo as quais a informação deveria ser mantida secreta ou revelada, conforme o caso. Essa posição

30. (1876) 4 Ch. D. 92.
31. (1871) L.R. 12 Eq. 140.
32. Veja (1876) 4 Ch. D., p. 96.

> é corroborada pela recente decisão do juiz Forbes em *Alfred Crompton Amusement Machines Ltd.* v. *Commissioners of Customs and Excise*[33] (*ibid.*, p. 582).
>
> Parece-me que para que a justiça seja feita, e feita com a maior rapidez e economia possível evitando assim o custo de prolongadas investigações por parte dos pleiteantes, é altamente desejável que se tome o caminho mais curto e que os agentes alfandegários sejam forçados a revelar os nomes em questão (*ibid.*, p. 584).

Está perfeitamente claro que se poderia traçar uma distinção racional (como alegaram os agentes alfandegários) entre o tipo do caso *Orr*, em que uma empresa privada está em direta relação contratual com o potencial (porém desconhecido) querelado, e o caso em foco em que a informação pertinente tinha chegado às mãos dos agentes alfandegários no exercício de um poder público conferido por lei. Logo, não se pode dizer que a deliberação no caso *Orr* se aplicasse diretamente e por sua própria força às circunstâncias do caso *Norwich Pharmacal*.

Além dessa dessemelhança potencialmente importante, os pontos de similitude eram os seguintes: (1) alegação de violação de um direito da natureza da "propriedade industrial" (2) pelo uso indevido de mercadorias (3) pertencentes a terceiros não identificados (4) supostamente culpados da violação (5) cuja identidade era do conhecimento do querelado (6) que tinha certo grau de controle sobre as mercadorias cujo uso constituía a violação, (7) sendo, portanto, mais do que "meras testemunhas". E a pergunta permanece: *deveria* o caso em foco ser decidido da mesma forma que o precedente (ordenando-se a revelação), considerando-se a diferença significativa do relacionamento entre o querelado e os terceiros não identificados nos dois casos? Há dois níveis de resposta: em primeiro lugar, quais eram as razões de princípio subjacentes pelas quais a decisão do

33. Não relatada (15 de julho de 1971), ver [1972] 2 Q.B. 106A-116G.

precedente estava justificada? (Ou quais razões dessa natureza podem justificavelmente ser imputadas?) Se essas considerações de princípio justificatório se aplicam com eficácia semelhante às circunstâncias diferentes do caso em foco, então pelo menos o argumento a partir da coerência é aplicável. E nesse caso, em segundo lugar, é essa uma conduta boa a seguir (a) em si e (b) nas circunstâncias do caso perante o tribunal? Essa é naturalmente uma questão para avaliação judicial ao longo das linhas examinadas anteriormente, e essa avaliação é, em última análise, o fator decisivo. A partir dessa perspectiva abstrata, pode-se dizer que o primeiro nível é mais ou menos cognitivo; o segundo, mais ou menos avaliatório, embora, como revela um exame cuidadoso do parecer do juiz Graham – e essa observação é essencialmente geral – na argumentação concreta da vida real os dois níveis se encontrem irremediavelmente entrelaçados.

Mais uma vez, naturalmente, é preciso ressaltar que, quando se fala em semelhanças pertinentes no contexto da análise de analogias, essas semelhanças são criadas, não encontradas. É provável que não haja nenhuma semelhança visual acentuada (por exemplo) entre os agentes alfandegários instalados em sua repartição em Londres, recebendo declarações sobre mercadorias importadas, e a transportadora, Diaper, que remete para fora do país mercadorias de marca registrada falsificadas. O crucial é que num caso anterior um tribunal, ao proferir uma sentença e justificá-la nos termos da lei, incluiu os fatos em questão em certas categorias. O caso novo coincide em parte no sentido de que seus fatos podem ser atribuídos a um conjunto de categorias parcialmente semelhante, ou a um conjunto de categorias que, junto com o conjunto anterior, pode ser apresentado como uma espécie de algum gênero maior. A "similitude" entre os casos é semelhança no que diz respeito a essas categorias. Na medida em que tenham sido apresentados ou possam ser sugeridos bons argumentos conseqüencialistas que justifiquem a deliberação anterior nos termos da lei, esses argumentos podem ser apresentados para justificar uma deliberação semelhante para o caso atual parcialmente semelhante e, de fato, para qualquer caso que pertença a essa nova categoria. É natural, porém, que haja contra-argumentos baseados em conseqüências adversas decorrentes da consideração dos fatos materiais diferenciadores. É desse modo que a "argumentação por analogia" ampara decisões judiciais inovadoras, sem ter caráter compulsório. Essa explicação indica ainda por que nenhuma linha de distinção nítida pode ser traçada entre a argumentação a partir de princípios legais e a argumentação a partir de analogias. As analogias só fazem sentido se houver razões de princípio subjacentes a elas.

Na realidade, a diferença encontra-se apenas no grau de explicitação com que um princípio tenha sido enunciado até o momento. O "princípio do próximo" uma vez enunciado torna explícita uma fundamentação para tratar como análogos, em termos pertinentes, casos com alguns aspectos semelhantes ao caso *Donoghue* v. *Stevenson* ([1932] A.C. 562; 1932 S.C. (H.L.) 31). Por outro lado, o seguimento de uma analogia num caso particular pode muitas vezes fornecer fundamentos para expressar algum enunciado novo, mais amplo, de um princípio, como demonstram os casos *Norwich Pharmacal*[34] e *Steel*[35]; mas não necessariamente, como demonstra *R.* v. *Arthur*[36].

Se essas formas de argumentação não têm caráter compulsório no sentido de um juiz ter o dever de decidir o novo caso de modo semelhante ao caso análogo, ou de interpretar a lei em questão de modo semelhante à interpretação recebida pela jurisprudência do caso análogo, seguem-se duas conclusões. Primeiro, deve haver (ou no mínimo deveria haver) alguma boa argumentação avaliatória para a decisão proferida, pelo menos o valor da coerência, na au-

34. [1972] Ch. 566; [1974] A.C. 133.
35. 1944 S.C. 237.
36. [1968] 1 Q.B. 810.

sência de quaisquer considerações contrárias, e preferivelmente algo mais, como a argumentação do juiz Graham[37]. "Parece-me que, para que a justiça possa ser feita e com a maior rapidez e economia possível, evitando assim o custo de prolongadas investigações complementares por parte dos pleiteantes, é altamente desejável que se tome o caminho mais curto e que os agentes alfandegários sejam forçados a revelar os nomes em questão." Em segundo lugar, deve haver alguma razão geral pela qual argumentações por analogia ou a partir de princípios legais devam ser entendidas como propiciadoras de "amparo legal" para decisões novas, no sentido de serem condições necessárias de sua permissibilidade, em vez de terem caráter compulsório como acontece com normas obrigatórias diretamente aplicáveis. Uma razão geral dessas não é difícil de encontrar. Grandes questões de política legislativa deveriam ser do interesse da legislatura política, especialmente em sociedades democráticas. Os juízes deveriam abster-se de tomar partido em questões de real ou potencial controvérsia política. Por outro lado, a lei conforme administrada nos tribunais deveria exibir coerência de princípios e não ser uma "selva de exemplos isolados"; e, na medida em que uma sociedade tenha, ou em que se acredite ou perceba que tem, certos valores compartilhados, a despeito de diferenças político-partidárias e preferências pessoais, esses "valores do senso comum" deveriam se concretizar em suas leis. Esses princípios potencialmente conflitantes podem ser mantidos em equilíbrio pela sustentação do princípio de que a distinção e a separação deveriam ser mantidas entre as funções e os poderes legislativo e judiciário, não nos termos excessivamente simplificados de que os legisladores fazem as leis e os juízes apenas julgam com base nessas leis, mas em termos de que a necessária função legisladora do judiciário, necessária no interesse da coesão e da busca de valores de senso comum, deveria ser sujeita a restrições defi-

37. [1972] Ch., p. 584.

níveis. O reconhecimento altamente desejável de um poder pertinente ao judiciário para criar leis deve ser restrito pelo reconhecimento de um dever de fazê-lo apenas nos "interstícios". É preciso, portanto, que haja um critério para distinguir a legislação intersticial da estrutural. Um critério possível é o de que uma analogia pertinente ou um princípio estabelecido é um elemento necessário para justificação de uma decisão inovadora. Assim, se buscarmos uma razão pela qual argumentos a partir de analogias ou a partir de princípios têm a força que têm na argumentação jurídica, a resposta é a existência de uma norma convencional altamente desejável que confere poder aos juízes para estender a lei no sentido de cobrir circunstâncias que não estejam regidas de modo direto ou inequívoco por normas estabelecidas de caráter compulsório, mas que impõe limites ao alcance desse poder.

Parece verdadeiro afirmar que a controvérsia freqüentemente acirrada, mas sempre árida, a respeito de poderem os juízes "fazer leis" ou "legislar", se deveriam agir desse modo ou se de fato o fazem, é na essência uma questão verbal ou terminológica. Trata-se no fundo de uma decisão arbitrária se deveríamos usar uma palavra diferente para descrever o processo de decretação de leis pelos parlamentos, após debates políticos nos quais não se aplica à justificação da decretação o fato de ela estar em conflito com normas ou princípios do direito anteriores (pois com freqüência é esse o propósito dessas decretações) e outra para o processo de criação de normas judiciais, justificado pela referência a analogias e princípios na lei vigente na medida em que estes promovam valores de "senso comum". Existe, é claro, um sentido pelo qual decisões e deliberações justificadas desse modo apenas tornam explícito o que estava implícito na lei preexistente; e essa é uma diferença considerável entre os dois processos. É também verdadeiro, porém, que a lei é modificada no momento seguinte à decisão de um importante "caso que firme jurisprudência" em relação ao que era no momento anterior. E essa é uma semelhança notável. O que é essencial é ver tanto a diferença quanto a semelhança. A terminologia é muito menos importante, embora seja louvável a idéia de reservar os termos "legislação" e "legislar" para a descrição do primeiro processo, e buscar outro termo para o segundo. Por que não o muito desdenhado "declarar" a lei, usado no século XVIII? Pelo menos, uma distinção dessas nos ajudaria a ver a finalidade da doutrina da separação dos poderes e a perceber a realidade dos limites sobre os poderes judiciais da inovação jurídica.

Para concluir a argumentação deste capítulo, é necessário finalmente demonstrar que a força de argumentos a partir de analogias e a partir de princípios é *exclusivamente* a de demonstrar a permissibilidade de decisões propostas, não de torná-las obrigatórias. *Rondel* v. *Worsley*[38], já citado e debatido revela suficientemente que até mesmo um princípio tão bem estabelecido como o "do próximo" não tem efeito compulsório mesmo num caso – o da relação de um advogado com seu cliente – ao qual ele é nitidamente aplicável. A contraposição de razões de política justificou a asserção de que não existe entre essas duas partes nenhuma responsabilidade por negligência.

O caso *Phipps* v. *Pears* ([1964] 2 All E.R. 35) ilustra com perfeição o mesmo ponto. O proprietário de duas casas em lotes contíguos demoliu uma das casas e construiu uma nova com a parede lateral encostada diretamente na da casa que ainda estava em pé. Alguns anos mais tarde, as duas casas passaram a ser da propriedade separada do querelante e do querelado, que, por ordem da autoridade municipal, demoliu a sua (a casa mais velha). Em decorrência da parede contígua da casa mais nova ter sido erigida diretamente encostada na parede da mais velha, ela nunca tinha sido rejuntada, emboçada ou rebocada. Por isso, depois da demolição houve infiltração de chuva e, durante o inverno, a água congelou, provocando graves rachaduras

38. [1969] A.C. 191.

na parede. O querelante iniciou um processo pedindo indenização.

> Ao demolir a casa de n.º 14, os querelados, disse ele, tinham violado seu direito de proteção contra as intempéries. Esse direito, disse ele, era análogo ao direito de sustentação. Já está estabelecido em lei, naturalmente, que uma pessoa cuja casa seja contígua a outra por muitos anos, de tal modo que ela se torne dependente da outra para sustentação, tem o direito a que essa sustentação seja mantida. Seu vizinho não tem o direito de demolir a própria casa sem fornecer uma substituição da sustentação na forma de escoras ou alguma obra dessa natureza, veja *Dalton* v. *Angus*[39] ... [Na verdade, a exposição de motivos do querelante levanta a pergunta:] Existe servidão de proteção? (Por lorde Denning, juiz do tribunal de recursos, *ibid.*, p. 37.)

O tribunal de recursos recusou-se a reconhecer qualquer tipo semelhante de servidão de proteção contra intempéries. Sua fundamentação era a de que a servidão pleiteada era de natureza negativa, na medida em que (se existisse) daria ao proprietário do prédio dominante o direito de impedir a outra parte de fazer algo que de outro modo seria legítimo dentro de seu próprio terreno. Por esse lado, era preciso examinar o tema com cautela, "porque a lei sempre relutou muito em criar qualquer tipo novo de servidão negativa"[40]. Exemplos ilustrativos dessa cautela eram a negação do direito a uma vista em casos como *Bland* v. *Moseley*[41] ou do direito à livre passagem do vento para um moinho de vento, como em *Webb* v. *Bird*[42].

> A razão subjacente a esses exemplos é que, se uma servidão dessa natureza fosse permitida, ela restringiria indevidamente o vizinho no uso de sua própria propriedade. Pre-

39. (1881) 6 App. Cas. 740.
40. [1964] 2 All E.R., p. 37 (por lorde Denning).
41. (1587) 9 Co. Rep. 58a.
42. (1861) 13 C.B. (N.S.) 841.

> judicaria o progresso legítimo, veja *Dalton* v. *Angus*, parecer de lorde Blackburn. Da mesma forma neste caso, se fôssemos impedir alguém de demolir a própria casa, estaríamos pondo um freio em reformas desejáveis. Qualquer pessoa tem o direito de demolir a própria casa se tiver vontade. Se essa demolição expuser a casa de outro às intempéries, será uma lástima. Não será um crime de sua parte... (*ibid.*, p. 38, por lorde Denning.)

A argumentação pode estar aberta a críticas[43]. Parece paradoxal se o resultado for o de que o proprietário do apartamento de cobertura de um prédio de apartamentos de diversos proprietários tenha o direito de sustentação com relação ao proprietário do andar inferior ao seu, mas este último não tenha nenhum direito de proteção contra as intempéries (a menos que seja por pactos expressos) caso o proprietário da cobertura se decida a demolir seu apartamento. Seja como for, está claro que, embora exista uma analogia evidente entre o direito de proteção reivindicado pelo querelante e a servidão de sustentação legalmente reconhecida, a analogia em si não é conclusiva. Estando o tribunal persuadido das razões de política contrárias ao reconhecimento de qualquer nova servidão desse tipo – o ponto da indevida restrição ao progresso – sentiu-se perfeitamente livre para agir desse modo, pois a existência da analogia pertinente não lhe impunha nenhuma obrigação de segui-la. É evidente que o contra-argumento a partir da política estava em si amparado pela analogia com casos em que servidões de vista ou de livre passagem de ar tinham sido negadas. Não se depreende daí que, na ausência da analogia concorrente, os juízes teriam sido obrigados a reconhecer como servidão o direito à proteção.

O fato de ser tão acentuada e óbvia a semelhança entre um direito de sustentação e o postulado direito de proteção em situações como o caso em foco, em que há real conti-

---

43. Ver R. E. Megarry, anotação do caso (1965) 80 *L.Q.R.* 318-21.

güidade física entre prédios, torna proveitosa a observação adicional de que a "proximidade" da analogia não é decisiva nem para um lado nem para o outro. Estamos falando metaforicamente mas, mesmo descontando-se esse aspecto, seria difícil dizer de qualquer forma aproximadamente quantitativa que existe algum teste exclusivamente cognitivo pelo qual seria possível determinar que existe maior (ou menor) "proximidade" de analogia entre salvadores de vidas e de bens do que entre a sustentação para um prédio contíguo e a proteção de um prédio contíguo contra as intempéries. Contudo, no caso *Steel*, considerou-se que a primeira analogia justificava uma extensão de responsabilidade, ao passo que no caso *Phipps* a segunda não foi considerada suficiente para justificar uma extensão da categoria das servidões. A questão é que, no primeiro caso, o tribunal concluiu que a melhor argumentação de princípio e de política de interesse público era favorável a tratar a nova classe de caso como uma classe que se enquadrasse num princípio mais amplo capaz de abranger os dois casos, pelo motivo de que traçar uma linha divisória entre salvadores de vidas e salvadores de bens de tal modo que estes últimos não tivessem nenhum direito a compensação corresponderia a criar uma distinção arbitrária e irracional. No caso *Phipps*, pelo contrário, o tribunal sustentou que havia boas razões de princípio e de conduta para traçar uma distinção entre "sustentação" e "proteção", de tal modo que a distinção nos direitos fosse sólida e racional apesar do grau de semelhança dos casos-tipo de cada lado da linha divisória.

Logo, a menos que nos equivoquemos e empreguemos "proximidade" num sentido mais avaliatório do que cognitivo, não podemos atribuir a capacidade persuasiva da analogia a uma "proximidade" mais do que a considerações de política de interesse público. Mesmo assim, deve haver algum requisito delimitador referente ao que pode ser considerado, mesmo à primeira vista, uma analogia suficiente, se tivermos razão ao afirmar que a função da obrigação judicial de não inovar, exceto com a justificação de analogias de sustentação ou afirmações de princípios jurídicos gerais, é a de impor limites ao poder judiciário na criação de novas leis para que eles não invadam a área mais ampla de legislação reservada para o legislador ou a legislatura definida em termos constitucionais. Para deixar a questão clara, qualquer que seja a situação em que uma pessoa possa demonstrar que sofreu algum dano em conseqüência de omissão ou ato ilícito por parte de alguma outra pessoa é, nessa medida, análoga a todos os exemplos de delitos ou atos ilícitos existentes. O que dizer porém de um negociante que firma um contrato vantajoso por ter dirigido de Oxford até Londres a uma velocidade superior à máxima permitida durante o percurso inteiro, desse modo chegando antes de um concorrente que dirigiu à velocidade permitida e que pode demonstrar que ele mesmo teria firmado o contrato se não tivesse chegado a Londres depois de seu concorrente? Conduta semelhante não se enquadra no âmbito de nenhum delito ou ato ilícito civil reconhecido no direito escocês ou no inglês; e poucos advogados, se é que algum, suporiam que o concorrente derrotado chegaria sequer a ter um caso defensável para reivindicar do vencedor uma compensação por lucros cessantes. Por que deveria ser assim?

A razão está no extremo grau de generalidade com que fixamos o fundamento da responsabilidade extracontratual em si. Assim que descemos mesmo que ligeiramente na escala da especificidade, concluímos por exemplo que o dano pode ser dividido em lesão corporal ou material, com conseqüente perda econômica, e a pura perda econômica independente. Como é isso o que está envolvido no caso sob exame, teremos de encontrar nossa analogia, se conseguirmos, com atos ilícitos que tenham envolvido exclusivamente perda econômica. Quando consideramos a "ilicitude" do ato do querelado em potencial, descobrimos que ela decorre da violação de alguma lei criminal. Nesse ponto, mais uma vez, nossas analogias, se houver, terão de ser a partir do contexto de "violação de dever previsto em lei". Mas nesse caso geralmente descobrimos que o querelante, para ser bem-sucedido, deve pertencer a uma classe em cujo benefício especial a lei supostamente teria sido promulgada, e deve basear suas alegações no seu papel como membro dessa classe. Considerações como essas provavelmente levarão à conclusão de que, por mais que simpatizemos com o negociante derrotado, ele simplesmente não tem nenhum embasamento jurídico no qual se apoiar. Essas observações apontam para a conclusão de que a suficiência da analogia depende da existência de semelhança entre os fatos do novo caso e os fatos operativos de princípios, ou normas, enunciados em termos razoavelmente específicos engastados em precedentes ou em leis promulgadas. Admite-se que esse não é um teste exato, mas é um teste real e importante. A "proximidade" da analogia, nesse sentido, é de fato um requisito do direito, embora, dentro da faixa de analogias suficientemente próximas, graus de proximidade não sejam em si decisivos para favorecer um lado ou o outro mas precisem ser testados por meio de argumentos conseqüencialistas favoráveis e contrários a deliberações concorrentes no direito.

Finalmente, costuma-se expressar a opinião de que a argumentação por analogia é especialmente uma característica da jurisprudência, não da lei promulgada. Há decerto um grau de verdade nisso, na medida em que se formam regularmente consolidações de jurisprudência pelo constante acúmulo de decisões que gradualmente estendem a aplicação concreta de um princípio de um caso para um caso análogo. A moderna evolução das leis referentes à negligência no direito inglês e escocês é um bom exemplo desse fato, como pode ser em parte depreendido dos numerosos exemplos desse ramo do direito citados até aqui. E há muitas outras áreas do direito sobre as quais seria possível dizer o mesmo – como, por exemplo, o desenvolvimento da "responsabilidade objetiva" (ou "presunção de culpa") a partir de casos, como, por exemplo, *Rylands* v. *Fletcher*[44] e

44. (1868) L.R. 3 (H.L.) 330.

Kerr v. *The Earl of Orkney*[45]; ou a evolução no direito inglês da doutrina de "preclusão promissiva" [promissory estoppel] a partir de *Hughes* v. *The Metropolitan Railway*[46]; ou o desenvolvimento de doutrinas paralelas como, por exemplo, a de *rei interventus* e da homologação no direito escocês, bem como a da "execução parcial" no inglês; ou ainda grande parte das (diferentes) leis que regem a atividade fiduciária em ambos os sistemas.

Não obstante, como demonstram muitos dos exemplos escolhidos neste capítulo, a argumentação a partir de analogias não é de modo algum rara ou insignificante na aplicação e interpretação de leis promulgadas. Vimos nos casos de *R.* v. *Arthur*[47] e *Norwich Pharmacal*[48] exemplos de analogias traçadas a partir de uma lei usadas para resolver um problema referente à aplicação de uma lei no primeiro caso; ou o exercício de um poder conferido por lei que envolveu um critério parcialmente elaborado pela jurisprudência no segundo caso. *Beith's Trustees* v. *Beith*[49], citado em capítulo anterior, envolveu a revogação de uma doutrina do direito consuetudinário parcialmente justificada por referência ao amplo princípio subjacente a um conjunto particular de leis numa área do direito de semelhança pertinente e assim por diante. E, por outro lado, leis promulgadas, como, por exemplo, a Lei das Sociedades, foram esboçadas e concretizadas por meio de elaboração na jurisprudência. A moderna lei de revisão judicial de ação administrativa consiste na aplicação de princípios abrangentes do direito consuetudinário a instrumentos específicos que criam jurisprudência pública com poderes públicos, muitas vezes com um acentuado efeito restritivo sobre os dispositivos legais. Casos como o de *Anisminic*[50] (já examinado no capítulo VI) ou

---

45. (1857) 20 D. 298
46. (1887) 2 App. Cas. 439.
47. [1968] 1 Q.B. 810.
48. [1972] Ch. 566; [1974] A.C. 133.
49. 1950 S.C. 66.
50. [1969] 2 A.C. 197.

Malloch v. *Aberdeen Corporation*[51] assinalam o atual apogeu desse tipo de atividade judicial. A elaboração da doutrina de *ultra vires* e da justiça natural avançou pela aplicação analógica de precedentes relacionados a uma lei em casos que envolviam outras leis no setor público. É portanto falso supor que exista qualquer diferença essencial entre a lei promulgada e o direito consuetudinário quanto à força e função dos argumentos por analogia e a partir de princípios, muito embora concordemos com a proposição de que talvez o uso mais característico desses argumentos seja na elaboração e concretização de doutrinas de caso a caso – não importa que a fonte e origem da doutrina em questão tenha sido um "caso que firmou jurisprudência", um importante dispositivo da lei, ou um princípio referente ao assunto, que tenha sido enunciado por um escritor institucional ou por juízes estrangeiros em precedentes estrangeiros convincentes.

Para os sistemas jurídicos escocês e inglês, pelo menos, parece haver provas em abundância favoráveis à explicação de princípios oferecida no início deste capítulo e no capítulo V. A partir de seu uso, podemos deduzir a importância atribuída à coerência de valores no funcionamento de um sistema jurídico. O mesmo vale para o uso bastante interrelacionado de argumentos por analogia. Os dois juntos ajudam-nos a formar alguma compreensão dos limites do que é considerado legítimo na criação de lei por parte do judiciário. Seria, porém, desvantajoso e enganoso levar por demais a sério noções metafóricas do "peso", ainda menos do peso relativo, de princípios vistos isoladamente ou em concorrência entre si. É a interação de argumentos a partir de princípios e de argumentos conseqüencialistas que justifica plenamente as decisões em casos exemplares – e mesmo nesse caso ainda precisamos levar em conta a importante questão da "coesão" mencionada anteriormente. Pode-se

51. 1971 S.C. (H.L.) 85 [1971] 2 All E.R. 1278.

demonstrar que uma deliberação no direito está amparada por princípios e é desejável em suas conseqüências. Mesmo assim, deve-se provar que ela não entra em conflito com normas do direito já estabelecidas e de caráter compulsório. Essa parte caberá ao próximo capítulo.

VIII. *O requisito da coesão e o problema da interpretação: casos evidentes e casos exemplares*

(a) Casos evidentes e casos exemplares

É fácil transmitir em poucas palavras o ponto crucial sobre os argumentos a partir da coesão no direito. Existe um mandamento judicial fundamental: Não contradirás normas do direito estabelecidas e vinculantes. Se ele não existisse, a "tese da validade" em qualquer uma de suas versões não produziria absolutamente nenhum efeito. No entanto, o mandamento é de fato suficientemente observado para manter essa tese de pé, com um pouco de instabilidade ocasional.

Vejamos um caso: em *Anisminic* v. *Foreign Compensation Commission* ([1969]2 A.C. 147), não bastou que a empresa querelante demonstrasse razões de justiça, senso comum e de política de interesse público, pelas quais a decisão da Comissão deveria ser posta de lado. Naturalmente, até mesmo para poder dar os primeiros passos a Anisminic precisou convencer o tribunal disso. Restava, porém, o formidável obstáculo do artigo 4 (4) da Lei de Compensações no Exterior, que dispunha que uma "determinação" por parte da Comissão não poderia ser "questionada em nenhum tribunal de justiça".

Como o tribunal de recursos considerou[1], esse dispositivo bem pode ser interpretado com o significado de que

1. *Anisminic* v. *Foreign Compensation Commission* [1968] 2 Q.B. 862.

mesmo que a Comissão profira, num caso, uma decisão que seja insatisfatória "segundo os méritos do caso", os tribunais estão proibidos de corrigir essa decisão – proibidos pelas palavras categóricas e pela evidente intenção do parlamento. Como seria de esperar, em todas as etapas, os advogados da Comissão insistiram nesse argumento.

A única forma pela qual os advogados da Anisminic poderiam evitar esse terreno era com a descoberta de algum fundamento para demonstrar que a Comissão, ao dar a entender que determinava a solicitação da Anisminic (uma solicitação de compartilhar de fundos recuperados pelo governo do Reino Unido do governo egípcio em compensação pela expropriação de imóveis de cidadãos britânicos depois da Questão de Suez de 1956), tinha proferido não uma "determinação", mas uma "mera nulidade". Estando esse ponto estabelecido, os advogados puderam então ressaltar que o que o artigo 4(4) da Lei de 1950 protegia do exame judicial era uma "determinação" – entenda-se uma "determinação legal válida" – não uma mera nulidade. É um tributo à habilidade e criatividade dos advogados o fato de terem eles conseguido demonstrar um caso dessa natureza de modo que acabasse convencendo a Câmara dos Lordes.

O que precisa ser realçado é a própria questão de que nenhuma quantidade de argumentação conseqüencialista convincente nem de argumentação a partir de princípios bem compreendidos de direito público teria bastado para justificar a concessão da declaração que a Anisminic buscava contra a Comissão se não tivesse sido possível ajustá-la àquele dispositivo legal. Não contradirás uma lei do Parlamento – mas descobrir uma interpretação de uma lei que seja compatível com a deliberação que se considera correta por outros motivos não representa violação desse mandamento.

Em todos os casos que examinamos a partir do capítulo IV, esse é um elemento crucial. Não se trata apenas de que uma decisão deva ser justificada por bons argumentos a partir de conseqüências e/ou a partir de princípios ou analogias. É também preciso demonstrar que ela não é incompatível com normas estabelecidas. Entretanto, a hipótese de uma determinada deliberação proposta ser ou não compatível com uma norma estabelecida pode simplesmente depender da interpretação que é atribuída à norma estabelecida.

Revertendo a nossas expressões por fórmulas: uma deliberação proposta pode estar à primeira vista em conflito, ou pode-se alegar que esteja em conflito, com uma norma *se p então q*. Isso exclui a possibilidade de proferir uma deliberação semelhante a menos que se possa demonstrar que (a) a norma em questão é ambígua como entre *se p', então q* e *se p", então q*; e (b) uma dessas versões da norma se encaixa satisfatoriamente com a deliberação proposta.

Muitas disputas acerca da correta "explicação" e possível "discriminabilidade" de precedentes vinculantes surgem exatamente num contexto controvertido desses. Do mesmo modo, muitas disputas derivam, como em *Anisminic*, da "correta" interpretação de alguma lei promulgada ou outra peça da lei escrita. E o motivo exato pelo qual essas disputas realmente surgem está no fato de que os juízes reconhecem uma obrigação de não contradizer normas estabelecidas do direito, de não institucionalizar normas conflitantes; mas, sim, de proferir apenas aquelas decisões que possam se encaixar sem incompatibilidade num conjunto de normas já estabelecidas. Que esses processos de explicação ou interpretação envolvem uma modificação de nosso entendimento de normas previamente estabelecidas é óbvio – mas não é uma objeção a esta tese. Seria um versão muito radical do "ceticismo quanto a normas" a que sugerisse que leis e jurisprudência são em todas as circunstâncias tão indeterminadas ao ponto de não impor absolutamente nenhum limite às possíveis faixas de "interpretação" ou "explicação". Ninguém jamais propôs uma teoria dessas, embora autores didáticos a tenham ocasionalmente atribuído a "realistas americanos"[2].

---

2. Ver, por exemplo, G. W. Paton, *A Text-book of Jurisprudence* (1.ª ed., Oxford, 1951), pp. 18-9, 68-9; mas comparar com a 4.ª edição (Oxford, 1972, de Paton e Denham, pp. 23-8, 87-8). Hart, *Concept of Law*, pp. 132-7, não está isento de falhas sob esse aspecto.

É importante atentar para os pontos supracitados como forma de harmonizar nossa explanação da argumentação jurídica e de corrigir uma simplificação excessiva que foi tolerada até agora. Até este ponto, sem muita discussão, partiu-se do pressuposto de que exista uma distinção relativamente simples entre casos evidentes e casos exemplares. Nos primeiros, a justificação das decisões pode ser realizada por simples dedução a partir de normas claras e estabelecidas. Nos outros, como enfrentamos problemas de "interpretação", de "classificação" ou de "pertinência", precisamos recorrer à "justificação de segunda ordem". A dedução entra em jogo somente depois que se efetuou a parte interessante da argumentação, com o estabelecimento de uma deliberação nos termos da lei.

Na realidade, porém, não existe nenhuma linha divisória nítida entre casos evidentes e casos exemplares. Recordemos o contexto da controvérsia. Um autor/pleiteante ou promotor (P) tem uma queixa contra alguém (R). Sua melhor oportunidade para obter reparação legal consiste em poder provar alguns fatos (*p*) que lhe permitam invocar alguma norma *se p, então q*. No entanto, a defesa pode então levantar uma dúvida quanto aos fatos, ou questionar o embasamento jurídico da reivindicação, sendo esta última a possibilidade que é de interesse no momento. O que isso envolverá num caso em que P tenha uma norma a invocar é que R abrirá um debate sobre a interpretação da norma ou sobre a classificação dos fatos materiais nos termos específicos da norma. Essa tática às vezes não dá certo – basta recordar como, no caso *Daniels*, o juiz Lewis rejeitou sumariamente (e com total acerto) a sugestão apresentada pelo advogado do segundo réu de que a venda de "uma garrafa de limonada R. White" não constituía uma "venda por descrição" nos termos previstos na Lei de Venda de Mercadorias 14(2). Por outro lado, em *Maclennan* v. *Maclennan* (1958 S.C. 105) a defesa conseguiu fazer valer a argumentação de que a inseminação artificial de uma mulher casada por um doador não constitui adultério de acordo com o significado atribuído a esse termo pelo direito escocês.

Pode, naturalmente, ocorrer o contrário, quando, em casos como *Donoghue* v. *Stevenson* ([1932] A.C. 562; 1932 S.C. (H.L.) 31) ou *Anisminic* ([1969] 2 A.C. 197) é P quem se dispõe a fundamentar uma reivindicação em argumentos de princípios amparados por argumentos conseqüencialistas, enquanto R se abriga por trás de uma norma do direito que, diz ele, impede uma decisão favorável a P. Nesse caso, é P quem deve investigar e descobrir possíveis dúvidas e ambigüidades para demonstrar que a jurisprudência ostensivamente adversa pode ser explicada e/ou leis interpretadas de um modo que abra o caminho para a deliberação pleiteada por ele, não havendo nenhum conflito com a lei estabelecida se interpretada "corretamente".

Logo, mesmo que seja verdade que existam alguns casos, até muitos, como o caso *Daniels* ([1938] 4 All E.R. 258) em que os fatos estabelecidos não deixam nenhum motivo para duvidar seriamente da aplicabilidade de uma norma clara ou para contestar essa aplicabilidade, a linha que separa um caso desses de um altamente questionável como o caso *Donoghue* não é nítida. Existe uma faixa que vai do obviamente simples ao altamente contestável, e ao longo dessa faixa nunca se poderia avaliar com a mínima precisão em que ponto alguma dúvida quanto à "pertinência", "interpretação" ou "classificação" poderia ser levantada de modo que abrisse caminho para a exploração de argumentos conseqüencialistas e argumentos de princípios ou de analogias.

Entre os motivos para a imprecisão quanto a esse ponto, devem figurar diferenças de estilo, de abordagem e até mesmo de temperamento entre juízes diferentes. Um visconde Simonds ou um lorde Clyde adota uma perspectiva muito diversa da conveniência de uma abordagem flexível à lei estabelecida em relação a um lorde Denning, um lorde Cooper ou um lorde Reid. Como Karl Llewellyn observou, há também diferenças no estilo dominante em períodos diferentes na história de sistemas jurídicos. Em *The Common Law Tradition,* ele expõe a faixa de diferença entre um "Estilo Formal" ideal típico e um "Estilo Majestoso" ideal típico[3]. Num estudo sociológico muito rigoroso da Câmara dos Lordes britânica entre os últimos anos da década de 1950 e os primeiros da década de 1970, o dr. A. A. Paterson acompanhou o desenvolvimento de uma mudança no estilo judicial em termos de uma alteração na percepção da função de juízes de tribunais de recursos, na qual um papel crucial foi desempenhado por personalidades importantes entre os lordes do tribunal de última instância[4].

Que ocorram mudanças desse tipo talvez seja exemplificado com maior precisão pelo reexame do caso *Anisminic.* Quem quer que esteja familiarizado com a evolução do direito administrativo britânico no pós-guerra notará prontamente que a decisão proferida naquele caso, que dependeu de uma interpretação bastante ousada da Lei de 1950, teria sido totalmente inaceitável nos termos da abordagem mais formalista que prevalecia na Câmara dos Lordes, digamos, em 1956. A idéia pode ser transmitida com facilidade atentando-se para o contraste entre o caso *Anisminic* e outro, como, por exemplo, *Smith* v. *East Elloe R.D.C.* ([1956] A.C. 736). (Nesse caso, quando foi levantado um questionamento contra um pedido compulsório de compra, o visconde Simonds negou com veemência que houvesse absolutamente qualquer ambigüidade no dispositivo legal de que um pedido daquela natureza "quer antes, quer depois de ser feito, dado ou confirmado não poderia ser questionado em absolutamente nenhum processo jurídico de qualquer natureza". A opinião de Sua Excelência era a de que mesmo a questão da boa-fé de um pedido não poderia ser examinada judicialmente sem privar os termos do referido dispositivo legal de "seu pleno teor e significado".)

Mesmo num ponto determinado no tempo e perante um tribunal particular, não pode haver nenhuma especificação em termos exatos do que seja uma questão de direito

3. Karl N. Llewellyn, *The Common Law Tradition* (Boston, 1960, pp. 35-45, 182-7).

4. A. A. Paterson, *op. cit. supra,* capítulo 1, n. 13.

que possa ser seriamente defendida por argumentação; embora naturalmente uma das capacidades pelas quais advogados e procuradores são remunerados seja a de saber o que vale a pena tentar e o que não vale. Os casos que conseguem chegar à decisão por meio de simples argumentação dedutiva são aqueles nos quais (a) não se concebeu que pudesse ter surgido nenhuma dúvida quanto à interpretação da norma ou classificação dos fatos; (b) ninguém pensou em levantar ou defender um ponto que na realidade fosse passível de ser defendido por argumentação; ou (c) um argumento semelhante tenha sido tentado mas negado pelo tribunal, por ser artificial ou forçado. Desses tipos, (b) e (c) em princípio pertencem a uma área obscura em contraste com a firme certeza de (a), mas é difícil apresentar exemplos de (a) que não sejam capazes de causar alguma discussão sobre a possibilidade de serem na realidade casos de (b) ou de (c).

Em termos do que se vê nas anotações de jurisprudência, casos dos tipos (a) e (b) são principalmente a parte submersa do *iceberg*. Um caso que seja simples, como foi o caso *Daniels* no que dizia respeito à questão da Lei de Venda de Mercadorias, não seria normalmente incluído na jurisprudência porque, por ser simples, ele não tem grande impacto como "caso que firme jurisprudência" do tipo que as coletâneas de jurisprudência se dedicam a publicar. A questão somente foi mencionada na esteira da discussão de aspectos da norma *Donoghue* v. *Stevenson* que o caso também envolvia. Por um motivo semelhante, quando um caso vai à justiça e advogados deixam de aproveitar uma questão de direito que poderiam ter empregado, tratando o assunto como simples questão de "fato", o caso não é registrado nas coletâneas.

Casos que pertençam ao tipo (c) são mais interessantes. Os advogados de uma das partes apresentaram uma argumentação que sob certo aspecto exige uma interpretação relativamente audaciosa de um dispositivo legal ou de um tema de jurisprudência. *Smith* v. *East Elloe R.D.C.* ([1956]

A.C. 736), já citado, é um exemplo dessa natureza, em que a Câmara dos Lordes não se dispôs a aceitar que o dispositivo legal que vedava o recurso judicial apresentava algum tipo de ambigüidade, de modo que admitisse a exceção para pedidos feitos de má-fé, exceção esta da qual os advogados do recorrente tinham insistido em convencer a Câmara.

Outro exemplo é fornecido por *Temple* v. *Mitchell* (1956 S.C. 267), que, numa versão muito simplificada, tratava do seguinte. A família Mitchell morava numa casa alugada que pertencia ao querelante, sendo o inquilino legal o sr. Mitchell. Nos termos das Leis do Inquilinato, a locação era uma "locação formal", que determinava, *inter alia*, que, "desde que o inquilino se mantivesse na posse" do imóvel, a locação continuaria, e ele não poderia ser despejado não obstante quaisquer dispositivos de seu contrato original de aluguel. (Ver Lei de [Restrições] ao Aumento de Aluguéis e de Juros de Hipoteca 1920, artigo 15.)

A certa altura, porém, o sr. Mitchell abandonou a mulher e desapareceu, deixando-a com os filhos, toda a mobília e todos os utensílios domésticos. A sra. Mitchell permaneceu na casa e apresentou o devido pagamento do aluguel ao senhorio na época marcada. O senhorio recusou-se, entretanto, a reconhecê-la como inquilina por meio da aceitação do aluguel, e com o tempo iniciou contra ela uma ação de despejo.

O inquilino tinha "mantido posse" ou não? Se não tivesse, o senhorio teria o direito de fazer valer sua posse da casa, em oposição à família. Se tivesse mantido a posse, nos termos da lei, o senhorio não teria nenhum direito semelhante. Os precedentes, tanto escoceses como ingleses, quanto à interpretação das leis estabeleciam que um inquilino que deixava uma casa sem intenção de voltar a morar lá não podia ser classificado como alguém que "mantinha a posse", mesmo que pusesse amigos ou parentes para ocupar o imóvel em seu lugar. Por outro lado, marinheiros, por exemplo, que passam longos períodos longe de casa não perdem a posse por esse motivo. Desde que haja indícios adequados de ocupação continuada, como, por exemplo, mobília, ou parentes que ocupem o imóvel com autorização dos inquilinos, eles "mantêm a posse" desde que, durante os períodos de ausência, mantenham a intenção de retornar à casa quando voltarem a terra firme. (Os que estão familiarizados com a jurisprudência analítica perceberão o eco da teoria clássica[5] de que a posse requer tanto o controle físico do *corpus possessionis* como um elemento mental adequado, *animus possidendi*. E, para reforçar esse eco, pode-se observar que os juízes latinizaram a intenção necessária de retornar a uma casa depois de períodos de ausência como *animus revertendi*.)

Na Segunda Divisão, lorde Mackintosh foi favorável a sustentar a opinião de que nas circunstâncias o inquilino tinha mantido a posse:

> Não há... a meu ver, nada no direito consuetudinário da Escócia que impeça que se considere que a posse de uma casa por parte de um inquilino possa ser mantida por ter ele deixado no imóvel sua mulher e família, embora ele próprio tenha saído dali. Se ele permitiu que a mulher e a família ali permanecessem quando estava aberta a possibilidade – como estaria nos termos da lei deste país – de mandar despejá-los por processo na Justiça se necessário, a justa inferência é a de que eles se encontram na casa com sua permissão tácita. Essa inferência é reforçada quando, além disso, o marido inquilino deixa sua mobília na casa, de tal modo que ela se encontre disponível para ser usada pela mulher e pela família. Nessas circunstâncias, creio que, para os efeitos de interpretar os termos "mantém a posse" no artigo 15 da Lei de Restrições à Locação de 1920, a posse por parte da mulher pode acertadamente ser encarada como posse por parte do marido... Sendo a proteção do lar toda a política e intenção das Leis do Inquilinato... as palavras "mantém a posse" no

5. Ver, por exemplo, *Text-book of Jurisprudence* de Paton (4.ª ed.), pp. 553-89). D. R. Harris "The Concept of Possession in English Law", em *Oxford Essays in Jurisprudence* (org. A. G. Guest, Oxford, 1961) critica a inflexibilidade da teoria clássica.

> artigo 15 da Lei de 1920 deveriam, na minha opinião, ser interpretadas num sentido amplo o suficiente para cobrir a posse indireta exercida pela presença continuada da mulher e da família do inquilino na casa que, antes da separação, tinha sido o lar matrimonial das partes... (*ibid.*, p. 281.)

Sua argumentação nesse sentido estava amparada por referência a precedentes escoceses e ao mais importante livro escocês sobre o tópico, Rankine a respeito de *Locações*[6]. Ela era ainda mais sustentada pelo fato de existirem precedentes ingleses que estabeleciam que, em casos de abandono, a ocupação da propriedade controlada por parte de uma esposa abandonada constitui manutenção da posse por parte do marido, nos termos da lei. Como a lei se aplicava a todo o Reino Unido, ela deveria na medida do possível ser interpretada de modo semelhante em todo o Reino Unido.

Lorde Mackintosh estava, porém, em minoria. Todos os seus três pares judiciais adotaram a perspectiva contrária. Os precedentes ingleses foram explicados como dependentes de uma doutrina especial da lei inglesa acerca das figuras de marido e mulher que não era aceita na Escócia. E como disse lorde Thomson, ministro do Supremo Tribunal escocês:

> Muito me agradaria decidir o caso seguindo essa linha obviamente justa e simpática, se eu pudesse. Não há nenhuma dúvida de que essas leis, que começaram como uma moratória para o pagamento de aluguéis, evoluíram transformando-se em algo de natureza semelhante a um código social de moradia. Não consigo encontrar nas Leis, porém, nada que ponha uma esposa abandonada em posição privilegiada. A argumentação que torna a esposa abandonada uma inquilina indireta... é igualmente válida para qualquer inquilino que desapareça deixando alguém como uma governanta, um zelador ou um membro da família ocupando o imóvel (*ibid.*, p. 272).

6. Sir John Rankine, *The Law of Leases in Scotland* (3ª ed., Edimburgo, 1913).

> Não estou convencido de que [os precedentes ingleses] amparem o argumento de que existe uma exceção favorável a uma esposa abandonada com base apenas nas leis. Não há nenhuma cláusula expressa, e eu não consegui descobrir nenhuma implicação clara (*ibid.*, p. 275).

Os outros lordes da maioria, lorde Patrick e lorde Blades, manifestaram opiniões concordantes, substancialmente semelhantes à do ministro Thomson.

Esse caso pode, portanto, ser classificado no meu tipo "(c)", sendo um no qual os advogados tentaram sem sucesso persuadir o tribunal de que o dispositivo em questão era capaz de comportar um significado compatível com a concessão à sua cliente do direito reclamado. Apesar dessa argumentação, a maioria do tribunal sustentou que a interpretação da lei não era problemática e excluía de modo inequívoco a possibilidade de tratar a mulher abandonada como se usufruísse de posse indireta em nome do inquilino, o marido desertor.

(Recorrendo a um ponto provado anteriormente: será evidente que a estrutura da argumentação não é afetada pela possibilidade de se decidir encarar a questão levantada como se fosse de "interpretação" ou de "classificação". Se considerarmos que a questão é "Que significado deveríamos atribuir à expressão 'manter a posse', utilizada na lei?" ou "Os fatos básicos comprovados e admitidos constituem 'manter a posse' no sentido da lei?", os fatores pertinentes à justificação da resposta permanecem os mesmos. Embora a diferença entre o "problema de interpretação" e o "problema de classificação" seja de importância prática em alguns contextos, sendo tratado como uma diferença entre questões de "direito" e de "fato" (ou de "fato secundário"), não há nenhuma diferença teórica entre eles no que diz respeito à teoria dos argumentos justificatórios no direito.)

(b) Problemas de interpretação e classificação: interpretação necessária

Temple v. *Mitchell* – como outros exemplos citados neste e em outros capítulos – pode desse modo ser tomado como uma proveitosa ilustração de aspectos do tratamento de problemas de interpretação, ou de classificação, quando eles surgem no direito, com uma referência particular à interpretação de leis promulgadas[7]. De início, podemos perguntar, com referência ao caso, se é verdade que uma das interpretações conflitantes da lei sustentada pelos advogados no caso era mais "óbvia" que a outra. Parece-me que a resposta tem de ser afirmativa. Se nos restringirmos a examinar as palavras "desde que ele mantenha a posse" no artigo 15(1) da Lei de (Restrição) ao Aumento de Aluguéis e de Juros de Hipoteca, de 1920, o significado mais óbvio é o de que uma pessoa que realmente ocupa uma casa com a intenção de continuar com a ocupação cumpre essa condição; e que alguém que deixou uma casa sem nenhuma intenção de um dia voltar não cumpre.

Admite-se que exista uma concepção bem conhecida de "posse no direito", concepção pela qual se considera que A "possui" um imóvel na realidade ocupado por B, caso B seja inquilino de A ou tenha autorização de A. Contudo, decisões categóricas sobre a interpretação das leis tinham, antes do caso *Temple*, excluído a possibilidade de emprego desse sentido dos termos. "O princípio fundamental da [Lei de 1920 é] o de... proteger um residente numa moradia, não proteger uma pessoa que não reside numa moradia mas faz dinheiro por meio de sublocação" (por Scrutton, presidente do supremo, em *Haskins* v. *Lewis*,

7. O melhor trabalho atual sobre o assunto da interpretação necessária é Rupert Cross, *Statutory Interpretation* (Londres, 1976); com a ressalva de que prefiro falar em significado "óbvio" em vez de "ordinário" (porque a "obviedade" pode ter uma gradação, enquanto a "ordinariedade", não), concordo muito com Cross. Ver também Law Commissions, *The Interpretation of Statutes* (1969, Law Com. Nº 21, Scottish Law Com. Nº 11).

([1931] 2 K.B. 1, p. 14). Portanto, o significado mais óbvio de "desde que mantenha a posse", levando-se em conta o percurso anterior da interpretação, é o de excluir o caso de alguém que tenha saído de uma moradia da qual fosse inquilino, sem ter nenhuma intenção de para lá voltar.

A idéia de que exista, ou possa existir, uma "norma literal" de interpretação necessária postula ou pressupõe essa possibilidade de que as palavras das leis geralmente tenham um significado claro ou evidente. Na medida em que essa seja a verdade, sem dúvida há bons motivos pelos quais os juízes deveriam abordar a aplicação de leis com alguma presunção a favor de aplicar aquele que seja o mais "óbvio" dos significados alegados pelos litigantes diante deles. Numa constituição democrática, é o parlamento eleito que deve promulgar novas leis. Não importa se os membros do legislativo tenham ou não a menor idéia do teor das cláusulas dos projetos de lei, o modo menos arriscado de garantir que a vontade dos legisladores eleitos prevaleça será o de acatar as palavras promulgadas por eles por seu valor manifesto e, na medida do possível, aplicá-las em conformidade com seu significado comum. Na medida em que os governos exerçam controle efetivo sobre o parlamento, eles estarão no mínimo sujeitos à necessidade de tornar exatamente explícitas as políticas pelas quais solicitam a aprovação parlamentar em legislação. E o cidadão comum será capaz de acatar as leis por seu valor manifesto.

Por outro lado, a "obviedade" de uma interpretação de palavras promulgadas pode, talvez deva, depender do entendimento do princípio ou dos princípios que supostamente norteia(m) a promulgação da lei. A citação das palavras de Scrutton, presidente do supremo, expressa perfeitamente a idéia. Na verdade, como ele disse antes em seu parecer, em relação às Leis do Inquilinato, os tribunais, desde 1920, vinham "tentando elaborar uma teoria coesa do que deveria acontecer" quando coubesse aplicar as leis ([1931] 2 K.B., p. 9). O que é óbvio talvez seja óbvio somente se levada em conta alguma teoria semelhante referente à intenção e objeto da lei. (Que a teoria judicial nesse exemplo foi confirmada pelo parlamento está bem indicado pelos termos do artigo 3(1) (a) da Lei do Inquilinato de 1968, que agora atribui uma "ocupação oficial" a um inquilino anteriormente protegido "se e desde que ele ocupe a moradia como sua residência"; e o artigo 3(2) ainda estipula de fato que as interpretações judiciais da terminologia de "manutenção de posse" empregada no passado devem ser relacionadas à terminologia nova e mais exata.)

Admitindo-se que tudo isso funcione assim mesmo, o que deve ser feito por alguém cujo caso dependa de deslocar a interpretação "mais óbvia" para favorecer uma interpretação menos óbvia? No caso *Temple*, a argumentação dos advogados da sra. Mitchell sucintamente relatada (1956 S.C. 267, p. 270) demonstra que eles defendiam a idéia de que "As Leis de Restrições aos Aluguéis deveriam ser interpretadas de uma forma ampla e prática para fazer vigorar seu principal objeto, a preservação do lar de uma família". Sendo em si desejável que as famílias não fossem privadas de moradia adequada, e sendo o próprio princípio ou "teoria" subjacente das Leis do Inquilinato o de que domicílios familiares deveriam ser protegidos do senhorio particular, a lei deveria ser interpretada do modo "amplo e prático" exigido. Os precedentes ingleses foram citados como jurisprudência persuasiva quanto a esse ponto.

Como vimos, essa argumentação surtiu efeito com lorde Mackintosh, mas foi rejeitada pela maioria por ter sido considerado que envolvia, nas palavras expressas na lei, a inclusão de uma exceção implícita voltada para mulheres abandonadas que simplesmente não se encontrava de modo algum no seu texto conforme promulgado. (A consolidação das Leis do Inquilinato de 1968 não contém nenhuma resposta à melancólica conclusão de lorde Thomson de que "se os lares de esposas abandonadas hão de ser protegidos na Escócia, somente o parlamento pode tratar disso" (*ibid.*, p. 275). Embora a Lei dos Domicílios Conjugais de 1967 esclarecesse uma área confusa da jurisprudência e concedesse proteção explícita a esposas abandonadas em casas alugadas ou ocupadas pelo proprietário, a aplicação dessa lei está expressamente vedada na Escócia.)

Existem, de fato, dois requisitos a serem atendidos por advogados que procuram convencer um tribunal a adotar um significado menos do que óbvio para o texto oficial da lei. Em primeiro lugar, eles devem convencer o tribunal de que o sentido segundo o qual desejam que o tribunal interprete as palavras é um sentido que pode ser atribuído a essas palavras em termos compatíveis com o uso do idioma inglês, mesmo que não seja o mais óbvio. Foi nesse ponto que os advogados da sra. Mitchell falharam no caso *Temple,* como vimos na passagem de lorde Thomson, supracitada. Não basta que a parte em foco tenha uma argumentação que desperte compaixão, que esteja bem fundamentada em princípios gerais ou em bons argumentos conseqüencialistas; ela não poderá ter nenhum êxito a menos que demonstre que o texto da lei é capaz de sustentar um significado compatível com a decisão desejada. Não é raro encontrar juízes afirmando expressamente que advogados os persuadiram de uma possibilidade dessas, a despeito da "obviedade" de outro significado à primeira vista. Por exemplo, em *Barker* v. *Bell* ([1971] 2 All E.R. 867, p. 869), vemos o ministro do Supremo Tribunal Fenton Atkinson dizer em relação ao sr. A. A. M. Irvine que

> Ao ler esses documentos, até que ouvisse advogados defendendo o argumento da terceira parte, eu não conseguia ver como poderíamos escapar da combinação das palavras "era" e "qualquer" no artigo 29(3) da Lei de Operações de Vendas a Crédito de 1964. Tendo ouvido seus argumentos, porém, estou convencido de que ele tem razão e de que um homem deveria ser considerado um comprador de boa-fé se ele não tiver nenhuma informação real de nenhum contrato de operação de venda a crédito pertinente.

O segundo requisito, embora não seja suficiente em si, é indubitavelmente necessário. Os tribunais não aplicam nem deveriam aplicar leis em sentidos menos óbvios, em vez de mais óbvios, se não tiverem bons motivos para fazê-lo. Toda a argumentação deste livro tem sido a de que as razões que constituem "boas" razões para agir desse modo são razões conseqüencialistas, razões de princípios jurídicos ou (com maior peso) os dois tipos em operação associada. Convencer um juiz de que aplicar uma lei no sentido *se p', então q* envolverá conflito com princípios aceitos ou, no caso genérico, entrará em conflito com a Justiça, o senso comum ou a conveniência, equivale a dar a esse juiz boas razões para preferir alguma interpretação alternativa *se p", então q* desde que ele também esteja convencido de que essa realmente é uma leitura possível do original *se p, então q*, sem envolver a importação de palavras ou idéias totalmente ausentes do texto escrito da lei. Quanto mais fortes o juiz considerar que sejam essas razões de conseqüências ou de princípios, mais bem justificado ele há de se considerar ao descartar a presunção de que os significados mais óbvios devem ser preferidos, e há de se tornar mais disposto a "forçar" o sentido das palavras promulgadas, embora não ao ponto de desrespeitá-lo.

Quando falamos de uma diferença entre estilos judiciais – seja em termos do estilo "formal" em contraste com o "majestoso", *à la* Llewellyn, seja em outros termos – aquilo de que estamos falando é ou inclui o grau de disposição que um juiz manifesta para permitir que aquela presunção seja deixada de lado.

Pode haver quem considere que esses comentários são muito distantes daquilo que geralmente se discute ou se descreve dentro da classificação de interpretação necessária. Na realidade, porém, eles fornecem uma estrutura para a compreensão desse próprio tópico mesmo em suas apresentações mais comuns. Tomemos por exemplo a idéia de que haja "regras" de interpretação necessária[8] – a "regra literal", a "regra de ouro" e a "regra de reparação do proble-

---

8. Ver Cross, *op. cit.*, capítulo 3; Law Commission, *op. cit.*, capítulo 4.

ma" [*mischief rule*] (vulgo a "regra do caso *Heydon*"); e vários cânones de interpretação – *eiusdem generis, noscitur a sociis* e todos os restantes. A dificuldade que costuma ser salientada quanto a essas "regras" e "cânones" é que eles costumam "funcionar aos pares"[9]. Para praticamente qualquer um deles, pode-se encontrar outro que, num contexto apropriado, indicará um resultado diferente daquele que o original indica.

No que tange às "regras de interpretação", coube a este capítulo até agora indicar a existência e as razões para a existência de uma presunção favorável à aplicação de leis em seu significado mais "óbvio"; e, seja como for, uma obrigação observada com bastante rigidez no sentido de somente proferir decisões que possam ser justificadas de acordo com alguma deliberação compatível com *algum* sentido desprovido de demasiada violência para com o uso lingüístico aceito atribuível a dispositivos legais pertinentes. Dentro desses limites, porém, razões de conseqüências e de princípios podem justificar o recurso a significados menos óbvios. Aludir à "regra de ouro" ou à "regra da reparação do problema" em contextos desse tipo corresponde simplesmente a expressar, em termos de razões justificatórias padrão, a justificação para afastar-se do significado mais óbvio – ou seja, para evitar interpretar a lei de uma forma que dê ensejo a algum "absurdo" (a regra de ouro), ou de uma forma que anule o real objetivo do legislador de reparar algum "efeito nocivo" ou defeito na lei. Em especial, o termo "absurdo" deveria bastar para nos indicar que estamos no terreno de julgamentos avaliatórios do tipo que no direito constitui elementos inseparáveis da argumentação conseqüencialista e dos argumentos a partir de princípios jurídicos.

Pode-se dizer que a dificuldade está no fato de que a noção de qualquer significado "óbvio", "simples", "literal" ou

---

9. Ver Llewellyn, "Remarks on the Theory of Appellate Decisions etc." (1950) 3 *Vanderbilt L.R.* 395. Como salienta Rupert Cross, o "funcionamento aos pares" pode ser exagerado; *op. cit.*, pp. 169-70.

"comum" de expressões numa lei não é em si uma noção incontestável, nem isenta de qualquer elemento de julgamentos de valor. Isso não corresponde bem à realidade, pois às vezes expressões utilizadas em leis são totalmente desprovidas de ambigüidade e simples em seu significado. O artigo 1(1) da Lei dos Homicídios (Abolição da Pena de Morte) de 1965, por exemplo, dispõe o seguinte:

> Nenhuma pessoa será sujeita à morte por homicídio, e uma pessoa condenada por homicídio, ressalvado o item 5 abaixo [que estipula tratamento especial para pessoas que "pareçam ao tribunal ter tido menos de dezoito anos na época em que o crime foi cometido"], deverá ser sentenciada à prisão perpétua.

Esse artigo, de modo claro e inequívoco, obriga o juiz, depois de dado um veredicto de culpa num processo por homicídio, a sentenciar o réu culpado à prisão perpétua; e impede que esse juiz pronuncie com legitimidade uma sentença de morte. Isso está mais do que claro. Ninguém numa legislatura que votasse com atenção a favor ou contra a promulgação dessas palavras poderia ter dúvidas quanto ao assunto sobre o qual estava votando, nem poderia nenhum leitor da lei duvidar de qual seria seu significado ou seu efeito pretendido. Sendo o objetivo da abolição da pena de morte por homicídio do interesse da maioria, as palavras escolhidas são um meio inequivocamente adequado para a consecução desse fim. Tanto pelo texto da lei quanto pelas circunstâncias dos debates públicos e parlamentares, pode-se saber qual era a intenção e pode-se dizer como realizar essa intenção: sentenciando assassinos condenados (e cada pessoa no mundo ou é ou não é um assassino condenado) à prisão perpétua, não à morte por enforcamento ou por outros meios.

Uma clareza tão útil sem dúvida é relativamente incomum. Mesmo assim, o que nos possibilita compreender as leis é nosso reconhecimento de que elas são formas de enunciados que têm efeito legislativo e que passam por um procedimento que tem a função de estabelecer normas jurídicas; sendo que as pessoas que participam desse procedimento entendem que ele tem essa função. Por esse motivo, é justificado atribuir ao poder legislativo a intenção de que as cláusulas promulgadas entrem em vigor como normas jurídicas válidas. Para entender seu significado como normas jurídicas, é portanto correto perguntar como um falante normal do idioma pretenderia que sua enunciação de uma norma dessas fosse compreendida. (É a qualificação "normal" que envolve avaliações.) Nesse sentido e desse modo, podemos sem nenhum absurdo usar os conceitos de "intenção do legislador" e de significado "direto" ou "literal" das palavras do texto promulgado. Ademais, ao ler uma lei inteira, podemos fazer uma idéia das políticas de interesse público e princípios que (no sentido pertinente) era sua "intenção" promover, o que por sua vez pode nos ser útil quando fizermos inferências razoáveis quanto ao efeito que artigos particulares poderiam ter tido a intenção de provocar. O que quero dizer com minhas palavras, o que pretendo realizar com o uso dessas palavras e o que minhas palavras significam revelam uma interação semelhante[10]. Estamos pisando no mais firme dos terrenos quando, como no caso da Lei de 1965, todos os três "significados" são exatamente convergentes.

O que se postula é que, independentemente de seu uso em algum enunciado particular, as palavras têm significados dependentes de regras da semântica convencional (e outras) do uso lingüístico "normal". "Ser sujeito à morte", por exemplo, tem um significado independente do uso das palavras na lei, e é esse fato que as torna apropriadas para o uso para o qual foram designadas na lei. Entretanto, essas convenções podem em si mesmas ser vagas e ambíguas e, na medida em que isso ocorra, para fins especiais podem ser adotadas convenções especiais. É esse o papel que os

---

10. Cf. G. C. MacCallum "Legislative Intent", 75 *Yale Law Journal* 754, reeditado em *Essays in Legal Philosophy* (org. R. S. Summers, Oxford, 1968, p. 237, especialmente p. 241).

"cânones de interpretação" desempenham. A proposição de que palavras gerais deveriam ser interpretadas como se fizessem referência apenas à mesma classe de coisas (*eiusdem generis*) que as palavras particulares às quais estão associadas é uma convenção especial dessa natureza. Como a convenção é compartilhada pelos juízes que aplicam as leis e pelos redatores de minutas que assessoram o parlamento na redação de projetos de legislação, existe justificação para seu uso com o objetivo de esclarecer ou reduzir a faixa de ambigüidades em potencial, já que cada parte do diálogo pode razoavelmente imputar à outra parte o conhecimento da convenção e a disposição para agir de acordo com ela.

Tudo isso vale para demonstrar, não que seja sempre possível atribuir um significado preciso a uma lei (é claro que não), mas que às vezes isso é possível e por quê. Mesmo assim, resta uma tensão permanente entre seguir o significado ostensivamente óbvio e procurar estabelecer, em casos particulares, deliberações genéricas que atendam a outros aspectos desejáveis de política de interesse público e princípios. Exatamente por essa razão, a "regra literal" é revogável em favor das outras "regras"[11]. Desde que as palavras do texto legal *possam* suportar um significado diferente do mais óbvio, os juízes, embora em graus diferenciados, consideram correto aplicar, por motivos de política e/ou princípios, significados menos óbvios de expressões de textos legais.

Há o perigo de tratar abordagens "literais" à linguagem dos textos legais como se elas fossem sinônimas de abordagens mais "restritivas" em oposição a abordagens "liberais". Isso tanto é confuso como causa confusão. Pode ser que a abordagem literal contraste com o que os advogados no caso *Temple* descreveram como uma abordagem "ampla e prática". Contudo, quando comparamos os casos *Anisminic* e *East Elloe*, concluímos que no primeiro a interpretação es-

---

11. Cf. Cross, *op. cit., supra*, capítulo VIII, n. 7, p. 43.

trita e restritiva do dispositivo que vedava o recurso está em contraste com a interpretação mais ampla proporcionada pela "regra literal" em relação à proibição semelhante em *East Elloe.* Mais uma vez, no caso de *Ealing London Borough Council* ([1972] A.C. 342), a maioria na Câmara dos Lordes interpretou a frase acerca da discriminação motivada por "origens nacionais" em termos menos amplos que lorde Kilbrandon, para quem deveria ser interpretado que a expressão "origens nacionais" incluiria a nacionalidade oficial. Quem estava sendo "literal"? Quem, "liberal"? Quem, "restritivo"?

A confusão pode em parte ser atribuível à própria prática judicial. Os juízes britânicos (a) deram grande importância a conferir às leis o que eu chamo de seu significado "óbvio" e outros comentadores chamam de "comum", como uma manifestação de deferência à soberania do parlamento; mas (b) eles também adotaram em muitos casos uma política de sustentar o direito consuetudinário (em especial em relação a liberdades do direito consuetudinário), defendendo-o de incursões da lei escrita em seu território. Desse modo, na medida em que as Leis das Relações Raciais vieram inibir a anterior liberdade legal de discriminar ou não ao bel-prazer de cada um, e especialmente tendo em vista que a expressão "origens nacionais" é empregada nas cláusulas criminais relacionadas à incitação ao ódio racial na Lei de Relações Raciais de 1965, a maioria na Câmara dos Lordes estava acompanhando um padrão reconhecível ao privilegiar a mais restrita das interpretações possíveis da expressão "origens nacionais", e ao deliberar que a discriminação motivada pela nacionalidade oficial não estava incluída na proibição prevista na lei.

Em casos semelhantes, em que há uma ambigüidade genuína, os próprios juízes têm a propensão a toldar a diferença entre interpretar leis literalmente e interpretá-las de modo estreito ou restrito; daí a supramencionada confusão. No entanto, há de se observar que a justificação que houver para essa abordagem geral é justificação em termos de princípios do direito consuetudinário que privilegiem uma determinada concepção da liberdade do cidadão como indivíduo. Longe de lançar dúvidas sobre a tese geral deste livro, isso a confirma. Quando surgem problemas de interpretação, eles somente podem ser resolvidos através de recurso a argumentos conseqüencialistas e/ou argumentos de princípios, que envolvem tanto uns como os outros um apelo a valores concebidos como essenciais ao direito. Trata-se de questões que podem ser e são controvertidas, daí decorrendo o fato de casos exemplares não comportarem respostas fáceis.

Resta-me aduzir algumas provas de que a explanação precedente não é totalmente baseada nas minhas próprias conjecturas idiossincráticas. No caso *Ealing* mesmo, há um bom exemplo de exposição judicial da abordagem correta à interpretação necessária. Lorde Simon of Glaisdale disse o seguinte:

> [O]s tribunais dispõem de cinco caminhos principais para abordar a determinação da intenção legislativa:
> 1. exame do ambiente social... para identificar o defeito social ou jurídico que é o provável objeto do remédio judicial;
> 2. uma visão geral de todo o conjunto pertinente de leis voltadas para o mesmo propósito;
> 3. particular consideração pelo título por extenso da lei a ser interpretada (e, nos casos em que estiver disponível, o preâmbulo) no qual estão enunciados os objetivos legislativos gerais;
> 4. exame meticuloso das palavras reais a serem interpretadas à luz de cânones estabelecidos de interpretação;
> 5. exame das outras cláusulas da lei em questão (ou de outras leis sobre o mesmo assunto) em busca da luz que elas possam lançar sobre as palavras particulares que estão sujeitas à interpretação. ([1972] A.C., p. 361.)

Como veremos, os itens (1) e (2) dessa lista representam precisamente as questões de conduta e de princípios que descrevi, enquanto os itens de (3) a (5) se referem à tarefa de estabelecer em contexto que algumas interpretações são mais "óbvias" que outras. No caso *Ealing*, lorde Simon foi da opinião de que a adoção de todas as cinco abordagens levava à mesma conclusão, favorável a considerar que a expressão "origens nacionais" não incluía a nacionalidade oficial.

Com todo o devido respeito, devo dizer que considero o raciocínio de lorde Kilbrandon mais convincente. Sua argumentação "conseqüencialista" citada em capítulo anterior demonstra o que me parecem ser boas razões de conduta e de princípios para tratar "origens nacionais" como uma expressão que abrange a nacionalidade, nesse contexto. E, quanto à abordagem de número (4), "cânones de interpretação estabelecidos" cancelavam-se mutuamente nesse caso. Como disse lorde Kilbrandon:

> Eu não me disporia a aceitar a opinião de que haja aqui alguma presunção favorável à isenção de responsabilidade. É evidente que o código de relações raciais contém algumas sanções criminais e que restringe a liberdade, mas, por outro lado, concebe-se que ele seja uma medida de reforma social e de reparação de situações embaraçosas. Não se tirará grande proveito de presunções sejam elas em prol da liberdade, sejam favoráveis a uma interpretação benévola (*ibid.*, p. 369).

Quando uma questão tem um equilíbrio delicado, como tinha a questão nesse caso, e quando qualquer das duas respostas pode ser dada em termos compatíveis com as palavras empregadas na lei, é preciso que se dê uma deliberação favorável a uma ou à outra. Essa deliberação, para ser justificada, deve demonstrar ser a mais aceitável em conformidade com uma "teoria" (relembrando a palavra usada por Scrutton, presidente do Supremo Tribunal, citado anteriormente, p. 205) coesa e baseada em princípios de que a lei regula as relações raciais nesta sociedade. Como, a esta altura, não se pode atribuir ao parlamento nenhuma intenção inequívoca sem dar como provada a exata questão que está em jogo, nossa resposta deve depender dos valores que aportarmos à pergunta.

A resposta é, e deve ser, essencialmente contestada ou contestável. A minha é a mesma de lorde Kilbrandon. Compartilho da teoria com referência à qual aquela é a resposta certa. Existe, porém, outra teoria com referência à qual a outra resposta está certa; e, para ter motivos fundamentados para dizer que uma teoria está correta em contraste com a outra, deveríamos exigir uma terceira teoria, de ordem superior, que pudesse por sua vez ser questionada por uma quarta – e assim por diante. Para evitar essa regressão infinita, devemos fazer nossas próprias escolhas e conviver com elas – mas aqui estou adiantando uma questão a ser debatida no próximo capítulo.

No que tange a problemas de interpretação necessária, demonstrei da melhor forma que pude como problemas de interpretação podem surgir e precisam ser resolvidos dentro de um sistema jurídico no qual (em conformidade com a tese da validade) existe uma proibição de que casos sejam decididos com base em deliberações incompatíveis com o conjunto de normas válidas do direito. Existe uma presunção justificada favorável à aplicação de leis em conformidade com seu significado mais óbvio; mas, desde que haja outros significados *possíveis*, a presunção pode ser afastada por meio de bons argumentos a partir de conseqüências e/ou a partir de princípios jurídicos.

(c) Problemas de interpretação em jurisprudência

O que dizer, porém, da interpretação de precedentes? É freqüente a afirmação ou a pressuposição de que o processo de raciocínio a partir de precedentes ou com eles é radicalmente diferente do raciocínio a partir de leis ou com elas. Na realidade, as diferenças são no máximo diferenças de grau, não de natureza.

Para começar, como vimos em relação ao caso *Temple* há algum tempo, a interpretação de uma lei é em termos bastante padronizados uma questão de interpretá-la à luz de glosas já impostas por precedentes. O artigo 15 da Lei do Inquilinato de 1920 não se apresentou em virginal pureza ao Supremo Tribunal da Escócia em 1956, mas já chegou repleto de significados atribuídos judicialmente. O que precisava ser decidido na situação do problema particular era como aplicar a lei de modo compatível com seus próprios termos e com deliberações oficiais anteriores acerca de aspectos de seu significado – em particular, a deliberação de que "desde que mantenha a posse" se refere à real ocupação da moradia por parte do inquilino como sua residência, não sua "posse nos termos do direito", por exemplo, por meio de uma sublocação a terceiros. Ao tentar esclarecer a lei estabelecida e agir em compatibilidade com ela, para tomar sua decisão e justificá-la no caso em pauta, não se pode esperar que o tribunal volte o pensamento para problemas radicalmente diferentes atendendo, como atende, às exatas palavras do parlamento ou ao discurso mais prolixo de um juiz que forneça o material para reflexão.

A noção de que diferenças no direito entre o uso de precedentes e o uso de leis constituem uma diferença de grau, não de natureza, é, no contexto deste capítulo, um ponto importante. Até aqui procurei, por assim dizer, explicar o valor real do requisito da coesão no que concerne à lei promulgada. Se, como afirmo, o mesmo requisito também vale para a jurisprudência, ele deve ser explicável em termos semelhantes. Há de se entender que o mandamento do "não contradirás normas de direito estabelecidas e vinculantes" se aplica também a normas derivadas da jurisprudência.

No entanto, como normas podem ser derivadas da jurisprudência? Esse ponto já foi abordado no capítulo IV, mas pode ser exposto mais uma vez. Casos que apresentam problemas os apresentam precisamente porque as partes, ou seus advogados, adotam linhas diversas em relação às questões que descrevemos como referentes à "pertinência", "interpretação" ou "classificação". As partes requerem ao tribunal uma decisão que lhes seja favorável, amparadas por uma "versão" ou "leitura" particular da lei, por sua vez corroborada por referência a argumentos conseqüencialistas e argumentos de princípios. O tribunal deve decidir o caso concedendo ou negando a reparação pretendida; e, para justificar sua decisão, ele deve pronunciar sua deliberação a respeito da questão do direito em disputa, e deverá por sua vez justificar essa deliberação. Se o tribunal tiver, a respeito de uma questão, formulado uma deliberação que seja suficiente para resolver o caso na medida em que ela cubra a verdadeira decisão, ele poderá apresentar, mas não necessariamente, deliberações sobre outros pontos que tenham sido alegados; ou ele poderá indicar sua opinião a respeito dessas questões com a expressa ressalva de que tal manifestação de opinião, sendo desnecessária à decisão, não deve ser considerada conclusiva[12]. (Essa é uma forma mais ou menos explícita de dizer: "Os seguintes comentários devem ser considerados em termos técnicos como *obiter dicta*, não como fundamentação".)

No capítulo IV, demonstrou-se com certa minúcia que essa prática de fazer expressa ou implicitamente uma deliberação sobre a questão de direito em pauta, de uma forma "universalizada", tanto é requerida como justificada pelo respeito ao princípio da justiça formal. Foi também ressaltado que deixar de fazer essa deliberação quando necessária e de demonstrar sua derivação de princípios jurídicos pertinentes, ou compatibilidade com eles, é encarado pelo judiciário como ato censurável, o que reforça a opinião justificada em termos teóricos de que a prática tem força normativa do ponto de vista judicial.

---

12. Um exemplo escolhido ao acaso no pronunciamento de Salmon, presidente do Supremo Tribunal, em *Gallie* v. *Lee* [1969] 1 All E.R. 1062, pp. 1081-2: "Quanto à minha posição a respeito deste caso, não se apresenta nenhuma questão de preclusão. Eu talvez devesse, porém, expressar sucintamente minhas conclusões sobre a questão como manifestação de respeito pelos hábeis argumentos a nós dirigidos pelos advogados... [mas] a defesa por embargo do executado nunca surte efeito e, portanto, é desnecessário investigar se o pleiteante está impedido de depender dela."

O professor Rupert Cross, a maior autoridade inglesa sobre precedentes judiciais no direito inglês, apresentou a seguinte descrição como uma "descrição toleravelmente precisa do que os advogados querem dizer com a expressão 'fundamento da decisão' [*ratio decidendi*]"[13]: "O fundamento da decisão de um caso é qualquer norma do direito tratada por um juiz em termos explícitos ou implícitos como um passo necessário para chegar à conclusão, relacionada à linha de raciocínio adotada por ele."

Ao levar em plena consideração a função justificatória e a estrutura geral do tipo de argumentação jurídica envolvido em pareceres judiciais, talvez possamos aperfeiçoar essa descrição.

O fundamento da decisão é a deliberação explícita ou implícita oferecida por um juiz que seja suficiente para determinar um ponto do direito posto em questão pelos argumentos das partes num caso, sendo ele um ponto a respeito do qual uma deliberação era necessária para sua justificação (ou uma de suas justificações alternativas) da decisão no caso. (Aqui é preciso que se repita a advertência de que, de acordo com essa perspectiva, nem todos os casos – mesmo casos que "firmam jurisprudência" – possuem *um único* fundamento da decisão.)

Tendo dado essa elucidação da tese de que normas são deriváveis da jurisprudência porque pode se considerar que a deliberação proferida por um tribunal precedente fornece uma norma para casos atuais pertinentes (e porque, dentro de uma doutrina de precedentes vinculantes, ela deve ser encarada desse modo, ou à primeira vista deveria ser encarada desse modo, em conformidade com a organização hierárquica do sistema judiciário), podemos nos voltar para o exame de como a reflexão sobre o requisito de compatibilidade no direito o influencia e confirma, resguardadas restrições insignificantes. Tratarei da questão examinando em primeiro lugar a aplicação de normas da jurisprudência de

---

13. Rupert Cross, *Precedent in English Law* (2ª ed., Oxford, 1968, p. 77).

um modo relativamente incontroverso; em segundo, o tópico da discriminação de precedentes, especialmente nos casos em que isso envolva "explicá-los" de uma forma restritiva; em terceiro, o tópico da extensão e desenvolvimento de normas de jurisprudência – o que naturalmente deságua no tipo de argumentação a partir de analogias ou de princípios gerais, examinada no capítulo VI.

(i) *Aplicação de um precedente*

No caso *Daniels* ([1938] 4 All E.R. 258), no que dizia respeito à ação contra R. White and Sons Ltd., os fabricantes da limonada, já vimos que o que estava envolvido era a aplicação de modo direto da deliberação do caso *Donoghue* ([1932] A.C. 562, 1932 S.C. (H.L.) 31) a respeito do dever de cuidado devido pelos fabricantes aos consumidores. Mesmo que se pudesse ter levantado alguma dúvida sobre essa deliberação cobrir todos os fabricantes de bens de consumo, como disse lorde Atkin, ou apenas fabricantes de produtos alimentícios e bebidas, como sustentou lorde Macmillan, não teria feito diferença para o caso em tela, que dizia respeito a uma limonada. Como vimos, a norma de que um fabricante, pelo menos de um produto semelhante, tem para com o consumidor final o dever de tomar cuidados razoáveis foi aplicada pelo juiz Lewis. Nesse caso, sua aplicação foi favorável ao fabricante, porque os autores não conseguiram provar que o fabricante de fato tinha descumprido seu dever por ter deixado de tomar cuidados razoáveis.

Um caso desses é diretamente comparável, por exemplo, com *M'Glone* v. *British Railways Board* (1966 S.C. (H.L.) 1), em que da mesma forma uma questão em jogo era se o Railways Board tinha tomado cuidados razoáveis para proteger a segurança do pleiteante, que tinha sido eletrocutado enquanto escalava uma torre da linha de transmissão de energia numa via férrea eletrificada. Que a norma neste último caso tinha sido estabelecida por legislação, ou seja, pela Lei de Responsabilidade do Ocupante (da Escócia) de

1960, é um ponto que de modo algum diferencia o estilo de argumentação envolvido. Existe uma norma que exige que alguém tome cuidados razoáveis em prol de outra pessoa. O que o tribunal precisa decidir é se foram tomados cuidados razoáveis, e isso independentemente da fonte da norma. Em *M'Glone* e em *Daniels*, por sinal, os juízes decidiram que haviam sido tomados cuidados razoáveis.

A aplicação de uma norma pode evidentemente exigir que seja feita uma deliberação quanto à sua correta interpretação para uma determinada espécie de fato. Acabamos de examinar esse ponto em relação às Leis do Inquilinato e às Leis das Relações Raciais. Do mesmo modo, podem surgir questões sobre a interpretação correta (e portanto sobre a aplicação) de normas de jurisprudência. Já vimos, em *B.T.C.* v. *Gourley* ([1956] A.C. 185), como a Câmara dos Lordes chegou a uma deliberação que lorde Goddard expressou nos seguintes termos:

> Neste parecer, estou lidando exclusivamente com indenizações em casos de lesões corporais e demissão injustificada. No caso em foco, o interesse de todos nós é determinar se, no cálculo da indenização, a incidência de impostos deveria ser levada em consideração e se esse é um elemento a ser levado em conta na avaliação de indenizações gerais. Na minha opinião, ele é, e eu portanto acataria o recurso... (*Ibid.*, p. 210.)

Palavras diretas e claras, na medida do possível, mas que de modo algum antevêem todas as dúvidas e problemas possíveis. Examinemos o caso que, numa descrição simplificada, surgiu em *Lyndale Fashion Manufacturers Ltd.* v. *Rich* ([1973] 1 All E.R. 33). A empresa demitiu sem justa causa o sr. Rich, que depois de algum tempo acabou reduzindo seu prejuízo ao conseguir outro emprego. Durante o ano fiscal pertinente, antes e depois da demissão, ele ganhou £ x, bruto. Se tivesse continuado empregado na empresa, seus rendimentos brutos teriam sido de $(x + y)$. Logo, em termos de rendimentos brutos, a demissão injustificada lhe custara £ y.

Num sistema progressivo de imposto de renda, a alíquota mais alta é aplicada aos rendimentos acima de uma certa faixa. A taxa real de tributação do valor de £ x do sr. Rich foi bastante baixa depois de levadas em consideração todas as deduções permitidas. Contudo, se de fato ele tivesse ganho £ y acima desse valor, uma proporção substancial dessa quantia teria sido destinada a impostos, digamos £ z. A alegação da empresa era a de que deveria pagar apenas £ $(y - z)$ a título de indenização; mas o sr. Rich afirmou que isso era injusto e que o que deveria ser aplicado ao valor da indenização não era o imposto cobrado pela alíquota superior incidente sobre a "fatia" mais alta de seus rendimentos, mas apenas a média da tributação incidente sobre os rendimentos totais de uma pessoa que ganhasse £ $(x + y)$ no todo. Em oposição à oferta da empresa de £ $(y - z)$, ele pleiteou a soma consideravelmente maior representada por £ $(y - z/n)$.

O tribunal de recursos determinou que a perspectiva da empresa era a melhor. Desse modo, proferiu uma deliberação oficial quanto à interpretação da norma do caso *B.T.C.* v. *Gourley* em relação a esse tipo de caso. Como seria de esperar, ele justificou essa deliberação por referência ao princípio justificatório básico do caso *Gourley*. Se a indenização representa exclusivamente uma compensação e se a interpretação preferida pelo sr. Rich o deixaria em melhor situação em termos de ganhos líquidos do que teria estado se tivesse mantido o emprego na empresa, essa é uma boa razão para rejeitar sua argumentação. Ela o teria deixado em melhor situação, e por isso o tribunal a rejeitou.

Esse caso ilustra o processo característico pelo qual uma deliberação inicial, simples em princípio, a respeito de uma importante questão do direito, é por sua vez concretizada e trabalhada em detalhe por uma série de deliberações secundárias[14]. Atualmente, para compreender a lei sobre a

14. Uma noção semelhante é apresentada por meio da figura diferente de plotagem de pontos num gráfico em *Text-book of Jurisprudence*, de Paton, 4ª ed., pp. 219-21.

questão de dedução da incidência de impostos sobre rendimentos não recebidos em ações de indenização por lesões corporais ou demissão sem justa causa, é preciso consultar não somente a deliberação inicial básica em *Gourley*. É preciso também consultar a série de precedentes que aperfeiçoou a doutrina em sua aplicação a uma quantidade de contextos genéricos. É evidente que o mesmo vale para leis do parlamento – uma rápida olhada pelos Comentários sobre as Leis do Inquilinato, as Leis das Relações Raciais, a Lei de Venda de Mercadorias, ou qualquer lei que seja, basta para demonstrar como cada um dos artigos foi glosado e concretizado por meio do processo de interpretação judicial.

Na França, onde em teoria o precedente não tem nenhum efeito vinculante, as edições modelo dos códigos relacionam, de modo semelhante, em notas de rodapé, para cada alínea de cada artigo, as decisões mais importantes que decidiram pontos de interpretação da lei pertinente. A simples leitura dos códigos proporciona ao leitor algum conhecimento sobre o espírito e os princípios gerais do direito francês. Entretanto, o leitor poderia estar pessimamente orientado quanto ao efeito prático detalhado da lei, se não estudasse também os precedentes reveladores de como ela foi interpretada judicialmente. Quanto a essa questão, decerto não deveria ser exagerada a diferença entre a lei promulgada e os precedentes, e na realidade entre qualquer sistema codificado e não-codificado.

(ii) *Discriminação e explicação de precedentes*

Da mesma forma pela qual juízes, com base em argumentos conseqüencialistas e argumentos de princípios que lhes pareçam bons, às vezes aplicam uma interpretação muito restrita de um dispositivo legal (ex.: artigo 4(4) da Lei de Compensações no Exterior de 1950, em *Anisminic* [1969] 2 A.C. 197), eles também eventualmente, e pelos mesmos motivos justificatórios, interpretam precedentes em termos muito restritivos a fim de "discriminá-los" do ponto em questão num determinado caso.

Às vezes, naturalmente, a discriminação de um precedente envolve a plena execução, mas nada mais que a plena execução, da deliberação original. Quando no caso *Phipps* v. *Pears* ([1964] 2 All E.R. 35) o tribunal de recursos foi instado a determinar que o proprietário de uma casa poderia ter, e no caso em foco realmente tinha, o direito contra um proprietário vizinho a título de servidão de proteção contra intempéries (ver acima, p. 189), o tribunal, ao rejeitar esse pleito, traçou uma discriminação entre a situação em pauta e a situação coberta por precedentes que tinham estabelecido a servidão de sustentação. *Dalton* v. *Angus* ([1881] 6 App. Cas. 740) era, como salientou lorde Denning, um precedente dessa natureza. No entanto, a deliberação de que uma pessoa não pode demolir sua casa de um modo que remova a sustentação física da casa vizinha não é de modo algum incompatível com a deliberação de que uma pessoa não é obrigada a preservar a proteção contra danos causados pelas intempéries. Um caso é nitidamente discriminado e discriminável do outro. Como foi dito anteriormente, o primeiro poderia ser forçado por analogia a abranger o segundo; mas, na ausência de razões suficientes de política de interesse público ou de princípio, não era necessário que isso ocorresse. E, considerando-se que a lei acertadamente "sempre relutou muito em criar qualquer tipo novo de servidão negativa" ([1964] 2 All E.R. 37, por lorde Denning, juiz do tribunal de recursos, *cit. sup.*, p. 189), isso não deveria ocorrer.

A prática desse tipo de discriminação é simplesmente a obversão da aplicação de normas de jurisprudência. Na medida em que uma norma possa ser ou tenha sido formulada em termos claros autorizados por precedentes de caráter compulsório, ela há de ser aplicada de acordo com seus termos quando seus fatos operativos estiverem atendidos; quando não o estiverem, ela não poderá ser diretamente aplicada, embora possa, desde que haja outros motivos suficientemente bons, ser usada como uma analogia que justifique a extensão da lei. Na ausência desses motivos, ela pode simplesmente ser considerada por seu significado manifesto para fins de discriminação – pois, apesar da semelhança analógica entre ela e o caso em tela, a deliberação oposta no caso em tela não contradiz a deliberação do precedente.

O que é mais interessante é a consciente reafirmação do ponto provado num precedente, a "explicação" do mesmo, que abre o caminho para tratá-lo como discriminável do caso em pauta. Vimos como, em *Steel* v. *Glasgow Iron and Steel Co.* (1944 S.C. 237), o Supremo Tribunal escocês usou a analogia com casos de "salvamento de vidas" para justificar o reconhecimento do direito de alguém que salva um bem exposto a riscos por negligência a receber indenização da pessoa cuja negligência pôs o bem em risco. Suas Excelências tinham, porém, um obstáculo (até o momento não mencionado) a superar ao agir desse modo.

Em *Macdonald* v. *David MacBrayne Ltd.* (1915 S.C. 716), o direito de uma pessoa que salvou um bem foi negado nas seguintes circunstâncias: MacBraynes, a transportadora, no cumprimento de um contrato de entrega de dois tambores de parafina à loja do sr. Macdonald em Fort William, na realidade entregou dois tambores de parafina e um de nafta. Supondo que se tratasse de um tambor de parafina, o sr. Macdonald chutou-o para ver se estava cheio, e ele explodiu incendiando o prédio da loja. O sr. Macdonald escapou do incêndio, mas foi gravemente ferido enquanto tentava extinguir as chamas. Recorrendo da decisão do xerife, a Segunda Divisão considerou MacBraynes responsável pelos danos causados à loja diretamente decorrentes do descuido em sua entrega errônea, em violação do contrato. Sustentou, porém, que os atos do pleiteante no esforço de apagar o incêndio constituíram um *novus actus interveniens*, que interrompeu a corrente de causação, e que portanto o pleiteante não tinha nenhum direito a reparação por suas próprias lesões.

No caso *Steel*, o advogado do pleiteante apresentou a seguinte argumentação:

> *Macdonald* v. *David MacBrayne Ltd.* [foi] um exemplo de auto-exposição voluntária a um perigo desarrazoado, sendo portanto discriminável do caso em pauta na medida em que não ocorreu nenhum ato desarrazoado semelhante. Era importante ter em mente a posição de responsabilidade mantida por Steel em relação a seu trem... (1944 S.C., p. 243.)

De fato, ele ofereceu ao tribunal uma explicação da decisão *Macdonald* que seria compatível com uma deliberação favorável ao pleiteante no caso em foco: a de que ela determinava que era a exposição desarrazoada ao risco que excluía o direito de quem estivesse salvando bens, não que quem estivesse salvando bens nunca tivesse direito a receber indenização da parte que por negligência tivesse posto os bens em perigo.

Entre a maioria no caso *Steel*, lorde Cooper foi ainda mais adiante e declarou sem rodeios que "*Macdonald* v. *David MacBrayne Ltd.* não me parece ser mais do que uma decisão a respeito dos próprios fatos" (*ibid.*, p. 247). Em suma, ele negou que o precedente contivesse qualquer deliberação ponderada quanto à questão dos direitos de quem salva bens. Ela pressupunha mais do que afirmava qualquer proposição do direito; e, como o advogado tinha argumentado, devia ser presumido que estivesse embasada numa apreciação factual da conduta do pleiteante como desarrazoada. Lorde Mackay, por outro lado, que divergiu no caso *Steel*, insistiu que os casos de "salvamento de pessoas" eram discrimináveis (o que sem dúvida eram mesmo) e que deveriam sofrer discriminação porque *Macdonald* deveria ser seguido tanto pela autoridade de sua justificação como pela justificação de sua autoridade: "Não vejo nenhum outro resultado justo, e esse é o efeito de *Macdonald*" (*ibid.*, p. 261).

Trata-se de um ponto importante que seja a proposição do direito, não as palavras particulares nas quais o tribunal precedente a expressou, que constitui, se chega a constituir, o fundamento de caráter vinculante nos termos da doutrina de precedentes. Isso de fato discrimina a prática com relação a precedentes da prática com relação às leis promulgadas. As leis estabelecem normas "em forma verbal fixa" como afirmaram Twining e Miers[15]; os precedentes, não. Qualquer glosa interpretativa de um dispositivo da lei deverá ser compatível com as exatas palavras expressas do parlamento em algum sentido que possa razoavelmente ser aplicado a elas. Essa restrição não se aplica à interpretação judicial mesmo de deliberações oficiais quanto a pontos do direito a serem encontrados nos precedentes. Por esse motivo, a amplitude disponível na "explicação e discriminação" de precedentes é inquestionavelmente maior que a disponível na interpretação restrita de leis promulgadas. Desde que uma deliberação num precedente possa ser reformulada de uma forma que seja compatível com a decisão do caso, e esteja alinhada com os argumentos de princípios adicionais aos quais se recorreu no caso, os juízes aceitarão e usarão "explicações" dos precedentes que limpem o terreno para as que são consideradas deliberações desejáveis sobre os pontos de um determinado caso.

A presunção é, porém, contra explicações forçadas, exatamente como na interpretação de leis promulgadas a presunção é favorável ao significado mais "óbvio" dos termos pertinentes da Lei. O que é crucial é a força que se percebe nos argumentos conseqüencialistas e nos argumentos de princípios a favor do caso que à primeira vista pareça obstruído por precedentes contrários de caráter vinculante (ou, por sinal, dispositivos legais contrários). Os juízes consideram permissível explicar de modo restritivo e discriminar precedentes vinculantes quando há fortes motivos para fazê-lo, mas o ônus da argumentação recai muito sobre a parte que precisa estabelecer a discriminação para armar seu próprio caso.

---

15. *Loc. cit. supra,* capítulo III, n. 7.

É comum que se diga que somente o fundamento da decisão de um precedente tem caráter vinculante, não as razões justificatórias adicionais que são somente *obiter dicta*. Em termos técnicos, a afirmação é bastante verdadeira; mas também deveria ser observado que o respeito que na prática é concedido a deliberações judiciais sobre a lei é até certo ponto condicionado pela força e capacidade de persuasão dos argumentos aduzidos para ampará-las. No caso *Steel*, lorde Cooper estava sem dúvida ainda mais disposto a não dar grande importância à decisão *Macdonald* porque a questão naquele caso foi resolvida de modo bastante sumário e sem uma cuidadosa argumentação de princípios, ao passo que na opinião de lorde Cooper a argumentação a partir de princípios do direito favorecia o pleiteante no caso *Steel*. Em *White & Carter (Councils) Ltd.* v. *Macgregor* ([1962] A.C. 413, 1962 S.C. (H.L.) 1), a situação inverteu-se, na medida em que lorde Reid justificou a rejeição do precedente adverso de *Langford* v. *Dutch* (1952 S.C. 15), entre outras coisas, com base no fato de que naquele caso o presidente do tribunal, lorde Cooper, ao sustentar que um anunciante não tinha direito a cobrar o preço total do contrato por um contrato de publicidade cancelado, tinha deixado de explicar qualquer razão de princípios para essa deliberação. (O atual consenso jurídico parece ser, entretanto, o de que lorde Reid estava errado; e lorde Cooper, certo[16]; mas essa já é outra história.)

Aqui, mais uma vez, há uma diferença com relação à interpretação de leis promulgadas, no sentido em que as leis representam a lei por seus próprios méritos, sem o amparo de argumentos expressos de princípios. Não obstante, são as leis que, na opinião dos tribunais, parecem carecer de princípios de sustentação que são as candidatas mais prováveis para a interpretação restritiva, especialmente quando elas desrespeitam princípios do direito consuetudinário

16. Ver, por exemplo, D. M. Walker, *Principles of Scottish Private Law* (2ª ed., Oxford, 1975, i. 642n).

(não que se esteja sempre de acordo com a perspectiva judicial sobre o que constituem bons princípios em contextos semelhantes). Em relação a *Temple* v. *Mitchell* (1956 S.C. 267), vimos como uma diferença em princípios fundamentais do direito conjugal entre a Escócia e a Inglaterra foi considerada fatal pela Segunda Divisão para a interpretação de dispositivos da Lei do Inquilinato referentes à garantia do direito de posse do inquilino, favorável à esposa abandonada. E casos como *Ridge* v. *Baldwin* ([1964] A.C. 40) ou *Malloch* v. *Aberdeen Corporation* ([1971] S.L.T. 245) indicam como os tribunais estão dispostos a considerar que poderes oficiais de demissão de funcionários públicos implicam o requisito de obediência aos princípios da justiça natural.

Pode-se dizer no mínimo que o processo e os fundamentos para explicar de modo restritivo e discriminar precedentes são acentuadamente semelhantes àqueles empregados na interpretação restritiva de leis promulgadas. A diferença reside apenas no grau de liberdade que os juízes atribuem a si mesmos na efetiva reformulação de precedentes que eles consideram infundados em princípios ou inaceitáveis em suas conseqüências. Às vezes não é mais do que o decoro que leva um juiz a argumentar que as conseqüências adversas apreendidas que resultariam da adoção de uma determinada interpretação de uma lei não podem ter sido a intenção do parlamento – *Anisminic* a que preço?

Um último ponto que deveria ser óbvio: os valores e princípios do direito dominantes mudam com o tempo. Quando em *Derry* v. *Peek* (1889) 14 App. Cas. 337, a Câmara dos Lordes declarou que A não tinha nenhum direito a indenização por prejuízos decorrentes da confiança de A numa afirmação falsa de B feita com negligência, mas não de modo intencional ou irresponsável, ela sem dúvida estava atuando em consonância com o princípio então dominante de que as partes devem garantir sua própria proteção por meio de contratos. No início da década de 1960, o direito relacionado à negligência em geral já tinha evoluído (ou na Escócia voltado) para um estágio muito diferente.

Não foi surpreendente, portanto, que em *Hedley Byrne & Co.* v. *Heller & Partners* ([1964] A.C. 465) o precedente *Derry* tenha sido discriminado com base no fato de ter determinado apenas que a prova da real intenção de enganar ou da irresponsabilidade propositada quanto à verdade era essencial para uma ação de reivindicação de indenização pelo ato ilícito da fraude. Porém, como *Hedley Byrne*, ao determinar que A tinha direito a indenização contra B quando A agiu de modo razoável confiando numa afirmação de B, que se revela falsa, tendo B tido motivos para prever que A confiaria dessa forma, mas não tendo tomado cuidados razoáveis para ser exato, firmou um direito a indenização por prejuízo econômico independente de lesões corporais, ele por sua vez gerou controvérsia. Apesar da opinião divergente dos lordes Reid e Morris of Borth-y-Gest, o Conselho Privado em *Mutual Life etc. Co.* v. *Evatt* ([1971] A.C. 793) explicou restritivamente e discriminou a deliberação *Hedley Byrne*, no sentido da qual o pêndulo voltou por sua vez a se inclinar em decisões posteriores nas quais *Evatt* não foi seguida[17].

O fato de um precedente ser ou não ser discriminado não é condicionado simplesmente pela questão de saber se ele é de algum modo discriminável. Ele é condicionado também, e em termos cruciais, pelo fato de aos olhos do tribunal parecer ou não que existam bons motivos para discriminá-lo. Essas razões são controversas na própria natureza do caso, e os valores que elas necessariamente encarnam mudam com o tempo.

(iii) *Extensão e desenvolvimento de normas de jurisprudência*

O próprio ponto que se acabou de apresentar é a chave para examinar como a jurisprudência no processo de interpretação é estendida e desenvolvida. Ninguém jamais

---

17. Ver, por exemplo, *Esso Petroleum Co. Ltd.* v. *Mardon* [1975] Q.B. 819, [1976] Q.B. 801 (C.A.).

está sob a obrigação de discriminar um determinado precedente apenas porque ele *pode* ser discriminado. Com base na maioria dos pronunciamentos reunidos, foi *possível* em dada ocasião a alegação de que *Donoghue* v. *Stevenson* não fez mais do que estabelecer que fabricantes de artigos alimentícios e bebidas têm um dever de cuidados razoáveis para com quem consome os alimentos e bebidas que fabricam. Esse ponto foi questionado em *Grant* v. *Australian Knitting Mills* ([1936] A.C. 85), no qual cuecas impregnadas de sulfito causaram dermatite no usuário. Mas o resultado foi nulo, e o Conselho Privado ainda sustentou que, segundo Donoghue, a questão não era saber se era *possível* que o defeito causador do dano fosse descoberto ou eliminado por uma inspeção intermediária, ou por um ato do próprio freguês, mas se era razoavelmente previsível que ele *de fato* fosse descoberto ou eliminado. O comprador das cuecas *poderia* tê-las lavado antes de usá-las, mas era razoavelmente previsível que muitos compradores desse tipo de artigo não agissem desse modo. Portanto, como ressaltamos anteriormente, também em *Haseldine* v. *Daw* ([1941] 1 K.B. 688) poderia ter sido determinado que o caso *Donoghue* não cobria casos que envolvessem consertos de elevadores e assuntos semelhantes, mas era de fato discriminável em relação a eles. Isso entretanto não ocorreu, com o tribunal de recursos indicando que não via nenhum bom fundamento de política de interesse público ou de princípio para traçar uma distinção dessas. E assim por diante.

Enveredar por esse tópico com qualquer atenção maior seria ocioso, já que significaria apenas repetir as idéias apresentadas no capítulo VII sobre a legitimidade compreendida – e a força legitimadora – da extrapolação analógica a partir da lei estabelecida. Um caso pode ser precedente de sustentação para muito mais tópicos do que aquele para o qual ele tem caráter vinculante no nível mínimo de indiscriminabilidade. A jurisprudência é aberta no sentido em que um juiz ou um tribunal procura essencialmente dar uma deliberação nos termos da lei que justifique *suficientemente* sua decisão[17a]. Há uma diferença enorme entre dizer "*Pelo menos* se *p* valer, a conseqüência será *q*" e dizer "*somente se p, então q*" – e o primeiro enunciado é muito mais característico de deliberações de jurisprudência em áreas novas do que o segundo.

A controvérsia[18] quanto a qual era o fundamento da decisão de *Barwick* v. *British Joint Stock Bank* ((1886) L.R. 2 Ex. 259) gira em torno da inobservância desse ponto. Um gerente de banco, no desempenho de suas funções, induziu fraudulentamente o pleiteante a aceitar uma garantia sem nenhum valor, ato pelo qual seu empregador, o banco, obteve um benefício. Sustentou-se que o banco era responsável indireto pela fraude do funcionário. Estava claro que a decisão poderia legitimamente ter sido discriminada mais tarde em casos que envolvessem empregados fraudadores cujas fraudes cometidas no cumprimento de suas funções não beneficiassem seus patrões.

Contudo, em *Lloyd* v. *Grace Smith & Co.* ([1912] A.C. 716), a Câmara dos Lordes, reformando a decisão do tribunal de recursos, determinou que o elemento de benefício ao patrão não é necessário para a responsabilidade indireta pela fraude cometida por um empregado no desempenho de suas funções. A Câmara dos Lordes *afirmou* que, no caso *Barwick*, a referência do juiz Willes ao benefício obtido pelo patrão foi meramente uma alusão a fatos particulares do caso em questão. Entretanto, ela poderia ter *afirmado* o contrário, se fosse sua intenção, como foi a do tribunal de recursos, negar a responsabilidade em casos semelhantes. O que estava envolvido no caso era uma extensão perfeitamente correta do âmbito da responsabilidade indireta por fraude, pela eliminação da prudente restrição anterior – que podia ser expressa como "pelo menos se o patrão se bene-

---

17a. Cf. A. W. B. Simpson "The *Ratio Decidendi* of a Case etc.", em *Oxford Essays in Jurisprudence* (org. A. G. Guest, Oxford, 1961, capítulo 6).

18. Ver Cross, *Precedent in English Law*, 2ª ed., pp. 72-4, e Goodhart, *op. cit., supra*, capítulo IV, n. 7.

ficiar". Tentar, como o dr. Goodhart parece ter tentado[19], criar uma doutrina de fundamento da decisão que inclua tanto a circunstância mínima em que um caso deva necessariamente ser seguido e o ponto máximo ao qual sua aplicação possa ser estendida é tentar o impossível.

Naturalmente, o que começa como um desdobramento sem fim no direito pode ser encerrado. "Pelo menos se..." pode ser transformado em "somente se...". A doutrina de *Rylands* v. *Fletcher* ((1868) L.R. 3 H.L. 330) foi exatamente dessa forma encerrada em *Read* v. *Lyons* ([1947] A.C. 156), como foi examinado anteriormente. A doutrina de *Rylands* *poderia* ter sido estendida de modo que cobrisse o escape de substâncias perigosas do controle do réu, independentemente de ter o referido escape ultrapassado o perímetro de suas instalações, e poderia ter sido estendida de modo que cobrisse lesões corporais à pleiteante, não apenas dano causado a um proprietário da vizinhança. O caso *Read*, por motivos de princípio já examinados, fixou uma barreira do tipo "somente se" que estabeleceu o escape do terreno do réu e o dano a um proprietário vizinho como condições necessárias, não apenas suficientes, para a responsabilidade objetiva.

Embora, como já vimos, possam ocorrer e ocasionalmente ocorram recursos às leis promulgadas por estabelecerem princípios e constituírem analogias que justificam desdobramentos fora de sua área de ação específica, essa é uma característica menos acentuada do uso da lei promulgada dentro de nosso sistema jurídico do que do uso de doutrinas e princípios de jurisprudência com essa finalidade. Se divergem em algum ponto, é no da "abertura ilimitada" que a jurisprudência mais difere da lei promulgada, pelo menos em nossa tradição em contraste, por exemplo, com a da França. Isso, no entanto, não afeta o que foi dito aqui acerca da exigência de coesão em relação tanto à lei

19. Goodhart, *op. cit.*

promulgada como à jurisprudência. "Não contradirás normas de direito estabelecidas e de caráter obrigatório" é um mandamento que se aplica aos dois casos, e que impõe limites importantes e genuínos à liberdade judicial de ação, mesmo depois que tenhamos feito todas as qualificações adequadas para abrir espaço para a possibilidade de interpretação restritiva, explicação e discriminação.

A abertura ilimitada tem também outro aspecto, na medida em que as normas da jurisprudência são em certo sentido apenas relativamente vinculante. Num sistema hierárquico de tribunais, somente confusão e despesa resultam do fato de tribunais de instâncias inferiores se recusarem a seguir precedentes firmados por tribunais superiores. Portanto, como norma, as decisões destes últimos têm caráter obrigatório sobre os primeiros. Mas naturalmente o inverso não ocorre. E em qualquer nível, não é necessariamente o caso (e na realidade vale apenas para o Tribunal de Recursos da Inglaterra e para o Tribunal Divisional) de um tribunal de recursos dever tratar como se fossem de caráter absolutamente vinculante suas próprias decisões anteriores e as de tribunais da mesma categoria e importância. Decisões dessa natureza são, no nível material, de caráter apenas presumivelmente vinculante; e precedentes de instâncias inferiores são somente persuasivos, de tal modo que falta à observância de deliberações de precedentes aquela qualidade de obrigatoriedade inflexível apresentada pelas leis promulgadas válidas. Rejeitar ou não seguir é sempre uma possibilidade. Mais uma vez, é a razão da justiça de não se afastar de decisões semelhantes em casos semelhantes sem motivos muito bons, bem como as razões de política de interesse público e de princípios que amparam os precedentes, associadas ao argumento da conveniência pública em prol da certeza no direito, que explicam a posição do precedente como uma "fonte do direito" no sistema e que nos permitem captar sua qualidade essencialmente ilimitada.

A pertinência desse aspecto está mais associada ao ideal da coerência do que ao requisito da coesão. Se considerarmos os dois juntos, porém, poderemos ver por que motivo não existe uma linha nítida que divida "casos evidentes" de "casos exemplares". O que torna um caso evidente no direito é que podem ser comprovados (acredita-se) fatos que são exemplos inequívocos de uma norma estabelecida; mas as normas estabelecidas são suscetíveis a interpretações que variam dependendo da pressão de argumentos conseqüencialistas e argumentos de princípios. Para ter confiança antecipada de que se tem um caso evidente, é preciso ter certeza tanto de que ele esteja "coberto" por uma norma, como de fato por aquela interpretação da norma que seja mais bem justificada por argumentos conseqüencialistas e argumentos de princípios – cuja aplicação não ofenda concepções judiciais da justiça e o senso comum do direito. De imediato nos encontramos na área do essencialmente contestável. É claro que existem casos quase automáticos, e todos nós os reconhecemos quando os vemos. Porém, na faixa que vai da clareza cristalina à tentativa com pouca possibilidade de sucesso, ninguém (a menos que se trate de um tolo) pode afirmar com convicção que consegue discernir o ponto em que os casos evidentes terminam e têm início os exemplares.

IX. *Argumentação jurídica e teoria do direito*

(a) Princípios e positivismo

Uma teoria da argumentação jurídica exige uma teoria do direito e é exigida por esta. Como se viu no capítulo III, qualquer explicação da argumentação jurídica, e não apenas a explicação aqui apresentada, faz pressuposições sobre a natureza do direito. Do mesmo modo, teorias sobre a natureza do direito podem ser testadas em termos de suas implicações relativas à argumentação jurídica. Esse é um ponto que foi defendido com vigor por Ronald Dworkin[1].

Dworkin de fato alega que pode ser demonstrado que o positivismo jurídico, pelo menos aquela forma da teoria positivista por ele atribuída a H. L. A. Hart, apresenta falhas fundamentais quando são levadas em conta as implicações que ele tem em relação à argumentação jurídica. A essência de seu raciocínio pode ser captada, se bem que resumidamente, do seguinte modo.

Um sistema jurídico, pelo modelo hartiano[2], compreende um conjunto de normas primárias mutuamente inter-relacionadas que regem os deveres de pessoas numa socieda-

1. O argumento de Dworkin está exposto numa série de artigos bem conhecidos, agora reimpressos em *Taking Rights Seriously* (Londres, 1977), dos quais ver especialmente capítulos 1-4, 12, 13 (doravante citado como *TRS*).

2. Como exposto em *Concept of Law* (Oxford, 1961).

de, e normas secundárias que dão a indivíduos em funções públicas ou privadas o poder de variar a incidência de todo o conjunto de normas, a alterar as normas ou a aplicar outras incluídas nesse conjunto. O que unifica o conjunto por inteiro formando um sistema é a existência de uma norma secundária que estabelece critérios para identificar todas as normas que pertencem a ele e que desse modo estipula o dever de autoridades de observar e fazer vigorar todas as outras normas. A existência dessa "norma de reconhecimento" é constituída por sua aceitação comum "do ponto de vista interno" pelo menos por parte dos funcionários superiores do sistema, como uma norma social compartilhada, no mínimo para eles. Sua existência como a norma de reconhecimento de um sistema jurídico realmente operacional exige que as normas que ela identifica estejam efetivamente em vigor entre a população da sociedade em questão.

Segundo Dworkin, essa tese é insustentável porque necessariamente representa de modo equivocado o processo de recurso ao judiciário. Em primeiro lugar, ela não deixa espaço para a operação de princípios dentro do processo judicial[3]. Em segundo, ela caracteriza incorretamente a natureza e abrangência do arbítrio judicial[4]. De acordo com a tese de Hart, as normas têm um cerne de certeza e um entorno vago e de trama rala; de tal modo que, em casos que se situem fora do cerne de certeza, para os quais as normas não forneçam nenhuma orientação inequívoca, os juízes devem ter arbítrio no "sentido forte", já que somente de uma forma quase legislativa poderão escolher a decisão que lhes parecer melhor com base nos fundamentos que considerarem apropriados a essas escolhas. A verdade, diz Dworkin, é que eles dispõem apenas de uma forma fraca de arbítrio, na medida em que precisam exercer seu melhor próprio arbítrio (e o de quem mais poderiam usar?) quanto à correta

---

3. *TRS*, pp. 22-8, 71-82, 90-100.
4. *TRS*, pp. 31-9, 68-71.

aplicação de princípios pertinentes e outros padrões jurídicos. Em terceiro, esses princípios, embora genuinamente legais, não são identificáveis por "*pedigree*" por meio de uma norma de reconhecimento[5]. Em quarto, a teoria das normas sociais sobre a qual se baseia a explicação da norma de reconhecimento é de qualquer modo insustentável[6].

Paremos aqui com os argumentos destrutivos. Em termos construtivos, Dworkin alega que a característica básica dos princípios jurídicos, como uma subclasse dos princípios políticos em geral, é que eles identificam os direitos de cidadãos como indivíduos e, portanto, são distintos de políticas que identifiquem "objetivos coletivos". Em casos exemplares, tanto como em casos evidentes, são os direitos dos cidadãos que estão sendo postos em vigor – e não é o menos importante dos direitos do cidadão o direito a um julgamento que garanta outros direitos que se tenham. Naturalmente, é contestável qual das partes na lide tem o melhor direito substantivo e, portanto, o direito a uma sentença que lhe seja favorável. No entanto, os direitos devem ser "levados a sério" – não banalizados como o positivismo os banaliza ao insinuar que aquele que sai vitorioso num caso exemplar é simplesmente o beneficiário de um arbítrio "forte" exercido em seu favor por meio de legislação retroativa[7].

O que hei de dizer sobre tudo isso? Deve estar óbvio que a abordagem que adotei neste livro está enormemente influenciada pela abordagem de Hart, embora não seja uma simples derivação dela. Será este livro então mera reapresentação de uma versão do positivismo que já foi ultrapassada ou, melhor, legada ao esquecimento pela força hercúlea da "Tese dos Direitos"?

De modo nada surpreendente, inclino-me à opinião de que há mais o que dizer a respeito do assunto do que isso. E mais, embora contenha muitas percepções excelentes, a

5. *TRS*, pp. 21, 36, 39-45, 64-8.
6. *TRS*, pp. 46-80.
7. *TRS*, pp. 81-6, 279-90.

própria "Tese dos Direitos" apresenta falhas fundamentais como teoria do direito, e a teoria geral deste livro fornece de fato uma explanação melhor daqueles próprios aspectos do processo jurídico que Dworkin considera inexplicáveis pelos positivistas. Examinemos, em primeiro lugar, os quatro pontos da argumentação destrutiva, à exceção do segundo, referente ao arbítrio, que será examinado mais adiante.

Dworkin, como Pound[8] (de quem ele reconhece ser devedor) e muitos outros antes dele, está indubitavelmente correto ao afirmar que argumentos a partir de princípios jurídicos desempenham um papel de profunda importância na argumentação jurídica – e é uma falha de *Concept of Law* de Hart que esse assunto seja abordado somente de passagem[9]. O capítulo VII deste livro – também seguindo muitos precursores – demonstra de fato que argumentos a partir de princípios e a partir de analogias desempenham um papel vital na decisão de casos exemplares em nossas leis e, nessa medida, embora não sem restrições, confirma a tese defendida por Dworkin. Mais recentemente, o capítulo VIII revelou também que a interpretação de normas é muito afetada por considerações de princípios. A decisão quanto a interpretar uma lei de modo estrito ou amplo, ou a decisão de explicar e discriminar ou de seguir uma norma de jurisprudência, é, como questão de observação, pelo menos em parte baseada em argumentos a partir de princípios jurídicos, de modo tal que não se pode dizer se o caso com que nos deparamos é fácil ou difícil enquanto não tivermos refletido sobre os princípios, bem como sobre a norma ou normas aplicáveis à primeira vista.

O último ponto é, porém, tanto contrário como favorável a Dworkin. Uma das distinções que ele traça entre princípios e normas depende da opinião de que normas possuem uma qualidade do tipo "ou tudo ou nada"[10], de tal

---

8. R. Pound, *An Introduction to the Philosophy of Law* (edição revisada, Londres, 1954, p. 56); ver *TRS*, p. 38.

9. Ver a frase de abertura do capítulo 7 de *Concept of Law*, p. 121.

10. *TRS*, pp. 24-6.

modo que, se válidas, elas ou bem determinam uma decisão ou não contribuem em nada para ela; enquanto, por outro lado, os princípios, por terem a dimensão do peso (metáfora sobre a qual já foram lançadas dúvidas), podem competir sem que nenhum dos competidores seja invalidado por ser derrotado na competição.

Um dos defeitos encontrados nessa perspectiva, o de que ela deixa sem explicação o uso de normas na argumentação por analogia, foi suficientemente repisado no capítulo VII. À luz do capítulo VIII, podemos agora acrescentar o ponto de conversão, o de que, em problemas de interpretação, as normas de fato competem com os princípios e não são invalidadas pela derrota na competição. O fato de que razões de princípios (associadas a argumentos conseqüencialistas) justificaram a decisão em *Anisminic* ([1969] 2 A.C. 197) de interpretar estritamente o artigo 4(4) da Lei de Compensações no Exterior de 1950 não implica que o artigo seja inválido. (Em termos da metáfora do peso, seria possível dizer que o tribunal de recursos teria atribuído maior peso ao artigo 4(4) do que a Câmara dos Lordes atribuiu.) O que a Câmara dos Lordes fez foi determinar a abrangência da norma num dado contexto, não sua validade ou invalidade. Por outro lado, em *Temple* v. *Mitchell* (1956 S.C. 267), a maioria considerou que as nítidas palavras do artigo 15 da Lei do Inquilinato de 1920 suplantavam o princípio de proteção ao domicílio familiar. No contexto pertinente, eles fixaram a abrangência daquele princípio – exatamente como quando em *Read* v. *Lyons* ([1947] A.C. 156) o princípio de não haver responsabilidade sem culpa entrou em colisão com o princípio da responsabilidade objetiva por danos causados por escape de substâncias perigosas, e a abrangência deste último foi estabelecida.

"Se quisermos obter uma clara distinção conceitual entre" normas e princípios (e essa é uma necessidade tanto para esta tese como para a "tese dos direitos"), teremos de procurar em outros lugares que não sejam a tese dos direitos. (A idéia de que princípios identificam direitos também não serviria – do mesmo modo que ocorre com muitas normas, como argumentei recentemente[11] em texto de certa extensão.)

A melhor opinião foi a exposta no capítulo VII: a de que os princípios são normas relativamente gerais que são concebidas como normas ou conjuntos de normas "racionalizantes". Essa opinião postula que saibamos quais sejam as normas a racionalizar. E sabemos mesmo. Conhecemos as normas do direito porque dispomos de "critérios de reconhecimento" ou algo que se assemelhe. (Para evitar repetir por extenso um argumento que apresentei em outra obra, gostaria de dizer que preferiria defender esse ponto por meio da noção de "normas instituintes" que estabelecem critérios de validade para outras normas do direito[12]. Aqui, em nome da simplicidade, usei a formulação hartiana, mais conhecida.) Se não pudéssemos conhecer e não conhecêssemos normas do direito, as provas dessa matéria seriam ainda mais sem sentido do que estão inclinados a considerá-las, em seus momentos mais desesperançados, os que as prestam e os que as corrigem.

É isso o que derruba o terceiro ponto atribuído acima a Dworkin. Existe uma relação entre a "norma do reconhecimento" e princípios do direito, mas é um relacionamento indireto. As normas que são normas *do direito* são o que são graças à sua linhagem. Os princípios que são princípios *do direito* são o que são graças à sua função em relação àquelas normas, ou seja, a função a eles atribuída por quem os usa como racionalizações das normas.

Pode haver quem diga que isso sugere de modo antipositivista que a lei afinal de contas não é isenta de valores. Na verdade, não se trata tanto de uma insinuação, mas de uma proclamação ensurdecedora. Não há, porém, nada de antipositivista em dizer que a lei não é isenta de valores[13]. Ninguém em pleno uso das faculdades mentais – e há pelo

---

11. N. MacCormick, "Rights in Legislation", em *Law, Morality, and Society* (orgs. P. M. S. Hacker e J. Raz, Oxford, 1977).

12. N. MacCormick, *Law as Institutional Fact, cit. sup.* capítulo III, n. 6.

13. Cf. Ch. Perelman, *Logique Juridique* (*cit. sup.*, capítulo I, n. 14), s. 37.

menos alguns positivistas em pleno uso das faculdades mentais – jamais sugeriu ou sugeriria que a própria lei seja isenta de valores. Se os seres humanos não valorizassem a ordem na vida social, não teriam leis de nenhuma espécie. E cada sistema jurídico encarna não apenas uma forma de ordem social, mas aquela forma de ordem que é especificamente valorizada por quem detém o controle dos processos legislativo, executivo ou judiciário – ou, no mínimo, ela é uma colcha de retalhos dos valores rivais preferidos pelos vários grupos que participam desses processos.

O sentido de ser positivista não é o de negar verdades óbvias dessa natureza. O sentido consiste, sim, na afirmação de que não se precisa sob nenhum aspecto compartilhar ou endossar esses valores no todo ou em parte para saber que a lei existe, ou qual lei existe. Não é necessário acreditar que a lei soviética, francesa ou escocesa seja boa ou que represente o repositório de uma forma objetivamente boa de ordem social para acreditar que ela é a lei – ou para descrevê-la, expô-la ou explicá-la como realmente é.

Nem é preciso que se considere que "a lei" seja objetiva, neutra ou imparcial no que diz respeito a conflitos de interesses, classes, grupos religiosos, outros grupos, sexos ou seja lá o que for[14]. Em termos históricos e para todos os sistemas atuais, essa seria uma crença absurda. E mais, muito embora um bom sistema jurídico (na minha opinião) não favoreça uma classe, raça, sexo ou religião em detrimento de outras, seria absurdo supor que ele não favorecesse alguns interesses em detrimento de outros. Os interesses daqueles que perseguem seus próprios objetivos por meio de fraudes não deveriam ser, em nenhuma circunstância, favorecidos em detrimento dos interesses dos que são por eles defraudados. Não se trata meramente de que a lei nunca seja neutra, ela nunca deveria ser neutra, quando a escolha é entre interesses dessa natureza.

---

14. Cf. Perelman, *loc. cit.*; Z. Bankowski e G. Mungham, *Images of Law* (Londres, 1976, pp. 10-1).

Corro, porém, o perigo de divagar. A lei decerto encarna valores, e esses valores são caracteristicamente expressos em enunciados dos princípios de um determinado sistema jurídico. Entretanto, quando dizemos que a lei "encarna" valores, estamos falando por metáfora. O que isso significa? Os valores somente são "encarnados" na lei no sentido em que e na medida em que seres humanos aprovem as leis de que dispõem em virtude dos estados de coisas que elas supostamente devem garantir, sendo eles estados de coisas que, por algum motivo, são considerados justos ou, de outro modo, bons. Não é preciso que nada disso seja posto em palavras – é realmente difícil expressar bem esse tema, e seria ainda mais equivocado supor que muita gente dedica a ele o tipo de atenção necessário para essa expressão. A formulação, vacilante, hesitante e sujeita a aperfeiçoamento, de enunciados de princípios no direito é uma forma de tornar esses valores relativamente mais explícitos. Observe-se, porém, que essa não é necessariamente nem mesmo geralmente uma questão de tornar explícito o que já se sabe com clareza. Trata-se de *fazer com que a lei tenha sentido,* tanto quanto de descobrir o sentido que já está ali. A questão foi extensamente debatida no capítulo VII.

Só porque é isso o que ocorre, seria falso alegar que os princípios são em si determinados pela "norma de reconhecimento": pode haver mais de um conjunto de generalizações normativas que podem ser apresentadas como racionalização das normas que "pertencem" ao sistema referentes a um determinado assunto – basta lembrar as diferenças entre a maioria e a minoria em *Donoghue* v. *Stevenson* ([1932] A.C. 562; 1931 S.C. (H.L.) 31) acerca de quais seriam os corretos princípios do direito a serem aplicados em relação à negligência. Não obstante, com o passar do tempo desenvolvem-se opiniões de aceitação mais ou menos ampla quanto a princípios dominantes, como de fato já tinha ocorrido em relação ao "princípio do próximo" quando chegamos à década de 1970 no Reino Unido.

Pode parecer que isso envolve pôr a carroça à frente dos bois. Surgirá a alegação de que, sem dúvida, temos as normas porque nos atemos aos princípios, não o inverso. Como no mínimo a maioria no parlamento estava convencida de que seria errado em princípio permitir que senhorios prejudicassem inquilinos, tirando proveito da falta de casas para aluguel no mercado após a Primeira Guerra Mundial, foram promulgadas as Leis de Restrição a Aumentos de Aluguéis. Como uma maioria no parlamento na década de 1960 considerou errado em princípio tolerar práticas discriminatórias em termos raciais em áreas de atividades públicas, foram promulgadas as Leis das Relações Raciais. O argumento de que os princípios pertencem ao sistema jurídico em razão de seu relacionamento com normas válidas não capta, antes de tudo, essa realidade às avessas?

Não capta, não. Recordemos a decisão de lorde Morris of Borth-y-Gest citada anteriormente: "ao promulgar as Leis das Relações Raciais de 1965 e 1968, o Parlamento introduziu no direito da Inglaterra um novo princípio norteador de importância fundamental e de amplas conseqüências" ([1973] A.C., p. 889). Que a discriminação pública por motivos raciais não deve ser tolerada é um princípio político que algumas pessoas (entre as quais me incluo) endossam, enquanto outras, não. Pode-se defender a idéia do motivo pelo qual esse é um bom princípio e por que deveria ser promulgado tornando-se lei. Embora a primeira posição não acarrete necessariamente a segunda, pois é possível ser genuinamente contrário à discriminação racial e ainda assim considerar imprudente ou indesejável instituir controles legais referentes a ela, como revela o exame dos debates Hansard sobre os projetos de lei das relações raciais.

Mesmo assim, um princípio político que se apresenta como desejável para uma maioria das pessoas, ou para uma maioria das pessoas ponderadas e sem preconceitos cujas opiniões sobre tais questões Dworkin está disposto a admitir como pertinentes[15], não é somente por isso um princípio do direito. O próprio Dworkin admite ser essa conclusão verdadeira, em termos da distinção que faz entre os princípios que estabelecem "direitos de fundo" e os que estabelecem o "direito institucional"[16]. O que então pode transformar um princípio dessa natureza num princípio jurídico?

Uma parte da resposta é de lorde Morris: ele pode ser adotado como lei por meio da promulgação da legislação apropriada, pela criação de um conjunto de normas que dêem ao princípio, por assim dizer, forma e força legal e concreta pela proibição ou outro tipo de regulamentação da conduta discriminatória. Com as devidas adaptações, o mesmo poderia ser dito acerca das Leis do Inquilinato, em relação às quais vimos, nas palavras de Scrutton, o presidente do supremo, como os tribunais subseqüentemente precisaram elaborar uma "teoria" de como o princípio básico havia de ser posto em vigor na aplicação das normas do direito transformadas em lei.

Mas naturalmente essa é apenas uma parte da resposta. Na realidade, o direito não é hermeticamente isolado da moral e da política; e devemos acolher calorosamente a vigorosa afirmação de Dworkin dessa verdade, sem necessariamente admitir que o "positivismo" nos levaria a uma suposição diferente. Os tribunais não são, nem deveriam ser, imunes a desdobramentos na opinião política (o que não equivale a dizer que não haja razões extremamente boas pelas quais eles deveriam evitar diligentemente tomar partido em áreas de controvérsia político-partidária).

Já sugeri que, ao avaliar as conseqüências apreendidas de possíveis deliberações sobre pontos do direito, os tribunais adotam como teste apropriado a referência do "senso comum"; e sugeri também que isso se refere em parte ao "tipo de consenso aproximado da comunidade acerca de valores sociais que os juízes consideram pôr em efeito" (ca-

15. *TRS*, pp. 246-55.
16. *TRS*, pp. 93-4.

pítulo VI, p. 149 acima). Exatamente dessa forma, a opinião contemporânea sobre questões de direito moral e político acaba se infiltrando no direito, sem dúvida, sujeita à lente deturpadora das concepções que os juízes têm da "opinião contemporânea", uma expressão cuja característica nebulosa foi escolhida propositadamente para refletir a qualidade bastante nebulosa da realidade que descreve.

Desse modo, embora com lentidão e acréscimos em vez de por intermédio do *"big-bang"* da legislação, novos princípios são incorporados no direito mediante o processo decisório judicial. Desse modo, para continuar com o exemplo das relações raciais, em *Scala Ballroom (Wolverhampton) Ltd.* v. *Ratcliffe* ([1958] 3 All E.R. 220), o tribunal de recursos considerou que o sindicato dos músicos não tinha agido de modo contrário à lei ao boicotar um salão de bailes que discriminava pessoas negras; pois, como sindicato que tinha associados brancos bem como negros, seu interesse em resistir à discriminação pela cor era legítimo. O fato de ter a questão sido defendida com base nos interesses reais dos membros do sindicato, em vez da alegação direta de ser errado fazer discriminação pela cor, deveu-se à necessidade de relacionar o ponto em questão aos princípios jurídicos existentes referentes à conspiração civil. Por que motivo existe uma necessidade dessas além do necessário recurso por meio da argumentação conseqüencialista a valores morais e políticos de senso comum foi plenamente explicado nos capítulos de V a VII neste livro. (A necessidade de que o direito consuetudinário se desenvolva desse modo, não por meio de um *"big bang"*, é ignorada ou descartada no recente *Race and the Law* de Lester e Bindman[17].)

De modo semelhante, *Nagle* v. *Fielden* ([1966] 2 Q.B., 633), no campo associado da discriminação sexual, derrubou, por constituir violação da "política de interesse público", uma norma do Jockey Club segundo a qual estava ve-

17. A. Lester e G. Bindman, *Race and the Law* (Harmondsworth, 1972, p. 53).

dada a concessão de licença de treinador do Jockey Club a mulheres, entre as quais incluía-se a pleiteante, que era experiente treinadora de cavalos. Nesse caso, o tribunal de recursos extraiu sua sustentação de doutrinas gerais de proibição ilícita de exercer atividades e da Lei (de Eliminação) de Desqualificação Sexual de 1919 que tinha pertinência como analogia, mas não era de modo algum diretamente aplicável ao caso – e um exemplo a mais de analogia entre leis e mais um prego no caixão da opinião de que as leis não podem ter em si uma "força gravitacional" dworkiniana.

Lester e Bindman descrevem o caso *Nagle* como um "raro exemplo do desenvolvimento criativo do direito consuetudinário por parte dos tribunais em resposta a valores sociais em mutação"[18]. Mas nisso eles estão simplesmente enganados. Por motivos, que a esta altura já deveriam ser óbvios, o direito consuetudinário somente pode evoluir por meio de pequenos acréscimos. A entrada de novos valores somente pode ocorrer quando antigos princípios e analogias lhes proporcionarem algum tipo de ponto de apoio. No entanto, uma vez que tenham obtido ingresso, esses novos valores estarão dentro do sistema, e com o tempo poderão se tornar o foco para novos enunciados de princípios jurídicos, cada vez mais ousados. O processo está primorosamente descrito em *Introduction to Legal Reasoning* de E. H. Levi[19]. Como este livro também demonstra, não é raro que o direito consuetudinário evolua em resposta a valores sociais em transformação conforme compreendido pelos juízes. Isso, entretanto, só pode acontecer de modo relativamente lento. A promulgação de leis, como as Leis das Relações Raciais ou a Lei da Discriminação Sexual, pode mudar as coisas da noite para o dia.

Em suma, quando perguntamos o que confere a um princípio uma qualidade *jurídica,* devemos dar a resposta em termos de sua função real ou potencial de explanação

---

18. *Op. cit.*, p. 52.
19. E. H. Levi, *An Introduction to Legal Reasoning* (Chicago, 1948).

ou justificação diante da lei como já está estabelecida, ou seja, em relação a normas estabelecidas do direito conforme identificadas por referência a critérios de reconhecimento. Isso é perfeitamente compatível com a proposição igualmente verdadeira de que no processo de criação de leis é a adesão do povo a princípios morais e políticos que lhes dá razão para promulgar ou enunciar judicialmente leis ou deliberações jurídicas. Desse modo, é natural que uma bem formulada teoria do direito se coadune perfeitamente com uma bem formulada teoria da legislação, mas não há nenhuma razão para que uma englobe a outra.

Isso envolve traçar uma separação bem definida entre princípios do direito e princípios políticos e morais? Sim e não. Envolve a afirmação de que realmente existe uma diferença entre princípios que são e princípios que não são de caráter jurídico, sujeita a uma *terra incognita* intermediária em que os princípios lutam pelo reconhecimento jurídico, como o "princípio do próximo" antes de 1932 e talvez por algum tempo depois desse ano. Não está envolvida a asserção de que um princípio que seja um princípio de caráter jurídico deixe com isso de ser um princípio moral ou político, pela qual estamos mais uma vez gratos a Dworkin pela vigorosa expressão da verdade negligenciada.

Mais uma vez, porém, precisamos ter cautela acerca de significados. Os princípios que são princípios jurídicos são também políticos, no sentido em que dizem respeito ao bom governo da sociedade organizada; não são políticos no sentido estreito e específico daquilo que é foco de controvérsia partidária – como na doutrina da "questão política". São "princípios morais" apenas no sentido descritivo: os nacionalistas sul-africanos aderem ao princípio do *apartheid* como parte da concepção que *eles* têm da moralidade política. Do *meu* ponto de vista, se eu chamar isso de "princípio moral", estou deixando implícito apenas que é um princípio da moralidade *deles*, não que seja (normativamente) um princípio que seja ético sustentar ou usar como fundamento para agir. Se eu quiser tentar compreender a lei sul-africana contemporânea, suas normas, princípios e tudo o mais, preciso ser capaz de expor quais são seus princípios de acordo com meu entendimento, sem com isso me comprometer com nenhum endosso moral desses princípios. Deverei dizer que ela não tem nenhum princípio? Ou que tem princípios, mas que eles não são bons?

Este último parece-me de longe o melhor posicionamento; e é nesse sentido que o programa positivista de manter distintas a descrição e a apreciação avaliatória de um sistema jurídico parece-me um requisito essencial da forma lúcida de refletir e debater sobre o direito. Mais uma vez, repito, isso não quer dizer que qualquer lei possa ser absolutamente captada ou seus princípios e normas entendidos se não for avaliado que, *para aqueles que endossam voluntariamente* um sistema jurídico, ele é orientado no sentido de valores, orientado para um ordenamento da sociedade de uma forma que eles consideram boa e justa. Vamos reconhecer aqui que a crítica de Dworkin aos positivistas por terem se concentrado excessivamente em um único tipo de padrão jurídico, de normas jurídicas, é de um acerto muito palpável.

Os positivistas devem responder, porém, não desistindo do duelo, mas ampliando a abrangência da investigação de Dworkin. Não tenho como captar plenamente nenhum sistema jurídico particular em termos de seus princípios, bem como de suas normas, a menos que eu mesmo "entre nele" até o ponto de compreender a concepção ou concepções de justiça e o bem no qual ele se inspira. Com isso não estou impossibilitado de rejeitar as concepções dominantes da justiça e do bem como corrupções mais do que manifestações da justiça e do bem entre seres humanos – o que envolve um julgamento normativo por referência à minha concepção da justiça e do bem.

Logo, embora eu afirme com a mesma veemência de Dworkin que devemos levar em total consideração princípios e outras normas no direito da mesma forma que normas jurídicas, se quisermos ter uma teoria adequada do direito ou da argumentação jurídica, isso não exige o abandono do positivismo jurídico caracterizado minimamente pela insistência na autêntica distinção entre a descrição de um sistema jurídico em si e a avaliação normativa do direito que é descrito desse modo. (Entre as perguntas mais desprovidas de sentido que poderiam ser feitas está a que indaga se essa é a essência do positivismo. Não existe nada que se possa chamar de essência do positivismo. O termo positivismo serve apenas para caracterizar uma abordagem da teoria do direito, ou um programa para ela, sustentada por algum teórico ou alguns teóricos. Há uma faixa de usos possíveis do termo a partir da qual tudo o que se pode fazer é selecionar de modo estipulativo o que caracteriza a abordagem que se deseja defender – ou atacar.)

Nem o reconhecimento do lugar dos princípios nos força a abandonar a tese de que as normas que contam como normas do direito têm essa importância por pertencerem a sistemas jurídicos; e que normas pertencem a sistemas jurídicos porque satisfazem critérios operativos de reconhecimento. Portanto, longe de tornar inexplicável a qualidade *jurídica* de certos princípios morais ou políticos, essa tese ("a tese da validade") é essencial para explicar exatamente esse ponto – em termos do relacionamento indireto dos princípios do direito para com a "norma de reconhecimento" como afirmado anteriormente.

A crítica específica de Dworkin ao modo de Hart de descrever ou explicar a existência de uma norma de reconhecimento (uma explicação que se encontra no interior de sua teoria geral das normas sociais) é, porém, uma crítica à qual, com uma considerável divergência pelo menos em termos de ênfase, eu me juntaria. Nos capítulos III e VI, examinei o tópico de "razões de sustentação" para a aceitação de critérios particulares de reconhecimento, e ressaltei, concordando com Sartorius[20], como esses critérios necessariamente vêm à tona em casos exemplares de importância

20. R. Sartorius, *op. cit. supra*, capítulo VI, n. 2.

constitucional e exigem a articulação de princípios e valores constitucionais.

Como disse (capítulo VI, p. 139), "o que deve ser essencial ao 'aspecto interno' da norma do reconhecimento é algum compromisso consciente de exercer os valores políticos que parecem ampará-la e de sustentar de modo concreto os princípios políticos considerados inerentes à ordem constituída da sociedade em questão". Alguma atitude semelhante parece estar necessariamente envolvida na genuína aceitação de uma obrigação de aplicar leis validamente promulgadas, precedentes incontestáveis ou quaisquer outras normas que sejam deriváveis de fontes do direito especificadas por critérios de reconhecimento. É preciso, no mínimo, que se extrapole o próprio exame de Hart do "aspecto interno" para levar plenamente em conta os componentes "volitivo" e "cognitivo" que apresenta, como se sustenta no Apêndice deste livro.

Contudo, mesmo nos termos em que a noção é apresentada em *Concept of Law*, a sugestão de Hart de que a "existência" de uma norma de reconhecimento seja uma questão de "fato social" é uma sugestão apenas sobre a visão que o *observador* tem[21]. Aqui há um aspecto ao qual deve ser dada plena atenção, ou seja, que por mais diferentes que possam ser seus vários conjuntos de "razões de sustentação", os juízes precisam pelo menos concordar em grau muito alto quanto ao que realmente vale como norma do direito e sobre quais são as condições *imediatas* de validade da lei; em caso contrário, não haveria absolutamente nenhum sistema jurídico, somente o caos. E outras autoridades governamentais devem no mínimo estar dispostas a trabalhar em consonância com esses critérios rigorosamente convergentes de validade da lei operados judicialmente. Ademais, não bastaria que os juízes simplesmente convergissem por acaso na aplicação de critérios de validade que

21. Hart, *Concept of Law*, pp. 106-7.

cada um considerasse como uma questão meramente pessoal resolvida por ele mesmo para ele mesmo. Do ponto de vista de cada juiz, o que é aceito como critério de validade deve ser concebido por ele como uma norma social, não como uma norma puramente pessoal; concebido, quer dizer, como algo que estabelece o que está certo para que *qualquer cidadão*, aí incluídos ele mesmo e outros juízes, cumpra como lei válida.

Como somente um desequilibrado elaboraria e adotaria um modelo desses sem um exame atento e consciente dos modelos que vê e entende que estão sendo usados por outros em posição de responsabilidade semelhante, há fortes motivos para esperar um alto grau de concordância e harmonia em meio ao judiciário no que diz respeito a essa questão – de modo tal que de fato não é raro que o observador seja capaz de especificar com razoável precisão a norma de reconhecimento "vigente"em determinada época. (E mais, a conformidade tende a se reproduzir por causa da pressão que exerce sobre dissidentes em potencial ou mesmo, de um ponto de vista cínico, por causa das fortes razões de prudência que aqueles que controlam o sistema têm para mantê-lo em funcionamento fundamentado na concordância. Mesmo assim, existe espaço para que sejam encontrados dissidentes de opiniões fortes, como lorde Denning, juiz do tribunal de recursos – se é que ele pode ser descrito dessa forma sem descortesia.)

A explanação de Hart, como ele a deixou, é portanto insuficiente, apesar de ser duvidoso que esta explanação seja incompatível com qualquer coisa que ele tenha dito ou que faça mais do que uma extrapolação a partir dela. O ponto importante não é, porém, a genealogia da explanação, mas sua correção. Embora esta explanação compartilhe ou adote muito do que se encontra em Dworkin, não se pode descartar o que tem valor só por discordar de outros aspectos. Se a pergunta for "É possível dispensar uma norma de reconhecimento?", a resposta será "Não". Logo, precisamos estruturá-la da melhor forma possível.

Foi tolerada alguma indefinição, talvez até em excesso; na realidade tirou-se proveito dessa indefinição, neste livro até este ponto na abordagem de normas ou critérios de reconhecimento, critérios de validade, a tese da validade e tudo o mais. É chegada a hora de expor o tema com alguma exatidão. Do que tratou toda essa história bastante indefinida?

O que distingue um juiz de direito, por exemplo, de um árbitro é sua posição e seu dever institucionalizados. Alguém que seja nomeado juiz assume uma posição no interior de uma instituição bastante bem definida, um "tribunal"; e, em conseqüência de sua nomeação, sujeita-se ao dever de resolver disputas que se apresentem diante dele em conformidade com a lei, – não simplesmente arbitrar de acordo com a eqüidade aplicável a um caso específico (o que quer que isso possa significar) nem conciliar ou tentar obter soluções de compromisso. O juiz deve fazer o que for certo para todos os tipos de pessoas, e ele está investido dos poderes necessários para conduzir processos e levá-los a uma conclusão definitiva pelo proferimento de ordens ou decisões de caráter obrigatório. O dever de julgar nos termos da lei seria nulo se a lei não fosse identificável.

Postulamos, portanto, que ele, no cumprimento do dever, aplica algum teste ou alguns testes para discriminar entre normas citadas diante dele como "leis" e "não-leis" ou meramente "pretensas leis". Um exemplo fictício poderia ser o seguinte:

(1) A Constituição adotada pelo povo em 1900 é a lei suprema, com as alterações realizadas em conformidade com seus próprios dispositivos quanto a alterações; toda norma ("regra") expressa nessa constituição é uma norma do direito.
(2) A Constituição dá poderes à Assembléia Legislativa para promulgar leis por um procedimento de maioria simples em cada um dos três estágios dentro de cada câmara; toda norma ("regra") expressa em qualquer lei promulgada por esse procedimento, na medida em que não contradiga nenhuma norma expressa na constituição com suas eventuais alterações, é uma norma do direito.

(3) Se uma norma válida do direito promulgada pela Assembléia Legislativa conferir poderes a outra pessoa ou órgão com as qualificações *q* e atuando pelo procedimento *p* nas circunstâncias *c* para validar normas sobre a matéria *m*, toda norma assim criada em relação a *m*, na medida em que não contradiga nenhuma norma expressa na Constituição ou em alguma lei válida não revogada, é uma norma do direito.

(4) Se acerca de qualquer matéria *m*, o Supremo Tribunal ou o Tribunal de Recursos tiver proferido uma deliberação sobre um ponto do direito alvo de disputa num caso decidido pela corte em questão dentro de sua competência constitucional, uma deliberação dessas, na medida em que não contradiga nenhuma norma do direito instituída nos termos (1), (2) ou (3) acima, é uma norma válida do direito, ressalvando-se que (a) o Supremo Tribunal pode reformar deliberações anteriores proferidas por ele próprio ou pelo Tribunal de Recursos; e (b) o Tribunal de Recursos pode reformar deliberações anteriores proferidas por ele próprio.

Postulamos ainda que, antes de sua própria nomeação, cada juiz considerava que todos os juízes deveriam aplicar como normas válidas as normas que fossem desse modo identificáveis, e também acreditava que cada juiz era da opinião tanto de que ele próprio e seus pares deveriam agir dessa forma como de que normalmente agiam dessa forma, sujeitos a lapsos eventuais que não deixavam de receber comentários críticos. Postulamos que, desde sua nomeação, ele continua firme quanto a essas duas crenças, e que não faz segredo de sua opinião normativa de que todos deveriam aceitar normas pertinentes como leis, nem faz segredo do fato de considerar essa opinião correta e de aceitação geral. Quando questionado, ele pode explicar razões de princípios para considerar que essas normas identificadas desse modo deveriam ser aplicadas como leis. E o mesmo podem fazer outros juízes, autores que se dedicam a temas constitucionais, políticos, jornalistas e vários escritores de cartas aos editores dos jornais em circulação no país.

Existe um consenso muito menor sobre os princípios e valores que sustentam as quatro normas mencionadas do que sobre o teor das normas em si. É considerável o consenso quanto a esse ponto, se bem que uma boa quantidade de pessoas considere que (4) não faz sentido por causa da dificuldade de especificar o que se quer dizer com uma "deliberação"; e em entrevistas particulares dois dos juízes admitiram acreditar que ela lhes possibilita escolher a dedo de modo bastante aleatório entre enunciados encontrados em pareceres judiciais nos precedentes e chamá-los de "lei", para facilitar a chegada às decisões que eles intuitivamente consideram corretas. Pelo menos um professor de direito apresentou a tese de que, como a Constituição não confere poderes à Assembléia Legislativa para delegar o poder de legislar, a crença geral na norma (3) é um equívoco.

A máxima clareza talvez fosse atingida se concordássemos em chamar essas quatro normas de "normas instituintes" para a lei válida do Estado imaginário. Seja como for, como a terminologia mais familiar da "norma de reconhecimento" se encaixa nos postulados? A resposta é que as quatro consideradas em conjunto são a norma de reconhecimento daquele Estado (um sistema jurídico, uma norma de reconhecimento, segundo Hart[22]). A norma de reconhecimento inclui quatro critérios de reconhecimento organizados em ordem de prioridade decrescente: (i) a Constituição; (ii) as leis da Assembléia Legislativa que não sejam incompatíveis com (i); (iii) legislação delegada não incompatível com (i) e (ii); (iv) precedentes judiciais de tribunais de recursos não incompatíveis com (i), (ii) e (iii), respeitada a hierarquia dos tribunais, e respeitado o poder de reforma dentro dessa hierarquia. "Critérios de reconhecimento" e "critérios de validade" são expressões equivalentes.

A "tese da validade" é a tese de que nosso Estado imaginário não é de fato imaginário de modo algum mas, com as substituições adequadas para (1), (2), (3) e (4), é um mo-

22. *Ibid.*, pp. 97-100.

delo exato de todos os Estados que dispõem de um sistema jurídico institucionalizado. O conceito de "norma jurídica" é definido através dessa tese, como o de qualquer norma que seja uma norma de reconhecimento ou uma norma válida de um determinado sistema jurídico em operação dentro de um Estado (na terminologia preferida por mim: uma norma instituinte ou uma norma validamente instituída).

No entanto, os conceitos de "lei" e de "sistema jurídico", como foi detalhadamente afirmado e reafirmado neste livro, não se esgotam pela referência a todo o conjunto de normas jurídicas. Os princípios também pertencem ao gênero "lei", os sistemas jurídicos compreendem princípios e tudo o mais, assim como as leis. E de todas as maneiras examinadas neste livro, os princípios interagem com as normas, fornecem sustentação, protegem seu território, delimitam sua aplicação, justificam a enunciação de novas deliberações à medida que sejam testadas por argumentos conseqüencialistas e assim por diante.

Como ocorre com todas as normas, a norma do reconhecimento ou normas instituintes podem ser enunciadas verbalmente com o tipo de relativa clareza com que minhas normas imaginárias foram enunciadas acima. Nenhum leitor deste livro irá duvidar, porém, de que a relativa clareza de expressão não garante clareza ou uniformidade na aplicação. Como já expus em outro trabalho, talvez seja melhor entendê-las como normas que estipulam condições de validade "ordinariamente necessárias e presumivelmente suficientes"[23].

Será então um paradoxo alegar que há princípios do direito que são *legais* somente considerando-se seu relacionamento indireto com as normas instituintes ("norma de reconhecimento"), mas que essas mesmas normas e outras normas validamente instituídas são por sua vez restritas à luz dos supracitados princípios e se tornam plenamente

---

23. *Law as Institutional Fact* (*cit. sup.*, capítulo III, n. 6), parte 3.

compreensíveis apenas por referência a eles? Parece haver aqui um círculo lógico, mas será ele um círculo vicioso?

Creio que não. Quando encaramos a lei em ação, o que vemos é uma constante dialética entre o que ocorreu e é considerado liquidado, e o processo dinâmico e contínuo de tentar resolver novos problemas de modo satisfatório e velhos problemas de um modo que agora nos pareça mais satisfatório. A convicção de Kelsen de que a lei tem de ser representada tanto com uma forma estática como com uma forma dinâmica[24] para que sua plena natureza possa ser captada atesta a continuidade dessa dialética e representa uma tentativa brilhante de compreendê-la e explicá-la. Ou poderíamos em vez disso tomar emprestado de Rawls[25] e dizer que, para entender plenamente a lei, precisamos primeiro tomar um enunciado tosco de todas as normas no código de leis e todos os precedentes nas coletâneas de jurisprudência; em seguida, investigar os valores e princípios motivadores daqueles cujas normas elas representam; então, à luz dessa investigação, modificar nossa compreensão inicial e tosca das normas reproduzidas verbalmente; para então examinar de novo os princípios e valores, e assim por diante, até atingirmos um estágio de "equilíbrio reflexivo". Entretanto, quando tivermos chegado lá, a lei já terá mudado – nova legislação, novos precedentes, novos manuais, novas críticas. Por isso, temos de começar novamente, dessa vez não exatamente no início, no esforço de nos aproximarmos do "equilíbrio reflexivo" outra vez. Mas quando tivermos chegado lá... (Se por mais não fosse, isso decerto captaria bem o modo de pensar intrínseco ao verdadeiro estudioso do direito.)

É como se fôssemos comparar a lei às marcas deixadas por um trator de esteira – uma esteira sem fim que está con-

---

24. Ver Hans Kelsen, *General Theory of Law and State* (trad. ing. A. Wedberg, Nova York, 1961, pp. 100-13). [Trad. bras. *Teoria geral do direito e do Estado*, São Paulo, Martins Fontes, 3ª ed., 1998.]

25. J. Rawls, *A Theory of Justice* (Cambridge, Mass. e Oxford, 1972, pp. 319 s., 456 s). Para as observações de Dworkin a respeito da idéia do "equilíbrio reflexivo", ver *TRS*, pp. 159-68.

tinuamente se movimentando no tempo. Sem fim, mas não desprovida de lacunas; sendo as lacunas preenchidas por extrapolação a partir do que já se encontra ali. Se o fenômeno que descrevemos é circular, uma explicação circular do fenômeno não é viciosa, mas exigida pela veracidade.

(b) Arbítrio, direitos e respostas certas

Tendo assim lidado com três dos principais pontos da argumentação "destrutiva" de Dworkin, resta-nos o argumento do "arbítrio" a examinar, junto com questões intimamente relacionadas a ele na argumentação construtiva para a tese dos direitos. Resumindo os temas de Dworkin sucintamente a fim de indicar o entrelaçamento dos argumentos: os juízes não dispõem de nenhum arbítrio "forte" nos casos exemplares porque, mesmo nesses casos, eles são obrigados a descobrir e fazer valer direitos jurídicos existentes, não inventá-los em termos retroativos para um cidadão de sorte em prejuízo de seu oponente sem sorte. Isso exige realmente o exercício de um arbítrio "fraco", o "arbítrio que envolve julgamento" sobre o peso certo a ser atribuído às diversas normas jurídicas relacionadas à decisão. Trata-se de uma questão altamente controversa, e pessoas razoáveis costumam divergir em termos radicais quanto à resposta correta. Mas o próprio fato de haver uma genuína discordância demonstra que existe em princípio uma resposta correta, muito embora na prática possamos nunca ter certeza de qual ela é ou de quem a detém.

Uma analogia pode revelar a força deste último ponto: só posso discordar acerca da distância em milhas entre Edimburgo e Glasgow com alguém que use o mesmo padrão de medição de milhas que eu uso. Se eu digo que são 44 milhas e outra pessoa diz que são 50, *parece* que discordamos. Mais tarde, porém, acaba se revelando que o critério usado pelo outro para dizer que são 50 milhas foi o de que, em sua última viagem de Edimburgo a Glasgow, ele espirrou 50 vezes no trem, enquanto meu método de medição é o mais comum. Nesse caso, podemos apenas comparar anotações e etimologias – afinal de contas não discordamos, mas somente parecemos discordar. A verdadeira discordância num assunto semelhante pressupõe a existência de padrões comuns que possam em princípio ser aplicados de modo que se possa atingir um resultado correto, por mais difícil que seja realizar com precisão o processo de medição .

Como esse exemplo demonstra, o argumento da autenticidade do desacordo é importante. Foi reconhecido como tal pelo menos desde que Thomas Reid o utilizou[26] contra David Hume. Se de duas pessoas, juízes ou não, uma afirma que *d* é a decisão correta para um caso, e a outra diz que *c* é a decisão correta para aquele caso, parece evidente que elas de fato discordam. Logo, deve haver uma resposta correta em princípio, mesmo que na prática não seja possível que ninguém tenha certeza de qual delas é a correta.

Embora pareça contundente, o argumento é falso em razão de uma ambigüidade oculta na idéia de divergência. A "divergência" inclui tanto o conflito de opiniões a respeito de questões especulativas como o conflito a respeito de projetos para ações práticas. O exemplo das pessoas que realmente discordam quanto à distância em milhas de Edimburgo a Glasgow é um caso de divergência especulativa.

Para um exemplo de divergência prática, examinemos o seguinte caso: o sr. e a sra. X reservaram £ 25 em sua conta conjunta para comprar um quadro. Eles vão a uma exposição de aquarelas e lá encontram quatro quadros dentro de

---

26. Thomas Reid, *op. cit., supra*, capítulo I n. 5, ensaio V, capítulo 7 (edição de 1819, vol. iii, pp. 571-2). Em "No Right Answer" (*Law, Morality, and Society*, Oxford, 1977, orgs. P. M. S. Hacker e J. Raz, pp. 58-84), Dworkin naturalmente acusa os positivistas de usarem o "argumento a partir da controvérsia" de um modo diferente. Mas sua própria opinião depende efetivamente da visão de que, quando as pessoas discordam quanto à resposta para casos exemplares, o fato de que elas realmente discordem indica que existe algo que motiva a discordância – ou seja, a resposta correta para o caso. Ver especialmente pp. 78-9.

sua faixa de preço que agradam a ambos à primeira vista, os quadros A, B, C e D. O sr. e a sra. X têm cada um padrões estéticos bastante sofisticados que, graças a muita conversa, os dois conhecem muito bem; e esses padrões são parcialmente congruentes, mas também diferem em parte. Digamos que os dois preferem quadros figurativos a quadros abstratos, mas que o sr. X tem uma queda pelo impressionismo e a sra. X, por estilos pré-rafaelitas.

De início, a ordem de preferência do sr. X é A, B, C, D; a da sra. X é C, D, B, A. Eles debatem o assunto, e o sr. X chega à conclusão de que por seus padrões B é de fato melhor do que A. Os dois, depois de conversarem, concordam que, pelos padrões da sra. X, a ordem certa é C, D, B, A. Já não há mais nenhuma divergência especulativa. Resta, porém, um problema prático: qual quadro comprar. Levando todos os aspectos em consideração, a sra. X vê o quadro C como a melhor compra, enquanto para o sr. X a melhor opção é o quadro B. Nenhum dos dois acha que o outro está errado, mas eles de fato discordam sobre o que fazer, e a discordância faz diferença porque os dois terão de conviver com o quadro que comprarem. Existe uma verdadeira divergência prática, mas será que existe uma resposta certa?

De fato há divergências reais no direito, mas as mais básicas são, a meu ver, divergências práticas sobre o que é melhor fazer, levando-se em consideração todos os aspectos. Não se trata de divergências especulativas cuja existência nos força a reconhecer que existe uma única resposta correta para um determinado problema. Além disso, de acordo com a lei, uma das soluções possíveis para o sr. e a sra. X não está à disposição do judiciário. O sr. e a sra. X podem decidir evitar a discordância e não comprar o quadro, preferindo esbanjar numa bela refeição. Juízes que discordem ainda assim precisam tomar uma decisão. Por esse motivo, é característico que nos tribunais de recursos haja comumente, se bem que não invariavelmente, um número ímpar de juízes, para que as divergências possam ser resolvidas por votação. Contudo, a possibilidade de resolução da discordância não significa que não faça diferença para ninguém que lado a decisão favorecerá. As partes e os juízes terão de conviver com o resultado, exatamente como o sr. e a sra. X terão de conviver com um quadro ou o outro; ou ainda com nenhum.

Devo ressaltar que o sentido de minha analogia com a compra de quadros não depende de nenhuma semelhança particularmente forte atestada entre padrões estéticos e padrões legais. Seu uso serve apenas para estabelecer a realidade da diferença entre discordar quanto ao que fazer e discordar quanto ao assunto de que se trata. A divergência prática autêntica, a respeito da qual as partes realmente se importam, surge não em decorrência da irracionalidade, não por existir uma resposta realmente correta que alguém não conseguiu enxergar mas porque – ou quando – a decisão favorável a um lado ou ao outro não pode ser evitada e deve ser tomada por pessoas que não têm como "seguir cada qual seu próprio caminho", mas que precisam decidir juntas de uma forma ou de outra e conviver com a decisão.

Não parece possível questionar o fato de que divergências sobre decisões jurídicas em casos exemplares envolvam divergência prática exatamente desse tipo. "*Non liquet*" não é uma sentença disponível. O tribunal deverá deliberar nos termos da lei e decidir por uma parte ou pela outra, e todos os interessados deverão aceitar o resultado.

Segue-se, portanto, que um possível argumento definitivo contra os que negam a existência de uma única resposta especificamente correta para cada disputa possível perante a lei falha como argumento definitivo. A importante verdade de existirem divergências genuínas acerca das soluções apropriadas para problemas jurídicos é explicável de outro modo que não pela referência à teoria da "única resposta correta".

Disso não se depreende que não existam *também* divergências especulativas. Um dworkiniano poderia aceitar o ponto precedente mas contrapor que as divergências práticas são apenas *parte* das divergências jurídicas, pois, afinal de contas, as divergências práticas costumam ser conseqüência de divergências especulativas (ex.: o economista A e o economista B discordam quanto à causa da inflação, sendo A um monetarista e B um antimonetarista. Eles têm uma discordância real acerca de uma questão teórica para a qual em princípio existe uma resposta verdadeira. É também provável que, como conseqüência direta, eles tenham uma acalorada divergência prática a respeito da política econômica que o governo deveria adotar.) Tendo refutado esse argumento "definitivo", ainda deparamos com o problema de questionar a alegação de Dworkin, que pode ser traduzida para a proposição de que as divergências em casos exemplares são de natureza não apenas prática mas também especulativa.

Essa proposição está intimamente associada ao argumento do arbítrio. Se os juízes têm realmente arbítrio "forte", as únicas divergências possíveis em casos exemplares são de ordem prática, enquanto dizer que eles têm arbítrio "fraco" implica que as divergências nesses casos são sempre, em primeira instância, de ordem especulativa, das quais as divergências práticas são a conseqüência.

Por mim, sem dúvida concordo com Dworkin quanto a que os juízes não têm arbítrio "forte", se este for caracterizado como eu o caracterizei na abertura deste capítulo. Afirmar que, em casos exemplares, os juízes têm arbítrio forte significaria dizer que "eles podem apenas de uma forma quase legislativa escolher a decisão que lhes parecer melhor com base nos motivos que considerarem adequados a essas escolhas". Não devemos, porém, aplicar falsamente a lei do termo médio excluído. Não vamos supor que a única alternativa possível a isso seja afirmar que os juízes somente têm arbítrio no sentido "fraco" de Dworkin[27], com tudo o que isso implica.

Em resumo, a teoria apresentada neste livro foi a de que o dever judicial de fazer a justiça de acordo com a lei é

---

27. Ver *TRS*, pp. 31-2, 68-71.

extremamente complexo. É um dever de proferir somente aquelas decisões que possam ser justificadas por um bom argumento justificatório. Na situação mais simples, em que todas as partes estão de acordo quanto à nítida aplicabilidade de uma norma clara, o único problema diz respeito à prova dos fatos; e uma vez que se chegue a uma conclusão sob esse aspecto, a decisão é justificada por uma simples argumentação dedutiva. No entanto, a alegada clareza de uma norma é intrinsecamente questionável, e podem ser levantados problemas de interpretação ou classificação; e ainda podem ser apresentadas reivindicações em circunstâncias nas quais nenhuma norma preestabelecida pareça determinar a questão – o "problema de pertinência". A justificação de decisões quando esse tipo de problema é levantado deverá ultrapassar "normas" conforme definidas pela tese da validade para princípios do direito. Os princípios do direito decerto autorizam decisões: se não houver nenhum princípio ou analogia pertinente para amparar uma decisão, essa decisão carecerá de justificação jurídica; e, se houver um princípio ou analogia pertinente, a decisão amparada desse modo será uma decisão justificável – mas a adução do princípio ou analogia, embora necessária, não é suficiente para uma completa justificação da decisão. A deliberação que rege diretamente o caso deve ser testada pela argumentação conseqüencialista bem como pela argumentação a partir da "coerência" envolvida no recurso ao princípio e à analogia. E exatamente da mesma forma pela qual a ausência de qualquer princípio ou analogia de sustentação torna uma decisão impermissível, deve ser aplicado o teste para verificar a coesão. É preciso demonstrar que a deliberação em questão não contradiz nenhuma norma estabelecida do direito, dada uma interpretação ou explicação "correta" de uma norma dessas à luz de princípios e políticas de interesse público.

Tudo isso, e em especial o papel da argumentação conseqüencialista, pressupõe uma adesão ao princípio da justiça formal. Há muitas provas de que os juízes sem dúvida aderem a esse princípio tanto em sua implicação prospectiva como na retrospectiva; e por minha própria conta defendo o ponto de vista de que deveriam agir desse modo. Sustento que os elementos inter-relacionados da argumentação conseqüencialista, da argumentação a partir da coerência e da argumentação a partir da coesão estão visíveis por toda a parte nas coletâneas de jurisprudência, fornecendo forte comprovação de que elas realmente são requisitos de justificação implicitamente observados e aceitos pelos juízes; e, por minha própria conta, sustento que esses são bons cânones de argumentação a adotar porque eles garantem o que considero uma concepção bem fundamentada do "Estado de Direito".

Portanto, minha teoria é apresentada como uma fiel descrição do processo jurídico; e as normas que descrevo são também normas que recomendo. Em qualquer dos dois aspectos, o que isso diz a respeito do arbítrio judicial?

Diz que os juízes em nosso sistema são, e em todos os bons sistemas do direito seriam, tolhidos, enclausurados e confinados no exercício dos enormes poderes a sua disposição. Não diz que eles não possam agir, nem que eventualmente não ajam, talvez até com freqüência, de modo contrário às normas de justificação acima expostas. As provas existentes sugerem que, se realmente agem assim, pelo menos procuram despistar, revestindo as decisões que tiverem outros motivos com justificações engendradas da forma correta. Entretanto, sejam essas atitudes tomadas abertamente ou às ocultas, a teoria nos dá razões para condenar a conduta incorreta (a) por infringir os requisitos existentes do sistema ao qual os juízes supostamente servem; e (b) por infringir requisitos que é bom manter e cumprir.

O arbítrio é portanto de fato um arbítrio limitado: é um arbítrio de proferir a decisão que seja mais bem justificada dentro desses requisitos, e esse é o único arbítrio que existe, não importa que sofra ou possa com freqüência sofrer abusos ou transgressões. (*Quis custodiet ipsos custodes?*) Porém, embora seja apenas um arbítrio tão limitado, ele não é o que Dworkin quer dizer com arbítrio no sentido "fraco", com tudo o que isso implica. Os requisitos e a teoria de sustentação nos dizem por quais modalidades de argumentação há de se justificar uma decisão; eles não determinam qual decisão está no final *completamente* justificada. Dentro deles, podem surgir muitas questões de divergência especulativa que em princípio podem ser resolvidas, mas existe uma área inesgotavelmente residual de pura divergência prática.

Vejamos o que isso significa por meio de um exemplo: em *Donoghue* v. *Stevenson* ([1932] A.C. 562; 1932 S.C. (H.L.) 31), lorde Buckmaster, como vimos, fez uma previsão factual a respeito de fabricantes serem forçados a enfrentar uma infinidade de demandas sem mérito que não teriam nenhuma possibilidade de investigar ou responder. Lorde Atkin discordou implicitamente. Em 1932, coube ao futuro determinar qual dos dois estava certo. Cada um sustentava honestamente sua visão, e ninguém poderia saber com certeza qual dos dois estava com a razão. Acontecimentos posteriores, porém, confirmaram a posição de lorde Atkin e refutaram a de lorde Buckmaster. Mais uma vez, lorde Atkin afirmou e lorde Buckmaster rejeitou com veemência o "princípio do próximo" como afirmação da "concepção geral" dos deveres de cuidado manifestados de diversas formas em casos de negligência em contextos variados. Se – mesmo em 1932 – essa era uma afirmação que podia ou não ser apresentada como explicação geral razoável para os casos decididos, é (de um ponto de vista generoso) uma pergunta que admitia uma resposta objetiva. Por mim, concordo com lorde Atkin quanto a ser esse um enunciado razoável de um princípio já implícito na lei, discordando portanto da opinião de lorde Buckmaster de que não era. Poderíamos examinar todo o relatório desse modo, enumerando todos os pontos de divergência especulativa; e, caso nos interessasse, poderíamos chamar Hércules[28] (o

28. Esses trabalhos de "Hércules" são descritos em *TRS*, pp. 105-30.

semideus *ex machina* de Dworkin) para resolvê-los corretamente.

No final das contas, porém, restaria um resíduo inesgotável de pura divergência prática. Esse permaneceria preso nos interstícios da argumentação conseqüencialista que, como já afirmei e reafirmei de modo entediante, era no caso *Donoghue* e deve ser em qualquer caso exemplar o ponto crucial da justificação, o que nos leva da decisão eminentemente justificável para a plenamente justificada.

A argumentação conseqüencialista envolve a elaboração da deliberação universalizada necessária para a decisão em pauta, examinando seu significado prático pela ponderação dos tipos de decisão que ela exigirá na faixa de casos possíveis que cobrir e *avaliando* esses tipos de decisão como conseqüências da deliberação. Essa avaliação não usa uma escala única de valores mensuráveis (a falácia benthamita é a crença em que escolhas de ordem prática podem ser submetidas a testes por uma semelhante escala única de valores mensuráveis). Ela envolve critérios múltiplos, que devem incluir no mínimo "justiça", "senso comum", "política de interesse público" e "conveniência jurídica".

Existe, então, a possibilidade de alguma resposta correta em termos teóricos para a questão de saber se deveria ser proferida uma deliberação de que (por exemplo) fabricantes deveriam arcar com a responsabilidade de indenizar consumidores de seus produtos quando, ao consumir esses produtos, eles tiverem sofrido algum dano que poderia ter sido evitado se tivessem sido tomados cuidados razoáveis nos processos de fabricação e acondicionamento? De acordo com as concepções de justiça, senso comum e interesse público defendidas por lordes Atkin, Macmillan e Thankerton, a resposta era positiva e eu, por meu lado, concordo com eles.

Contudo, se expurgarmos todos os erros especulativos das opiniões de lorde Buckmaster e de lorde Tomlin, não poderemos sugerir que as concepções opostas, de justiça, senso comum e interesse público também revelam uma perspectiva defensável? Há um interesse público geral no baixo preço de bens de consumo, mas sempre há um risco de defeitos em bens de consumo. Por sua própria liberdade de contratar, as pessoas numa sociedade comercial podem estipular as proteções que desejem contra defeitos, fixando suas próprias avaliações do equilíbrio entre o preço baixo e a segurança. Fabricantes que conheçam as pessoas com quem lidam diretamente e os termos em que lidam com elas podem fazer seguro com pleno conhecimento prévio de suas possíveis responsabilidades contratuais; e na livre concorrência poderão reduzir seus preços a um mínimo, já tendo feito uma nítida previsão para o custo do seguro. Os consumidores podem fazer seguro contra riscos gerais de lesão, sejam eles decorrentes de negligência não processável ou de mero acidente. Com base nesses pressupostos, responsabilizar fabricantes perante pessoas com quem eles não estão em nenhuma relação contratual é (a) injusto, (b) contrário ao interesse público quanto ao baixo preço de bens de consumo e (c) contrário ao senso comum.

Quem sustenta essa opinião não precisa negar "o princípio do próximo" como uma generalização satisfatória sobre deveres legais de cuidado, nem precisa negar que exista num caso como o de *Donoghue* (como disse lorde MacMillan) uma real disputa entre os princípios da relação contratual reconhecida por lei e a responsabilidade por negligência extracontratual. Pois o que ele fez foi expressar uma poderosa argumentação conseqüencialista favorável à adoção da deliberação amparada pelo princípio dos contratos e à rejeição da deliberação amparada pelo princípio da negligência. Ele apresentou razões para conferir supremacia neste contexto ao princípio dos contratos – para *atribuir* a ele, mais do que encontrar nele, o "peso" maior.

Vemos assim que, uma vez eliminados os argumentos opostos num caso desses em que haja erros especulativos genuínos, deparamo-nos com uma divergência que em princípio é impossível enviar a qualquer "Hércules" teórico para obter uma resolução objetiva pelo proferimento da resposta correta. Chegamos àquele ponto da pura divergência prática no qual precisamos nos esforçar além daquilo que já está estabelecido entre nós e decidir como queremos viver, como nossa sociedade há de se organizar. Entre duas possíveis extrapolações racionais de nossa tradição jurídica e política, uma escolha tem de ser feita, e não são só as partes que serão forçadas a acatar a decisão específica, mas os juízes e todos nós que vivemos na sociedade teremos de conviver (temporariamente, pelo menos) com a deliberação e seus múltiplos efeitos práticos sobre a vida social e comercial.

Aqui, nós nos encontramos fora do alcance daquilo que pode ser racionalizado, embora tenhamos chegado a esse ponto *por determinadas razões.* Chegamos aqui porque, para as pessoas a quem cabia decidir, o estado de coisas representado por uma sociedade na qual é mantida a deliberação da responsabilidade dos fabricantes pareceu, à luz de sua concepção de justiça, do interesse público e do senso comum, preferível à alternativa.

Existe algum modo pelo qual sua escolha nessa questão possa ser estigmatizada por estar errada na teoria, em contraste com ser reformada por legislação revogatória? Em primeiro lugar, eles poderiam ser corrigidos por meio de referência à sua própria concepção de justiça, como talvez os lordes da maioria em *White & Carter (Councils) Ltd.* v. *MacGregor* ([1962] A.C. 413, 1962 S.C. (H.L.) 1) poderiam ser corrigidos por descartar o princípio de indenização-apenas-como-compensação e seu princípio associado de mitigação da indenização, que desempenhou um papel semelhante em *B.T.C.* v. *Gourley* ([1956] A.C. 185). Essa seria uma correção interna à concepção aceita de justiça, que é uma possibilidade, mas não uma possibilidade pertinente, quando estamos levando em consideração a escolha sobre qual dentre concepções rivais da justiça e assim por diante havemos de fazer vigorar. Em segundo lugar, com o passar do tempo, eles poderiam se corrigir sozinhos. Ao conviver com as conseqüências da deliberação, eles poderiam afinal considerá-las inaceitáveis, e assim mudar sua concepção de justiça e assim por diante. (Compare o que aconteceu em *Conway* v. *Rimmer* ([1968] A.C. 910). Mas isso envolve uma descoberta acerca de nossas próprias atitudes e verdadeiras preferências a longo prazo – não a demonstração de um erro teórico.

Resta apenas uma possibilidade de correção. Entre as duas teorias rivais dos juízes em desacordo, uma terceira teoria poderia ser criada como o ponto de Arquimedes para discriminar entre elas. Mas ela por sua vez poderia ser questionada; e uma quarta teoria criada para resolver o desafio; e também por sua vez essa quarta teoria seria questionada – e assim por diante. A "correção" pressupõe critérios de correção, mas (como Dworkin e eu sustentamos) esses critérios têm de ser elaborados no contexto de alguma teoria pertinente. Desse modo, cada vez que eu "corrijo" uma teoria como um todo, estou pressupondo mais alguma teoria. Dworkin postula um Hércules que pode estruturar uma teoria "melhor possível" para um determinado sistema jurídico. Hércules, porém, pode estruturar essa teoria somente na extremidade mais remota de uma infinita regressão de teorias. Dworkin colocou seu Hércules nas cavalariças de Augias nas quais é impossível faltar estrume por ser o fornecimento infinito.

(c) Direitos e respostas certas

Eu me lamentaria se fosse depreendido do texto precedente que não levo a sério os direitos. Esse é o último desafio que deve ser enfrentado.

Dworkin sustenta que as decisões dizem respeito a direitos, e que o positivismo banaliza esses direitos ao afirmar efetivamente que em casos exemplares os direitos são alocados arbitrariamente a um lado ou ao outro depois do acontecimento. Devemos nos afastar um pouco de nossa posição para nos aproximarmos de um acordo com ele, mas não nos afastar de todo, pois sua teoria é insustentável pelas razões que acabo de demonstrar.

Ter um direito legal pressupõe a existência de uma norma jurídica pertinente. Em conformidade com as normas da Lei (escocesa) de Sucessões de 1964 e outras leis semelhantes, várias pessoas possuem em circunstâncias variadas direitos de sucessão intestada. Chamemos esses direitos de "direitos baseados em normas" para contrastá-los com "direitos baseados em princípios" – direitos cuja justificação é afirmada com base em algum princípio. Os direitos morais e políticos são em sua maioria baseados em princípios; mas alguns direitos jurídicos são baseados em normas enquanto outros, em princípios. De acordo com o princípio do próximo, todos têm o direito a que terceiros em relações "próximas" demonstrem um cuidado razoável por sua segurança; de acordo com o princípio da relação contratual (que naturalmente não tem vigência no direito escocês), todos têm o direito de só responder por contratos em relação a quem também seja parte do contrato; de acordo com os princípios da justiça natural, todos têm direito a um julgamento justo e a um juiz imparcial; e assim por diante. (Dworkin prestou um enorme serviço ao chamar efetivamente a atenção do mundo jurídico para a importância dos direitos baseados em princípios, e eu, por exemplo, me alegro com a lição[29].)

Por todas as razões que este livro examinou, não posso deixar de concluir que o litígio, mesmo em casos exemplares, diz respeito a direitos. Como decisões justificadas em casos exemplares exigem o amparo de princípios, e como cada lado tem certos princípios ou normas a que recorrer (se não fosse assim, o litígio não seria de difícil solução), a decisão no final é a confirmação do direito de alguém com base em princípios ou com base em normas.

---

29. Deixei de incluir esses direitos em minha análise dos direitos jurídicos em "Rights in Legislation", *cit. infra,* capítulo IX, n. 11; mas pelo menos eles foram examinados em meu texto "Children's Rights", 1976 A.R.S.P. LXII 305-17.

Não devemos porém ser iludidos por um passe de mágica que nos leve a supor que isso refuta a argumentação anterior. A razão pela qual isso não ocorre é que *ambas* as partes em (digamos) *Donoghue* v. *Stevenson* têm direitos: direitos com base em princípios que competem entre si, de modo tal que, de acordo com o princípio da negligência, a pleiteante tem direito a uma decisão favorável e, de acordo com o princípio da legislação contratual, o réu tem direito a uma decisão favorável.

Em suma, tudo o que fizemos foi reformular a verdade acerca da contenda entre princípios como um enunciado não menos verdadeiro acerca da contenda entre direitos: uma disputa de direitos baseados em princípios, cada um baseado em um dos princípios disputados. Portanto, por essa terminologia, o ponto de divergência prática é o seguinte: o direito de quem deveria ter preferência? Ou, levando-se tudo em consideração, qual é o melhor direito?

Isso pode parecer paradoxal e pode levar alguns a pensar que deveríamos evitar falar em direitos baseados em princípios. Mas essa atitude evitaria o problema sem resolvê-lo.

Aqueles que dizem, como Dworkin ou como eu mesmo, que os princípios são uma parte genuína do direito e que existem muitos princípios do direito que podem ocasionalmente entrar em conflito, não sendo o todo redutível a um grande princípio, como, por exemplo, o da utilidade, descobrem que ocupam um campo na teoria do direito muito próximo da chamada escola "deontológica" ou "intuicionista" de filosofia moral. Por exemplo, sir David Ross (o mais ilustre representante britânico dessa escola no século XX) sustentava[30] que havia uma variedade de princípios morais determinantes de obrigações ou deveres morais, e que esses princípios não eram redutíveis a um princípio único, como alegam os utilitaristas. Em casos fáceis,

30. Ver sir W. David Ross, *Foundations of Ethics* (Londres, 1939, capítulo IV, especialmente pp. 79-86, capítulo VIII). *The Right and the Good* (Londres, 1931, capítulo 2).

sabemos nosso dever simplesmente tomando como referência o princípio aplicável. Às vezes, porém, os princípios entram em conflito – podemos deparar com uma situação em que precisemos dizer uma mentira ou descumprir uma promessa, por exemplo. Nesse caso, devemos direcionar nossa intuição moral para decidir entre os deveres baseados em princípios que competem um com o outro, ou seja, decidir qual é a atitude certa a tomar, levando-se em conta todos os aspectos.

Ross, porém, considerou insatisfatório usar o termo "dever" *tanto* para referir-se ao ato que representa a atitude certa a tomar, levando em conta todos os aspectos, *como* para indicar o ato prescrito por um único princípio considerado isoladamente. Por isso, cunhou uma terminologia apropriada para evitar a aparência de paradoxo ou contradição. Os princípios, disse ele, determinam deveres *prima facie*; mas em qualquer situação específica, devemos ponderar a importância de todos os nossos princípios morais a fim de concluir, entre nossos deveres *prima facie*, o que é realmente nosso dever fazer (nosso dever "levando em conta todos os aspectos")[31].

Exatamente a mesma terminologia resolve, de um modo muito reconhecível, o aparente paradoxo jurídico. Princípios do direito determinam direitos *prima facie*, da mesma forma que interpretações rivais de normas ambíguas determinam direitos *prima facie* (baseados em normas). Casos exemplares envolvem conflitos de direitos *prima facie* – essa é somente uma forma de dizer que servirão de exemplo – e sua decisão envolve estabelecer o direito de quem há de ser preferido como o (melhor) direito, sendo todos os aspectos levados em consideração.

Nesse sentido, é verdade que a decisão judicial sempre sustenta direitos preexistentes. No entanto, como agora está

---

31. *Foundations of Ethics*, pp. 84-5; *The Right and the Good*, p. 19; na primeira obra (historicamente posterior), Ross admitiu não estar satisfeito com a expressão "obrigação *prima facie*", embora continuasse a usar essa noção – ver pp. 84-5 e capítulo VIII, especialmente pp. 190-1.

evidente, isso não pode nos levar a supor que não exista nenhuma escolha real a ser feita, nem que a divergência sobre qual direito *prima facie* preferir seja nada mais, em última análise, que um caso de pura divergência prática. É preciso que seja feita uma escolha real entre direitos *prima facie* que competem entre si.

Uma teoria satisfatória da argumentação jurídica de fato exige e é exigida por uma teoria satisfatória do direito. A teoria da argumentação jurídica aqui apresentada confere total peso à operação de princípios e outras normas no processo jurídico e revela que os juízes nunca têm mais do que um arbítrio limitado em casos exemplares – ou em qualquer outro caso. Contudo, longe de ser incompatível com uma teoria "positivista" do direito, esta teoria depende do que é e justifica o que é, em certo sentido do termo, uma teoria positivista do direito. Sistemas jurídicos institucionalizados sem dúvida giram em torno do que Hart chamou de "norma de reconhecimento", embora seja necessário algum afastamento ou extrapolação a partir de sua explanação de normas sociais.

A censura de que tudo isso envolve a recusa em levar os direitos a sério é facilmente refutável. Da mesma forma que precisamos estar alerta para a distinção entre deveres *prima facie* e deveres após todos os aspectos serem levados em conta, também devemos distinguir, com a mesma nitidez e consciência, direitos *prima facie* e direitos após todos os aspectos serem levados em conta. Pois é um equívoco supor que todas as divergências nos termos da lei sejam divergências especulativas; existem também puras divergências práticas que permanecem depois de resolvidas todas as possíveis divergências especulativas. A razão prática tem limites, e nós corremos riscos quando deixamos de atentar para eles.

Adendo ao capítulo IX

Princípios e políticas

Foi mencionado no texto do capítulo IX que os direitos jurídicos podem ser baseados em normas ou baseados em princípios. Disso pode-se depreender que a presente teoria acompanha a de Dworkin na suposição de que os princípios necessariamente digam respeito a direitos mais do que a "metas coletivas" ou a qualquer outro aspecto. Examinemos, por exemplo, a seguinte afirmação de Dworkin[1]:

> Argumentos de princípio são argumentos que pretendem estabelecer um direito individual; argumentos de política são argumentos que pretendem estabelecer uma meta coletiva. Princípios são proposições que descrevem direitos; políticas são proposições que descrevem metas.

No entanto, a presente teoria de fato não parte de nenhum pressuposto semelhante.

É claro que é perfeitamente legítimo em qualquer tipo de trabalho teórico apresentar definições que estipulem como termos específicos deverão ser usados e compreendidos no contexto da teoria. Contudo, estipulações que atribuam significado especial a palavras de uso comum e geral

1. *TRS*, p. 90.

são propensas a desorientar os leitores, quando não também o próprio autor.

A estipulação de Dworkin de que os princípios são sempre e exclusivamente outorgadores de direitos está carregada desse tipo de perigo. O "princípio da utilidade" como proposto por um utilitarista (que prescreve que em situações especiais deveria sempre ser escolhido aquele ato que maximizasse a felicidade total – ou, em algumas versões, a média), de acordo com a teoria dworkiniana não poderia de modo algum ser chamado de "princípio". O "princípio" do direito consuetudinário de que são nulos os contratos que restrinjam os negócios de uma forma adversa ao interesse do público também não é um princípio nos termos dworkinianos. O "princípio do menor esforço" (de que sempre se deveria escolher o mais simples entre possíveis meios alternativos para obter um determinado fim) não é afinal um princípio em termos dworkinianos.

De modo semelhante, mas no sentido inverso, se usarmos o termo "política" para descrever a política estabelecida nos tribunais escoceses e ingleses para garantir que, na ausência de leis escritas contrárias, um julgamento imparcial será concedido a todos cujos interesses sejam diretamente afetados por um processo decisório público, descobrimos que o dworkinismo nos condenará por emprego infeliz do termo.

A meu ver, sua proposta não se aplica. Seria de uma excentricidade singular adotar as prescrições de Dworkin referentes ao emprego dos termos "princípio" e "política", pois fazê-lo de modo constante tornaria indizíveis todos os tipos de frases que são perfeitamente dizíveis no contexto do emprego usual de advogados, filósofos e naturalmente leigos.

Um princípio, como eu ordinariamente empregaria o termo, de acordo com o que creio ser um uso bastante comum (como foi dito no capítulo VII), é uma norma relativamente geral que, do ponto de vista da pessoa que a considera um princípio, é vista como uma norma geral à qual é desejável aderir e que, desse modo, possui efeito explanatório e justificatório em relação a decisões particulares ou a regras particulares para a tomada de decisão. (Se acredito no princípio de que se deve ter moderação no consumo de álcool e se estiver bem consciente de minhas fraquezas nesse sentido, pode ser prudente que eu adote a norma de somente tocar em álcool depois das cinco da tarde.)

Os princípios podem portanto ser tão variados em suas modalidades como qualquer outra norma legal ou moral. Segue-se uma relação de normas que poderiam perfeitamente ser consideradas princípios a partir de certos pontos de vista, sendo a modalidade diferente em cada caso:

(a) Um proprietário de imóvel tem a liberdade de fazer o que quiser com o que lhe pertence, respeitadas quaisquer restrições legais específicas.
(Este princípio, tão característico do direito capitalista ortodoxo, delineia uma área de "liberdade" ou "privilégio" hohfeldiano.)

(b) Todo ser humano tem o direito de ser considerado inocente de um crime até que seja provada sua culpabilidade nos termos da lei.
(Este princípio, característico do direito penal liberal, afirma um "direito de reivindicação" e por esse motivo serve de base para estabelecer deveres de policiais, promotores, juízes em processos etc.)

(c) Os tribunais chamados *Queen's Courts* têm jurisdição sobre todas as questões jurídicas, a menos que sejam excluídos por dispositivos inequívocos da lei.
(Este princípio característico do direito consuetudinário inglês, cujo estabelecimento foi confirmado pelo Acordo da Revolução, diz respeito ao que Hohfeld e outros chamam de "poderes".)

(d) Nenhuma pessoa pode ser reduzida a um estado de escravidão, nem mesmo com seu próprio consentimento.
(Este princípio, não menos fundamental para o direito consuetudinário, estabelece uma "imunidade" geral, protegida por uma "incapacidade" auto-referente.)

(e) Todo cidadão deve auxiliar as autoridades constituídas no controle de insurreições e distúrbios civis.

(Não se trata simplesmente de não estar esse princípio do direito inglês no modo de enunciação de deveres; o dever que ele enuncia é um bom exemplo de um "dever absoluto" em termos austinianos, e até mesmo o partidário mais entusiasta de teorias de "correlatividade jurídica" onipresente enfrentaria dificuldade para encontrar um direito correlato convincente. Veja porém (f) abaixo.

(f) Os seres humanos têm o dever de buscar a perfeição espiritual por meio da mortificação da carne.
(Esse princípio de ascetismo moral está incluído finalmente como refutação aos que acatam a opinião excêntrica de que um "dever" sempre implica um "direito".)

(g) (i) Não há jurisprudência moral.
(ii) A Rainha não pode impor tributos sem a autorização do parlamento.
(Esses dois princípios dizem respeito a incapacidades hohfeldianas: o primeiro é um princípio moral admirado pelos defensores da autonomia; o segundo, um princípio do direito constitucional britânico. A categoria "incapacidade" é portanto tão pertinente à moralidade quanto ao direito, e é uma possível modalidade de princípios de qualquer desses tipos.

(h) A segurança do Estado deveria ser protegida de preferência a direitos particulares.
(Esse princípio político de ampla aceitação não pertence a nenhuma das modalidades hohfeldianas. Trata-se mais de um princípio de "dever-recomendação" do que de "dever-obrigação", muito embora possa ser usado para justificar princípios de "dever-obrigação" – como, por exemplo, o de que é um dever do cidadão abdicar a direitos particulares quando está em risco a segurança do Estado. Ressalte-se, porém, que segundo Dworkin *"salus populi suprema lex" não pode,* pela lógica, ser considerado como um "princípio" de modo algum.

Sugiro que todas as normas relacionadas em (a) – (h) acima são sustentáveis como princípios, considerando-se certos pontos de vista bem compreendidos, conforme indicado em cada caso. Observe-se porém que, pela definição de Dworkin, nenhum item de (e) a (h) pode ser considerado um princípio de modo algum, e que a condição de (c) é no mínimo duvidosa.

Vou de imediato admitir que (e) até (h) não são princípios para ele, que ele não se dispõe a aceitá-los como princípios de *sua* substantiva filosofia moral/política/jurídica. Talvez seja somente isso o que ele quer dizer. Deveríamos, entretanto, ter consciência do risco de sequer parecer definir como inexistentes posições com as quais desejemos entrar em divergência filosófica substantiva. Que *P* não é um princípio meu não significa que ele não possa ser um princípio de modo algum, nem mesmo se eu tiver bons argumentos que sugiram que se trata de um péssimo princípio a acatar.

O último item de minha lista acima, o princípio de que a segurança do Estado deveria ser protegida em detrimento de direitos particulares, talvez seja de todos eles aquele que Dworkin rejeitaria de modo mais firme e definido como princípio, pois pertence ao que *ele* chama de categoria de "políticas". Ele diz respeito a um "objetivo coletivo" que tem um caráter nitidamente não distribucional. A segurança do Estado não é nem mesmo em princípio capaz de ser alocada em cotas iguais (ou desiguais) entre os cidadãos, embora seja possível esperar que ela seja algo em que todos tenham igual interesse. Portanto, aqui temos um caso clássico de uma "política" dworkiniana.

Mais uma vez, devo contestar a razoabilidade da definição estipulativa de Dworkin do termo "política". Na acepção mais comum do termo (conforme atesta, por exemplo, o *Shorter Oxford English Dictionary*), "política" refere-se a uma "linha de ação adotada por ser vantajosa ou oportuna", sendo especialmente aplicável a linhas de ação adotadas por órgãos governamentais. O que é importante é a idéia de uma "linha de ação" ou talvez devêssemos dizer uma "linha de ações inter-relacionadas". Se eu como indivíduo crio uma política de reduzir minhas despesas pessoais e domésticas por um período – meses ou anos – a fim de eliminar meu saldo devedor, nesse caso, cada um de meus atos particulares de parcimônia é, no contexto dessa política, um ato justificável em referência à meta da política, naturalmente desde que a determinada linha de ações esteja de fato bem adaptada à consecução da meta da política. A "política de receita" de um governo denota uma linha de ações que se estendem ao longo do tempo, todas com o objetivo de influenciar índices de aumento de pagamentos conforme negociados por sindicatos e empregadores, índices de dividendos de empresas e assim por diante, com toda a linha de atuação nessa esfera sendo direcionada para a meta de reduzir a taxa de inflação. Nesse caso, é claro, é altamente contestável se qualquer linha de ação semelhante *é* ou *pode ser* eficaz na redução da taxa de inflação; e, num plano diferente, é contestável se uma intervenção dessas no processo de livre negociação é conveniente mesmo que possa ser eficaz para atingir a meta e mesmo que se concorde que o objetivo em si é de consecução desejável.

A argumentação sobre questões de política de interesse público pode ser conduzida em três níveis: argumentos sobre a eficácia dos meios – será que fazer *x* nesse contexto realmente resultará em *y*? – argumentos sobre a conveniência dos meios – independentemente da eficácia, é por outros motivos inconveniente fazer *x*, ou é inconveniente usar *x* como meio para chegar a *y*? – e argumentos referentes à conveniência das metas – é conveniente conseguir *y* por qualquer meio?

No entanto, quem tem uma política em relação a algo dispõe-se a cumprir algumas linhas de ação relativamente determinadas ao longo de um período, voltadas para garantir algum estado de coisas, cujo cumprimento deve-se presumir que *ele* considere desejável. Deve-se também supor que ele considere provável que essa linha de ação seja eficaz para realizar a meta da política e que não seja indesejável em si nem em seu contexto. A política é a complexa linha de ações articuladas no sentido de atingir o objetivo postulado (que podemos chamar de "meta da política"); mas, segundo Dworkin, a meta não é a política. Por exemplo, não podemos identificar a política de receita do governo como "redutora da taxa de inflação"; mas, sim, é o fato de o governo ter tomado a decisão de seguir uma linha de ações *l* com o objetivo de reduzir a inflação que constitui sua política de receita.

E o mesmo vale para a lei. A "política do interesse público" tornou-se uma expressão de horrenda inexatidão no discurso jurídico, mas se desejarmos usá-la com alguma exatidão, seria melhor que a empregássemos para denotar aquelas linhas de ação adotadas pelos tribunais por garantir ou tender a garantir estados de coisas considerados desejáveis. Um "argumento de política" por uma determinada decisão é um argumento que demonstra que decidir o caso *dessa* forma levará a garantir um estado de coisas desejável. No direito, porém, a "coerção da justiça formal" opera de modo a forçar necessariamente que esses argumentos sejam usados somente na avaliação da deliberação *universal* ou *genérica* em termos de seus efeitos na produção de estados de coisas desejáveis ou indesejáveis. Decisões nos termos da lei não são justificáveis *ad hoc* ou *ad hominem.*

Ademais, quando no direito ou em qualquer outra esfera de atuação levantamos a questão de saber se uma determinada política é desejável ou não, estamos levantando uma questão de princípio. Para qualquer meta *m,* afirmar que se trata de uma meta que *deveria* ser garantida corresponde a enunciar um princípio ou um julgamento dependente de algum princípio pressuposto ou não enunciado. Por esse motivo, as esferas do princípio e da política não são distintas e mutuamente opostas, mas irremediavelmente entrelaçadas, como afirmei no capítulo VII. Expressar a conveniência de alguma meta geral de política é enunciar um princípio. Enunciar um princípio é estruturar uma possível meta política. Faz portanto total sentido (e corresponde à verdade) dizer tanto que os tribunais britânicos têm uma política permanente de garantir a imparcialidade em determinações judiciais e quase judiciais de todos os tipos, como que os princípios da justiça natural são princípios importantes do direito inglês e escocês.

Logo, discordo com muita firmeza da caracterização de Dworkin dos termos "princípio" e "política". Talvez ainda com maior firmeza porque também me inclino a endossar a teoria substantiva da moral e da política, de que os princípios mais fundamentais são os que determinam direitos (no sentido de "direitos de reivindicação"). As razões que, para mim, apontam nessa direção foram parcialmente expostas em outros textos[2]. Deveríamos, a meu ver, investigar a questão referente a quais são aqueles benefícios básicos para os indivíduos que em todas as circunstâncias normais seria errado negar ou recusar a qualquer ser humano. A partir desse ponto de apoio, podemos estabelecer princípios básicos de direitos humanos. Esses princípios determinariam então, para mim, os fundamentos básicos de uma teoria da justiça, e os direitos assim identificados seriam tratados como irrevogáveis diante de outras reivindicações de princípio ou de política.

Isso porém não exige que eu *defina* princípios como algo que diz respeito *exclusivamente* a direitos – muitos princípios menos fundamentais não o fazem. Nem exigiria que eu definisse "política" de um modo que gerasse uma oposição artificial entre política e princípio. Também não exigiria que eu declarasse que defensores de teorias opostas estão *errados por definição.* Não é assim que se põe termo a discussões proveitosas.

---

2. Em "Children's Rights" e "Rights in Legislation", *cit. sup.*, capítulo IX, n. 29.

X. *A lei, a moralidade e os limites da razão prática*

Este capítulo trata de um tópico vastíssimo, mas não tem necessariamente de ser um capítulo longo, pois usará, mais do que reafirmará, os argumentos do livro inteiro para sustentar a posição delineada na primeira parte do primeiro capítulo. A esta altura já deve estar claro que exatamente como as teorias da argumentação jurídica e do direito se exigem e são exigidas mutuamente, as duas por sua vez têm de se embasar em alguma teoria geral da razão prática e seus limites.

Se for uma interpretação justa de Dworkin considerar que ele afirma serem todas as divergências jurídicas, no fundo, divergências especulativas (e sua asserção de que "existe somente uma resposta correta para [qualquer] caso exemplar"[1] deve sem dúvida obrigar a uma interpretação semelhante), sua posição terá de ser rejeitada como uma forma insustentável de ultra-racionalismo. A razão *sozinha* não pode determinar totalmente o que deveríamos fazer.

É, porém, essencial não se deixar enlevar pelo extremo oposto, pelo total irracionalismo afirmado por pensadores como Alf Ross. A idéia de que o debate sobre a justiça não é mais do que uma expressão de emoções, equivalente a bater com o punho na mesa[2], é no mínimo tão aberrante

---

1. *TRS*, p. 290.
2. Alf Ross, *On Law and Justice* (Londres, 1958, p. 274).

quanto o ultra-racionalismo contra o qual ela se apresenta como reação.

Este livro, considerado como um todo, estabelece uma trajetória entre essas duas posições extremas. Como eu disse no início, "qualquer modalidade de argumento avaliatório necessariamente envolve, pressupõe ou gira em torno de algumas premissas essenciais que não são em si prováveis, demonstráveis ou confirmáveis em termos de razões suplementares ou ocultas", sendo que, por outro lado, "[o fato de] nossa adesão a princípios fundamentais nas esferas avaliatória e normativa não ser derivada pelo raciocínio... não demonstra que nossa adesão a tais princípios seja outra coisa que não uma manifestação de nossa natureza racional"[3].

Três elementos em particular na argumentação jurídica revelam o papel que a razão desempenha nas questões práticas. A análise da justificação por dedução demonstra como podemos deduzir conclusões sobre a decisão em particular que deveria ser tomada a partir de premissas normativas consideradas em conjunto com premissas de fatos comprovados. (Se bem que em termos abreviados, vimos como a "comprovação" de fatos envolve uma busca racional de padrões coerentes de acontecimentos que nos permitam chegar a conclusões muito além das provas presentes disponíveis à percepção direta.) A análise de argumentos de coerência e de coesão é ainda mais reveladora. A argumentação a partir da coesão exige que não toleremos num sistema jurídico a presença de duas normas que se contradigam. "A determinação da Comissão não será questionada por nenhum tribunal de justiça" e "A Câmara dos Lordes tem o direito de conceder uma declaração de nulidade no caso de uma 'determinação' por parte da Comissão" parecem à primeira vista contradizer-se, parecem ser incompatíveis. Logo, uma das duas deverá ser compatibilizada por meio de interpretação; ou uma das duas deverá ser rejeitada.

---

3. *Supra*, capítulo I, p. 6.

A argumentação a partir da coerência vai ainda mais longe, buscando não apenas evitar incompatibilidades ou contradições categóricas, mas na realidade encontrando um modo para que o sistema como um todo faça sentido, ao fazer sentido de suas ramificações separadamente. Trata-se, naturalmente, de uma questão de realização mais ideal do que real. Em parte, porque o sistema muda ao longo do tempo, e sempre há alguma velharia prejudicando o avanço. No entanto, ao apresentar argumentos a partir da coerência, estamos argumentando em prol de meios para tornar o sistema jurídico um todo estruturado em termos racionais na medida do possível, o que não nos obriga a buscar objetivos gerais mutuamente incompatíveis. Sem dúvida, essa é uma noção um pouco difusa. O capítulo VII fornece uma explicação que injeta alguma substância na idéia vagamente expressa.

Levar em consideração a coesão e a coerência deixa-nos muito além da contribuição mínima da razão que se apresenta envolvida no ato da dedução. Muitos irracionalistas ferrenhos admitirão que, dadas premissas normativas, podemos naturalmente extrair deduções delas ao mesmo tempo em que passamos a salientar que a razão em si não nos fornece nenhuma norma com a qual iniciar[4]. Essas, dizem eles, não passam de meros produtos da vontade gerados pela emoção cega. Atentar para argumentos de coesão e coerência permite-nos resistir a essa asserção irracionalista. A não ser a razão, o que nos permite julgar, depois de terem sido arregimentadas todas as permutas de interpretação, se duas normas são incompatíveis ou não? A não ser a razão, o que nos permite avaliar a coerência de uma deliberação inovadora com relação ao conjunto da lei preestabelecida? Na realidade, o que poderia ser mais evidentemente análogo ao processo de tentar imaginar uma teoria científica completa, em comparação com a descoberta casual de uma verdade científica particular?

---

4. Cf. Alf Ross, *Towards a Realistic Jursiprudence* (Copenhague, 1946, pp. 95-6).

Hume tem de fato uma visão por demais passiva da razão. Pelo menos quanto a esse ponto, Reid e Kant estão certos. A razão impõe uma ordem e estrutura ao mundo fenomenal de nossa experiência – a questão de existir nele uma verdadeira ordem em sintonia com aquela que nosso raciocínio cria para nós no mundo fenomenal é, na natureza do caso, uma questão de fé, não de conhecimento. É, entretanto, igualmente possível que organizemos o mundo de nossas atividades: que o moldemos em conformidade com normas e princípios de ação e que nos certifiquemos de que as normas e princípios de nossa ação são mutuamente compatíveis e formam um todo coerente. Após muita ponderação, resolvemos questões de coesão e coerência no direito, exatamente como resolvemos os prolongados encadeamentos de deduções envolvidos na decisão até mesmo de um caso tão simples como o caso *Daniels* ([1938] 4 All E.R. 258). Na medida em que tenhamos numa nação um sistema jurídico ordenado, e na realidade na medida em que qualquer um de nós tenha um sistema de moralidade individual e ordenado, deveremos isso à nossa capacidade de raciocínio, nosso dom para impor uma ordem de universais a um mundo de particulares.

A tudo isso, o irracionalista é cego. O irracionalista não conseguiu ver que o raciocínio não é uma mera atividade que nos permite deduzir conseqüências de normas às quais aderimos; ele também nos permite verificar se as normas a partir das quais raciocinamos pertencem a uma ordem coerente e coesa. A razão pode não determinar, mas sem dúvida impõe limites rigorosos aos sistemas de normas que todos podemos ter em conjunto – quer com isso estejamos nos referindo ao sistema que todos podemos ter juntos, todos nós reunidos num Estado; quer estejamos nos referindo ao sistema que cada um de nós pode ter reunido como posicionamento moral de um indivíduo, que pode diferir do posicionamento moral igualmente racional de algum outro indivíduo.

O irracionalista pode responder que é irracionalista não apenas na teoria, mas também na prática: que não atribui nenhuma importância a ter um credo político, um sistema jurídico ou uma moralidade coerente e coesa. Que assim seja. Vamos perguntar-lhe se e por que ele dá importância a ter um sistema coerente e coeso de crenças sobre o universo natural, sobre o mundo da ciência. Ou bem ele dá importância a isso ou não dá.

Se ele não der, teremos o direito de ignorar sua teoria ética ou jurídica irracionalista, pois será questão de mero acaso ela fazer sentido ou não. Se der, poderemos insistir em querer saber por quê. De uma forma ou de outra, sua resposta deverá se resumir à proposição de que ele valoriza a razão ou de que tem algum tipo de propensão irresistível a pôr em ordem seus pensamentos e a tentar fazer com que o mundo tenha sentido.

Aqui estamos abordando, porém, a verdade que Hume talvez tenha sido o primeiro filósofo a captar plenamente, a verdade que o irracionalismo ético e jurídico, enquanto teoria, distorce. Minha crença de que devo me esforçar para ser racional não é uma crença que eu possa justificar pelo raciocínio. Naturalmente, pode ser explicado por que alguém com o tipo de antecedentes sociais e familiares que eu tenho, criado numa família de profissionais liberais na Escócia do século XX, é propenso a nutrir esse tipo de crença. É claro que também pode ser feita a conjectura de que todos os seres humanos têm uma natureza biológica e que uma parte essencial dessa natureza biológica é a propensão a favorecer a racionalidade por mais que seja toldada pela desgraça ou por circunstâncias adversas[5]. No entanto, essas são explicações, não justificações.

Se questionado quanto ao motivo pelo qual creio que deveria me esforçar para ser racional, ou de fato quanto ao motivo pelo qual todo ser humano deveria se esforçar para ser racional – para evitar a falta de coerência e de coesão no

5. Cf. Franz Neumann, *The Democratic and the Authoritarian State* (Nova York e Londres, The Free Press, 1957, pp. 3-4): "O Homem... é um organismo dotado de razão, embora com freqüência não seja capaz, ou seja impedido, de agir com racionalidade."

pensamento –, eu na realidade só poderia repetir o comentário de Sócrates de que, para mim, uma vida não examinada não é digna de ser vivida. De fato, somente posso expressar minha repugnância diante da perspectiva de uma vida sem o discurso racional.

Também não posso deixar de expressar minha repugnância diante da perspectiva de uma vida de decisões arbitrárias tomadas a cada instante, sejam elas decisões minhas, sejam de outros que afetem a mim e ao próximo. Decerto envidarei esforços para impedir a imposição de qualquer modalidade semelhante de governo. A coesão e a coerência, tratar casos semelhantes de modo semelhante e casos diferentes de modo diferente, são *possibilidades* para nós em nossa atuação, raciocínio e tomada de decisão, exatamente como a coesão e a coerência de pensamento, bem como a busca de explicações semelhantes para fenômenos semelhantes e de explicações diferentes para fenômenos diferentes são *possibilidades* para nós em nossas tentativas de explicar e descrever o universo natural. "Devemos lutar pela racionalidade? Devemos nos esforçar pela coesão e coerência? – trata-se de perguntas em aberto para nós no que diz respeito a questões tanto de prática como de especulação.

Por mim, não consigo entender por que motivo deveria dar respostas diferentes em relação à ação e à reflexão. Se me dissessem que não faz sentido a idéia de ser a racionalidade na ação distinta da racionalidade na especulação, eu responderia que este livro demonstra a falsidade dessa declaração. Temos a escolha, de ser racional ou não, e essa é uma escolha onipresente em relação a todos os aspectos de nossa vida, seja como teóricos, seja como cientistas que trabalham em explicações da natureza das coisas, seja como agentes práticos que se encarregam das atividades da vida, interagindo com outros seres animados no contexto de algum conjunto de relacionamentos sociais, morais e jurídicos.

A falácia irracionalista consiste na pressuposição de que as relações morais e jurídicas não têm como se encaixar numa ordem racional. A falácia ultra-racionalista consiste na pressuposição de que existe algum modo de estabelecer pelo raciocínio e pela reflexão uma ordem moral ou legal objetivamente válida. Contudo, qualquer tentativa de estabelecer e justificar uma ordem teórica dessa natureza simplesmente levaria a uma infinita regressão de justificações, que não é apenas semelhante, mas é o próprio caminho de regressão infinita de teorias ao qual o Hércules de Dworkin está fadado sem perceber.

Pois, embora Hume esteja equivocado quanto à passividade da razão, ele não está errado em sustentar que nossa valorização de qualquer coisa em termos afetivos pertence ao reino de nossas atitudes e predisposições. Mesmo no caso da razão, não é a *razão* que é expressa se atribuirmos valor à racionalidade. Se atribuirmos valor a ela, vamos acompanhá-la na tentativa de garantir coesão e coerência em determinada época e ao longo do tempo em nossas atitudes gerais diante de nossa própria conduta e da conduta alheia. Contudo, é porque temos atitudes afetivas (incluindo talvez um favorecimento da razão e da racionalidade) que nos *importamos* com o que acontece conosco e com outras pessoas, ou que nos importamos com o fato de qualquer um agir de modo razoável ou racional. Constitui um extremo exagero desse ponto afirmar que "a razão é e deveria ser escrava das paixões". Mas o exagero cativante tem seu lugar até mesmo na filosofia.

Portanto, embora a razão seja nosso guia na garantia da coesão ou coerência de um sistema de normas, é um compromisso afetivo com a racionalidade na ação que nos faz acompanhar sua orientação, se o fizermos ou na medida em que o fizermos. E, além disso, não haveria para nós absolutamente nenhuma necessidade de normas sobre a conduta, se não nos *importássemos* com o modo como convivemos com os outros, ou com o modo como outras pessoas convivem conosco. Transformar essas atitudes de *importar-se* em regras – normas e princípios de ação – envolve o exercício da razão no esboço da formulação "universal" de um guia para a ação. Porém, *testando*-o para ver se podemos conviver com ele; empenhando-nos em argumentações conseqüencialistas – aqui, como foi dito no capítulo IX, o que está em jogo é como havemos de viver, como havemos de satisfazer nossas propensões a longo prazo (o que Hume chamava de "paixões calmas").

Isso também revela por que o estudo de "processos de justificação" pode também ser pertinente à explicação de ações reais. É naturalmente possível que juízes sempre ou às vezes tenham razões subjetivas que os motivem a decidir casos como decidem, razões que são totalmente diferentes das razões justificatórias que apresentam. Este livro demonstra, porém, que também é possível que juízes se empenhem em sempre tentar proferir a decisão mais bem justificada (a seus olhos) *por ser ela* a decisão mais bem justificada. Nesse sentido, é *possível* que possamos moldar conscientemente nossos atos de acordo com normas, princípios e outros padrões pertinentes; e que os juízes realmente o façam. É uma questão sociológica de interesse vital saber até que ponto, para juízes particulares, em sistemas jurídicos particulares, em épocas e circunstâncias particulares, essa possibilidade se realiza. Este livro demonstra que essa é uma questão verdadeira, embora não apresente uma resposta.

Logo, um exame das modalidades de argumentação jurídica tanto confirma como revela o significado de afirmar que a razão pode desempenhar, e no direito parece desempenhar, um papel indispensável na gestão de questões práticas, mas que a razão prática tem limites. Argumentos a partir da coesão e da coerência revelam o primeiro ponto, e o elemento avaliatório dos argumentos conseqüencialistas, o último.

É assim que podemos ter sistemas jurídicos racionalmente estruturados, mas não racionalmente determinados, e na realidade "sistemas" ou "teorias" da moralidade (em contraste com teorias *sobre* a moralidade). O fato de podermos ter esses sistemas permite-me responder uma possível objeção à tese apresentada no capítulo II, de que é possível a argumentação por dedução no direito. Naquele capítulo, cometi o que alguns considerariam o erro óbvio de postular que pode haver enunciados "verdadeiros" de normas jurídicas que figuram como premissas maiores nessas deduções. Para certas pessoas é um artigo de fé a impossibilidade de haver algo que se possa chamar de enunciados "verdadeiros" de normas[6]. (Muitas dessas pessoas ocupam cátedras de direito, e espero que nunca tenham a hipocrisia de, em exames de direito, deduzir pontos de candidatos que façam enunciados falsos da lei.)

Se aquilo a que estão fazendo objeção é a implicação de que existam enunciados normativos "absolutamente" verdadeiros, sua objeção está suficientemente bem fundamentada. Tendo em vista, porém, a possibilidade de um conjunto coerente e coeso de normas e princípios identificados direta ou indiretamente mediante a referência a uma "norma de reconhecimento", não temos problema em atribuir *relativa* veracidade a proposições do direito. Essas proposições podem realmente ser verdadeiras ou falsas, com relação a um determinado sistema jurídico em determinada época. Em conseqüência, é evidente que quaisquer conclusões que deduzamos a partir dessas verdades relativas serão por sua vez apenas relativamente verdadeiras em si. No entanto, é somente isso que é necessário para sustentar a possibilidade de justificações dedutivas no direito. Se for verdade, como estabelece uma proposição da lei escocesa atual, que um motorista que dirija um automóvel numa rodovia a uma velocidade superior a 112 km/h é culpado de um delito, nesse caso, se for possível provar que ontem estive dirigindo meu carro dessa forma proibida, também será verdade (no contexto e para os efeitos da lei escocesa) que fui culpado de um delito.

O mesmo vale para proposições morais. Do ponto de vista da moralidade utilitarista, é verdade que, se cumprir

6. Ver, por exemplo, Alf Ross, *Directives and Norms* (Londres, 1968, p. 102).

promessas sempre maximiza a felicidade, as promessas sempre deveriam ser cumpridas. Admitindo-se as premissas utilitaristas, essa é uma conclusão verdadeira que se pode depreender. Em relação a alguém que esteja engajado com uma moralidade utilitarista, esse e muitos outros enunciados verdadeiros podem ser criados. Contudo, chamar o utilitarismo de "verdadeira" teoria moral exigiria alguma metateoria para o julgamento entre teorias morais rivais – e, em termos idênticos, o mesmo vale para considerá-lo uma teoria "falsa". A teoria da hipótese do contrato[7] de John Rawls pretende ser exatamente esse tipo de dispositivo para testar teorias rivais enquanto teorias da justiça. Entretanto, de minha parte, não posso realmente acreditar nela como substituta para a verificação de teorias morais, substituta à qual as submetemos quando tentamos conviver com elas como criaturas que têm não importa que atitudes que acabe sendo revelado que temos (não que tentar viver de modo compatível com uma filosofia moral coerente não seja uma experiência que nos possibilite mudar e desenvolver nossas atitudes básicas. Embora de início sejam dadas, elas não são imutáveis – se não fosse assim, seria impossível chegar a um conjunto coerente e ponderado de atitudes morais. Há um envolvimento dialético entre "razão" e "paixão").

Finalmente, que não seja apresentada a objeção de que a forma mais gritante de "legalismo"[8] consiste em pressupor simplesmente, como este capítulo com efeito pressupôs, a existência de uma analogia entre a argumentação jurídica e a argumentação moral. Será este apenas mais um caso de imperialismo jurídico?

Trata-se de fato do contrário. A argumentação moral não é uma prima pobre da argumentação jurídica. A verdade é que a argumentação jurídica é no mínimo um tipo es-

7. *Op. cit. supra*, capítulo IX, n. 25; e ver N. MacCormick, "Justice According to Rawls" (1973) 89 L.Q.R. 393, e "Justice – An Un-Original Position" (1976) 3 *Dalhousie L.J.* 367, para uma sustentação mais completa de minhas asserções a respeito dos limites da hipótese do contrato.

8. Ver Judith N. Shklar, *Legalism* (Cambridge, Mass., 1964).

pecial, altamente institucionalizado e formalizado de argumentação moral. Naturalmente, as próprias características de institucionalização e formalidade geram importantes distinções entre a argumentação jurídica e a argumentação moral nas deliberações de indivíduos, nos discursos e discussões de amigos e colaboradores, ou seja lá em que for.

Contudo, a compensação para essas distinções embutidas está na publicidade e exposição ao público que a argumentação jurídica atrai. Nas coletâneas de jurisprudência encontramos um excelente recurso nos inúmeros exemplos que elas contêm de pessoas que apresentam justificações públicas para decisões difíceis que tomaram, com impacto sobre a vida de terceiros. Embora W. D. Lamont em *The Principles of Moral Judgment*[9] mostrasse aos filósofos moralistas como essas coletâneas são um recurso valioso, muito tempo se passou até que qualquer outro autor seguisse seu exemplo.

Seja como for, na minha opinião essas dessemelhanças foram enormemente exageradas, e foram exageradas em razão de uma falsa ênfase aplicada à autonomia moral – sendo cada pessoa seu próprio legislativo, juiz, júri e policial. Nenhum de nós começa de outro modo a não ser com total heteronomia. Quando crianças (a menos que tenhamos pouquíssima sorte), nascemos numa família provida de um ou mais de um código moral estabelecido pelas autoridades que nos cercam – pais, avós, tios, tias e, com o tempo, professores do nível primário.

Se for pressuposto que a autonomia envolva a experiência de inventar um universo moral a partir do zero, ela é inexistente; exatamente do mesmo modo que ocorreria se a originalidade científica fosse atribuída apenas a quem desenvolvesse um novo ramo da ciência onde anteriormente não houvesse existido nada.

Se, por outro lado, ela significar que nos tornamos plenos agentes morais somente no ponto em que nos envol-

9. Oxford, 1946.

vermos totalmente na aplicação de normas morais como padrões "do ponto de vista interno", e que somente nesse estágio ela se torna *nossa* moralidade, em contraste com a moralidade à qual estivermos sujeitos, a autonomia é uma realidade e de fato um elemento essencial da atuação moral.

É verdade, porém, que o desenvolvimento da autonomia significa a gradual assunção de responsabilidade por um "código moral" que já se tem e se usa de uma forma heteronômica submoral. O fato é que os julgamentos e decisões de cada um como agente moral autônomo envolvem presumivelmente testes, modificações e extrapolações a partir de uma posição moral já estabelecida. A revolução é sem dúvida possível, como em casos de conversão religiosa ou ideológica. Contudo, mesmo nesses casos, não se reinventa uma nova posição moral na íntegra – compra-se um conjunto pronto para armar, previamente embalado. E nesse caso, na qualidade de agente moral autônomo, testa-se, modifica-se e extrapola-se a partir da nova posição moral. Mesmo os grandes reformadores da moral, como Jesus e Sócrates, parecem ter defendido sua posição através de testes para provar a coesão, a coerência e a aceitabilidade de praticamente todos os elementos da moralidade aceita na época, e por meio de extrapolações a partir dela. Eles não tinham vindo para destruir a lei, mas para completá-la.

Sob outros aspectos, também, nosso espaço para a originalidade moral é restrito. Quaisquer que sejam nossas crenças, vivemos entre seres humanos numa comunidade ou em várias comunidades. Nossos próximos têm, e nós sabemos que eles têm, atitudes morais para conosco e expectativas morais de nós, que refletem seus princípios morais e, talvez, suas normas morais – seu "código moral". Seria necessária uma inflexibilidade excepcional e não necessariamente elogiável para não tomar conhecimento dessas atitudes e expectativas ou para demonstrar indiferença com relação a elas. Suponho que os psicopatas sejam os únicos existencialistas de verdade – e vice-versa.

Como afirmei em capítulo anterior, "a verdade é que nossa vida moral, como nossa vida legal, tem uma ambientação social necessária, que nos fornece uma base de normas e princípios no contexto dos quais podemos enquadrar e testar novos princípios de ação em circunstâncias novas ou difíceis. A autonomia é real, mas somente em contraste com um pano de fundo de heteronomia"[10].

A enorme diferença em níveis de formalidade entre a argumentação jurídica e a moral deveria de fato nos acautelar para não supor que não exista mais nenhuma diferença. Ouso sugerir, porém, que no todo também há semelhanças reais e que no discurso moral prático costumamos recorrer, sim, a argumentos conseqüencialistas assim como a argumentos de coesão e coerência. É preciso que haja uma unidade na razão prática, assim como uma diversidade em sua operação particular em contextos especiais. Um estudo da argumentação jurídica não é de modo algum inútil para a compreensão da argumentação moral.

Para os dois, porém, precisamos ter consciência dos limites da razão prática. Entre o ultra-racionalismo e o puro irracionalismo, há um trajeto a percorrer. Este livro tentou percorrer esse trajeto e, com isso, proporcionar uma melhor compreensão da razão prática, da argumentação jurídica e do próprio direito.

---

10. *Supra*, capítulo V, p. 124.

Apêndice

Sobre o "aspecto interno" das normas

Quem tiver lido *As viagens de Gulliver* de Swift há de se lembrar de como, algum tempo depois de Gulliver ter sido lançado à praia no litoral de Lilliput após o naufrágio e de ter sido capturado por minúsculos habitantes, pessoas que não eram maiores do que seu dedo polegar, o rei de Lilliput determinou que toda a sua pessoa fosse revistada. Para isso enviou dois comissários, Clefren Frelock e Marsi Frelock, para que fizessem um inventário de todos os seus pertences pessoais. Num documento repleto de trechos interessantes, talvez uma passagem sobressaia mais do que outras:

> Da algibeira direita pendia uma enorme corrente de prata com um mecanismo maravilhoso na extremidade. Demos-lhe ordem de mostrar o que estava preso à ponta da corrente, fosse o que fosse, e que parecia ser um globo, metade de prata e metade de algum metal transparente; pois na face transparente vimos o desenho de certas figuras estranhas e achamos que poderíamos tocar nelas, até descobrir que nossos dedos eram impedidos por aquela substância translúcida. Ele aproximou de nossos ouvidos aquele mecanismo que fazia um ruído incessante parecido com o de um moinho de água. Por nossas conjecturas, ou se trata de algum animal desconhecido ou do Deus que ele venera. Estamos mais inclinados a acreditar na segunda opinião porque ele nos garantiu (se o entendemos direito, já que ele se expressou de modo muito imperfeito) que raramente fa-

zia qualquer coisa sem consultá-lo. Chamou-o de seu Oráculo, e disse que ele indicava a hora para todos os atos de sua vida.

Para o antigo enigma, "O que é que Deus nunca vê, o Rei vê raramente e as pessoas comuns vêem todos os dias?", a versão oficial da resposta era "Seu igual", mas a resposta humorística era "Uma piada". A falha acadêmica não está tanto em não perceber uma piada, mas sim em sofrer a compulsão de dizer o que está envolvido nesse ato de perceber. Seja como for, para os objetivos atuais, devo perguntar o que está envolvido em perceber a piada na passagem citada das *Viagens de Gulliver.*

A piada gira em torno do ponto de que em relação ao "maravilhoso mecanismo" descrito, os comissários liliputianos fizeram uma descrição externa tão precisa do objeto em termos de sua aparência visual e manifestações auditivas que *nós* podemos saber do que se trata. Mesmo assim, *eles* o fizeram sem que eles próprios soubessem o que é. Até certo ponto, mas apenas até certo ponto, "já que ele se expressou de modo muito imperfeito", eles sabem como o gigante usava esse mecanismo maravilhoso – na realidade, Swift recorre à compreensão limitada que eles tinham para voltar a piada contra o homem ocidental ao pôr em suas bocas a conjectura quanto a ser o objeto o "Deus que ele venera"; mas essa parte da piada deixarei de lado por enquanto.

A aparência não é o todo da realidade humana. Nem a descrição física mais meticulosa de cada engrenagem e de suas interconexões, nem mesmo com o acréscimo da mais meticulosa descrição de cada ato e palavra do proprietário do "maravilhoso mecanismo" relacionados ao mesmo equivaleriam a uma compreensão, por parte de quem descreve, do fato crucial de que nós, para quem o mecanismo é descrito, temos conhecimento; e temos esse conhecimento mesmo com base numa descrição externa relativamente imprecisa: de que o mecanismo em questão é um relógio, que Gulliver o "consulta" para saber as horas.

Nós sabemos o que os comissários não sabem, e por isso a passagem é uma piada para nós. E sabemos porque reconhecemos um relógio quando vemos um (ou quando ouvimos uma descrição), porque sabemos usá-lo e para quê usá-lo. Empregando os termos de H. L. A. Hart, que considero extremamente esclarecedores, encaramos esses "mecanismos" a partir do "ponto de vista interno", do ponto de vista de quem entende e trabalha com esse complexo conjunto de convenções normativas nos termos das quais podemos empregar esses artefatos para medir a passagem do tempo e, assim, sincronizar e coordenar atividades uns com os outros, com um grau de precisão extraordinariamente alto.

Em comparação, os liliputianos eram de fora. Não tinham consciência das normas convencionais que para nós conferem sentido a nosso uso de relógios. Logo, eles podem (pelo menos por enquanto) apenas apreciar o relógio de Gulliver e seu emprego do mesmo no nível dos fenômenos observáveis ou, melhor, sensíveis. Eles podem descrevê-lo somente nesses termos, associados a vagas conjecturas quanto ao possível significado do objeto para Gulliver. Em contraste com o nosso, o deles é um "ponto de vista externo". É "externo" no que diz respeito ao conjunto de normas convencionais em questão.

Esse contraste entre pontos de vista "internos" e "externos" é ressaltado com nitidez especial pelo exemplo extraído do *Gulliver* de Swift. Swift faz com que nos demos conta de como seria ver um relógio sem saber o que é um relógio. Desse modo ele nos permite perceber o contraste da posição de uma pessoa dessas em relação à nossa real posição. É, entretanto, o contraste em si que tem importância no momento presente. Ter traçado um contraste dessa natureza e explicado sua importância para uma compreensão da lei é, na minha opinião, um elemento vital da contribuição de Hart para a filosofia do direito. O objetivo deste ensaio é um exame maior da distinção que Hart fez, bem como a apresentação de algumas sugestões sob a forma de crítica construtiva voltada para o aperfeiçoamento da versão de Hart da doutrina.

Recapitulando o contexto e o teor da doutrina: em *Concept of Law*[1], Hart desenvolve sua exposição da noção de "norma", que é de importância crucial para sua teoria do direito, contrastando-a com o conceito de "hábito", que ele interpreta num sentido estritamente comportamental. Para ele, é uma condição necessária e suficiente da condição da existência de um hábito o fato de um padrão particular de comportamento de um agente ou grupo de agentes ser repetido com regularidade ao longo do tempo. (Se essa é uma explicação plausível da noção de "hábito", ou se é justa como uma explicação de Austin, que é criticado por seu uso da noção do "hábito da obediência" na explicação da soberania e portanto da lei, não é de nosso interesse no momento.)

A explicação de "normas sociais" é desenvolvida pela exposição de "três diferenças notáveis" entre elas e aquele conceito comportamental do hábito. Em primeiro lugar, quando um grupo possui uma norma sobre fazer uma coisa ou outra, o desvio em relação ao padrão normal é tratado como erro ou lapso sujeito a críticas, ao passo que, no caso de um simples hábito, o desvio em relação ao padrão normal "não precisa ser alvo de nenhuma forma de crítica". Em segundo lugar, esse tipo de crítica é considerado justificado ou legítimo no sentido de que o fato de alguém apresentar um desvio em relação ao padrão normal é visto como uma "boa razão" em si para críticas ao lapso ou erro envolvido.

Em terceiro lugar, há o ponto a respeito do "aspecto interno das normas", com o qual estamos lidando agora. Para que haja um hábito, não é necessário que ninguém pense

---

1. H. L. A. Hart, *The Concept of Law* (Oxford, 1961). A passagem à qual me refiro primordialmente aqui e da qual faço extensas citações neste parágrafo e nos subseqüentes, será encontrada nas pp. 54-6; os temas desenvolvidos ali pela primeira vez voltam a surgir com freqüência no livro inteiro, notadamente nas pp. 86-8, 96, 99-100, 101, 105, 112-14, 197.

sobre o comportamento habitual ou tenha consciência de sua disseminação num grupo; "muito menos seria necessário que se esforçassem para ensiná-lo nem que pretendessem mantê-lo". "Por outro lado, se uma norma social houver de existir, pelo menos alguns deverão encarar o comportamento em pauta como um padrão normal a ser seguido pelo grupo como um todo. Uma norma social tem um aspecto "interno" além do aspecto externo que compartilha com um hábito social e que consiste no comportamento uniforme regular que um observador poderia registrar." Um exemplo que Hart passa então a dar sobre esse ponto foi tirado do jogo de xadrez. Pode ser um fato observável o de que os jogadores de xadrez movem a rainha sempre de modo caracteristicamente semelhante, mas a história não pára por aí, diz Hart. Eles têm uma "atitude crítica reflexiva em relação a seu comportamento; consideram que ele é um modelo para todos os que se empenhem em jogar". Essa atitude transparece na forma pela qual criticam lapsos, exigem conformidade com padrões estabelecidos e reconhecem que algumas dessas exigências e críticas são justificadas.

> O aspecto interno das normas costuma ser apresentado de modo equivocado como uma mera questão de "sentimentos" em contraste com comportamento físico externamente observável... [Porém] sentimentos desse tipo não são nem necessários nem suficientes para a existência de normas de "caráter compulsório". Não há nenhuma contradição em afirmar que algumas pessoas aceitam certas normas mas não vivenciam nenhum sentimento de compulsão. O que é necessário é que haja uma atitude crítica reflexiva diante de certos padrões de comportamento como uma norma comum, e que essa atitude se manifeste em críticas (aí incluída a autocrítica), exigências de conformidade e em reconhecimento de que essas críticas e exigências são justificadas, sendo que tudo isso encontrará sua expressão característica na terminologia normativa da "recomendação", da "obrigação" e da "obrigação moral", do "certo" e do "errado".

Decerto, deve estar fora de qualquer dúvida que Hart está correto ao afirmar que uma compreensão de normas é possível somente na presença de atenção ao "aspecto interno" e exame do mesmo aspecto para o qual ele chama a atenção nesse trecho (sem ter importância se sua exposição aqui e em outros textos é plenamente satisfatória sob todos os aspectos). De fato, uma visão dessas seria hoje praticamente uma teoria banal, e o próprio Hart, ao propor sua explanação com especial referência ao direito, estava seguindo e desenvolvendo exposições feitas anteriormente por, entre outros, Winch[2], Wittgenstein[3] e Weber[4] (de todos os quais, em especial o primeiro a ser mencionado, Hart obviamente sofreu forte influência)[5]. O impacto de um exemplo como o que foi utilizado para dar início a esta parte da discussão – o de Gulliver e seu relógio – reside no fato de ele dramatizar a diferença entre enxergar atividades apenas como se manifestam externamente para os sentidos e enxergá-las com entendimento, entendimento em termos das categorias usadas pelos próprios agentes – por exemplo, qual é a diferença entre fazer uma cruz num papel e votar numa eleição, e como explicaríamos as diferenças?[6]

Creio estar evidente que o uso de relógios de parede e de pulso é compreensível apenas em razão da existência de convenções sociais compartilhadas de um tipo que de fato poderia sem nenhum esforço ser chamado de "normas".

---

2. Ver Peter Winch, *The Idea of a Social Science and its Relations to Philosophy* (Londres, 1958, especialmente o capítulo 2, *passim*).

3. Ver Ludwig Wittgenstein, *Philosophical Investigations*, orgs. G. E. M. Anscombe e R. Rhees, 2ª ed. (Oxford, 1958), por exemplo, pp. 1197-241.

4. Ver, por exemplo, M. Rheinstein (org.), *Max Weber on Law in Economy and Society* (Cambridge, Mass., 1954), pp. 11-2; também a passagem e os argumentos de Weber citados em Winch, *op. cit.*, pp. 45-51.

5. Ver *Concept of Law*, p. 242, nota da p. 54, citando Winch, *op. cit.*, com referência a passagens nas quais a argumentação principal de Winch envolve um exame mais detido de temas de Wittgenstein e Weber.

6. Para uma análise desse exemplo, ver M. Lessnoff, *The Structure of Social Science* (Londres, 1974, p. 30); o livro de Lessnoff, especialmente no capítulo II, contém uma resenha de temas semelhantes aos mencionados nesse parágrafo. Cf. também B. Wilson (org.), *Rationality* (Oxford, 1973).

Por que, por exemplo, um relógio é considerado defeituoso se seus ponteiros não se movimentam de modo que o maior complete vinte e quatro revoluções enquanto o menor completa duas entre um meio-dia (conforme determinado pela posição percebida do sol, ou seja lá de que modo) e o meio-dia seguinte? Por que é errado dizer que são onze horas quando o ponteiro maior e o menor de um relógio estão os dois apontando para o número 12? Por que é certo marcar o mostrador de um relógio com sessenta pontos eqüidistantes em torno de seu perímetro, sendo que de cinco em cinco um é identificado com os números de 1 a 12 em ordem?

A única resposta possível para essas perguntas é explicar que temos convenções para calcular a passagem do tempo, por meio das quais vislumbramos a passagem do tempo de um "meio-dia" ao "meio-dia" seguinte, dividido em vinte e quatro "horas" iguais e cada uma dessas em sessenta "minutos" iguais e assim por diante. Relógios de parede e de pulso são artefatos que as pessoas produzem para calcular a passagem do tempo de acordo com essas unidades de medição. O uso desses artefatos de acordo com as convenções para medição ainda permite que estabeleçamos nomes para diferentes "partes do dia" e, por sua vez, isso permite que coordenemos e sincronizemos nossas atividades com bastante precisão, mesmo quando estejam envolvidas complexas inter-relações de atividades de muitas pessoas, como, por exemplo, na gestão do serviço ferroviário ou de uma fábrica. Entretanto, tudo é uma questão de convenção. As unidades de medição estabelecidas poderiam ter sido totalmente diferentes (na realidade, as usadas na Roma Republicana eram totalmente diferentes), o projeto dos artefatos poderia ter sido totalmente diferente e de fato está até certo ponto sujeito a mudanças na tecnologia e na moda ao longo dos anos – assisti outro dia a uma entrevista na televisão que envolvia uma pessoa que fabricava, entre outros objetos, relógios digitais.

Recorrendo a um dos pontos de distinção de Hart entre "hábitos" e "normas sociais", não há dúvida de que os padrões de comportamento envolvidos em saber a hora constituem algo que a maioria dos pais contemporâneos em nossa sociedade "procura ensinar" aos filhos e "pretende manter". Saber ver a hora é uma habilidade importante para o homem ocidental – os liliputianos chegaram mais perto do alvo do que talvez imaginassem ao supor que o relógio de Gulliver pudesse ter sido "o Deus que ele venera". Trata-se de uma habilidade que precisa ser aprendida; e aprendê-la envolve adquirir a capacidade de distinguir entre afirmações corretas e incorretas sobre as horas para qualquer determinada configuração dos ponteiros no mostrador do relógio; como corrigir a disposição dos ponteiros em qualquer relógio específico de modo que ele entre em conformidade com algum horário oficial, como, por exemplo, a hora média de Greenwich; como manter um relógio em correto funcionamento e assim por diante. O próprio fato de sermos capazes de descrever a habilidade, na realidade somente capazes de descrevê-la, fazendo referência a desempenhos corretos e incorretos em determinados contextos, atrai a atenção para essa característica particular da conduta regida pela norma que Hart coloca no centro do quadro que faz dela: a manifestação de atitudes críticas, a avaliação do desempenho real em comparação com um desempenho percebido como normal, que se manifesta pelos termos "correto" e "incorreto".

Esse aprendizado do desempenho correto e incorreto é, num sentido característico, o aprendizado de uma habilidade (convencional), e esse é um fato a partir do qual surgem conseqüências interessantes. Dizer que são dez horas quando os dois ponteiros de um relógio estão alinhados com o número 12 é cometer um erro, dizer as horas incorretamente, estar equivocado no que se diz, mas não se trata de um caso de "delito", nem um caso de má ação, ou de perversidade. Existe uma diferença entre a crítica que trata de desvios ou lapsos referentes a habilidades e a que trata de descumprimento de deveres. A explicação da diferença é interessante: uma habilidade convencional, como a de dizer as horas, é constituída pelo domínio de um conjunto complexo de normas inter-relacionadas, das quais nenhuma faz pleno sentido se isolada do conjunto inteiro. Conhecer e entender as normas é ter a habilidade, no sentido de ser capaz de empregá-la sempre que se tiver razão para isso. E mais, é somente quando um agente tem mesmo razão para "dizer as horas" e decide fazê-lo que as normas são aplicáveis de modo pertinente. As únicas ações para as quais as normas da habilidade são pertinentes são aquelas que o agente (por alguma razão) pretenda que sejam manifestações dela. Alguém que diga que são onze horas pode querer que esse seu pronunciamento seja uma afirmação de que horas são, ou (por exemplo) pode ser uma resposta numa brincadeira infantil de "Que horas são?" E é sua intenção que é decisiva para determinar de qual dessas duas hipóteses (ou de alguma outra) se trata. Uma afirmação somente pode estar correta ou incorreta como afirmação de que horas são, se for esse o tipo de enunciado que ela pretenda ser, ou como pretenda ser compreendida. Caso se trate de um movimento num jogo infantil, ou alguma outra coisa, outros cânones de crítica seriam aplicáveis, mas não as normas de "dizer as horas". Logo, como o que torna as normas da habilidade ou prática aplicáveis são as próprias intenções do agente na questão, podemos ver por que a modalidade particular de crítica aplicável a descumprimentos é a crítica em termos de "erro", "incorreção" ou "imprecisão" em vez de "delito". Errar significa deixar de cumprir as próprias intenções, com a má aplicação de normas cuja aplicabilidade foi determinada por nossa própria vontade. Nos termos de uma distinção que fiz em outro texto, as normas envolvidas são "de procedimento" mais do que "de substância"[7]. Naturalmente, disso não se depreende, e

---

7. Ver D. N. MacCormick, "Legal Obligation and the Imperative Fallacy", em *Oxford Essays in Jurisprudence Second Series*, org. A. W. B. Simpson (Oxford, 1973, esp. pp. 116-29), para minha tentativa de elaborar e justificar essa distinção. O mesmo ensaio continha um exame da idéia de "intenção interna" (pp. 104 ss.), referência à qual seria necessária para justificar plenamente minha asserção apresentada acima acerca de intenções em relação a "dizer as horas".

não foi dito, que a existência de normas dependa de nossa vontade. A prática social existe, e está disponível para nosso uso sempre que tivermos motivos para escolher um envolvimento com ela.

Nessa medida, as normas dessa habilidade equiparam-se àquelas normas de um sistema jurídico que regule procedimentos cuja invocação esteja à disposição da escolha do indivíduo. A transmissão de propriedade, por exemplo, é uma habilidade difícil e complexa, para cujo aprendizado é necessário devotar muito esforço. A lei especifica que passos devem ser tomados para que a propriedade de Blackacre passe de A para B. Cabe porém aos indivíduos decidir se hão de transferir ou não a posse de sua propriedade; e, se o fizerem, certificar-se de que eles próprios (ou seus advogados) obedeçam aos modelos exigidos. Que as normas para a transmissão de propriedade (consideradas como uma prática) ou para dizer as horas (vistas da mesma forma) deixam totalmente a critério de cada um invocá-las ou não em qualquer ocasião determinada não implica de modo algum que por outros motivos não possa ser obrigatório invocar um conjunto de normas ou o outro. Por exemplo, A pode por meio de contrato comprometer-se a transferir Blackacre para B no dia 1.º de julho, obrigando-se dessa forma a executar nessa data uma transmissão válida da propriedade de Blackacre, em conformidade com as normas instituintes pertinentes. E também do mesmo modo, quem aceitar um emprego numa fábrica que opera com o sistema de turnos aceita a obrigação de ver a hora, no mínimo na medida em que seja necessária para cumprir seus horários corretamente. Na realidade, para nós, saber que horas são é uma habilidade de tamanha importância porque todo o âmbito de nossas obrigações profissionais e sociais, o comparecimento a reuniões e compromissos, idas ao teatro, ou seja lá o que for, tudo depende do relógio; quer dizer, tudo depende de nosso uso preciso de relógios corretamente acertados e mantidos em bom estado de funcionamento.

Ao criticar um ato como transgressão ou violação de uma obrigação, não estamos de modo algum preocupados em saber se o agente exposto à crítica agiu, ou deixou de agir, com referência às normas cuja violação está em questão. O fato de ser ou não "o significado subjetivo" de seu ato um cumprimento ou violação da norma não faz diferença para a questão de saber se esse ato foi isso mesmo ou se pode, em termos cabíveis, ser criticado como tal. (Isso não quer dizer que as intenções do agente não tenham pertinência – o direito penal relacionado ao homicídio ou agressão física decerto tem interesse em saber se o acusado tinha intenção de ferir ou matar sua vítima. O que não é necessário de modo algum para a aplicação da norma contra a agressão física ou da norma contra o homicídio é que o ato sob exame tenha sido executado com a intenção de ser reconhecido como um caso de "agressão" ou de "homicídio". Isso está em acentuado contraste com o que é necessário para que um ato constitua uma transmissão de propriedade; ou, por sinal, um ato de dizer que horas são.) Logo, existe no mínimo esta diferença característica entre as normas de uma habilidade e as normas de uma obrigação: as primeiras são pertinentes apenas àqueles atos que são, ou que se presume que sejam, realizados com referência às normas em si; mas a aplicabilidade das segundas não é condicional a que um agente pretenda invocá-las subjetivamente. Essas são distinções que somente é possível fazer a partir da perspectiva de um "ponto de vista interno".

O que foi dito até agora demonstrou como uma atividade que se presume que qualquer um que leia este trabalho considere líquida e certa, a atividade do uso de relógios de parede e de pulso para saber as horas, apesar de sua simplicidade e obviedade superficial, é uma atividade que pode ser realmente compreendida apenas por meio de referência a um conjunto de normas convencionais que é na realidade muito complexo (tanto assim que a maioria de nós consideraria difícil, se não impossível, dar uma descrição explícita, bem clara ou coerente do conjunto total que usamos implicitamente com tanta segurança e facilidade). Trata-se essencialmente de normas sociais, tanto no sentido de que todos nós as aprendemos de outras pessoas em vez de as termos inventado sozinhos, como no sentido de que toda a sua razão de ser depende de serem elas normas compartilhadas, constituintes de uma prática de dizer as horas que todos podemos entender mais ou menos do mesmo modo. Que são as normas que conferem sentido à atividade pode ser comprovado se mostrarmos a noção que teria dessa atividade alguém que não compreendesse as normas; uma demonstração que o talento literário de Swift torna ainda mais fácil. Ao perceber que de fato poderia haver um ponto de vista externo, nós nos damos conta do ponto de vista interno e de sua importância.

É importante investigar mais o que está envolvido nessa percepção. Aqui existe e deve existir um apelo a uma conscientização do conteúdo de nossos pensamentos conscientes e de nossos processos de pensamento. Uma descrição behaviorista do uso de relógios de parede e de pulso, por maior que fosse a sofisticação de sua concepção, necessariamente ficaria no nível da descrição dos comissários liliputianos, restrita aos fenômenos perceptíveis, sem referência às categorias que são essenciais ao uso consciente de relógios de parede e de pulso como instrumentos para a medição da passagem do tempo. Não estou dizendo que não possa haver descrições behavioristas interessantes; por exemplo, de como se ensinam crianças a ver a hora e como elas aprendem. Contudo, o resultado do ensino, a habilidade aprendida, não poderia em si ser explicada em tais termos.

E assim para generalizar esse ponto: qualquer descrição de regras, normas e padrões de conduta deve ser em termos de seu "ponto de vista interno". Isso quer dizer que ele deve levar em conta a consciência dos que usam e trabalham com quaisquer que sejam os padrões de conduta em jogo. Para quem fizer objeção a essa abordagem por ser pouco científica, apenas se pode retrucar com o sábio ditado de que não pode estar errado ser antropomórfico a respeito de pessoas. Quem duvidar disso que medite sobre como procuraria explicar aos liliputianos a verdadeira natureza e os usos da maravilhosa máquina descoberta no bolsinho direito de Gulliver.

Não está claro para mim até que ponto o próprio Hart chegaria na aceitação dessa visão irrestritamente mentalista da natureza do que ele identifica como o "ponto de vista interno". Recordemos que ele trata como o elemento necessário do ponto de vista interno a existência de "uma atitude crítica reflexiva diante de certos modos de comportamento como um padrão comum", a respeito da qual ele passa de imediato a dizer que "ela deveria manifestar-se na crítica... exigências de conformidade e no reconhecimento de serem essas críticas e exigências justificadas, aspectos que encontram todos eles sua expressão característica na terminologia normativa da 'recomendação', da 'obrigação', do 'dever moral'; do 'certo' e do 'errado'"[8].

Não está perfeitamente claro se esses tipos de expressão de exigências e críticas são vistos como constituintes, ou como mera comprovação, da atitude crítica reflexiva que se vislumbra. O uso dos termos "expressão característica" apresenta um tom empirista que pode aumentar a dúvida. Na realidade, não é tanto que a crítica seja caracteristicamente expressa em terminologia normativa, mas que essa sua expressão seja *apropriada.* E, como esse fraseado mais franco indica, são as normas convencionais da linguagem que determinam como deveríamos expressar as críticas, exigências e manifestações semelhantes que desejemos fazer. Afirmar, porém, que a atitude em questão está expressa de modo *apropriado* por meio dessa terminologia é admitir francamente que ela poderia ser expressa de outro modo; e, de fato (o que é importantíssimo), que sua existência é, em termos lógicos, independente de como é expressa. Ademais, não pareceria muito satisfatório apresentar como explicação da natureza de normas um relato do

8. *Op. cit.*, p. 56.

uso apropriado da linguagem normativa. Pois, entre outros aspectos, o que está em jogo é a compreensão de como podemos ter esse tipo de padrão do que é apropriado.

Por outro lado, se excluirmos esses problemas sobre como a atitude necessária se manifesta, resta-nos a idéia desadornada de "uma atitude crítica reflexiva diante de certos modos de comportamento como um padrão comum", que é esclarecedora, mas somente em termos incompletos, já que parece quase circular. Afinal de contas, o que é um "padrão"? Não precisaremos explicá-lo praticamente da mesma forma que precisamos explicar "uma norma", ou exatamente da mesma forma? Como está bloqueado, pelos motivos já apresentados, o caminho para uma explicação mais profunda nos termos da expressão característica em que isso se manifesta, surge um problema sobre a forma pela qual havemos de avançar na direção de uma explicação aperfeiçoada

Examinemos o que deve estar envolvido essencialmente em ter-se uma atitude crítica diante da conduta real de nós mesmos ou de outras pessoas, ou em fazer dela uma avaliação crítica. Nisso deve haver algum elemento de avaliação da verdadeira configuração de ação nas determinadas circunstâncias que nos confrontam em comparação com alguma outra possível. Devemos decerto ter em vista algum "padrão de comportamento". O fato de usarmos um suposto "padrão de comportamento" dessa natureza em comparação com o qual avaliamos nosso comportamento real é na realidade o que *institui* esse padrão como modelo para nós. Mas somente diante de um certo sentido do termo "avaliar". Quando falamos aqui em avaliar, estamos nos referindo a mais do que um mero envolvimento com algum tipo de comparação totalmente neutra entre o estado de coisas real e o estado de coisas imaginado, acompanhada de um registro de qualquer divergência entre os dois. O padrão concebido deve ser um padrão de conduta preferida ou aprovada em oposição a uma conduta não aprovada. O que faz com que "não atacar outras pessoas intencionalmente" ou "dizer que é meio-dia somente quando os dois ponteiros do relógio estão alinhados com o 12" sejam normas de conduta? Não apenas que esses sejam padrões possíveis em comparação com os quais seria concebível que avaliássemos a conduta real, mas que esses são padrões de conduta realmente determinados, desejados, preferidos, aprovados como padrões *para* a conduta e para sua avaliação em nossa própria sociedade no momento atual. A avaliação pertinente é a avaliação para verificar a conformidade ou não com algum padrão que é considerado um padrão de conduta preferida.

Para que uma pessoa tenha uma atitude *sinceramente* crítica em relação a qualquer determinada ação dela própria ou de outra pessoa, deve haver algum modo alternativo de atuar nas circunstâncias em questão que seria até certo ponto preferível ao que realmente foi adotado. Normas sociais comuns devem girar em torno de preferências compartilhadas por certos modos de ação possível em detrimento de outros. É somente a determinação de buscar a conformidade de ações reais com modelos concebidos de ações que constitui normas de conduta. Para que a idéia da "avaliação crítica" da conduta real em comparação com algum padrão concebido faça sentido, é necessário que consideremos que o "padrão concebido" tenha sido determinado por alguém. Uma intenção, preferência, ou aprovação dessas não precisa ser considerada arbitrária. Por exemplo, pode haver razões eminentemente positivas para preferir que as pessoas não se agridam, ou para que sigam certas práticas de medição e avaliação das horas. Essas razões para a preferência podem em si mesmas ser outras normas de uma ordem superior, embora fora da ética teológica, nem todas elas possam sê-lo.

Existe pelo menos uma linha óbvia de objeção à opinião aqui proposta. Sem dúvida não se trata de que todo julgamento de uma ação por referência a um determinado padrão, toda avaliação de qualquer estado de coisas por referência a alguma norma, seja necessariamente uma expressão da vontade ou preferência da pessoa que emite o julgamento ou avaliação. Do mesmo modo, e por conversão, nem toda expressão de vontade ou de preferência é uma expressão de uma norma social (ou de qualquer outra natureza), nem pressupõe nada semelhante. Como então poderia ser possível afirmar qualquer ligação necessária entre vontades ou preferências e normas de conduta? Não se trata na realidade de uma fonte comum e persistente de erro estabelecer uma correlação simples da norma com a vontade, como em todas as variantes da "teoria do direito como comando"?[9]

Os pontos apresentados, embora válidos em si, não são decisivos enquanto objeções à opinião aqui proposta. É evidente que, para qualquer agrupamento social, pode existir uma norma social relativa a algum comportamento, mesmo que nem todos compartilhem a determinação de que haja conformidade com o padrão previsto. Alguns membros do grupo podem ser indiferentes, alguns mesmo até certo ponto ativamente contrários à conformidade com o padrão ou hostis à sua manutenção. Pode-se supor que seria extremamente incomum em qualquer grupo de qualquer tamanho encontrar atitudes exatamente similares entre todos os membros do grupo, embora talvez haja casos fáceis como os de agressão física e homicídio.

Além disso, é possível entender normas sociais e trabalhar com elas, mesmo na hipótese de sermos indiferentes ou hostis a elas. Dois anos atrás, havia muitos advogados escoceses que teriam preferido que a lei do divórcio sofresse uma reforma radical, mas que, ainda assim, conseguiam entender a lei como se apresentava e trabalhar com ela. No entanto, a posição dos que permanecem indiferentes ou hostis à norma, embora a compreendam e sejam capazes de formular julgamentos nos termos dela, é sempre uma posição parasitária em relação aos que, por qualquer motivo, determinam o padrão de comportamento em ques-

9. Cf. MacCormick, *op. cit. supra*, p. 282, n. 7, especialmente pp. 100-16.

tão como norma para todos os integrantes de seu grupo. Essa visão desapaixonada das normas sociais faz sentido somente se quem a mantiver supuser (e pode se tratar de uma falsa suposição) que existam algumas pessoas que realmente se importam com a manutenção do padrão de conduta em questão. A possibilidade da existência de padrões comuns de crítica de condutas, ou de estados de coisas, depende de nossa concepção de que alguns padrões são padrões comuns para todas as pessoas em determinadas circunstâncias. Podemos ter essa concepção independentemente de nossa própria vontade a respeito do tema, mas não independentemente de nossas crenças sobre a vontade de outros membros de nosso grupo social – ou, se formos antropólogos ou turistas, dos grupos que estejamos estudando ou pelos quais estejamos passando, procurando não ofender.

Por que alguém haveria de obedecer a um padrão de conduta que ele próprio não considera ser uma norma desejável ou preferível de conduta social? A resposta é óbvia: a determinação de outras pessoas de que essa seja uma norma acarreta sua desaprovação quanto a qualquer conduta que se afaste dela. E são poucos os que têm grande disposição de atrair a censura de seus próximos que possa ser evitada. E mais, parte do que se espera de nós pode ser um envolvimento ostensivo com as normas supostamente compartilhadas de nossa sociedade, de tal modo que, contrariando nossa própria predileção pessoal, pode acontecer de procurarmos evitar a censura por meio de nossa própria manifestação de crítica da conduta que se afaste da norma. Como diz o ditado, é a hipocrisia que faz o mundo girar. Sem dúvida, ela parece ser um ingrediente essencial para a solidificação de uma sociedade organizada.

Em sua própria explanação do "aspecto interno", como vimos, Hart está mais do que disposto a rejeitar a visão de que se trata de uma questão de "sentimentos" acerca da conduta. De modo específico, ele argumenta que sentimentos de restrição ou compulsão – "sentir-se obrigado" –

não são essenciais para a existência de normas, embora alguns indivíduos possam de fato vivenciar sentimentos dessa natureza "quando as normas são em termos gerais aceitas por um grupo social e apoiadas em geral pela crítica e pressão social pela conformidade". Embora essa noção seja verdadeira, ela não deveria nos levar, como talvez tenha levado Hart, a descartar os importantes elementos afetivos no "aspecto interno" ou no "ponto de vista interno". Há um elemento importante, na realidade essencial, de natureza volitiva em vez de cognitiva, no aspecto interno das normas, cuja compreensão é essencial para uma compreensão das normas. Quando o próprio Hart fala da "aceitação" de normas num grupo social, ele parece estar levando em conta precisamente um elemento volitivo como esse que foi examinado aqui, se bem que um dos pontos fracos de sua explanação, considerada como um todo seja o de ele não fornecer em ponto algum uma única explicação específica do relacionamento entre as várias concepções entremeadas que, ao longo de todo o livro, têm importância crucial para sua teoria – a saber, o "aspecto interno", o "ponto de vista interno", "enunciados internos" e "aceitação de normas"[10].

O que parece estar fora de qualquer dúvida é que deve ser reconhecida a importância central do elemento volitivo do "ponto de vista interno" para esse ponto de vista. É o fato das pessoas desejarem uma conformidade em relação a um padrão concebido de ação, de preferirem algumas configurações possíveis dessa ação em determinadas circunstâncias, em vez de outras, que é, para elas, o fundamento primordial da crítica e da apreciação reflexiva da conduta real em sociedade. Qualquer padrão de ação concebido como, por exemplo, o de

10. Para usos dessas expressões, ver as passagens em *Concept of Law* às quais foi feita referência anteriormente, p. 277, n. 1. Raz, em *Concept of a Legal System* (Oxford, 1970, p. 148, n. 3), chama atenção para a aparente confusão entre essas diversas frases. No entanto, na minha opinião, ele não faz dinstinção entre pontos importantes e pontos descartáveis.

"as pessoas tomarem cuidados razoáveis para evitar ferir outras pessoas" ou

"as pessoas demarcarem o perímetro do mostrador do relógio, dividindo-o em sessenta partes iguais"

poderia ser o teor de uma norma; poderia ser vislumbrado como um padrão para a avaliação crítica de ações. No entanto, somente aqueles que de fato são estabelecidos por algumas pessoas como padrões comuns para um grupo social podem ser considerados verdadeiras normas sociais.

Contudo, para a existência de uma norma num grupo social, nem todos os seus membros precisam ter esse empenho volitivo para com ela. Alguns de fato precisam tê-lo, mas outros podem simplesmente "fingir concordar", não por convicção mas por uma espécie de hipocrisia saudável. Outra posição diferente é a do "infrator", ou seja, aquela posição de quem aceita e prefere os padrões de aceitação comum, ressalvada a exceção que abrem para si mesmos, desde que possam escapar impunes. Ladrões que sejam capitalistas (como se diz que a maioria é mesmo) são um exemplo disso. E ainda há a posição dos "rebeldes" que conhecem e entendem, mas rejeitam ativamente as normas sociais estabelecidas pelos grupos mais dominantes na sua sociedade.

As posições de "fingir concordar", de ser "infrator" e de ser "rebelde" (bem como quaisquer variantes ou tipos intermediários) são todas compreensíveis apenas em aposição ou oposição à postura de compromisso volitivo; esta última é necessariamente pressuposta por elas, ao passo que elas não são pressupostas pela postura de compromisso volitivo. Naturalmente, na vida de qualquer agrupamento social complexo, pode ser difícil ou impossível identificar com segurança os membros do grupo de "adesão total" ou compreender plenamente todas as contracorrentes de atitudes que possam estar em jogo. Contudo, compreender as normas e regras sociais de um grupo envolve uma pressuposição de que a vontade de algumas pessoas ampare e sustente os padrões que amparados e sustentados desse modo constituem as normas do grupo e para ele. Essa compreensão não implica necessariamente o compartilhamento da atitude pertinente.

A assunção ou pressuposição dessa vontade que sustenta e ampara, que está envolvida na compreensão ou *a fortiori* no uso e aplicação de regras, normas e padrões sociais, naturalmente não é enunciada em nenhum julgamento determinado que seja feito tendo a norma como referência; nem esse julgamento expressa *necessariamente* nenhuma vontade dessa natureza. Compreender, usar, fazer julgamentos em termos de determinadas normas sociais não devem ser considerados atos que precisem eles próprios ser explicados em termos de uma expressão da vontade subjetiva da pessoa que compreende, que faz julgamentos etc. Numa extremidade do espectro, atitudes críticas reflexivas são reflexivas de modo muito mais acentuado que as atitudes ativamente críticas, muito embora no fundo de todas elas esteja algum sentido de uma preferência sentida em termos autênticos por alguém, preferência em comparação com a qual, em última análise, a reflexão crítica faz sentido.

Há uma grande quantidade de afirmações que podem ser feitas e que pressupõem uma compreensão de determinadas normas e de tudo aquilo que essa compreensão por sua vez pressuponha. Até mesmo dizer que são onze horas, com a intenção de dizer as horas, é fazer uma afirmação que pressupõe uma compreensão das convenções determinadas, cuja existência como conjunto de normas sociais operativas depende por sua vez de uma vontade amplamente disseminada de manter essa sua condição. Entretanto, a afirmação em si não expressa essa vontade. E o mesmo ocorre com afirmações do direito ou no campo do direito: "Como vendedor de mercadorias por descrição, você é obrigado a entregar mercadorias em conformidade com a descrição". "Na qualidade de ocupante desse recinto, você deve tomar cuidados razoáveis para a proteção de suas visitas legítimas," e assim por diante. Afirmações desse tipo pressupõem uma compreensão de um conjunto de normas jurídicas, cuja existência é explicável somente em termos de alguns compromissos volitivos por parte de alguns membros de uma sociedade, embora em si mesmos elas não expressem um compromisso por parte de quem fala.

Esses enunciados pertencem à categoria do que Hart chamou de "enunciados internos"[11], com base no fato de que eles somente podem ser feitos "em termos internos" aos sistemas de normas que pressupõem como condições da verdade. E, pelo menos em certos pontos em sua exposição, ele pressupõe que proferir enunciados desse tipo equivale a evidenciar o "ponto de vista interno". Há de ressaltar, porém, que o que determina a "internalidade" de um enunciado é a *compreensão*, não a *vontade* de quem fala. No que diga respeito a esse ponto, de fato, uma pessoa totalmente alheia a uma sociedade poderia formar uma compreensão de suas normas, na medida em que fosse capaz de fazer enunciados "internos", "internos" às normas sociais dessa sociedade. Concluo que seja exatamente isso o que antropólogos sociais tentam fazer.

Observar esse ponto é observar uma ambigüidade crucial na distinção entre interno/externo, conforme delineada por Hart: trata-se de uma distinção entre níveis de compreensão, ou de uma distinção entre graus de adesão volitiva? Propõe-se que haja duas distinções importantíssimas aí. Parece, entretanto, tratar-se de que Hart, pelo menos até certo ponto, as tenha fundido. Iniciamos este apêndice com o exame da "externalidade" do relatório do comissário de Lilliput, que era externo no sentido em que revelava uma incapacidade de compreender a conduta de Gulliver, a não ser em suas manifestações comportamentais evidentes. De modo semelhante, o estudo de seres humanos a partir de

11. *Op. cit.*, pp. 99-100. Ver também p. vii, "nem a lei, nem nenhuma outra forma de estrutura social consegue ser compreendida sem uma apreciação de certas distinções cruciais entre dois tipos diferentes de enunciado, que chamei de 'internos' e 'externos' e que podem ambos ser feitos, sempre que são observadas normas sociais".

certas perspectivas científicas poderia envolver não levar em conta as normas que as pessoas como agentes considerariam norteadoras de sua conduta. Agir desse modo corresponderia a estudar o comportamento humano somente em seu aspecto externo.

Quem quer que procure ir além desse nível de compreensão, para apreciar a conduta em termos de categorias que para o agente são cruciais, estará adotando uma visão radicalmente diferente da conduta, uma visão que merece ser descrita, pelo menos para alguns efeitos, como "interna". Essa é, porém, uma "internalidade" somente no nível da compreensão, pois o observador nesse caso pode permanecer totalmente desinteressado e sem compromissos no que tange às normas cuja compreensão seja vital para sua atividade.

No entanto, é evidente que esse tipo de compreensão desinteressada, como a atitude não de todo dessemelhante daquela da pessoa que "finge concordar" ou que é "infratora", é subordinada à posição de adesão volitiva, que vimos ser essencial para a existência de normas, e pressupõe essa posição, além de ter importância crucial para o ponto de vista interno. Por esse motivo, é importante traçar mais uma linha de distinção aqui em termos de divergências entre disposições da vontade.

Para resumir a questão: existe uma distinção genuína, traçada por Hart entre pontos de vista "internos" e "externos", com referência à atividade humana. Contudo, o ponto de vista "interno", como caracterizado por Hart, contém essencialmente componentes distinguíveis, que deveriam ser distinguidos. Existe o ponto de vista "interno em termos cognitivos", a partir do qual a conduta é avaliada e compreendida segundo normas que estão sendo usadas pelo agente como normas de orientação: isso basta para uma compreensão de normas e do comportamento normativo. Entretanto, porque o pressupõe, ele é subordinado ao ponto de vista "interno em termos volitivos": o ponto de vista de um agente, que até certo ponto e por motivos que lhe parecem bons, tem uma adesão volitiva à obediência a um determinado padrão de conduta como norma para si mesmo, para outros, ou ainda para si mesmo e para os outros. Sua atitude inclui a atitude "interna em termos cognitivos", mas não se inclui nela.

Não creio que, em *Concept of Law,* Hart tenha observado a necessidade de distinguir entre diferenças em níveis de compreensão e diferenças em níveis de adesão, e é nessa medida que considero sua exposição ambígua. Se existem defeitos em sua exposição, porém, isso é apenas um desafio para que outros a aperfeiçoem. Foi o que tentei fazer aqui.

ÍNDICE DE LEIS CITADAS

ÍNDICE REMISSIVO